U0567907

中国资本市场三十年

探索与变革

30 YEARS OF CHINESE CAPITAL MARKETS

EXPLORATION AND REFORM

吴晓求 等 著

中国人民大学出版社

·北京·

目　录

Contents

导 论

中国资本市场三十年：混沌与觉醒

摘 要：1990—2020 年，中国资本市场历经了 30 年坎坷。30 年，资本市场的作用日益显现；30 年，我们对资本市场的理论认识经历了从混沌到觉醒的过程；30 年，留下了三座制度变革的丰碑；30 年，中国资本市场正在向着一个伟大的目标前行：构建新的国际金融中心。

从 1990 年到今天，中国资本市场已经走过了 30 年的风雨。30 年来，中国资本市场有了很大的发展，在公司治理、金融资产增长、居民财富管理、信息披露、市场透明度等方面取得了很大的进展。当然，30 年来，我们也走了一些弯路。这些弯路与我们理论认识不清有密切关系。在很长的时间里，我们对三个理论问题的认识一直不清楚，处在混沌状态，进而使中国资本市场在实践中付出了一些代价，走了比较大的弯路。

1. 过去长时间存在三个理论问题不清楚

哪三个问题呢？

第一，在相当长的时间里，我们没有深刻认识到在中国为什么要发展资本市场。这个问题有时虽然貌似清楚，但实质上是不清楚的，我们没有从理论和实践层面深刻理解发展资本市场的本质含义。在相当长的时间里，很多人都认为，资本市场主要是一个融资的市场，是拟上市公司和上市公司的融资平台。在 20 世纪 90 年代，有人甚至认为，资本市场主要是国有企业资金纾困的平台和机制。在这样一种理念的指导下，我们对让什么样的企业上市缺乏正确的把握，加上当时的行政审批制，使得一大批完全不符合资本市场要求的企业上市了。所以，多少年来，中国资本市场都处在徘徊状态，欺诈上市、虚假信息披露、内幕交易、操纵市场等违法违规行为频发，严重扰乱了市场秩序，扭曲了市场定价机制。为什么在过去 30 年这样一个较长的时期里，中国资本市场发展不起来？核心在于理论上不清楚在中国为什么要发展资本市场，没有理解资本市场在经济运行中所处的地位。

第二，在相当长的时间里，我们不清楚如何发展好中国的资本市场。从过去所构建的规则体系和所实施的一系列政策看，我们是不知道如何发展资本市场的，既不重视资本市场的基础制度建设，也不关心上市公司的质量和成长性，使资本市场失去了发展的基本机制和动能。中国资本市场长期在一种混沌的环境中运行，始终没有找到发展的正确路径。

沪深交易所建立的初衷是融资，所以在发展的相当长时间里，中国资本市场都被定位成融资的市场或企业融资的平台，这种定位差不多持续了二十七八年。这种初始的认识误区，客观上造成了中国资本市场存在基因上的缺欠：不重视财富管理，不重视企业选择标准的市场化，不重视企业成长性的选择标准。基于这种认知和功能定位，从沪深交易所建立之初到 2000 年之前，亦即 1999 年《证券法》实施之前，中国资本市场股票发行实行的都是额度基础上的行政审批制，企业分到额度就可以发行股票并上市，几乎没有什么市场标准。企业上市几年后就被特别处理（special treatment，ST），并购两三次这个公司就要退市了。并购的初始目的是使企业更好地成长，企业市值不断提升，但在那个时代，中国资本市场上的并购成为掏空上市公司的重要手段。定位的差异导致出现了一系列问题。在相当长的时间里，中国资本市场都是在混沌的环境下运行，各种违法违规行为频发，有些上市公司几乎所有的财务数据都是人为造出来的。在这样的环境中，资本市场怎么会发展？这样的市场几乎成了掠夺投资者财富的市场，这样的市场注定是不成熟、不发达的。

第三，在相当长的时间里，我们不清楚中国资本市场究竟向何处去，目标在哪里，彼岸在何处。目标不清、方向不明，制度设计、政策实施缺乏连贯性、一致性，有时甚至相互矛盾，造成了投资者预期紊乱，市场经常出现非正常的大幅波动，外部干预频繁。市场无法对风险进行合理定价，资产价格被严重扭曲。

改革开放的经验告诉我们，要解放思想、提高认识、坚定信心，坚定不移地走对外开放的道路。开放引进了市场和竞争机制，催生了资源配置的优化过程。各国经验都表明，保护易导致懒惰、寻租、预算软约束等问题，结果反而降低市场竞争活力，损害行业发展，出现不健康、不稳定的局面。降低市场准入门槛，可以使市场和竞争成为普遍适用的政策机制。2001 年我国加入 WTO 时，社会上存在一些争议，事实证明这项开放举措对中国经济产生了深远的积极影响。过去较早参与开放和全球竞争的行业企业，最终都快速发展壮大，形成了强劲的竞争力，正向全球产业链的中高端迈进。这些成功经验告诉我们，资本市场不是例外，同样适用开放与竞争规律。资本市场在对外开放过程中，通过竞争机制带来压力、动力、进步和繁荣，会发展得更好。资本市场是现代金融体系的基石和枢纽，是国际金融中心最核心的内容，也是最具有聚集效应的内容，能够发挥引领和带动国际金融中心建设的核心作用，推动我国经济金融体系和社会资源配置的优化和配合。目前，中国资本市场上境外投资只占 3.5%左右，而中国资本市场的未来目标是建设成为新的国际金融中心，因此境外投资者至少要占到 15%左右。我们离国际金融中心的目标还有很长一段距离，需要进行一系列政策和监管改革，如价格体制改革、汇率市场化、提高货币可兑换程度、提高会计标准、以金融产品为主的标准化监管改革等，营造有利于资本市场创新发展和风险防范化解的机制和环境。

2. 三十年，三座丰碑

从制度变革角度看，在 1990—2020 年的 30 年中，中国资本市场有三座丰碑。

第一座丰碑是30年前即1990年沪深交易所的建立和运行。对中国资本市场而言，沪深交易所的设立是历史的起点，也是发展道路上的第一座丰碑。当时中国所处的国际环境很恶劣，经济遇到空前的困难。企业要发展，最缺的是资金。过去金融资源非常稀缺，只能向社会募集资金，所以急需通过发行股票筹资，而发行股票后就要交易，因此沪深交易所应运而生。沪深交易所的建立和运行开启了中国金融结构性改革和金融脱媒的时代。资本市场的出现开启了中国金融现代化的进程。

资本市场出现前，企业融资活动主要通过商业银行来完成，但商业银行在功能上有重大欠缺，功能单一，惧怕风险。没有直接融资的市场，特别是股权市场，导致过去相当长时间里十分缺乏风险投资和支持科技创新的融资。很多企业都需要拓宽融资渠道，通过市场融资对资金进行长期配置，不会因为经济周期的变化而变化。企业在发展过程中难免会有起伏，起伏时最大的压力主要来自商业银行。所以，企业希望通过市场来完成融资活动，我们把这样的过程称为金融脱媒。资本市场生生不息地发展，其实质是脱媒的结果。

随着人们收入水平的提高，消费之后的剩余收入有越来越强烈的投资倾向。市场不发达时，金融资产种类较少，人们一般将剩余收入存入银行，通过储蓄存款来防范未来的不确定性。随着收入水平的提高，人们发现，储蓄存款的收益越来越低，这种收益实际上是对近期消费的补偿，不是投资性收益。这种收益与经济增长没有关系。所以，社会必须创造一种机制，让越来越富裕的人群有投资的机会，而资本市场正好顺应了这种要求。当然，中国资本市场不是基于这个目的产生的，而是在解决企业融资难这一现实问题的过程中产生的。随着经济市场化程度的提高和居民收入的增长，对多样化的金融组合资产的需求越来越强烈。

30年前沪深两个交易所的成立是中国资本市场史上第一座丰碑，在当时的环境下，不少人认为资本市场是资本主义的东西，意识形态环境非常严酷。在历史的关键时刻，邓小平同志的南方谈话对交易所和证券市场提出了重要意见，使市场得以存在下来。30 年来，中国资本市场发展过程中最庆幸的是这个市场得以存在下来。然而，由于基础理论层面缺乏深刻理解，中国金融脱媒的速度总体上看非常缓慢，中国金融体系市场化进程停滞不前。虽然后续的发展缓慢，但 30 年前沪深交易所的成立对中国金融发展和结构性改革做出了划时代的贡献，可谓开天辟地。

第二座丰碑是 2005 年开启的股权分置改革。受 1990 年初社会环境和人们认知的影响，上市公司设置了流通股和非流通股两类股份，其中发起人股东、控股股东或实际控制人股东持有的股份是不能流通的，这就在制度上人为地使股权处在分置状态。在不能流通的股份中，国有股占到 70%。股权分置是中国资本市场基因缺陷的重要表现形式之一。在股权分置时代，两类股东的利益诉求有重要差别，导致这样的利益机制存在严重缺陷：把控上市公司的控股股东绝大多数都是非流通股股东，他们的重要诉求是想尽各种办法通过高溢价发行，增厚净资产价值，利润增长与否、资产价格是高还是低与他们的利益没有关系；而对流通股股东来说，只有利润增长了，股票才能实现流通溢价。经济的活力主要来自两个重要因素：一是竞争。有竞争才有活力，垄断肯定没有活力。二是激励。没有激励就没有积极性，就没有前行的动力。所以，在那个年代，几乎没有好的上市公司是有必然性的。

到了 21 世纪，学界已经认识到，中国经济的蓬勃发展并没有带来资本市场的成长，中国资本市场的市值不过 3 万亿元人民币左右。1990—2005 年，中国经济有了巨大发展，特别是 2001 年中国加入 WTO 后，经济更是以前所未有的速度在增长，但是中国资本市场长时间停滞不前。为什么会产生这种严重背离的情况？因为制度和机制有问题，股权分置的制度设计有问题。在股权分置的时代，资本市场的运行平台是倾斜的，在倾斜的制度平台上跳舞是跳不好的，况且这个倾斜的平台还充满了陷阱和漏洞，所以那个年代出现了一些违法违规的行为。我们要通过改革校正这个倾斜的制度平台，堵住这个平台的陷阱和漏洞，这是推动股权分置改革的缘由，目的是构建全体股东共同的利益诉求，既要有分红也要有流动性溢价。没有激励机制，上市公司和资本市场是不可能成长起来的，股权分置改革就是要构建共同的利益机制，校正残缺的激励机制。

2005 年 5 月，股权分置改革正式启动。由于理论准备充分，经过科学讨论，到 2007 年初，98%的上市公司完成了股权分置改革。这场改革需要智慧，更需要敢于冒巨大政治风险的勇气。股权分置改革需要周密的方案设计，因为涉及两类股东的利益。原来的非流通股股东的股份没有流动性，要获得市场流通权就必须付出对价。股权分置改革的成功开启了中国资本市场制度规范的时代，意味着中国资本市场全流通时代的到来。在全流通时代，所有的股东都关注企业利润的增长、创新能力的提升，因为它们会对市值和股票价格产生重要影响，股东的利益趋向完全一致。

股权分置改革意味着中国资本市场制度规范时代的到来，对中国资本市场的未来发展具有里程碑的意义，是继沪深交易所建立之后的第二座历史丰碑。没有 2005 年那场长达两年的非常复杂的、充满争论的、理性与激情相结合的股权分置改革，就没有中国资本市场的今天，也难以形成 80 万亿元人民币市值的全球第二大市场。

第三座丰碑是股票发行的注册制改革。中国首部《证券法》于 1999 年 7 月 1 日颁布实施后，启动了股票发行的额度审批制到核准制的改革。相对于额度审批制，核准制是发行制度的重大进步。核准制的思路是，试图让专业人员在分析企业的数据和资讯的基础上决定股票是否发行上市。这相比额度基础上的行政审批制显然是巨大进步。核准制当然也有欠缺，比如定价没有市场化。监管部门一般将 20 倍市盈率作为发行定价的基准，人为的、僵化的定价机制导致企业上市后连续出现 10 个涨停板的现象比比皆是。这种现象反映了这种发行制度有重大欠缺，于是也就出现了打新基金这种怪胎。打新基金是那个时代的产物。资本市场发行制度的改革就是要让打新基金没有存在的市场基础。打新基金是发行制度扭曲的表现。

关于如何改革核准制，我们探索了十多年。基本思路是，价格是由市场来确定的，不是由行政部门确定的，企业有没有成长性也不是由专家来判断的，专家只可以对信息披露和财务报表的真实性进行核查。成长性是要交给投资者通过市场机制来判断的。让发行委的专家把好这个关，目的是善意的，但结果不一定好。有时候目的善意但方法不对可能会带来更糟糕的结果。我们做很多事情的出发点和目的都很好，但方法错误，结果适得其反，所以方法很重要。方法要尊重自然规律，尊重常识。资本市场的制度、规则设计要符合资本市场的本质要求，符合经济规律。资本市场的进一步发展要求对核准制进行改革，呼唤注册制。

2019 年 6 月 13 日，上海证券交易所（简称上交所）科创板正式运行。科创板设立的重要意义在于其实行了注册制改革。科创板和创业板从产业属性看，虽有差别，但没有根本差别，它们之间最重要的差别在于科创板实行了注册制。注册制改革试点之后的新《证券法》于 2020 年 3 月 1 日起施行，为注册制改革的全面推行奠定了法律基础。过去的《证券法》重视工业社会的经济特征，对企业上市的标准重视其有形资产，如对资产规模多大、是否盈利、盈利多少、盈利的历史等非常重视，但对创新能力、未来成长性不太重视。这种认识很长时间里都没有变化。试图由非市场机制来配置金融资源，突出体现在过去的发行制度上。实际上，市场是资源配置的决定性力量，什么样的企业可以上市应由市场来决定。有了这样的理念和认知，才会有注册制基础上的科创板。

科创板试点一年后，深交所创业板也开始试行更高标准的注册制。科创板和创业板试行的注册制改革，有一致的一面，也有不同的地方。科创板试点一年后，创业板注册制有了新的内容和特点。经过 30 年的探索，我们终于认识到，在中国为什么要发展资本市场，如何发展资本市场。在对这两个问题的认知上，我们觉醒了，找到了本原。在过去相当长的时间里，我们对这两个问题是不清楚的，那时若问起为什么要发展资本市场，一般都会回答：为企业提供融资平台，再深入一点，就是为公司治理结构提供市场化的平台。那时，我们不知道资本市场发展是构建现代金融体系的基石。

注册制改革意味着中国资本市场市场化时代的来临，是继股权分置改革成功之后的第三座历史丰碑。注册制改革适应了资本市场发展的实质性要求，体现了市场是资源配置的决定性力量这一基本规律。

30 年，三座丰碑；30 年，中国资本市场正在回归本原，理论认识由混沌走向觉醒。

3. 中国资本市场正在回归本原

首先，对于中国为什么要发展资本市场，现在已经有了一个正确认知：正在从以融资为主甚至以纾困为主的落后认知，转向资本市场是现代金融体系的基石和核心的正确认知，这种认知的转向对发展中国资本市场非常重要。中国经济的持续增长需要金融的结构性改革，并据此提供源源不断的动力。这其中，如何构建现代金融体系非常重要。现代金融体系不是装修豪华的商业银行，而是功能齐全、透明度高、资产有成长性、具有良好流动性的资本市场。这样的资本市场是现代金融体系的基石和核心。具有这种基石和核心的金融体系有较好的分散风险功能和风险定价能力。风险定价能力是衡量一个国家金融是否发达和先进的最重要指标。缺乏风险定价能力的金融体系是落后的，将存在潜在的、巨大的金融风险或金融危机。

从这个角度看，我们现在已经比较清楚地知道了在中国为什么要发展资本市场：那是为了让中国经济可持续增长，是为了让日益富起来的人们有市场化的财富管理平台，是为了让科技进步、技术创新很好地推动产业的升级，是为了有效地把高科技、新技术转变成新产业、新产品。这些都靠什么来完成？靠资本市场，靠新的金融业态。传统金融业态发挥不了这些新的金融功能，只有资本市场和与资本市场基因相近的各种新金融业态（包括创业资本、风险资本）才能实现这些新的金融功能。银行会给成熟企业贷款，但很少给创新企业和处在风险期的高新技术企业贷款。新金融业态中的风险资本对创新企业、高新技术企业有强烈的投资偏好。成功了，大家分享利润和价值成长；失败了，就算是风险投资。传统金融能做到这一点吗？做不到。银行只能提供储蓄产品和理财产品，无法满足投资者对资产配置多样化的需求。对当前中国经济发展和经济结构调整而言，这些新的金融功能是重要的。让商业银行、金融机构为实体经济提供贷款并不是最重要的金融功能的实现方式。我们要更全面、更深刻地理解金融服务于实体经济的深刻含义，不要望文生义，不要简单理解。金融只有变革，才能更好地为实体经济服务，其中金融业态的多样性很重要。要不断提高和完善金融功能及其效率。

其次，我们正在寻找发展资本市场的正确路径和方法。最近有一些新的认知，认为资本市场是现代金融的枢纽，这是一种非常深刻的理论认识，意味着我们将更加重视资本市场的发展。如果我们深刻地认识到，在中国要发展资本市场，资本市场的发展是现代金融体系建立的基石，那就意味着我们可以更有效地找到发展好资本市场的正确路径和方法。第一，资本市场上的上市公司要有投资价值。第二，资本市场要有足够的透明度。为此，上市公司的选择标准就必须通过市场化的机制来改革，所以才有了 2019 年新《证券法》的颁布，才有了注册制改革的试行。注册制改革的重要意义就在于，我们找到了发展好资本市场的正确方向和路径。必须通过法律调整和制度改革，让那些未来有成长性的企业成为上市公司，为此我们甚至还要突破一些法律限制。已有的实践表明，在大陆法系国家，资本市场发展都受到了一些抑制。大陆法系的不灵活性和资本市场的巨大不确定性存在某些内在的不适应性，资本市场每天都在发生新问题，这些问题有些在挑战现行法律的适用性。代理人诉讼也好，上市公司表决权特别制度也好，和大陆法系的法律结构是不一样的。法律要为经济发展服务，为资本市场发展服务，它不应是僵化的条文。试图让一个活生生的高科技企业去服从一个没有生气，也不与时俱进的法律条文，这种思路本身就有点削足适履。科创板注册制改革在这方面有了重大进展。在创业板注册制改革中，又有了一些新的重大调整，法律上有了新的进步，例如，对公司治理结构中投票权的约定与现行公司法的一般规定不同。对于高科技企业，人的作用是主要的，资本或许是次要的。在高科技企业，千万不要以为有钱就有控制权。在高科技企业，技术诀窍、核心技术特别重要，掌握这些的人或许只占有15%的股份，但有决定权，这在同股同权的公司治理结构中是做不到的。资本的眼光可能是短视的，没有一个资本想把企业做成百年企业。在高科技时代，在后工业化时代，企业的公司治理结构和控制权对现行法律提出了一系列挑战。修改法律以适应时代的诉求，说明我们真的在寻找发展好中国资本市场的路径和方法了。如果让具有时代感的高科技企业去适应没有生命力的法律条文，资本市场肯定不会有大的发展。

为什么在英美法系下资本市场有活力？因为这种法律以适应市场的变化为前提，具有高度的灵活性，比如中国香港联交所在有关上市公司规则方面最近做了较大改革，以适应市场的变化。我们现在在深交所创业板注册制方面也做了重要的法律调整。当然，对于我们而言，这其中存在巨大的内在矛盾。一方面，我们采用大陆法系；另一方面，我们又必须基于市场的诉求而做结构性改革，以法的适应性去推动资本市场发展，推动上市公司的成长。

从这其中的变化可以看到，最近一年多我们的确找到了发展好中国资本市场的路径和方法，真正明白了发展资本市场的重要性。过去我们基本不懂资本市场，现在我们体会到了资本市场的灵魂。

最后，中国资本市场的战略目标也已日益清晰。中国资本市场发展的战略目标显然不是一般意义上的设个市场，让企业有一个融资平台，让投资者进去不断地投机。这不是中国发展资本市场的目标。中国资本市场的战略目标一定是与中国的大国金融目标相匹配的。中国是一个全球性大国，全球性大国的金融市场一定是国际金融中心。只要我们继续沿着改革开放的道路走下去，金融市场特别是资本市场一定是新的国际金融中心。所以，我们将中国资本市场的战略目标定位于新的国际金融中心。这是我们未来追求的目标。

4. 构建新的国际金融中心：四大硬条件和三大软条件

为什么说 30 年三座丰碑？为什么中国资本市场要翻越三座大山建立这三座丰碑？为什么我们要如此艰难地过草地翻雪山？一定是因为心中有一个伟大的目标。毛主席带领红军进行二万五千里长征，目的是奔向延安，去开辟新的根据地。我们翻山越岭留下了三座丰碑，目标是什么？有人说要构建世界一流的证券市场，这是对的。世界一流的证券市场很多，但这些一流的证券市场不一定是国际金融中心。中国发展资本市场的战略目标就是构建 21 世纪新的国际金融中心。对中国金融来说，中国梦就是构建新的国际金融中心。我们 30 年的改革与发展，目标就是要把中国资本市场建设成新的国际金融中心。

30 年中的相当长时间里，我们对在中国为什么要发展资本市场，理论上不清楚；对如何发展资本市场，政策上不清晰；对中国资本市场的彼岸在哪里，方向上不明确。现在这三个问题都开始明晰了。中国资本市场的理论认识已经从混沌走向觉醒。

中国资本市场的战略目标，就是要建设新的国际金融中心。国际金融中心不会从天上掉下来，要经过更加艰苦卓绝的探索才能实现，这比我们加入 WTO 要难上百倍。首先，中国金融要开放。过去 40 多年中国经济发展有很多经验，其中，开放是中国经济发展最大的红利，是一个重要经验。开放，让我们有信心；开放，拓展了我们的国际视野；开放，让我们的产业在竞争中提升了竞争力；开放，让我们在世界舞台上找到了自己的角色，知道了前行的方向和目标在哪里。中国资本市场的彼岸，离我们可能还比较遥远，道路崎岖而复杂，但目标很清晰。

建设新的国际金融中心，对我们来说是一个极其伟大而复杂的战略目标，前行的困难将超出人们的想象。伟大的目标都是极其艰难的目标，否则就不是伟大的目标。我们只有通过极其深刻的反省，进一步推动改革开放，才可能实现伟大的目标。要到达资本市场发展的彼岸，对中国来说，必须进行脱胎换骨式的改革。构建全球金融中心，必须有经济的可持续增长、坚持走开放道路、人民币长期良好的信用基础和强大的国防实力四大硬条件。

第一，经济的可持续增长。如果经济增长没有可持续性，那么构建国际金融中心不太可能。怎么保持经济的可持续性？需要实现经济发展模式的战略转型，需要激活市场主体的积极性，尤其要把民营企业的积极性释放出来，市场化改革是保持经济可持续增长的最重要的制度安排。

第二，坚持走开放道路。推动国际经济活动、贸易、投资和资本的自由流动，这是国际金融中心形成的基本前提。开放是实现资源配置不断优化的机制，它可以通过要素自由流动和竞争机制推动资源的优化配置。中国成为制造业强国，不少领域正在迈向全球产业链的中高端，竞争在其中起了重要作用。

第三，人民币长期良好的信用基础。中国要打造全球新的国际金融中心，就要构建人民币计价资产交易中心和全球财富管理中心。人民币长期良好的信用基础决定了中国国际金融中心的信用。良好的信用可以形成相对稳定的人民币汇率和可靠的资产计价标准，在遇到市场波动时，确保跨境资本对人民币保持信心，金融市场具备充分的韧性。人民币的信用不仅与中国国内的经济形势和宏观政策相关，而且取决于人民币在国际范围内的流通使用能力以及人民币的国际化程度。当国际投资者频繁使用人民币进行贸易结算和金融投资时，对人民币的依赖就会随之增强。所以，人民币长期良好的信用基础是由国内和国际两个方面的因素共同决定的。

第四，强大的国防实力。国家和社会的财富是要有保护和威慑机制的，国防实力是国家重器。任何处于战乱状态的地区的金融体系都是脆弱的、功能不全的、极不稳定的，处处充满着很大的不确定性，无法让人对未来形成稳定的预期。对国际金融中心而言，战争是极其致命的，强大的国防力量能够预防和遏制战争。

中国正在不断地改善这四大硬条件。除此之外，更为重要的是，中国在成为国际金融中心所必须具备的三大软条件方面还存在明显不足。这三大软条件如下：

一是坚实的法制基础、深入人心的法制理念。国际金融中心必须有坚实的法制保障。法制是资本市场运行的基石，法制基础不扎实，市场预期机制就会紊乱，投资者信心就会动摇。如果全球投资者没信心，那么这样的资本市场怎么可能成为国际金融中心！所以，我们必须构建坚实的法制基础。

法制基础的灵魂在于法制理念，在于依法治国的理念。这是中国走向现代文明的必经之路。要实现国家治理和社会治理的现代化，关键在法制。我们的法制离国际金融中心的标准还有较大差距，这种差距主要表现在法制理念上。法律条文、执法能力、执法水平都属于法制基础的内涵。通常说来，我们重视法律条文的完善，尽可能尽善尽美，但是我们不太重视法制理念。法制理念的重要表现形式就是法的威慑力。有些人践踏法律、蔑视法律，视法律如儿戏，这都是法制理念或法制精神严重缺乏的表现。我们的执法水平要提高，绝不能选择性执法，在资本市场中更要这样。对虚假信息披露、欺诈上市、内幕交易、操纵市场必须严格执法。执法不能因为市场周期的变化而变化。执法的严格程度必须与市场的涨落没有任何关系。

二是契约精神。契约精神有两个要点：首先是利益相关方必须是平等的，其次平等条件下签订的契约和合同要履行。契约精神不仅仅是履约承诺，更重要的是市场主体的平等性。只有在这个前提下履约才是契约精神。严格的契约精神是现代社会的基本原则和精髓，更是国际金融中心维系的基本纽带。

三是足够的透明度。没有透明度就没有资本市场。透明度是公平、公正的前提。“三公”原则①为什么把公开放在第一位？是因为信息披露和市场透明度是资本市场上实现交易公平、结果公正的前提。这就是在资本市场上，信息披露和市场透明度是监管的重心之原因所在。

① 即“公开、公平、公正”。

中国资本市场要到达彼岸，实现伟大的目标，必须在上述三个软条件方面着力加以完善和改进。如果这三个软条件我们都具备了，就可以实现十九大报告提出的到2035年基本实现社会主义现代化，到2050年建成富强民主文明和谐美丽的社会主义现代化强国的目标。两步走的战略目标内含了金融的作用，内含了中国资本市场是新时期新的国际金融中心的目标。中国资本市场的发展过程复杂而艰难，道路崎岖而漫长，但目标很伟大。我深信，我们将会实现这个伟大的目标。

第1章 中国资本市场的历史起点：沪深交易所的创建

摘　要：1990年底沪深两家证券交易所在一个充满不确定性的政治环境中先后宣布对外营业，拉开了中国资本市场正式发展的序幕。尽管改革后中国最初出现的股票或是变相的职工福利，或是不规范的集资，但以股份制改革试点为核心的国企改革逐渐成为培育真正的市场行为主体、重塑资源配置微观基础的重要方式。中国资本市场的引入在启动金融结构变革的同时，也引发了资产结构、融资结构的市场化改变，并为中国企业制度的改革提供了良好的外部环境。中国资本市场创建初期引入的额度发行审批制（含发行价格审批）、股权分置以及A/B股市场分设等具有计划经济色彩的诸多制度尽管事后来看具有较大的缺陷，但考虑到中国资本市场产生的特殊政治社会背景、在制度层面支持经济转轨的初始功能定位及其“先天不足”进而需要“人工培育”的历史现实，这些与纯市场力量组织的资本市场不同的特征均有着其独特的产生逻辑。

1. 引　言

1990年11月获批设立的上海证券交易所和1990年12月开始集中交易的深圳证券交易所的先后出现及其后续迅猛发展无疑应被视为改革开放40多年间中国金融体制改革和发展中影响最为深远的事件之一——从这一时刻开始，以证券交易所为内核的资本市场正式重新回到了中国经济金融运行的大舞台[①]，进而成为中国金融体系不可或缺的一个制度构成部分，客观上改变了之前中国存款货币由银行垄断的金融运行格局，使之逐渐转变为一个银行主导型金融体系。

从历史的视角来看，尽管20世纪80年代以股份制改革为导向的国有企业改革重新将股票和债券带回了中国经济金融舞台，但沪深两家证券交易所（简称沪深交易所）会在充满了不确定性和自我怀疑且经济体制改革整体陷入停滞的1990年末开业，还是出乎很多人的意料：一方面，鉴于沪深交易所成立之初带有极为浓厚的“试验”色彩，因此恐怕没有人会猜测到这一金融制度创新会在此后的30年间得到如此快速的发展——1991年，沪深交易所仅有14家上市公司，约109.2亿元的股票市值，到了2019年两家证券交易所的上市公司总数增长到了3 777家，股票市值则达到了59.29万亿元（约占当年中国GDP的59.84%），且自2016年股票总市值（不含港澳台地区）就位居世界第二，仅次于美国；另一方面，鉴于中国经济金融转轨和发展的独特实践，恐怕也没有人想到沪深交易所的初始制度设计会存在如此之多与后续的市场化、规范化和国际化不相容的问题，进而导致其后续发展之路会如此坎坷。因此，在沪深交易所创设30年的今天，回顾中国资本市场从无到有的历史性制度探索与创新历程，反思沪深交易所的初始制度设计及其内在逻辑，对于我们理解中国资本市场的独特性进而后续的制度改革就有着极为特殊的意义。本章尝试立足金融制度变迁和创新的视角，在对中国资本市场的历史起点，也就是沪深交易所的建立背景、历程及其初始制度框架设计进行深入介绍的基础上，对于中国资本市场创设引发的金融经济体制层面的积极效应和其初始制度性缺陷及其逻辑给出分析，以期对中国资本市场的历史起点有一个更为全面、深入的了解。

---

① 中华人民共和国成立之初，天津、北京等部分地区曾出于尽快恢复金融市场秩序、疏导社会游资、引导资金投向和调整产业结构的考虑，先后设立了“天津证券交易所”（1949年）和“北京证券交易所”（1950年）。随着政治经济形势的变化，这两个证券交易所于1952年下半年相继停业清理。参见中国证券业协会．金融市场基础知识（2019）．北京：中国财政经济出版社，2019：183-184。

2. 股份制改革进程中的沪深交易所：历史缘起及其架构制度设计

资本市场是经济发展到一定阶段的制度产物。但就实践而言，真正现代意义上的资本市场与企业制度（尤其是股份公司制度）的历史演变密不可分——股份公司的产生和发展形成了两权分离的公司治理结构，也正是为了部分解决股份公司中的代理成本问题才产生了股票二级市场，因为二级市场不仅为股票持有者提供了资产流动的场所，而且对公司管理人员构成了外部的约束和压力。因此，一方面，股份制试点在中国的探索和发展成为沪深交易所出现和发展的制度前提；另一方面，中国经济转轨以及股份制试点的独特经济环境也使得沪深交易所的初始架构制度设计极具特色。

2.1　国有企业股份制改革：沪深交易所出现的制度前提

众所周知，在传统的计划体制下，由于国有企业几乎没有任何自主权，产品的生产、销售以及资金的来源都是由统一的计划决定，加之来自留利和奖金的激励比较弱，政治上也过于集中，所以企业几乎没有任何利润动机，也不存在盈亏的概念。随着 1979 年渐进式经济体制改革的启动及推进，以外资合资企业、私人企业、个体劳动、股份公司、合作经济以及各种形式的集体经济（主要是以社区所有制为特征的乡镇企业）为代表的“非国有经济”的崛起（科斯等将其界定为“边缘革命”），产品市场的竞争日趋激烈，加上国有企业生存环境的巨大变化①，国有企业的整体经营状况在改革启动

① 如“企业办社会”带来的职工福利、学校、医疗保障等负担不再由财政解决，只能依靠企业自身解决。

之后就整体呈恶化态势。①

为了使国有企业摆脱这种经营上的困境（或者说提高国有企业的业绩），国有企业改革在改革伊始就成为中国政府最为关注的问题。从历史的视角看，1992 年之前的中国国营企业改革基本是以“扩大企业自主权”基础上的“放权让利”为核心，尝试了“利润留成”②、“利改税”③ 和“承包经营责任制”④ 等多种企业改革方式。

从当时的中国国企改革情况看，由于国企改革的成败关系着中国经济的全局，不仅需要财政、税收、金融、外贸、价格等方方面面配合，而且需要对指导思想实现重大突破才有可能取得效果。但 1992 年之前的国企改革缺乏整体性、系统性，一度是“单兵突进”，在指导思想上也基本是在不改变传统国有财产运营体制，或者说政府集社会行政管理权与国有资产所有权于一身的前提下提高企业效率，导致产权一直处于较为模糊的状态（进而企业不具有真正的法人资格）。无论从理论还是从实践来看，这类改革的前提与改革试图达到的目标间都存在矛盾，换句话说，基于企业自主权扩大这样的“放权让利”改革不可能从法律上提供一套激励和约束企业经济行为人的产

① 伴随着改革的推进，国有企业亏损面逐渐扩大，盈利能力不断下降，主要经营效益指标逐年下滑——据统计，1978 年国有独立核算工业企业亏损额为 42.06 亿元，亏损面（亏损企业数/全部企业数）为 19.3%，亏损率（亏损总额/利润总额）为 8.3%；1997 年，相应的三项数据分别为 830.95 亿元、40.2%和 194.22%；而到了 2001 年，国有亏损企业数达到了 13 470 家，亏损总额达到了 1 993.6 亿元；国有企业净值利润率则从 1978 年的约 24%一直下滑到 1998 年的最低点（约 2.1%）。参见樊纲．金融发展与企业改革．北京：经济科学出版社，1999：2-3。

② 该方式主要在 1978—1982 年间采用，刚开始是允许试点企业在年度结束实现增产增收的目标后提留少量利润并以奖金形式发给职工，1980 年则将企业计划内的利润留成和计划利润分配改为企业利润全额分成，并规定了全额分成比例的计算方法（一般以基年企业所得为基数分别核定）以及企业用利润留成建立生产发展、集体福利和职工奖励三项基金的要求。

③ 该方式主要在 1983—1986 年间采用。1983 年 6 月实行第一步“利改税”，国有企业按毛利的 55%缴纳所得税后，税后利润一部分上缴国家，一部分留给企业；1984 年 10 月进行了第二步“利改税”，国有企业的税后利润全部留给企业。

④ 该方式主要在 20 世纪 80 年代初和 1987—1991 年间采用。1983 年 3 月，中共中央和国务院一度停止在国有企业推行承包经营责任制。随着 1986 年国务院颁布《关于深化企业改革、增强企业活力的若干规定》，承包经营责任制重新成为改革的主要方式并予以推广。当时的企业承包经营责任制主要包括上缴利润递增包干、上缴利润基数包干超收分成、上缴利润定额包干和亏损企业减亏（或补贴）包干等形式。

权规则，因此，作为一种政府行为，其下放的权也罢利也罢都具有极大的不确定性或随意性，客观上导致了企业经理的预期也是不稳定的，从而不可能全力投入企业的运营，而可能把大量的精力耗费在应付行政干预，甚至侵吞国有资产上。①

1985 年，由政府主导的诸多国企改革方式所导致的诸多问题使得股份制改革这一在当时和社会主义似乎并不兼容的全新概念进入了学术研究的视野②，但股份制试行的探索实践在时间上则要明显早于理论层面的探索——1982 年，新设立的国家经济体制改革委员会就在之前农村合股经营（股份制乡镇企业）探索基础之上推动企业的股份制改革，广东、北京和上海部分地区的一些小型国有和集体企业从 1983 年开始就开展了多种多样的股份制尝试，“股票”③ 开始出现在中国经济金融舞台上。1984 年 10 月，中共十二届三中全会通过《中共中央关于经济体制改革的决定》，股份制随即在中国正式开始试点，同时也引发了理论界的激烈争论。

这场争论的核心问题是：鉴于中华人民共和国完成社会主义经济改造之后，债券和股票交易被普遍视为资本主义的象征，一直是中国经济的禁区，因此，股份制企业的性质是否符合社会主义的经济要求？当时，关于股份制企业的性质主要有两种截然不同的判断：一种认为，实行股份制就是将公有制变为私有制（马宾，1986④；关梦觉，1987）；另一种则认为，股份制的实行不会改变企业的公有制性质，代表人物为厉以宁（1986）和刘诗白

① 如“利润分成”方式过分简单化，国家难以调节实际上存在的企业之间的级差收益，同时，一旦企业经营不善、出现亏损，企业不必承担任何经济责任；“利改税”导致处于不同起跑线的企业之间原有的不平等进一步加剧，出现更为严重的“苦乐不均”状况（袁宝华，1988）；承包经营责任制则导致承包企业行为短期化、用损害所有者利益的方式扩大自己的利益以及企业负责人独断专行、损公肥私等问题。

② 金立佐，吴稼祥．股份化：进一步改革的一种思路．经济发展与体制改革，1985（1）．吴敬琏教授（2018，p. 228）认为，他们是中国最早系统提出用现代公司制度改造国有大中型企业的学者。

③ 由于当时的股份制处于一种自发实验阶段，企业搞股份制的主要目的是集资，入股资金兼具股票和债券的双重性质：入股者多为内部职工和地方公众，保本付息、分红还本的同时，不参与经营管理。

④ 马宾．全民所有制企业的动力不能是化公为私的股份制．经济学动态，1986（10）．

（1986）。而按照吴敬琏（2018）的分析，正是厉以宁（1986）的《我国所有制改革的设想》一文打开了对国有企业进行“股份制”改革的局面。同年12月，国务院发布《国务院关于深化企业改革 增强企业活力的若干规定》，提出“各地可以选择少数有条件的全民所有制大中型企业，进行股份制试点”，自此拉开了大中型企业“股份制试点”的序幕。①

从当时的实践来看，这一时期的股份制试点不再停留于上一时期单纯注重资金筹集的目的，也带有极为明确的调动投资者的内在积极性，改变企业产权关系和组织制度，实现政企分开、转换企业经营机制的取向。但可惜的是，由于对与股份制相关的现代公司制度的机制机理缺乏透彻的认识，这一时期试点公司的体制设计存在诸多缺陷，例如，企业股份结构被界定为国家股、法人股、社会公众股和职工个人股，但企业股的所有者主体模糊不清；基本沿袭承包经营责任制，不注重能在所有者和经营者之间建立起制衡关系的公司治理机制等，加之传统意识形态对思想的禁锢，致使股份制试点的推广在1992年之前的中国颇为缓慢。

这种状况在1993年发生了重大改变：中共十四届三中全会做出的《中共中央关于建立社会主义市场经济体制若干问题的决定》首次明确，国有企业改革的方向是建立现代企业制度，要适应社会主义市场经济的要求，必须建立产权清晰、权责明确、政企分开、管理科学的现代企业制度。这意味着国企长期奉行的在基本制度不变的前提下实施的“放权让利”改革进入明晰产权制度、完善公司治理阶段，股份制改革在中国进入了快速推广阶段。②

2.2 股份制改革试点中证券交易场所建设的探索

从历史的视角看，在学术界就公司化进行探索并提出国企股份制改革之前，股份制的萌芽早在20世纪80年代初的农村就出现了——当时，某些社

① 1987年，中共十三大真正明确提出股份制改造；1988年，大中型国有企业股份制改造开始试点。

② 当时的国企改革策略被称为“抓大放小”。

队企业为扩大生产能力，采取了集资入股、合股经营和股金分红的办法，兴办了一批合股经营的股份制乡镇企业。由于政府放宽政策，这种带有股份制特点的新型企业形式很快向城市发展。例如：1983 年深圳市宝安县联合投资公司在深圳首次公开招股；1984 年 7 月北京天桥商场改制为天桥股份有限公司，并发行 3 年期股票；1984 年 11 月，上海飞乐电声总厂创办飞乐音响股份有限公司并向社会部分公开发行不偿还本金的股票。1987 年开始，股份制试点范围的扩大更使得各地涌现出了一批较为规范的公开招股的股份制企业。鉴于流动性是股票、债券等证券的内在属性之一，因此对于当时的中国而言，随着股票发行规模的日益增大，股票的流转需求就如同一股暗流在不断涌动，而证券交易场所正是为了满足这种社会需求的自然产物。

2.2.1　证券交易市场的萌芽阶段（1986—1987 年）

随着国有企业股份制改革试点的增多，这一时期的股票发行有所增加——截至 1987 年底，全国累计发行股票 10 亿元。在股票数量增加的同时，受制于当时的中国金融管理体制，股票、债券的交易同股份制试点类似，一开始均是自发的，带有明显的“地下”色彩。这种状况直到 1986 年 8 月沈阳信托投资公司获准开办企业债券等柜台买卖转让业务，进而充当国有企业职工交易债券和股票的平台之后才有所变化。同年 9 月，中国工商银行上海市分行信托投资公司静安分公司设立证券营业部，开始办理“飞乐音响”“延中实业”等股票的买卖业务。此外，丹东、宁波、广州、重庆等地当时也试开发了证券交易市场。这些地区性市场的出现标志着中国股票二级市场的雏形初现。

当时包括股票在内的有价证券交易主要以信托投资公司作为中介来完成。总的来说，这一阶段证券交易市场的特点可以归结为规模小、品种少和范围窄，均为柜台挂牌交易。

2.2.2　证券（柜台）交易市场的初步发展阶段（1988—1989 年）

1988 年 4 月，经中国人民银行和财政部批准，沈阳、上海等 7 个城市开展个人持有国债的转让业务；同年 6 月，这种转让市场延伸到 61 个城市，

1989 年进一步增至 90 多个城市；到 1990—1991 年，在全国大中城市基本实现了普遍开放。与此同时，证券中介机构也较之前出现了一些新的发展：在 1987 年 9 月中国第一家专业证券公司——深圳特区证券公司——成立之后，为适应国债转让在全国范围内的推广，中国人民银行于 1988 年下拨资金，在各省组建了 33 家证券公司的同时，财政系统也成立了一批证券公司，初步形成了信托投资公司和证券公司并行开展证券买卖业务的格局。

伴随着证券交易中心在地域上的拓宽和数量上的增加，再加上与股份制试点推进相伴生的股票发行数量的增加，股票交易规模也明显放大，如 1988 年和 1989 年的股票交易额分别为 922 万元和 2 315 万元。

与前一时期相比，这一阶段的中国资本市场一级市场得到有限度拓展的同时，二级市场逐渐起步，交易活跃度不断上升。这一期间的证券交易品种渐趋多元化（但仍以国债为主导），中介机构也得到迅速发展。

2.2.3 证券交易所的探索及其区域性试点阶段（1988—1992 年）

证券柜台交易的出现及火爆为集中性证券交易所的设立创造了条件。从历史的视角看，创建证券交易所的设想最早出现在深圳——1988 年 11 月，深圳市政府组建了一个证券交易所领导小组，研究成立证券交易市场的可行性（彭森和陈立，2008），而上海证券交易所的筹建则始于 1989 年 12 月（龚浩成，2019）。

深圳和上海之所以会在 20 世纪 80 年代末冒着较大的政治风险筹建证券交易所，主要是因为对于这两地政府而言，推进浦东和深圳两个经济特区的经济建设存在较大的资金缺口，因而在无法获得体制内（由指令性计划确定的银行信贷）资金支持且地方财政资金日益紧张的大背景下，尝试通过全新的金融模式来解决资金困境。

在当时的深圳市和上海市政府看来，既然中央明确建立经济特区是为了“利用资本主义来为社会主义服务”，进而被视为学习资本主义以实现社会主义先进性的实验室，且中央政府还赋予了特区较大的自主权，那么就不应该受传统社会主义条条框框的限制，类似股票、债券这样原本被认为具有资本主义典型特征的事物进而证券交易所就存在试验的空间。也正是基于经济特区这样一个独特制度安排的考虑，1990 年 3 月，国家允许上海、深圳两地试点公开发行股票，随后两地分别颁布了有关股票发行和交易的管理办法。颇有意思的是，深圳市政府在多次向中央提交的许可设立证券交易所申请均以失败告终的背景下，考虑到 1989 年依托深圳经济特区公司等柜台交易市场非常活跃（1990 年春有超过 300 家可进行股票交易的办事处），选择于 11 月 25 日下达《关于同意成立深圳证券交易所的批复》，赶在 12 月 19 日上海证券交易所正式开业之前（12 月 1 日）启动了深圳证券交易所的试营业。事实上，深圳证券交易所直到 1991 年 4 月才正式获得中国人民银行批准，7 月 3 日正式开业。

当然，除了建设资金筹集的考虑外，柜台交易的弊端也是促使证券交易所成立的现实原因。当时，1987 年确定的股票柜台交易制度设计上存在明显问题：一方面，柜台交易设定涨停板导致柜台交易价格与私下交易价格存在巨大差异；另一方面，不同地区、不同柜台交易的股票也存在价格差异，进而导致了股票私下交易不仅无法被彻底消除，反而愈演愈烈，也给地方政府带来了较大的压力。

无论是上海证券交易所还是深圳证券交易所，在 1990 年开业的时候均带有极为明显的地域性和试验性，上市公司的数量很少，规模也很小——当年两市挂牌交易的 10 家公司中，上海 8 家（1 家为非本地的浙江公司），市值总规模不足 10 亿元，开市第一天交易额仅 49.4 万元；深圳本地 2 家。除股票外，当时沪深交易所挂牌交易的品种还包括国债和企业债。1991 年，在上海证券交易所上市的公司数量保持稳定的同时，深圳“老五股”（深发展、深金田、深万科、深安达、深原野）中的其他 3 家和“深宝安”上市之后，A 股公司数量达到 14 家，年末股票总市值达到 109.19 亿元。1992 年，随着两个交易所上市公司的大幅增加（年末为 53 家，较 1990 年增加 39 家），场内股票筹资额达到 94.09 亿元（其中 A 股 50 亿元，B 股 40.09 亿元），全年股票成交额达 683.03 亿元，年末股票总市值达到 1 048.15 亿元。

2.2.4 全国性证券交易所的形成（1993年至今）

1992年初，邓小平南方视察时针对证券市场指出："证券、股市，这些东西究竟好不好，有没有危险，是不是资本主义独有的东西，社会主义能不能用？允许看，但要坚决地试。"[①] 在邓小平谈话精神的鼓舞下，中国掀起了新一轮改革开放浪潮，股份制也在中共十四大之后成为国有企业改革的方向。

1992年10月，国务院证券委员会和中国证券监督管理委员会设立，取代之前先后成立的中国人民银行证券办公室和国务院证券管理办公会议制度成为中国证券市场的专门监管机构。自此，中国资本市场开始建立全国统一监管框架，股票公开发行试点由上海、深圳扩大到全国，国有企业的改制上市稳步推进。在这样的背景下，1993年沪深交易所的发展极为迅猛——当年，两市在上市公司总数增加到183家（较1992年增加了约2.45倍）的同时，股票总市值达到3 531亿元，环比增长236.9%，年度成交额达到3 667亿元（环比增长436.9%）。

总体来看，从沪深两个证券交易所1993年底的异地上市公司比例（沪市占比40%，深市占比60%）、会员区域分布（沪市拥有会员481家，90%来自外地；深市拥有会员420多家，94%来自外地）、投资者来源（沪市460万投资者中70%以上是异地投资者，深市400万投资者中60%为异地投资者）看，它们已从地方性的交易所成为全国性的市场。此外，由于各地证券市场相互交叉渗透，以及证券市场信息传播条件的改善，两家证券交易所的股市行情初步呈现某种联动的迹象。

2.3 沪深交易所的初始运行架构简介

沪深交易所创设伊始均被界定为非营利性的事业法人，其宗旨是服务于金融市场，实行"公开、公平、公正"的交易，为企业筹集资金、引导社会资金流向、保护投资者合法权益、促进金融市场健康发展创造条件。在创建伊始，

① 邓小平．邓小平文选：第3卷．北京：人民出版社，1993：373.

沪深两家证券交易所的运行架构既有类似之处，又存在一些设计差异。

2.3.1　证券交易所组织架构：会员制事业法人

两家交易所均在主管机构及所在地政府有关部门领导下，实行理事会领导下的总经理负责制。会员大会为交易所的最高权力机构，理事会为会员大会日常事务决策机构，向会员大会负责。监事会负责监管交易所业务、财务工作，向会员大会负责。设总经理 1 人，副总经理不超过 3 人，由理事长提名，理事会通过，报主管机关批准。

2.3.2　证券发行制度

1990 年沪深交易所开业之前，中国资本市场基本处于一种分散的无序自发探索阶段，股票发行不仅缺乏全国统一的法律法规①，而且缺乏统一的监管。为扩大发行，有些企业甚至采用参加抽奖、承诺所持股票能保本付息等手段促销股票，股票发行市场极为混乱。

随着 1990 年 3 月国家允许上海、深圳两地试点公开发行股票，之后两地分别颁布了有关股票发行和交易的管理办法，均明确地涉及证券发行这一行为。②上海和深圳，尤其是深圳的这一系列证券发行规定代表了中国有关政府部门

① 1984 年 7 月，中国人民银行上海市分行制定《关于发行股票的暂行管理办法》，1987 年修订为《上海市股票管理暂行办法》；1986 年 10 月，深圳市政府发布《深圳经济特区国营企业股份化试点暂行规定》；1987 年 1 月，中国人民银行上海市分行发布《证券柜台交易暂行规定》。

② 1990 年 11 月发布的《上海市证券交易管理办法》中就明确提出："凡在本市发行证券，必须取得证券主管机关批准。未经批准，禁止发行证券。"同时规定："新成立的股份有限公司申请发行股票，除提交前条规定的文件外，还应同时提交下列文件和资料：（一）有关部门同意设立或改组为股份有限公司的批准文件；（二）公司发起设立者认购不少于股份总额百分之三十股份的验资证明；（三）国有企业改组为股份有限公司的，应提交国有资产管理部门签发的资产评估价值确认书，并附资产评估机构出具的资产评估结果书；其他企业改组为股份有限公司的，应提交会计师事务所及其注册会计师出具的资产评估结果书。"而 1991 年 5 月的《深圳市股票发行与交易管理暂行办法》中则对企业申请公开发行股票应符合的条件做了规定："（一）经国家有关主管部门批准设立或改组成股份公司；（二）生产经营符合深圳的产业政策；（三）财务及经营业绩良好，净资产不低于 1 000 万元；（四）申请前一年有形资产净值占有形资产总值的比例应不低于 25%；（五）发起人认缴股份不得少于 500 万元，并不低于总股本的 35%；（六）向非特定个人公开发行的股份不得少于总股本的 25%，主管机关可根据情况提高公开发行股票的比例；（七）股东人数不少于 800 人；（八）申请企业或发起人在近三年内没有违法行为或损害公众利益的记录。"

试图规范再融资的早期努力。但可惜的是，由于处于萌芽时期的中国资本市场不仅整体上处于一种自我演进、缺乏规范和监管的状态，且多以分割的区域性试点为主，这些规范性努力在近乎疯狂的市场股票需求面前显得异常苍白，致使相应的证券发行缺乏明显的制度稳定性，并成为引发当时诸多市场风险事件的起因。

（1）上海。1992 年之前，上海股份公司股票的公开发行多采用面值直接发行的方式，初期只要排队付款就能直接买到股票，此后陆续推出过有奖发行、排队抽签摇号等方式。从 1992 年起，上海改用无限量发行股票认购证的方式发行，最初仅限上海居民凭身份证购买（最初一本股票认购证 30 元），实行一次发行，全年有效，多次摇号抽签，凭中签号码认购股票，一本股票认购证可以反复中签。①

（2）深圳。当 1991 年（9 月）中国人民银行批准深圳 11 家上市公司发行 2 亿多元的 A 股之后，深圳市政府选择了“先集中发放 11 家上市公司新股认购申请表，再集中一次性抽签，中签者待上市公司招股说明书刊载以后分次到指定地点交款认购”的办法，整个发行不以资金为基础，而是以身份证为基础，每证领取一张认购申请表且几乎免费供应（只收 1 元成本费）。到了 1992 年，在确定计划为 5 亿元总面值的 A 股时，政府在多种建议方案中选择了发放认购申请表方案，集中发放 500 万张认购申请表，凭身份证领表，每张表在收费 100 元的基础上，明确一人可凭 10 张身份证领取 10 张申请表，对特区内外年满 18 周岁及以上居民一视同仁；中签率提高到 10%左右，每张中签申请表可认购 1 000 股新股。②

随着 1992 年国务院证券委员会和中国证券监督管理委员会的设立，1993 年之后沪深两地证券发行方式渐趋统一——1993 年下半年开始，两市

① 当年共有 53 家公司发行面值 10 元的股票共计 5 479 万股，全年股票认购证平均中签率高达 86.9%。

② 由于全国范围内投资者赴深圳认购股票的人数达到了空前规模，这一方案最终酿成了“8·10”风波（见本书 55 页脚注①）。

上市的公司普遍采用了在规定时间内无限量发售认购申请表的方式，部分公司的股票也采取了与银行储蓄存款挂钩和交易所竞价等方式发行。

2.3.3　证券上市制度

沪深交易所成立伊始，其发行和上市实际上是分离的（换句话说，公开发行股票并不要求上市，可在柜台市场交易）——1990 年挂牌上市的 10 家上市公司股票在 20 世纪 80 年代中后期就已向社会公开发行完毕，并存在柜台交易市场。这些公司在交易所挂牌上市更多地表现为从之前分散的柜台交易转向集中的挂牌交易。

与上海证券交易所并未按照市政府相关办法要求公开上市标准不同，在深圳市政府 1991 年颁布的办法中明确了，公司申请在深圳证券交易所上市除应具备公开发行的基本条件外，还应具备的条件有：（1）其主体企业设立或从事主要业务的时间（简称实足营业记录）应在三年以上，且具有连续盈利的营业记录；（2）实际发行的普通股总面值应在人民币 2 000 万元以上；（3）最近一个年度有形资产净值与有形资产总额的比率应达到 38%以上，且无累计亏损，特殊行业另定；（4）税后利润与年度决算实收资本额的比率（简称资本利润率）前两年均达到 8%以上，最后一年应达到 10%以上；（5）股权适度分散，记名股东人数在 1 000 人以上，持有股份量占总股份的 0.5%以下的股东，其持有的股份之和应占实收股本总额的 25%以上。这可以理解为沪深交易所在创建之初上市制度是存在差异的。

进入 1993 年，随着证券发行额度审批制的实施，沪深交易所的发行和上市实现了“捆绑”，但两市的上市标准仍存在一定的差异。

2.3.4　证券交易制度架构

沪深两家证券交易所依靠现代发达的科学技术，在开业不久即完成了由手工竞价到电脑自动撮合的转变，建立了全自动的电脑交易系统。但和深圳证券交易所创建伊始还实行口头竞价制度、后来转变为电子竞价不同，上海证券交易所一开始就采取了电子化的无纸化竞价交易。

从交易层面看，沪深证券交易最为关键的一个初始制度安排是涨跌停板制度（深圳界定为“涨跌停落”），但两市的交易制度具体安排有些不同。

（1）上海。上海证券交易所开市之初（1990 年 12 月 19 日）的涨跌停幅度定为 5%，1 周和 2 周之后分别下调为 1%和 0.5%，股价的日间波动基本被完全抑制。

进入 1991 年，上海证券交易所在 2 月彻底取消了股票实物交割，4 月将涨跌停幅度回调为 1%；7 月实现股票集中存放和无纸化交易；从 9 月开始，统一以成交量调控价格（实质是不光管价格还管流量）。

从 1992 年开始，上海证券交易所先逐渐针对具体的股票取消了涨跌停幅度和流量控制，实行自由竞价；从 6 月 21 日开始，全面放开股价，所有上市股票均实行自由竞价交易；12 月初，确定股票买卖以每 100 元面额为一个交易单位，实行整数交易。

（2）深圳。深圳证券交易所以 1990 年的柜台唱价作为证券交易的发展起点。1990—1991 年间，在深圳“老五股”陆续实现集中交易的基础上，从 1991 年 6 月开始以万科为起点取消涨跌停板制度，放开了股票价格波动。

3. 资本市场创设与中国经济金融体制改革及发展：制度创新视角

证券交易所（尤其是深圳证券交易所）的建立是中国经济体制改革中实践先于制度（有时也称为“先上车后买票”）较为典型的创新之一。1990 年沪深交易所的设立和运行，开创了中国金融脱媒的新纪元，拉开了后续金融体系结构性变迁的序幕，成为中国金融体制改革中具有里程碑意义的重大事件。

3.1 从银行改革到资本市场创设：中国金融体制改革早期演进的制度逻辑

从制度演变的角度看，在 1990 年这样一个充满不确定性的政治环境中先后正式对外宣布营业的沪深交易所无疑是一种诱致性制度变迁与强制性制度变迁共同交织的独特金融创新：尽管当时股份制改革以及股票公开发行试点已经成为现实，沪深交易所的出现应该说有些顺势而为、应运而生的意味（为股票、国债等有价证券的集中交易提供了一个全新的平台），显然带有一定的诱致性制度变迁色彩，但正如吴晓求（2019）所论及的那样，鉴于“无论是从当时中国经济规模、人均收入水平还是经济的市场化程度以及人们对市场经济的认识等软硬环境看，都难以符合逻辑地得出当时要建资本市场的结论”，因此沪深交易所在中国的创设更多地是由政府主导的强制性制度创新。

众所周知，从 1953 年开始大规模有计划地发展国民经济之后，中国便按照苏联模式实行高度集中的计划管理体制及相应管理方法。计划经济特有的高度集中的财政信贷管理体制决定了此后 20 余年中国的金融体制几乎是苏联的翻版，呈现出“大一统”格局——在国家信贷计划约束下，不仅当时中国的各类金融机构及其业务职能高度集中统一，而且金融机构（银行）内部上、下级间也高度集中统一。客观地说，尽管这种金融体制在 20 世纪 60 年代曾十分明显地表现出其效率和优点，但由于计划经济模式下国家“统”得过多过死，忽视商品生产、价值规律和市场的调节作用的内在特征，金融机构的活力被大大地限制了，使其与社会生产力发展的要求极不适应，无法发挥社会主义制度的优越性，于是，随着 1978 年经济体制改革的全面铺开以及向纵深推进，金融体制改革成为中国政府关注的焦点之一。

但就实践而言，中国金融体制改革一开始似乎就偏离了资源配置效率优化的目标取向，其突出表现就是中国金融体系（尤其是国有银行体系）承担了某种财政功能，特别是对国有经济的财政补贴功能（张杰，2010）。那么，为什么经济体制改革中的中国金融体系会被政府赋予这样一种特殊的功能定位呢？

从制度变迁的角度考察，鉴于中国的经济转轨特色深深内生于长期稳定的二重社会结构（一方面是强势的国家，另一方面是分散的下层经济组织），这一社会结构不仅内生出超强政府，而且政府对宏观稳定（包括政治与经济）有着极强的制度偏好，因此，中国的经济金融体制变革表现出非常明显的双重特征——既是以国家为制度主体的强制性制度变迁，又是一种边际性的渐进式制度变迁。但正如“诺斯悖论”所揭示的那样，当国家作为制度选择和制度变革的主体且面临着两重目标冲突时，“统治者常常选择相对低效率却更能保证租金最大化的产权制度”，或者说其首要的制度变迁目标是社会与政权的稳定，进而国家必然最大限度地控制着经济金融转轨的速度和规模，采用渐进的增量改革方式而不是激进的休克方式来推动制度变迁。这就必然导致国家最大限度地维持“体制内产出”的稳定，避免整个经济转轨过程中由于“体制内产出”的巨大波动而引起社会动荡和组织崩溃。而“体制内产出”的主要承担者是国有企业，所以要保证渐进式制度变迁的顺利推进，支撑“体制内产出”的稳定，国家就必然对国有企业实行制度和战略上的倾斜，为国有企业改革提供各种显性或隐性的补贴，以弥补国有企业改革所花费的巨额成本（王曙光，2003）。

问题是，对于中国政府而言，为维持体制内产出稳定所需的巨大补贴从何而来呢？从当时的情况来看，伴随着经济体制改革的推进，国民收入分配结构、经济货币化程度等外部环境的改变，经济运行中的国民储蓄结构与投资结构均发生了极为深刻的变化。

（1）国民收入分配结构。1978年以来，随着社会主义国家传统隐性财政收入体制的解体与“放权让利”改革思想的贯彻，中国国民收入分配结构出现了巨大变化：从国民经济部门结构来看，1978—1998年间居民可支配收入占总收入的比重稳步上升，从50.7%增加到68.1%，相反，企业部门则从30.8%下降到13.7%，而财政部门则基本保持稳定，从16.9%变化到17.5%（吴晓求，2001）。

（2）经济货币化程度。1978年经济体制改革之初，中国至少通过5条渠道导致了经济货币化程度的不断提升：第一，居民和企业交易需求的增加；第二，农村引入生产责任制之后，成千上万的农民进入了市场；第三，乡镇企业的出现；第四，迅速发展的个体经济和私营经济；第五，迅速增长的自由市场（易纲，2003）。伴随着中国经济货币化程度的不断提高，货币对整个经济活动的渗透力在加强，实物交易、物物交换越来越少，货币作为一般等价物的作用得到了真正的体现——以 M2/GDP、金融相关率两个指标为例，分别从 1978 年的 32%、53.6%上升到 1998 年的 131.6%和 157%（米建国和李建伟，2002）。

（3）国民储蓄结构与投资结构。容易理解，国民收入分配格局的改变必然导致国民储蓄结构的变化：从部门结构看，随着经济改革的深入，在企业储蓄比重维持在 30%～40%的同时，政府储蓄比重显著下降，从 1978 年的 60.4%降至 1998 年的 13.2%，其主导地位逐渐被居民储蓄（从 1978 年的 9.5%上升到 1998 年的 51%）所替代（吴晓求，2001）。

在国民储蓄结构变化的同时，伴随着集体经济、个体经济等非国有经济主体的兴起，中国经济中的投资主体也日益实现多元化，投资结构发生了巨大改变（见表 1-1）。

表 1-1　中国各部门投资结构及投资效率分析

年份	工业产值增加值（亿元）			固定投资（亿元）			投资效率		
	国有企业	集体企业	个体企业	国有企业	集体企业	个体企业	国有企业	集体企业	个体企业
1986	615	634	174	2 079	391	649	0.296	1.621	0.268
1987	1 333	1 030	310	2 448	547	795	0.545	1.883	0.390
1988	2 101	1 806	504	3 020	711	1 022	0.696	2.540	0.493
1989	1 991	1 271	531	2 808	570	1 032	0.709	2.230	0.515
1990	721	664	521	2 986	529	1 001	0.241	1.255	0.520
1991	1 892	261	550	3 713	697	1 182	0.510	0.374	0.465
1992	2 869	3 352	1 753	5 498	1 359	1 222	0.522	2.467	1.435
1993	4 901	4 329	4 573	7 925	2 317	1 476	0.618	1.868	3.098
1994	3 476	10 008	8 290	9 615	2 758	1 970	0.362	3.629	4.208
1995	5 019	7 151	9 549	10 898	3 289	2 560	0.461	2.174	3.730
1996	−2 859	5 609	4 949	12 056	3 660	3 211	−0.237	1.533	1.541
1997	1 399	6 198	4 936	13 418	3 873	3 426	0.104	1.600	1.441

资料来源：根据《中国统计年鉴》（1990—2000 年）整理计算而得。

容易理解，中国经济体制改革导致的这样一个外部经济环境意味着，计划经济时代中国储蓄与投资主体高度耦合的财政主导型转化机制运转的经济基础不复存在，或者说国家财政再也不能（或无力）大规模直接介入全社会的资金配置了。

那么，在这样一种制度背景下，中国全社会的资金配置应该如何进行呢？虽然从理论上说，当时的中国政府面临着多种选择，但在当时“有计划的商品经济”的政治经济制度约束下，由于一方面，产权问题改革在当时尚未涉及，政府仍是国有资产的唯一代表，仍需掌控全局，另一方面，中国原有的金融体制一直是银行主导的，且长期以来国有银行信用几乎是一统天下，所以选择国有（专业）银行主导这种金融模式，凭借国家对作为投资主体的国有银行以及银行信用的高度垄断来控制全社会资源，进而使国有银行成为弥补国有企业改革成本和维持体制内产出的唯一主体就成为当时最符合国情，也为政府所接受的一种选择。正是在这样一种金融改革方针的指导下，1978 年以后中国相继恢复了中国银行、中国农业银行，并在 1984 年前后逐步构建了一个以中国人民银行为核心，工、农、中、建四大国有专业银行为主体的金融体系。也正是在这个逻辑的支配下，在很长一个时期内，国家对国有银行部门的改革一直持非常谨慎的态度，最大限度地维持整个银行体系市场结构的垄断性和产权结构的单一性，使单一国有产权的国有银行在市场竞争中处于绝对的垄断性的优势地位。

但改革的现实性并不意味着改革的有效性。客观地说，1984 年中共十二大之后开始的第二轮旨在给四大专业银行在发放贷款方面更多自主权的“实贷实存”信贷管理体制改革以及紧随其后的“拨改贷”等金融体制改革并非市场运行的自然结果，而是中国政府在深受原有储蓄—投资低效转化之苦基础上的一种变通——打破集中体制下“父爱主义”引致的“预算软约束”，利用银行来引导、约束企业的融资决策，减少对财政的过度依赖。在没有其他相应制度配合的背景下，虽然改革的初衷是提高经济运行的整体效率，但由于制度协调以及其他体制性的原因，作为计划经济遗留下来的以国家为唯一中介的转化机制的延续，以国有银行为主导的金融模式并没有从根本上改变储蓄—投资低效转化的现状，相反，在储蓄保持高速增长的同时，中国经济金融领域出现了一些政府不愿看到的现象。

（1）国有企业经营效益持续下滑。在国有企业与国有银行同属“国有”的大背景下，得到优先信贷支持的国有企业“免费资本”的幻觉不仅依旧延续，而且在存款高速增长的背景下，借助银行贷款维持投资也是国有企业唯一的渠道，因此，一种“居民储蓄—银行贷款—企业（高）负债”的经济运行模式出现并得到强化。该模式运行的结果是，企业在高负债的背景下疲于应付债务本息的偿还，相应地，企业产权改革以及经理选拔机制、激励机制的建立与完善等都缺乏制度基础，在没有制度保障的情况下，成功的企业仅仅是个案，国有企业的投资效率远低于其他经济部门。

（2）银行，尤其是国有银行经营陷入了困境，金融风险不断累积。在这样一种转化机制下，银行几乎承担了全社会所有储蓄—投资转化的任务，这对银行自身的业务运作（甄别、筛选投资项目，监控项目的运行，评价项目实施的后果等）提出了很高的要求（否则银行可能根本就无法取得储户、企业的信任，进而也就无法存续下去）。此外，由于 1）银行的国有背景使国家信用成为银行运行的基础，导致银行很大程度上可以在不顾及转化效率的情况下开展业务，2）作为一种义务，国有银行本身也承担了许多没有经济效益的政策性业务，3）国有企业亏损的现状及其发展，以及其他种种因素的叠加，中国整个银行体系的风险不断累积，一个集中表现就是不良贷款的规模急剧扩大，导致其只有依靠巨额新增储蓄的进入，才能在不出现通货膨胀的情况下维持日常的运行。

（3）金融宏观调控效果弱化。一方面，居民储蓄存款的大量增加使得中国货币供给具有极强的内生性；另一方面，国有企业对信贷资金的刚性依赖引发了国有企业倒逼银行贷款，进而迫使国有银行出于维系自身资产负债平衡的目的倒逼中央银行再贷款，形成中国特有的“中央银行再贷款—国有银行政策性贷款—国有企业”单向信贷资金流动，结果不仅使全社会潜在购买力扩大，总需求与总供给之间的潜在矛盾激化，而且使中央银行货币政策丧失了独立性，单靠货币调控难以有效地实现宏观调控。

这些现象的出现与加剧迫使中国政府重新思考以国有银行垄断为核心的金融体制的合理性。应该说，以 1986 年交通银行的恢复以及中信实业银行的设立为标志的非国有银行的发展是早期中国政府探索金融体制改革深化的重要步骤——在当时的中国政府看来，非国有银行的出现与发展在直接满足非国有企业投融资需求的同时，有利于打破金融垄断、引入竞争机制，并能以示范效应促进国有银行的商业化转轨。但可惜的是，尽管以股份制银行为代表的非国有银行在此后 20 年时间里在规模、地域分布等方面都有了长足的发展，但并没有从根本上动摇国有银行特有的竞争优势（国家信誉支持、广泛的分支机构网络以及长期银企关系等），致使其无法撼动国有银行在中国金融体系中的主导地位。

既然非国有金融机构的发展不能实现中国金融体系的效率提升与风险控制，那么中国能否“跨越一步”，通过金融市场的发展来实现中国金融体系的革命性变革呢？大约从 1984 年开始，这一改革思路就在与股份制试点探索相关的市场内生力量的推动下开始在中国出现，并逐渐进入决策层的视野。可惜的是，尽管 1983—1990 年间中国金融市场尤其是货币市场的发展在产品种类及规模上都取得了一定成就，其雏形也已经在中国经济体系内部顽强地形成、发展，但最终却以整顿告终，并且很多改革措施重新回到了计划经济的思维。①

基于这样的背景，1990 年底以及 1991 年初上海证券交易所和深圳证券交易所分别正式成立就具有了里程碑式的意义。在此之前，中国经历了

① “八五”计划对金融体制改革方案的提法就更多地体现了计划色彩，其中“金融宏观调控实行间接手段与直接手段相结合”“加强对专业银行的领导与管理”“专业银行要执行国家产业政策、承担经济调控职能”等均显示了计划经济的回潮。

一个很长时期的关于“什么是社会主义”“社会主义可不可以搞市场经济”“计划和市场在社会主义经济中对资源配置分别起什么作用”“社会主义能不能有股票市场”“股份制和证券市场姓‘社’姓‘资’”等重大理论问题的争论，最终结果是中国政府决定把股票市场作为金融体制改革的一个试点。

那么，为什么中国政府会在 1990 年前后选择股票市场进行试点呢？尽管从微观层面看，这么做有之前曾提及的通过拓宽资金来源促进深圳和上海的建设以及“学习外国包括资本主义发达国家的先进技术、科学管理经验和进步文化成果”等考虑，但就经济转轨这个大背景而言，这一制度创新的背后还是一个制度变迁补贴资源控制与来源问题——在改革之初，为了避免证券市场与银行部门争夺资金，使垄断性银行失去一部分收益最高的业务，从而损失其特许权价值，进而影响银行部门的资金、威胁金融体系的稳定，中国政府对债券和股票市场采取了极为严格的抑制政策；但当中国经济金融领域面临的环境发生了巨大变化（源自货币化发行收益的衰竭以及国有银行体系已经累积的巨大风险），客观上迫使政府重新寻找一种赖以维持渐进转轨的金融支持方式（或者说，政府已经意识到，仅仅对提供储蓄存单的国有银行做出所谓的专属性保护，以及维持垄断性国有金融制度安排，依然不能满足中国经济变迁过程中储蓄动员水平与金融支持的实际需要）的时候，创建、发展一个以国有力量为主导的股票市场的最大作用就是为中国经济转轨金融支持策略的战略性改变——从单独的货币性金融支持转变为货币性与证券性金融的协同支持——提供了新的契机，进而迫使中国政府进行资本市场这一全新的制度改革尝试，同时也可借此在战略上向外部世界显示推进改革开放的坚定态度。

但考虑到当时由股份制所引发的市场化改革中出现的以“意识形态悖论”为形式的巨大政治敌意，中共中央并没有在法律层面承认股票交易所这种存在形式，而是沿袭既有的“试点”改革思路，甚至对深圳在并未获得中国人民银行正式批准的情况下试营业也采取了较为宽容的态度。

3.2 沪深交易所创设初期的金融脱媒与中国金融改革

尽管从政府层面看，创设证券交易所的基本出发点在于金融支持，但作为一种制度设计，资本市场迥然有别于银行——从金融运行逻辑来看，资本市场作为直接融资平台，其发展的初始动因是基于对传统金融或商业银行间接（信贷）融资的"去中介化"（脱媒），因而其产生和发展必然对原来处于高度垄断状态的国有银行体系进而整个金融体系的运行造成巨大的影响。

从宏观层面看，沪深交易所的创设对中国金融领域最为直接的影响本应该是金融结构的变化，因为资本市场的出现终结了此前银行体系的绝对垄断，引入了全新的融资途径。但遗憾的是，在资本市场刚刚出现的前几年，其"脱媒"功能几乎可以忽略，对中国的金融结构并没有带来实质意义上的冲击（见表1-2）。

表1-2　中国股票市场与银行：1990—1995年

年份	股票市场					存款货币银行			银行总资产/股票总市值（%）
	股票总市值（亿元）	股票总市值/GDP（%）	股票交易总额（亿元）	上市公司总数（家）	境内筹资额（亿元）	银行总资产/GDP（%）	银行私人信贷/GDP（%）	境内股票筹资/贷款增加额（%）	
1990	—	—	—	10	4.28	—	95.07	—	—
1991	109.19	0.51	43.40	14	5.00	—	98.68	—	—
1992	1 048.13	3.93	681.25	53	50.00	—	91.00	—	—
1993	3 531.0	10.20	3 667.00	183	314.54	112.49	101.18	4.96	1 103
1994	3 690.6	7.89	8 127.63	291	138.05	107.37	89.43	1.91	1 361
1995	3 474.3	5.94	4 036.47	323	118.56	105.11	87.70	1.27	1 769

资料来源：中国证券监督管理委员会．中国证券期货统计年鉴（2001）．上海：学林出版社，2001；苏宁．中国金融统计（1949—2005年）．北京：中国金融出版社，2007.

尽管资本市场对宏观金融结构并未造成太大的影响，但作为一种全新的金融制度安排，其出现伊始对于居民储蓄分布进而全社会的金融资产分布还是造成了一定的冲击——借助表 1－3 可以发现，在证券交易所挂牌交易的股票认购额在居民年度储蓄中所占比例从 1990 年的 0.18%上升到了 1995 年的 9.8%①，相应地，股票、债券等有价证券逐渐成为货币（含存款）和贷款之外的重要金融资产（见表 1－4）。

表 1－3　中国居民金融储蓄分布　　单位：亿元

年份	储蓄存款	股票	企业债券	政府债券	保险	手持现金	总和
1990	1 923.4	4.28	49.1	121.01	58.4	240.0	2 396.2
1991	2 121.8	5.00	135.7	169.65	78.3	426.72	2 937.2
1992	2 517.8	50.00	488.7	222.73	109.6	926.56	4 315.4
1993	3 444.1	194.83	−19.6	258.05	157.1	1 222.95	5 257.4
1994	6 315.3	49.62	−120.3	747.66	151.6	1 138.12	8 282.0
1995	8 143.3	1 030.9	−317.8	1 003.9	170.2	477.74	10 508.2

资料来源：《中国统计年鉴》（1992—1996 年）、《中国金融年鉴》（1992—1996 年）。

表 1－4　中国金融资产分布

年份	货币 M2（亿元）	贷款存量（亿元）	有价证券（亿元）	GNP（亿元）	货币 M2/GNP（%）	贷款存量/GNP（%）	有价证券/GNP（%）
1991	19 439.9	21 337.8	2 016.18	21 622.5	89.91	98.68	9.32
1992	25 402.1	26 322.9	3 891.71	26 651.9	95.31	98.77	14.60
1993	31 501.0	32 943.1	6 696.50	34 560.5	91.15	95.32	19.38
1994	46 923.5	40 810.1	8 394.78	46 495.8	100.92	87.77	18.05
1995	60 750.0	50 394.2	11 053.27	57 650.0	105.38	87.41	19.17

说明：有价证券包含股票、债券和保单。

资料来源：张杰. 中国金融制度的结构与变迁. 北京：中国人民大学出版社，2010：59－60.

与全社会金融资产端的变化相对应的是企业资金来源端的结构改变。正如前文提及的那样，多年来间接融资一直是企业资金来源的主要渠道，1985 年“拨改贷”之后更是如此——从专业银行借，通过国际金融市场向海外银

① 鉴于当时股票投资者中 95%以上是散户，也就是普通民众，这里假设全部由居民认购股票发行。

团借，通过财政、金融、经贸等部门取得国际金融组织的贷款等，直接导致国有企业在 1980—1989 年间资本负债率呈持续上升态势（从 1980 年的 23.56%上升到 1989 年的 95.06%），而这种过分依赖间接融资导致的巨额本金利息支付又成为国有企业资金窘迫的重要原因。沉重的融资负担反过来又成为企业部门，特别是国有企业部门积累不起自有资本金的重要原因，到了后期甚至出现了企业别说本金就连利息都还不上，进而迫使银行用发放新贷款的手段支持债务人向自己付息的现象。在这样的背景下，通过发行股票弥补企业自有资金的不足日益成为一条通过外源性融资降低其过高的资产负债率的重要途径。

3.3 沪深交易所创设初期的国有企业改革：基于经济体制改革视角的进一步思考

当然，沪深交易所初创时期的效应并不仅限于金融领域，证券交易所和与股份制改革相关的国有企业公司制改造的协同发展在中国经济转轨的关键时期对于推进产权改革、重塑社会主义市场经济微观主体有着极为特殊的意义。

之所以有这样的判断，是因为对于处于经济体制转轨时期的中国而言，资本市场具有产权和公司治理重构的双重制度激励功能。

首先，资本市场的出现以基于股份制的公司化改革进而上市为依托，实现对国有企业产权结构的明晰界定。通过对国有企业的股份制改造，企业在摆脱作为国家行政机构附庸（“政企不分”）的角色定位、明确其真正的市场主体地位的基础上，根据不同主体的实际出资额及入股份额，实现了企业所有者从“国家”向“国有部门”、“企业法人”和“个人”的转变，明晰了不同主体对企业财产的剩余索取权以及企业法人产权。

其次，资本市场的出现使得在国有企业中构建并形成了以所有者、董事会、执行管理部门之间分工制衡为核心的全新的公司治理结构。明确股东大会是公司的最高权力机构，股东出于信任推选董事，董事作为股东的受托人，承担信托责任；董事会受股东的信任和委托，负责经营公司的法人财产，董事会制定公司的重大经营战略并监督检查经理人员的执行状况；经理人员则受聘于董事会，在授权范围内拥有对公司事务的管理权，负责处理公司的日常事务。股东大会、董事会和经理人员三者责、权、利得到明确界定，可以有效解决传统体制中国有企业政企不分、权责不明等问题。

从历史的视角看，与经济转轨伴生的资本市场出现之后，的确有力地推动了国有企业朝着产权明晰、权责明确和政企分开方向的改革步伐。到 1993 年底，全国股份制试点企业已有 11 560 家，股本总额达 3 147 亿元人民币。在这些股份制企业中，股份有限公司为 3 261 家（其中上市公司为 183 家），股本总额为 2 591 亿元，占试点企业股本总额的 82.3%。在试点企业中，由集体所有制改组的占 63%，由全民所有制改组的占 22%，其余是由国内联营企业改组而成。①

此外，值得强调的是，除了制度激励功能之外，对于处于体制转轨时期的国有企业而言，资本市场的出现还为企业资产重组与产业结构的调整提供了一个前所未有的平台。从历史的视角看，尽管基于资本市场的收购兼并活动在 1993 年才开始出现，但国有企业为实现上市而进行的内部资产重组（当时称为“包装”，核心是将企业非生产经营性资产加以剥离，或将内部的生产经营关系和资产进行重组，以提高上市公司的资产收益率，达到上市标准）也具有与之类似的色彩。证券发行时，政府的产业政策和产业导向成为发行额度分配的重要依据，而且市场中那些符合产业政策、前景看好的公司股票往往价格相对较高，因此，在一定程度上，资本市场的出现在产业结构调整中也发挥了非常独特的作用。

---

① 1992 年中共十四大召开之后的 5 年间，全国批准的以国有企业为主改造或新设立的股份制有限公司达到 9 200 余家，股本总额约 6 000 亿元，其中向社会募集资金 1 500 亿元，向内部职工募集资金 350 亿元，筹集外资约 800 亿元。参见证券时报，1997－09－18；陈浩武．体制转轨时期的中国资本市场．北京：经济科学出版社，1998：48－49。

4. 中国资本市场创建初期的主要制度缺陷及其内在逻辑

中国资本市场是在传统计划经济中出现和发展的，其成长不仅受制于当时的宏微观经济环境和因素，而且深受制度环境的影响，监管制度环境中任何微小的变化都有可能对其成败产生决定性的影响，同时，哪怕是在制度层面做出细微的调整，也有可能使一次正处于颓势的实践爆发生机（反之，也可以使一次正处于顺境的实践快速走向失败甚至消亡）。正是因为有着这样极为特殊的产生背景，因此，一方面，以现在的眼光来看，中国资本市场的初始制度设计的确存在诸多可以说极为严重的缺陷，极大地制约了中国资本市场经济功能的有效发挥；另一方面，这些带有缺陷的制度的产生虽然在一定程度上可归因于对全新的制度创新设计的陌生，但在当时却往往都有极为特殊的逻辑，因而在中国资本市场创设初期也发挥了极为独特的作用。

4.1 中国资本市场创建之初的主要制度缺陷

从历史的视角看，尽管 1990 年沪深交易所区域性试点之初，中国政府并未对上海和深圳与证券交易相关的经济活动进行实质性的干预，但在 1992 年国务院证券委员会和中国证券监督管理委员会成立、资本市场由区域性试点转向全国推开之后，就通过 1992 年的《股份制企业试点办法》及 1993 年的《股票发行与交易管理暂行条例》《禁止证券欺诈行为暂行办法》《公司法》等一系列证券期货市场法规和规章构建了一个全国统一的监管框架。现在来看，资本市场创设初期的证券发行与定价制度、股权分置制度、A/B 股市场分设制度等均存在较大缺陷，进而成为后续资本市场改革的重点和难点。

4.1.1 以“规模控制＋实质审批”为内核的证券发行审批制

由于当时强烈的意识形态因素以及由此导致的政府对于股票市场“实验”性质的种种疑虑，中国政府对于上市资源的配置采取了一种带有浓重计划经济色彩的“规模控制＋实质审批”的特殊模式，即为了确保上市进程的平稳有序进行以及弱化供给冲击，中央政府事先确定一个年度总规模（通常称为“额度”），然后按照行政分配原则在不同部门、省市间进行分配。尽管在 1987 年颁布的《国务院关于加强股票、债券管理的通知》中规定由中国人民银行统一负责管理相关事宜，但 1992 年 10 月负责对全国的证券业和证券市场进行监管的国务院证券委员会及其执行机构中国证券监督管理委员会成立之后，则转变为由国务院证券委员会配合国家计划委员会下达证券市场的年度规模，由中国证券监督管理委员会负责复审公开发行股票和基金的申请。自此，我国上市资源“规模控制＋实质审批”的配置模式基本确立，并实行了长达 10 年之久。

在这种特殊的上市资源配置模式下，这一时期中国股票市场中的上市公司在所有制、产业与收益分布及其变动等方面都表现出一些较为明显的特征。

首先，从股权分布变动看，这一期间中国能够获得 IPO 资格的公司基本都是改制后的国有企业，且在上市之后，通过国有股与法人股占绝对优势的方式保持了国家对上市公司的控制权（见图 1－1）。

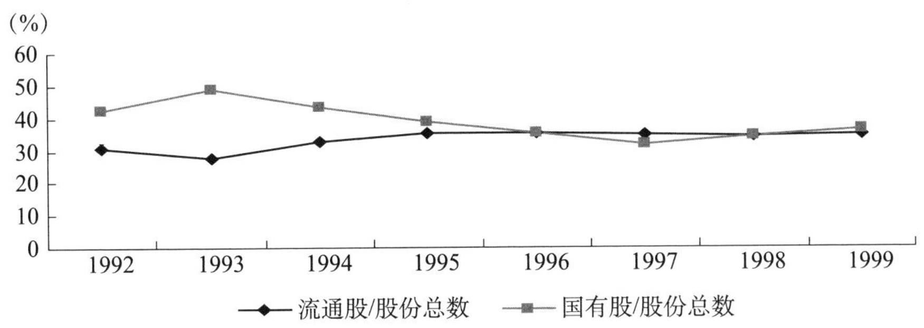

图 1－1　中国上市公司股份结构变化状况：1992—1999 年

资料来源：色诺芬数据库（www. SinoFin. com. cn）。

其次，从产业分布存量与增量两方面来看，中国沪深上市公司中来自石油、化工、机械等制造业的企业占据了绝对优势，接下来为批发零售业，交通运输业，电力、燃气和水的生产与供应业等传统产业，而信息技术业等新兴产业的企业所占比重较低（见表1-5）。

表1-5　中国上市公司产业分布状况：1994—2000年

年份	制造业		批发零售业		综合类		交通运输业		电力、燃气和水的生产与供应业		信息技术业		房地产业	
	数量[a]（家）	比重[b]（%）	数量[a]（家）	比重[b]（%）	数量[a]（家）	比重[b]（%）	数量[a]（家）	比重[b]（%）	数量[a]（家）	比重[b]（%）	数量[a]（家）	比重[b]（%）	数量[a]（家）	比重[b]（%）
1994	132	56.9	31	7.3	34	10.6	5	1.24	11	7.62	13	1.83	19	10.4
1995	149	57.2	40	7.7	42	9.97	6	1.39	13	7.10	14	1.58	23	10.3
1996	257	58.1	65	8.5	62	8.87	13	1.56	20	6.49	23	2.86	29	8.03
1997	384	58.0	84	8.3	72	7.4	20	4.85	27	6.33	35	3.38	30	5.87
1998	458	59.7	86	7.5	78	6.85	25	5.14	30	5.80	39	3.20	29	4.59
1999	525	60.1	87	6.6	82	6.39	31	5.93	32	5.40	42	3.13	30	3.98
2000	607	59.2	93	6.16	86	6.03	38	6.42	37	5.70	52	4.06	34	3.55

说明：a. 该行业上市公司数量；b. 该行业资产在总资产中所占比重。

资料来源：色诺芬数据库。

最后，资金利用效率较为低下。不仅整体上看，上市公司经营业绩呈不断下滑态势（见表1-6），且从产业视角看，上市公司业绩也呈现相同的下滑趋势，信息技术业等少数几个产业例外（见图1-2）。

表1-6　中国上市公司年度净资产收益率分布总体变动状况：1993—2000年

年份	≤0（家）	(0，6%]（家）	(6%，10%]（家）	>10%（家）	均值（%）	总数（家）
1993	1	9	19	42	13.73	71
1994	2	21	54	210	14.22	287
1995	17	90	56	148	9.17	311
1996	30	109	43	331	8.37	513
1997	39	104	50	527	7.01	720
1998	81	125	109	512	1.18	827
1999	74	164	268	418	3.14	924
2000	85	234	411	333	-49.26	1 063

资料来源：色诺芬数据库。

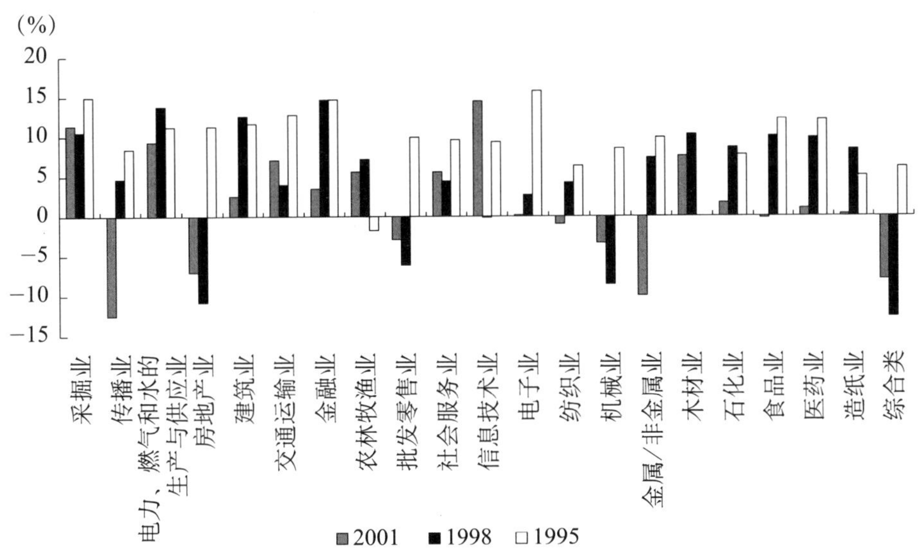

图 1－2　中国上市公司分产业年度净资产收益率的变化状况

资料来源：色诺芬数据库。

这些特征实际上意味着“规模控制＋实质审批”的证券发行制度在中国经济高速增长的背景下并没有筛选出质量较好的公司上市，由此导致的上市公司质量低下问题成为当时困扰中国资本市场发展的一个制度性难题（见表 1－7）。

表 1－7　1993—2000 年中国 A 股上市公司经营业绩状况

年份	1993	1994	1995	1996	1997	1998	1999	2000
平均每股盈余（EPS，元）	0.36	0.31	0.25	0.23	0.24	0.19	0.20	0.20
平均净资产收益率（ROE，%）	14.68	13.15	10.78	9.59	9.69	7.45	8.23	7.63
亏损公司数量（家）	—	2	17	31	41	77	79	97
亏损公司占全部上市公司的比例（%）	—	0.68	5.26	5.85	5.50	9.16	8.32	8.70
平均亏损额（万元）	—	183	214	397	618	1 657	1 033	1 658

资料来源：WIND 数据库。

此外，证券发行审批制还引发了“排队上市”、“壳资源”以及“上市寻租”等诸多市场乱象，极大地干扰了市场功能的发挥。

4.1.2　以市盈率限制为核心的证券发行定价机制

在中国资本市场中，证券发行一开始多采用面值发行的方式，因而无须考虑发行定价的问题。从1993年开始，监管部门主导的市盈率法开始成为中国资本市场最常用的证券发行定价方法：由监管部门确定一个指导性市盈率值（1998年10月之前不超过15倍市盈率），市盈率与每股收益①的乘积就是新股发行价格。

在二级市场由于股权分置等供求失衡导致市盈率居高不下、一级市场定价市盈率又被严格限制的背景下，中国公司首次公开发行（IPO）时的发行价相对二级市场交易价存在极为严重的抑价现象。从当时的情况看，这一价差随行业不同而不同，通常能达到50％至300％不等的水平。

尽管无论从历史还是从现实来看，中国资本市场延续至今的一级市场IPO抑价都吸引了众多的“打新者”和规模巨大的“打新资金”，进而有助于IPO成功，但“一级市场申购、二级市场套现”这一近似无风险套利机制的持续存在客观上表明，中国资本市场的资源配置并不是按照风险进行的，而是存在显失公平的制度安排。容易理解，这样一种证券发行定价机制自然也成为后续中国资本市场制度改革的难点和重点。

4.1.3　股权分置制度

中国政府曾出于保持公有制在上市公司中的控制地位和防止国有资产大量流失的考虑，对上市公司的普通股按其所有者性质不同做了有中国特色的处理，即将其划分为国家股、法人股、社会公众股和职工个人股，明确规定国家股、法人股“暂不”上市流通，这就导致了中国上市公司的股权结构一

---

①　关于每股收益的确定在1992—1999年间采用过三种方法：未来三年收益预测值均值；过去三年历史收益均值；历史数据占70％、盈利预测占30％的加权平均值。

度呈现出和世界上其他国家或地区截然不同的“股权分置”特点。①

中国股权分置的制度依据是 1992 年发布的《股份制企业试点办法》，其第四部分“股份制企业的股权设置”中明确规定，根据投资主体的不同，中国股份制企业的股权设置有四种形式，也就是国家股、法人股、个人股、外资股。此外，根据该文件的相关条款，按照资产的性质，还可以将国有资产投资形成的股份和集体所有投资形成的股份区分为公有资产股和为非公有资产股。1992 年 7 月，原国家国有资产管理局、国家经济体制改革委员会在《股份制试点企业国有资产管理暂行规定》中进一步把国有股区分为国家股和国有法人股两类。1994 年 11 月，原国家国有资产管理局、国家经济体制改革委员会联合发布的《股份有限公司国有股权管理暂行办法》对“国家股”和“国有法人股”两类国有股的管理进行了更详细的界定，并将国有法人股的投资主体和持股主体进行了扩展，从原来单一的全民所有制企业扩展至国有企业、事业单位及其他单位。另外，《股份有限公司国有股权管理暂行办法》还对国有企业改组设立和新设立股份公司时国家股和国有法人股的区分做了较详细的规定。

从历史视角来看，一方面，股权分置这种极具中国特色的制度设计不仅导致中国资本市场上长期有超过三分之二的股票不能流通，进而从根本上改变了市场中股票的供求关系，而且导致了极为明显的利益扭曲和利益冲突（由于包括大股东在内的各类国家股、法人股股东所持股份不参与市场定价）。因此，市场定价机制扭曲和失效，股价难以对大股东、管理层形成市场化的激励和约束，公司治理赖以存续的共同利益基础被打破，成为引发包括再融资、股利分配、并购重组等在内的诸多中国上市公司经济行为长期异

① 当时作为金融体制改革重要组织者、后来成为中国证券监督管理委员会首任主席的刘鸿儒曾经追忆，为了解除人们对私有化的担心，一方面从马克思关于股份制的论述中寻找证券交易所的理论依据，另一方面出台相关文件，为股份制企业提供法律保障。“其中一项法规明确，凡是实行股份制的国有企业及其股本构成比例，均要由政府主管部门审批。当时上市公司的公有股占 60%，40%是市场流通的。内部按此比例控制，是为了明显体现公有制为主的原则，从此留下了股权分置的问题。”参见刘鸿儒．突破——中国资本市场发展之路．北京：中国金融出版社，2009：12。

化的根本原因之一。市场内幕交易盛行、价格信息失真，极大地制约了股票市场资源配置功能的有效发挥。另一方面，股权分置制度的长期存在也直接导致了中国资本市场中各种制度和相关主体的利益格局形成了较为刚性的路径依赖，成为困扰中国资本市场健康发展的一个根本性制度障碍。

4.1.4 A/B股市场分设制度

B股，也就是人民币特种股票的出现和发展是1991年底出于筹集外汇资金考虑的一项制度创新。① 在当时严格的外汇管制（核心是汇率非市场化和人民币不能自由兑换）背景下，B股一度打开了企业筹集外资的大门，具有一定的积极意义，但就证券市场的整体发展而言，B股市场的创设显然缺乏全局考量：首先，B股及B股市场的存在将一个完整的境内股票市场人为分割为A股和B股，导致了一家上市公司的股票存在两个价格，客观上使得资本市场的定价功能出现紊乱；其次，由于B股市场参与者受到严格限制，所以B股市场的流动性低，缺乏生机和活力，陷入了恶性循环，并最终使B股市场的初始功能几乎丧失殆尽。

历史地看，B股从1991年出现之后到2000年就基本完成了其筹集外资的使命（发行B股的上市公司在2000年达到114家的峰值，在2003年、2004年有过少量的B股新发，但总计筹资外汇金额折算后仅382.95亿元人民币），且2004年的时候发行B股的ST上市公司达到了20家之多（在总共110家上市公司中占比超过18%）。从现实来看，尽管经国务院批准、证监会决定，沪深B股市场从2001年2月19日起向境内居民开放（即允许境内居民以合法持有的外汇资金开立B股账户，交易B股股票），但时至今日，A、B股市场之间的流动性差异进而巨幅价差依然存在，A、B股市场整合问题仍是困扰中国资本市场后续发展的制度性难点之一。

---

① 1995年12月25日发布的《国务院关于股份有限公司境内上市外资股的规定》取代了1991年底上海和深圳两地颁布的地方性人民币特种股票法规，依据《公司法》对B股的发行和交易做出了统一规定。

4.2　中国资本市场创设之初缺陷制度体系内在逻辑的宏观反思

尽管站在现在的视角来看，无论是从资本市场的内在运行逻辑还是从中国资本市场的历史运行轨迹来看，都可以判定创设初期推出的证券发行审批、股权分置等制度安排缺陷极为突出（有些甚至进一步演变成为影响后续中国资本市场健康运行的基因式缺陷问题），但从历史的视角来看，这些制度安排的出现在当时却有着其独特的内在逻辑（或者说合理性）。

在我们看来，要想理解这一点，有必要再强调一下沪深交易所创设时中国各类经济主体的状况。

4.2.1　企业层面

改革开放初期，在国有企业饱受亏损困扰的同时，乡镇企业意外地成为20 世纪 80 年代中国经济发展最快的部分——受雇于乡镇企业的农村劳动力人数占全部农村劳动力人数的比例从 1978 年的 9%上升到了 1984 年的14%。到 20 世纪 80 年代中期，乡镇企业的产值占据了全国农村经济总量的半壁江山，甚至达到了全国工业总产出的1/4。当时的乡镇企业一般都戴有“红帽子”（即，被认为是集体企业），但当时的一些抽样调查报告显示，中国 83%的乡镇企业名义上是集体企业，实为私营企业（非国营实体）。

当时，乡镇企业的崛起还对国有企业构成了诸多严峻挑战：首先，乡镇企业的高薪和其他便利吸引了许多国有企业的技术工人和管理者；其次，乡镇企业能利用利润留成，花费较大的代价升级自己的生产技术。到 20 世纪80 年代末，由乡镇企业兴起导致的企业竞争加剧客观上成为中国经济的强效催化剂。而对于 1981 年就已获正式认可的私营个体企业，中国政府在 1992年之前采取了不推崇、不宣传和不禁止的“三不”政策，将其限定在较窄经营范围的同时也未对其予以应有的保护。

4.2.2　投资者层面

沪深交易所创建初期的中国证券投资者也不容忽视。首先，从构成来看，当时两个市场均以散户为主（95%以上均为中小投资者），资金来源主要是个人储蓄，可供投资的资金极为有限（即便到了1990年，居民储蓄存款总额也不到7 200亿元，人均也就600元左右）。其次，投资者金融证券投资知识普遍极为缺乏，尤其是缺乏最基础的风险意识。最后，对于投资者进行股票交易时的不当行为，在法律法规层面几乎没有什么具有较大威慑力的惩罚措施。

4.2.3　证券服务中介层面

当时由于金融体制改革的重点集中于银行体系，专业性的证券公司直到1987年才得以出现，大量的证券中介业务主要由和银行具有密切关联的信托投资公司来完成。由于当时的证券中介机构和银行系统存在天然的联系，一些证券从业机构在将银行信贷资金违规拆入，通过国债回购市场大量拆借资金的基础上，一方面违反有关规定，以拆借资金和其他客户保证金向其客户（机构投资者或个人“大户”）透支；另一方面利用内幕信息，与上市公司联手“做庄”，人为造市，加大市场的投机性。

4.2.4　证券监管层面

多头监管是中国资本市场创设伊始的实际状况。在国务院证券委员会和中国证券监督管理委员会成立之前，中国人民银行等相关部委主要承担全国范围内股票监管的职责，而上海和深圳两地的地方政府主要负责管理当地的证券市场，沪深两家证券交易所带有自律性管理机构的性质，实际承担了证券交易市场的主体管理工作。1992年国务院证券委员会和中国证券监督管理委员会成立之后，就形成了以国务院证券委员会为主管机关、以中国证券监督管理委员会为执行机构，具有中国特色的、分层次的、多部门分工协作的证券市场管理体系。

在沪深交易所创建初期，多头监管实际上导致了政出多门、市场政策缺乏连续性和稳定性、交易规则不一致，矛盾冲突时有发生，甚至出现了两家交易所在当地政府支持下恶性竞争的情况。

在我们看来，基于前文叙及的1990年前后这样一个特殊的政治经济环境，依托上述四类主体所创设的中国资本市场在制度设计上实际上并没有太多的选择。此外，中国经济运行处于一种“紧平衡”状态，进而从宏观层面看，在利用股票等有价证券筹集资金时，社会的资源——自然资源、物质资源和人力资源并不会有任何增加，却要由此立即引出追加的现实需求，而尽管需求可以把潜在的资源动员起来并形成追加的社会供给，但这不仅需要时间，而且受很多其他条件的约束。基于这样一种分析，很容易出现超越一定数量界限的过多股票发行，但这在仍实施严格信贷计划管制的宏观环境中是不被允许的（黄达，1993）。

或许正是因为上述宏微观诸多因素的共同作用，在 1992 年全国性证券交易所形成时的整体制度设计就颇符合当时的经济环境和政治考量——无论是从理论还是从实践来看，证券发行的规模控制与分配制度都使中国政府层面有了新的资源获得方式（直观上说，这与国有银行的信贷分配制度并没有什么不同，进而政府部门就可以在宏观层面完成信贷计划和股票发行指标的分配），而且在股权分置的制度约束下，再多数量的上市公司、再大的证券市场扩展规模都不会形成标准的资产替代，进而对转轨经济中的金融支持造成影响。换句话说，证券发行审批制和股权分置制度的制定和实施使得处于“金融抑制”下的中国资本市场发展既可保持体制内产出的增长，又可体现总体改革尤其是金融改革的市场化倾向。

基于市盈率的证券发行价格限制在确保国有企业利用股票融资的同时，更多地带有投资者保护的色彩。当时不仅证券公司、信托投资公司等证券机构的专业定价能力较弱，而且机构投资者匮乏，很难采用市场化的询价机制，而且身为普通居民的众多中小投资者的金融投资知识匮乏、风险意识淡薄，如果 IPO 时定价过高，就可能导致众多中小投资者担心上市后价格下行进而遭受亏损，从而使 IPO 失败。显然，从监管的角度看，市盈率上限法不仅简单易行，而且通过一、二级市场价差这一巨大盈利诱惑使中国资本市场从未出现过“IPO 失败”（这在欧美成熟国家是极难想象的），并有效激发了中小投资者参与股票交易。

最后，类似 A/B 股市场分设这样的制度安排是在上海和深圳区域试点时提出的，更多地是为了解决部分上海和深圳本地企业外资短缺的问题，因此，本来就不应该期望两地政府进行全局性考虑。而 1995 年底国家层面的相关办法是在 B 股已经颇具规模的背景下的一种事后制度性认可，有别于其他制度安排。

5. 结　语

尽管如吴晓求（2019）所述及的那样，“1990 年在沪深交易所基础上所形成的中国资本市场只是传统商业银行计划性融资的一个延伸，从融资数量到上市公司选择，从审批机制到市场监管模式都深刻地烙上了计划经济的烙印，资本市场成了国有企业的另一种融资机制”，但就实践而言，沪深交易所的创设打开并创造了中国金融体制改革和发展的新空间，同时在一定程度上向世界宣告了中国继续推进改革开放的决心，进而成为中国经济金融体制改革中具有里程碑意义的事件之一。

从历史的视角看，由于中国资本市场独特的产生背景及功能定位，其创设之初就承担了极为特殊的金融支持责任，进而也导致了证券发行“规模控制＋实质审批”、股权分置、A/B 股市场分设等诸多特殊制度安排。客观地说，这些制度安排扭曲了中国资本市场的运行机制，使其应有的资源市场化高效配置、资产价格信息显示以及利用控制权市场约束利益冲突等应有的功能无法有效发挥，导致出现了上市公司质量相对低下、股票价格信息失真等诸多问题。但从宏观层面看，正是这些现在看来问题多多的制度安排使中国资本市场这一具有“先天不足”的制度创新得以存续，且资本市场的发展对金融结构、企业改制等当时中国经济金融制度的变革还是起到了相当积极的作用。因此，辩证、客观地看待中国经济金融体制改革中的制度创新需要我们循着中国经济金融的历史轨迹，立足中国展开分析和思考，而不应单纯地盲目照搬所谓的西方成熟经验。这一点对于中国经济金融改革的未来推进仍显得至关重要。

参考文献

[1] 陈浩武. 体制转轨时期的中国资本市场. 北京：经济科学出版社，1998.

[2] 邓小平. 邓小平文选：第 3 卷. 北京：人民出版社，1993.

[3] 龚浩成. 我所亲历的上海证券交易所筹建始末. 新浪财经，2019 - 09 - 18.

[4] 黄达. 中国证券发展中的规范化和宏观调控问题. 财贸经济，1993 (9).

[5] 李扬. 中国金融体制改革研究. 南京：江苏人民出版社，1999.

[6] 罗纳德·科斯. 变革中国：市场经济的中国之路. 王宁，译. 北京：中信出版社，2014.

[7] 米建国，李建伟. 我国金融发展与经济增长关系的理论思考与实证分析. 管理世界，2002 (4).

[8] 道格拉斯·C. 诺思①. 经济史上的结构和变革. 厉以平，译. 北京：商务印书馆，1992.

[9] 道格拉斯·C. 诺斯. 制度、制度变迁与经济绩效. 刘守英，译. 上海：上海三联书店，1994.

[10] 彭森，陈立. 中国经济体制改革重大事件. 北京：中国人民大学出版社，2008.

[11] 王曙光. 中国经济转轨进程中的金融自由化. 经济科学，2003 (5).

[12] 王喜义，等. 深圳股市的崛起与运作. 北京：中国金融出版社，1992.

[13] 吴敬琏. 中国经济改革进程. 北京：中国大百科全书出版社，2018.

[14] 吴晓求. 金融的变革与资本市场发展. 中国人民大学学报，2001 (3).

[15] 吴晓求，等. 现代金融体系导论. 北京：中国金融出版社，2019.

[16] 张杰. 经济变迁中的金融中介与国有银行. 北京：中国人民大学出版社，2003.

[17] 张杰. 中国金融制度的结构与变迁. 北京：中国人民大学出版社，2010.

[18] 张杰. 金融分析的制度范式：制度金融学导论. 北京：中国人民大学出版社，2017.

---

① 诺思为 North 的中译名，又译“诺斯”。

［19］ Allen，F.，Qian，J.，and Qian，M. Law，Finance，and Economic Growth in China. *Journal of Financial Economics*，2005（77）.

［20］ Berglof，E. Corporate Governance in Transition Economies：The Theory and Its Policy Implications. In Aoki and Kim（eds.）. *Corporate Governance in Transition Economies：Inside Control and the Role of Banks*. World Bank，1995.

［21］ Kornai Janos. *Contradictions and Dilemmas：Studies on the Socialist Economy and Society*. MIT Press，1986.

［22］ McKinnon，R. I. *Money and Capital in Economic Development*. Washington D. C.：Brookings Institution，1973.

［23］ Rajan，R. G. and Zingales，L. The Great Reversals：The Politics of Financial Development in the 20th Century. *Journal of Financial Economics*，2003，69（1）.

［24］ Shaw，E. S. *Financial Deepening in Economic Development*. New York：Oxford University Press，1973.

［25］ Shi，Z. Jeffery. Reform for Decentralisation and Decentralisation for Reform：A Political Economy of China's Reform. Mimeo，1993.

［26］ Wang，Zhigang. Gradualism versus Big Bang：An Economic Perspective. Mimeo，1994.

［27］ World Bank. From Plan to Market：World Development Report. Washington D. C.，1996.

第2章

中国资本市场制度演进：基于发行制度市场化改革的全景分析

摘　要：20世纪90年代以来，我国的股票发行制度经历了从无到有、从审批制到核准制、市场化程度不断提高的过程，统一的证券监管制度逐步确立起来。在我国股票市场发展的初期，法律法规和监管规范基本处于真空状态。1992年国务院证券委员会和中国证券监督管理委员会（简称证监会）相继设立，正式确立了我国证券市场集中统一的监管体制。历经审批制、通道制、保荐制、部分板块注册制的先行先试，发行审核制度不断完善，监管水平和市场效率得到了整体上的提高。发行审核制度的改革过程也伴随着监管角色的变化而不断演进。我国的监管体制经历了从缺乏集中监管到逐步统一的过程，监管法律体系不断完善，发行上市制度、退市制度、信息披露制度等基础规则不断细化；监管方式得以充实，监管手段和举措呈现针对性和多元化。目前，在国内适用的证券监管措施已经达上百种，证券监管部门基于基本发行制度不断地出台和修订与新股发行有关的各种政策与规定，在防范和治理市场风险的过程中发挥着重要作用，成为稳定我国资本市场的重要抓手。系统梳理发行审核制度发展史，对我们的研究具有重要意义。

1. 从组织架构看发行审核制度的演进

发行审核制度的演进是资本市场制度演进的重要组成部分，是资本市场的活水之源。研究发行审核制度，首先要了解发行审核的监管体系，具体到监管组织架构。

我国资本市场的监管架构跟国际主流市场基本一致，采用的也是先交易所后证监会的模式。沪深交易所于 1990 年先后设立，中国证监会 1992 年才设立，这背后实际上是发行审核主体的演变，这一过程中审核主管部门从中国人民银行转变为中国证监会。

清朝末年，内忧外患，尤其是清政府经历了两次鸦片战争以及太平天国的打击后，洋务派逐渐意识到西方国家不只是船坚炮利，更有先进的科学技术。为了改变落后面貌，洋务派提出师夷长技以自强，学习西方国家先进的科学技术。著名的轮船招商局就是学习国外股份制的做法，通过招商引资设立的中国第一家股份制公司。

中华人民共和国成立后，1978 年 12 月，中共十一届三中全会决定把全党工作的重点转移到经济建设上来，拉开了改革开放的大幕。改革开放后，资本市场的恢复首先从债券发行开始。1981 年 1 月，《中华人民共和国国库券条例》颁布，为解决财政赤字，财政部开始发行国债，通常称为“国库券”。1982 年，个别企业自发向社会或企业内部集资，企业债出现雏形。这一阶段企业债既没有审批，也没有相应的法律法规予以规范，市场主要靠自我发展。从 1984 年开始，股份制改革开始在国有大中型企业试点。

1.1 市场自发形成过程

1978 年，我国农村出现家庭联产承包责任制，部分地区兴办了一批股份制乡镇企业，这些乡镇企业是我国股份制经济的雏形。1982 年，国家经济体制改革委员会成立，确定了“先小后大，先集体后国营”的发展思路，企业开始试点股份制，国内掀起股份制改革热潮。1984 年，中共十二届三中全会通过《中共中央关于经济体制改革的决定》，以城市为重点的经济体制改革全面展开，股份制开始在国有大中型企业试点。

这一阶段的股票发行可以说没有审批。股票发行工作相对自由发展，市场逐步活跃，但中间同样伴随了许多不规范的成分。

1.2　1990 年沪深交易所的先后设立

随着股份制试点范围的不断扩大，各地股份制的热度不断攀升，但同时，市场初期的不规范乱象也较多，有企业为了发行股票搞抽奖认购、承诺保本保息等。1989 年 1 月 1 日生效的《中国人民银行深圳经济特区分行关于企业股票发行的审批管理原则》，是在当时全国范围内尚未制定和发布有关股票发行管理的法律法规的情况下，为了促进股票市场的规范化发展、保护投资者的利益制定的关于首次公开发行最早的部门规章，以此作为中国人民银行深圳经济特区分行审批企业发行的依据。其第三条规定："特区内的企业发行股票由人民银行特区分行审批……" 1989 年下半年，国家开始对资本市场的乱象进行治理整顿，除了保留上海、深圳两地继续试点外，其他地区的股份制试点工作基本暂停。

1990 年，深圳、上海出现股票热，初期很多企业股票通过高分红吸引投资者，进一步加剧了股票热。大量投资者涌向上海、深圳购买股票。为抑制股市过热，上海、深圳两市的政府采取了一系列举措，包括调整股票交易收费和实行不对称涨跌幅制度。

鉴于股票市场乱象，围绕是否继续坚持发展资本市场，1990 年 5 月到 12 月，中央对资本市场组织了三次调研，最终肯定了证券市场，提出"尽快批准成立证券交易所"，于是股票集中交易的场所得以设立。

从资本市场准入的发行审核角度看，这一阶段的股票发行主要由中国人民银行和政府牵头，主要遵守的也都是中国人民银行和交易所所在地政府的政策法规。

1.3　1992 年中国证监会成立

深圳"8・10"风波①以及区域性发展缺乏监管的弊端最终促成了证监会

① 1992 年 8 月 10 日，全国许多股民到深圳抢购 500 万张股票认购证，不到半天的时间股票认购证全部售完，事后证明存在腐败行为，这引发了众多股民的不满，即所谓"8・10"风波。

的设立。设立证监会的初衷就是集中监管全国证券市场。在1992年的机构改革中，在总结区域性证券市场试点经验的基础上，国务院决定成立国务院证券委员会和中国证监会，对全国证券市场进行集中统一的规范和监管，同时开始了在全国范围内的股票发行上市试点，证券市场由此成为全国性市场，其监管职能也从地方收归中央（王丹和李海罡，2004）。根据1998年9月28日国务院颁布的关于重组证监会的方案，国务院证券委员会与中国人民银行关于证券市场监管的职能移交证监会，并经1998年12月29日颁布的《中华人民共和国证券法》确认，证监会由此成为证券市场集中统一的监管机构。

这一阶段的股票发行主要由证监会管理，证监会依据《公司法》和《证券法》，制定并发布了证券市场监管的系列法规和规章。

1.4 发行审核的组织基础

纵观从乱到治的过程，它实际上正是发行审核逐步规范化的过程：第一阶段，缺乏全国统一的监管机构和监管法律法规，各地自我发展，缺乏规范；第二阶段，由中国人民银行牵头，各部委共同成立证券委员会，主管全国证券市场；第三阶段，成立专门的证券监管部门——中国证监会，负责发行审核工作。

以上是从组织结构设计上对发行审核的演变所做的历史性分析，目的是方便读者更好地理解发行审核主体变化背后的原因。证监会监管权威的最终确立标志着全国证券市场集中统一监管模式的形成。表2-1概括了证监会及沪深交易所的职责。

表2-1 证监会及沪深交易所的职责

机构	职责
中国证监会	中国证监会为国务院直属正部级事业单位，依照法律、法规和国务院授权，统一监督管理全国证券期货市场，维护证券期货市场秩序，保障其合法运行。

续表

机构	职责
深圳证券交易所	提供证券集中交易的场所、设施和服务；制定和修改本所的业务规则；审核、安排证券上市交易，决定证券暂停上市、恢复上市、终止上市和重新上市；提供非公开发行证券转让服务；组织和监督证券交易；组织实施交易品种和交易方式创新；对会员进行监管；对证券上市交易公司及相关信息披露义务人进行监管；对证券服务机构为证券上市、交易等提供服务的行为进行监管；设立或者参与设立证券登记结算机构；管理和公布市场信息；开展投资者教育和保护；法律、行政法规规定的以及中国证监会许可、授权或者委托的其他职能。
上海证券交易所	提供证券集中交易的场所、设施和服务；制定和修改本所的业务规则；按照国务院及中国证监会的规定，审核证券公开发行上市申请；审核、安排证券上市交易，决定证券终止上市和重新上市等；提供非公开发行证券转让服务；组织和监督证券交易；组织实施交易品种和交易方式创新；对会员进行监管；对证券上市交易公司及相关信息披露义务人进行监管，提供网站供信息披露义务人发布依法披露的信息；对证券服务机构为证券发行上市、交易等提供服务的行为进行监管；设立或者参与设立证券登记结算机构；管理和公布市场信息；开展投资者教育和保护；法律、行政法规规定的及中国证监会许可、授权或者委托的其他职能。

资料来源：根据各监管机构官网披露情况整理。

2. 发行审核制度的演进过程

1990 年，深沪交易所相继成立。1993 年，证券市场建立了全国统一的股票发行审核制度，并先后经历了审批制、核准制和注册制三个阶段（曹凤岐，2014）。审批制被认为是完全行政主导型的；核准制在市场化选择上迈进了一大步；注册制被认为是市场化程度最高的发行审核制度。其中，审批制又包括“额度管理”和“指标管理”两个阶段，而核准制包括“通道制”和“保荐制”两个阶段，目前注册制处于在科创板和创业板试点过程中。

2.1　审批制（1993—2000 年）

1993 年之前，证券市场发行审核制度应该说是不明确的，地方政府、中国人民银行都基于一定的法律法规做过股票的实质性发行审核工作，而且制度设计中也没有明确的权责利的制约关系。1993 年 4 月 25 日国务院颁布的《股票发行与管理暂行条例》明确了当时审核的批准制度，对从额度管理到审核批准做出了较明确的规定。由这一阶段的鲜明特点我们可以归纳出，1993—2000 年是我国股票发行采用审批制的阶段。这一阶段的特点是由行政机关推荐发行人，相应的监管机构负责审核批准发行。在具体的操作层面，又可以划分为三个步骤，先是额度分配，继而是预选审核，最后是发行审核。

额度分配，是指每年我国的计划部门，包括国家计划委员会、国务院证券委员会等会根据国家经济发展的总体情况和产业发展情况，会同证券主管机构确定每年总的股票发行额度（家数），继而进行分配，将总额度按照各省市和部委的实际情况进行一定的分割，即所谓的条（部委）块（省市）分割。比如 1992 年、1993 年、1994 年、1996 年、1997 年五年的额度分别是 50 亿元、195 亿元、55 亿元、100 亿元和 300 亿元。其中，1995 年停发新股。1998 年后没有再设定总额度。

预选审核，即各省市和部委将其分配到的额度进一步分配给其属地或所管辖的行业内公司，拟上市公司在征得省市或相关主管部委同意后，向证监会提出发行股票申请，证监会发行部在征得有关部委同意后，预审企业上报的材料，并做出是否同意企业上报正式申报材料的决定。企业在征得同意后，进入第三步，将正式申报材料报给中国证监会发行部并进入正式发行审核阶段。

发行审核，即在第二阶段企业拿到发行额度后，聘请中介机构，准备发行申报材料，向证监会报送发行申报文件并经过证监会审核同意发行的过程。具体流程可以参考证监会 1998 年 5 月 29 日颁布的《中国证监会关于股票发行的审核工作程序》。

股票发行审核分为两个环节：预选和审批。

2.1.1 预选

（1）证监会公布各地可发行股票数量。根据国务院对资本市场的要求，结合资本市场承载情况，证监会按照“总量控制，限定家数”原则，向省市及有关行业主管部门公布可发行股票数量。

（2）各地和有关部委报送。拟 IPO 企业向当地政府或主管部委提交申请，各地和部委按照证监会公布的发行股票数量，结合政策法规推荐报送企业，提交纸质材料。

（3）证监会受理预选企业材料。根据《1997 年计划内企业预选材料目录》，证监会发行监管部初步审查企业预选材料，要求相关中介机构均出具承诺函，材料齐全的企业将会被受理并登记时间。

（4）向国务院有关部门征求意见。证监会受理预选材料 5 日内，将材料分送国家发展和改革委员会（简称发改委）、国家经济贸易委员会（简称经贸委）征求意见，相关部委 15 日内回复意见。

（5）证监会预选审核。征求意见 15 日后，证监会对改制重组等具体方案开展审核，并在受理后 25 日内提出预选审核具体意见。发改委、经贸委意见和预选审核材料都符合要求的，证监会即同意其报送正式申报材料，初定发行方案，对不符合要求的证监会不同意上报。

2.1.2　审批

（1）初审。经过预选阶段的企业，应及时组织中介机构准备正式申报文件，报地方政府或国务院有关部门进行初审，初审依据《公司法》、《股票发行与交易管理暂行条例》及证监会相关规则 30 日内完成，根据初审情况修订后向证监会报送正式申报文件。

（2）受理。企业根据《申请公开发行股票公司标准格式》提交申报材料，证监会收取 3 万元审核费并正式受理。

（3）审核。证监会根据《公司法》、《股票发行与交易管理暂行条例》及相关法律法规，审核材料并出具反馈意见，中介机构组织回复。正常审核时间为 20 个工作日，对怀疑存在造假的企业可组织现场检查。

（4）股票发行审核委员会（简称发审委）审议。审核通过的企业，7 日内提交发审委审议，审议以无记名方式进行，发审委由国家有关部门、证监会、交易所代表及市场专家等共同构成，通过后即可发行；不通过的将不能发行。

（5）发行。通过发审委审议后，证监会根据一级市场及二级市场运行情况，合理确定时间。企业按照证监会核发批文时间，安排后续发行工作。

以上的发行审核流程，可归纳为表 2－2 中的程序。

表 2－2 发行审核主要流程

阶段	步骤	具体内容
预选	1	证监会公布各地可发行股票数量
	2	各地和有关部委报送
	3	证监会受理预选企业材料
	4	向国务院有关部门征求意见
	5	证监会预选审核
审批	1	初审
	2	受理
	3	审核
	4	发审委审议
	5	发行

资料来源：根据 1998 年《中国证监会关于股票发行的审核工作程序》整理而得。

相比 1993 年的《股票发行与交易管理暂行条例》，1998 年《中国证监会关于股票发行的审核工作程序》增加了证监会对预选材料的审核。相比地方和证监会两级审批制度，证监会在推介企业阶段，开始对企业进行事前审核，便于更好地筛选出优质大型企业。

事实上，审批制在运行中也可以分为两个阶段：一个是 1993—1997 年的额度制；另一个是 1998—2000 年的指标制。这两个阶段的区别就在于：额度制是监管机构确定融资总额度，然后将其分配给各地和各部委；指标制是监管机构在确定总额度的前提下，同时确定上市企业家数并将数量分配给各地和各部委。前者是额度管理，即所谓的“总量控制、划分额度”；后者是上市企业数量管理，即“总量控制，限报家数”。之所以从额度制过渡到指标制，正是因为在审批制大背景下，为了让更多的企业上市，很多地方和部委通过把上市额度分配给更多公司，将公司股份数人为设小，上市后再通过再融资扩大股本。为了支持更多大型企业、国有企业上市，1996 年，审批制下的额度制过渡到了指标制阶段，在每年股票发行总额度范围内，同时设定各地和部委每年上市的企业家数，这可以进一步支持大型企业上市，在一定程度上解决了上市企业规模偏小的问题。当时国务院统一管理每年的发行规模或家数，可以说是中国资本市场“政策市”的雏形。

2.2　核准制（2001 年至今）

1999 年 7 月 1 日正式实施的《中华人民共和国证券法》确立了核准制的法律地位。1999 年 9 月 16 日，证监会推出了股票发行核准制实施细则。随后，证监会又陆续制定了一系列与《证券法》配套的法律法规和部门规章，例如《中国证券监督管理委员会股票发行审核委员会条例》《中国证监会股票发行核准程序》《股票发行上市辅导工作暂行办法》等，构建了股票发行核准制的基本框架。由此，额度管理和指标管理等计划经济色彩浓厚的审批制正式过渡到了核准制阶段。与审批制不同，核准制下的上市公司推荐权由各地方政府和部委转向具备资质的中介机构。按照推荐权的分配方式不同，核准制又可以分为两个阶段：“通道制”和“保荐制”。

2.2.1　通道制（2001—2004 年）

在核准制的初期，为提高证券公司推荐的公司的质量，避免各证券公司为争抢业务而盲目推荐，证监会试行通道制，对每个证券公司每年申报企业的数量进行额度管理。在核准制初期的实际操作中，证监会根据中国证券业协会公布的 2000 年度主承销商信誉积分排序确立了每家证券公司所拥有的通道数量。在核准制下，每家证券公司根据其资质及过往执业情况，可被授予数量为 2 至 9 条不等的若干通道，这一数量决定了该证券公司可以同时推荐发行人的家数，也就是这家证券公司同一时间在证监会处于审核状态的企业家数。在实践中，证券公司往往将拟推荐企业进行排队，按照证监会的要求，“过会一家，递增一家”，即每核准一家才能再申报另一家，后来调整为“发行一家，递增一家”，即核准后并且完成发行才能再申报另一家。据统计，2001 年通道制推出时，各家证券公司拥有的通道数量合计有 270 多条，到 2005 年“通道制”废除时，全国 83 家证券公司共拥有 318 条通道。

2.2.2 保荐制（2004 年至今）

“保荐制”这一概念最早源于英国，全称为“保荐代表人制度”，是指有资质的保荐人（证券公司）推荐符合条件的企业上市，通过辅导，协助发行人建立完善的信息披露制度，并对所推荐上市的企业提供持续督导和担保责任的制度。其主要内容包括保荐人的注册管理制度、保荐人职责、保荐人工作内容和程序、信用监管措施和失信惩戒措施四方面。保荐制的重点是通过明确保荐机构和保荐代表人的责任强化规则意识和专业精神，并配以责任追究和失信惩罚机制。与“通道制”相比，保荐制强化了保荐代表人的责任意识，建立了责任追究机制，通过市场化手段调动了其积极性。

2003 年 12 月，在先后面向证券公司和社会公众征求意见的基础上，我国发布了《证券发行上市保荐制度暂行办法》。根据该文件，自 2004 年 2 月 1 日起我国发行审核制度正式进入保荐制阶段，保荐制正式登上中国证券市场舞台。中国证监会要求企业上市必须有保荐机构承担保荐工作，要求保荐机构勤勉尽责履行推荐职责，对发行人持续督导，保荐工作由保荐代表人来具体执行。2004 年 5 月 10 日，我国首批保荐人和保荐代表人注册登记，67 家证券公司注册登记为保荐人，609 个证券从业人员注册登记为保荐代表人。

2.3 注册制（2019 年至今）

科创板的英文是“Sci-Tech innovation board（STAR Market）”，是由国家主席习近平于 2018 年 11 月 5 日在首届中国国际进口博览会开幕式上宣布设立的。科创板是独立于现有主板市场的新设板块，我们在该板块内进行注册制试点。2019 年 6 月 13 日，科创板正式开板。2020 年 6 月 12 日，证监会发布了《创业板首次公开发行股票注册管理办法（试行）》、《创业板上市公司证券发行注册管理办法（试行）》、《创业板上市公司持续监管办法（试行）》和《证券发行上市保荐业务管理办法》，自公布之日起施行。与此同时，证监会、深圳证券交易所、中国证券登记结算有限责任公司（简称中国结算）、中国证券业协会等发布了相关配套规则，宣告证监会创业板改革和注册制试点开始。2020 年 8 月 24 日，深圳证券交易所组织创业板注册制首批企业上市。科创板（2019 年）、创业板（2020 年）相继实行了注册制。

这一阶段的股票发行由交易所审核，由证监会履行注册程序，更加市场化。以信息披露为中心，审核信息和企业信息足够公开、透明，实现了企业上市选择的自主性，有力地促进了资本与实体经济的融合。从计划额度管理到核准制再到注册制在科创板和创业板的试点，体现的是从计划管理转向市场化理念的合理趋势。

2.4　发行审核制度评价

2.4.1　国际上主流的发行审核制度分类

根据监管部门对新股发行监管的流程与方法的不同，发行审核制度可大致划分为审批制、核准制和注册制。其中，每种制度的存在和发展演变都与当时的市场发展状况相对应。

在审批制下，发行审核完全由政府主导，证券发行的权力由分配到地方的指标与额度控制，地方经筛选后上报，继而预选审核，完全是计划发行的典型模式。在审批制下，企业融资这一市场化行为被行政部门主导，企业能否发行股票由政府行政决定，带有明显的计划经济色彩，适应了我国资本市场初期各方面制度不健全、运作不规范、市场供求失衡的实际情况。此时，进行一定的宏观调控和行政干预有利于控制风险，在实际运行中也确实有利于发挥资本市场配置资源的作用。不过这种制度也存在一系列问题：首先，发行审核工作完全由政府部门主导，没有充分调动市场的积极性，可以看作完全计划发行的模式。其次，层层审批的模式缺乏效率。最后，行政审批的介入、规则制度的不完善都给市场寻租留下了空间，因此政府关系方面弱的优质企业往往得不到上市机会，一些地方政府更是将上市作为辖内国企解困的手段，民营企业和外资企业很难进入资本市场，影响了上市公司质量。

核准制被认为是从审批制到注册制的过渡机制，是与各类市场主体发挥更大作用和承担更多责任、义务相对应的制度。核准制不再采用额度管理，而是强调市场中介机构的连带责任，并由监管部门对发行人的合规性和适格性，以及申报文件的真实性、准确性、完整性进行实质检查。对于财务或非财务上存在明显障碍的发行人，监管部门可以对其发行申请予以否决。首先，核准制下的通道制和保荐制实际上是通过证券公司的通道或者保荐代表人的数量进行规模控制，实施前端的宏观调控。其次，历史上多次 IPO 暂停又重启，也是证监会根据二级市场的情况，在发行节奏方面进行主动调控。最后，核准制取消了人为的额度分配机制，通过立法明确了发行上市的必要程序和相应的违规处罚机制，发挥了中介机构的积极性和主动性，尤其保荐制进一步将权责利明确到保荐代表人个人，整体上提升了监管水平和市场效率。

注册制被看作市场化程度最高的发行制度，在这种制度下，发行主体进行充分的信息披露，投资者拥有一定的专业知识和素养，中介机构和监管者归位尽责，发行过程相对容易，但制度的约束更加全面，资源配置效率极高，监管重心在于保持制度的震慑力和对违法违规活动的及时发现和处罚，股票市场价格发现和资源配置的功能得以充分体现（沈朝晖，2011）。在实施注册制的市场中，发行人能以合理的价格发行股份募集资金，与投资有关的信息得以充分披露，投资者也不会因信息披露违规而遭受损失，一般认为，注册制能实现完全的市场有效和理性的定价。目前世界主要经济体的发行审核制度基本以核准制和注册制为主，美国、日本、中国台湾等经济体实行注册制；中国香港、德国、英国等经济体实行的是核准制与注册制并行的混合审核机制（余尘，2015）。中国很长一段时间停留在核准制，2019 年以来随着科创板的推出，核准制与注册制并行，已经进入向注册制过渡的阶段。表 2－3 总结了三种发行审核制度的代表性经济体。

表 2-3　三种发行审核制度的代表性经济体

发行审核制度	代表性经济体
审批制	中国（1999 年以前）
核准制	英国、德国、中国香港、中国台湾（2006 年以前）、中国（2001 年至今）
注册制	美国、日本、中国台湾（2006 年至今）

资料来源：作者整理。

注册制源于英国，成熟于美国，成为目前世界范围内较为成熟和具有效率的审核制度。美国国会 1933 年通过了《证券法》，1934 年通过了《证券交易法》，继而成立了美国证券交易委员会（U. S. Securities and Exchange Commission，SEC），并以 SEC 为核心建立了美国现代监管制度的主体框架。美国注册制的完善有其固有的成熟市场基础，注册制所表现出的“买者自负、卖者自慎”的价值取向（甘培忠和张菊霞，2015），是其政府监管高效率与市场经济高自由度的制度基础。

需要注意的是，无论审核制还是注册制，都必须做好信息披露，为投资者决策提供参考依据。事实上，从各国监管实践来看，无论采用何种审核制度，对新股公开发行的审核批准都是非常严格的，并没有简单的备案即可的做法。

我们目前的注册制引入了交易所的前置审核，由证监会履行注册程序。

2.4.2　对中国股票发行监管制度改革的认识

1998 年《证券法》规定的核准制取消了审批制下对额度规模的限制，企业申请公开发行股票成为自主性行为，企业拥有了公开发行股票的权力，可以说，《股票发行与交易管理暂行条例》所规定的规模管理取消后，公开发行股票成为企业的基本权利。监管机构根据《证券法》行使股票发行的审批权，但宏观管理的权力并没有在法律中得以体现。当然，从实际运行来看，我国证监会在对资本市场进行宏观管理方面从未放弃。首先，核准制下的通道制和保荐制实际通过证券公司的通道或者保荐代表人的数量进行规模控制，实施前端的宏观调控。其次，历史上多次 IPO 暂停又重启，也是证监会根据二级市场的情况，在发行节奏方面进行主动调控，调控范围包括但不限于发行节奏、数量、价格和一二级市场配售等方面。核准制通过取消人为的额度分配机制，通过立法明确发行上市的必要程序和相应的违规处罚机制，发挥了中介机构的积极性和主动性，尤其保荐制进一步将权责利明确到保代个人，防范个人与机构由于诉求方面的不一致而引发的冲突，整体上提升了监管水平和市场效率。再次，对发行人信息披露的要求也更加明确，逐步强化发行人强制性信息披露的义务，对企业上市前后的信息披露有了硬约束。复次，审核方面也由合规性审核逐步过渡到合规性、盈利能力、成长性等多方面的综合判断，与我国资本市场投资者结构与发展理念保持一致，在减少造假企业上市方面发挥了一定的作用。最后，在发行审核制度方面不断做出有益尝试，进一步增强了发行审核环节的透明度。2003 年 12 月 5 日施行的《中国证券监督管理委员会股票发行审核委员会暂行办法》相比 1999 年 9 月施行的《中国证券监督管理委员会股票发行审核委员会条例》，在诸多方面进行了改革：首先，发行审核委员会委员身份不再保密，发行审核会时间、参会委员名单、审核企业名单及发行审核委员会人员组成结构都开始公布，减少了沟通成本；其次，专职委员的设立对提高发行审核工作质量和效率有重大意义，委员专业性和责任意识进一步增强；最后，审核过程全留痕，并要求委员有明确的审核意见，同时建立了监督问责机制。2017 年成立发行审核监察委员会，实行发行审核委员会委员终身负责制，通过改革不断提升发行审核委员会在决定企业上市方面的公开度、透明度和效率。

市场在不断变化，客观上对监管能力提出了更高的要求，而且交易所是自律组织，加之竞争格局方面的原因，普遍存在利益冲动，为了争抢优质的上市资源而更加靠近市场。因此，客观上要求有中立的机构代表公众利益，通常来说，由一国行政机关的证券监督管理部门（比如美国证券交易委员会、中国证监会等各国证监会）来履行监管职责，公权力的运行监督能有效防止公地悲剧的产生，尤其对于证券市场这一典型的带有公共物品性质的领域。一国证券监督管理部门通过制定规则，弥补市场不足。市场参与者及中介机构统一按照规则行事，当市场运行再出现问题时就可以及时发现这些问题，进而采取相应的监管措施。研究发现，二手车市场中卖方由于更熟悉车况，通常比买方拥有更多更有效的信息。在这种情况下，信息不足的购买者仅愿意为产品或服务支付较低的平均价格，以尽量减少潜在的未来损失，最终导致卖方可能只愿意销售低劣的次品以获得收益（Akerlof，1970）。因此，信息不对称①对市场造成了较大伤害，事实上，监管并不能保证消除信息不对称。一般来说，在解决信息不对称问题方面，监管部门的有效震慑手段更有效率，市场监督只是对监管的有效补充。违反规则等一些违法行为发生后，就需要监管机构行政处罚的介入或者市场机构集体诉讼的介入，以形成完整的震慑链条。而在制度和规则执行过程中，一旦发现随着市场变化出现漏洞（比如安然事件），就需要政府部门及时研究介入，不断修订和完善规则，以防被恶劣的市场参与者钻了监管的空子，扰乱市场运行秩序。

3. 发行审核相关的配套制度

3.1　信息披露制度

信息披露制度，又称信息公开披露制度，是指为保护投资者的利益、便于上市公司接受全社会监督而将其财务状况、经营状况等必要的信息向证券监管部门和社会公开的制度，主要由招股书的信息披露、定期报告和临时报告的信息披露等构成。1990 年沪深交易所设立后，证券市场逐步规范。1993 年《公司法》通过后，信息披露制度初步建立，这段时间信息披露制度建设的特点是从地方性规范上升到全国性规范。随着《证券法》《公司法》的不断修订，信息披露规则更加具体，可操作性也进一步增强。2019 年 12 月 28

① 信息不对称指的是市场交易过程中一方或各方都存在信息的不完全，而且信息在市场各参与主体中的分布不均衡。

日，第十三届全国人大常委会第十五次会议审议通过了几经修改的《证券法》，该法于2020年3月1日正式生效。此次《证券法》修订的核心变化之一是强化了信息披露的要求，在原《证券法》有关信息披露的规定的基础上新增了数项信息披露义务，加大了行政处罚力度，细化了信息披露义务人损害投资者的具体情形及相应的法律责任，更加注重对中小投资者的保护。

证券市场的监管遵循“三公”原则，而最重要的就是信息披露的公开、公平、公正。“公开”原则要求证券的重要信息、与投资者决策相关的信息要及时公开，以确保上市公司的特质，保障投资者对所投资企业的全面了解；“公平”原则要求对于公开的信息，要保证对于所有的投资者，不管是机构投资者还是中小投资者，都有同等的信息披露内容和强度，以减少市场通过内幕信息进行的欺诈和舞弊行为；“公正”原则要求证券监管部门对于信息披露的要求做到公正，大公司与小公司间公正、国企与民企间公正，而且对于信息披露方面的违规行为，要做到公正处罚，不偏不倚。

信息在证券市场中具有重要作用，但作为具有典型非竞用性和非排他性特征的公共物品①，信息天然存在供给不足问题。在解决信息供给不足方面，监管的作用就变得越发重要。信息披露制度是证券市场的监管遵循“三公”原则的必然要求和根本保证，是维护证券市场良好、稳定运行的重要基础性制度。加强对信息披露的监管，有利于构建证券市场稳定健康发展的生态环境。关于我国上市公司信息披露制度的立法进程，我们通过研究认为，其大致经历了三个阶段。

3.1.1 第一阶段：1993年以前信息披露法规建设初探

1993年是我国证券市场逐步走向规范的分界点，在此之前，有关上市公司信息披露的规则主要以央行规章、地方政府规章的形式出现。比如：1990年10月12日中国人民银行发布了《证券公司管理暂行办法》，该办法对证

① 公共物品（public goods）既不排他也不竞用，即不能阻止人们使用公共物品，且一个人使用某公共物品不会减弱其他人使用公共物品的能力。

券公司的设立与运作做了详细规定；1990 年 11 月，上海市政府颁布了《上海市证券交易管理办法》；1991 年 5 月，深圳市政府颁布了《深圳市股票发行与交易管理暂行办法》；1992 年，深圳市政府颁布了《深圳市股份有限公司暂行规定》，首次正式对股票发行应当具备的一系列具体条件和门槛做出了规定，在深圳市设立的股份有限公司，包括在深圳市以外设立的但在深圳证券交易所上市的公司都要求符合这些规定。

3.1.2　第二阶段：1993—1999 年 6 月信息披露规则不断完善

1992 年 5 月，负责统筹规范证券市场的国家经济体制改革委员会颁布了《股份有限公司规范意见》。1993 年国务院颁布并施行《股票发行与交易管理暂行条例》，以国务院行政法规的方式约束境内上市公司的信息披露，强调从做好信息披露角度保护投资者利益，规定了违规信息披露的行政责任、民事责任和刑事责任。其中，行政责任包括警告、没收非法所得、罚款等。由于条例本身的局限性，民事责任和刑事责任范围不全，一笔带过。

为了配合国务院有关条例的施行，依据《股票发行与交易管理暂行条例》和《股份有限公司规范意见》，中国证监会于 1993 年 6 月 12 日发布了《公开发行股票公司信息披露实施细则（试行）》。上述条例和实施细则对上市公司的信息披露义务做了规定，但对公司上市以后的信息持续披露义务及相关行为规范，规定还是过于原则，需不断改进。对于特定交易事项，比如关联交易的信息披露，1997 年 1 月 1 日财政部颁布《企业会计准则——关联方关系及其交易的披露》，对关联交易披露的事项、金额和定价政策等做出了具体披露要求。证券监管部门对上市公司关联交易披露有了依据，要求上市公司按照会计准则要求做好披露。1998 年 1 月，上海证券交易所、深圳证券交易所分别实施了交易所股票上市规则，对上市公司信息披露的具体标准和时间及格式要求做出了较为详细的规范。

3.1.3　第三阶段：1999 年 7 月之后全面深化信息披露制度

1998 年 12 月，我国《证券法》发布，并自 1999 年 7 月 1 日起正式施行。这一证券市场根本大法将证券发行与交易各环节的信息披露要求在法律层面予以明确，为我们接下来建立完善的信息披露法律规则体系奠定了坚实的基础。上市公司信息披露制度既包含了上市前即发行阶段的信息披露，又包括了上市之后的持续性信息披露。1999 年 10 月 31 日，人大常委会通过了修改的《会计法》，该法自 2000 年 7 月 1 日起施行，为资本市场上市公司和拟上市公司的财务会计资料制作、信息披露的统一标准化做出了巨大贡献。为落实《证券法》关于信息披露的要求，2001 年 1 月 19 日，证监会发布并实施《公开发行证券公司信息披露编报规则第 9 号——净资产收益率和每股收益的计算及披露》，规范了净资产收益率和每股收益的信息披露标准；2001 年 6 月 28 日，证监会发布《关于上市公司 2001 年中期报告披露工作有关问题的通知》，要求做好 2001 年中报；2001 年 7 月，沪深交易所都发布了落实或做好上市公司 2001 年中期报告工作的通知，建立了上市公司业绩预警类信息披露制度；2002 年，证监会发布《公开发行证券的公司信息披露内容与格式准则》，对信息披露的具体内容与格式做出了要求；2006 年 5 月，证监会颁布《首次公开发行股票并上市管理办法》，建立了招股书预披露制度，进一步加强了发行审核中的信息披露；2007 年 1 月 30 日，证监会颁布《上市公司信息披露管理办法》，相比信息披露实施细则，该文件对信息披露的要求更加精准，结合市场运行实际调整了定期报告和临时报告的披露标准，更加关注关联交易等财务特定事项的信息披露。

2020 年 3 月 1 日实施的《证券法》新设了第五章“信息披露”，将“信息披露”提高到了前所未有的高度，这被认为是推进注册制改革的重要举措。此外，《证券法》再次强调了披露的信息的真实、准确、完整，同时增加了简明清晰、通俗易懂的新要求，以确保不存在虚假记载、误导性陈述或者重大遗漏。违反规定要求的信息披露义务人不仅要承担行政责任、民事责任，在重大事件上甚至还要承担刑事责任，如《证券法》第 219 条规定：“违反本法规定，构成犯罪的，依法追究刑事责任。”行政责任也大幅增加，如大幅提高了罚款额度，并进一步强化了市场禁入管理等。具体说来，《证券法》第 197 条规定：信息披露义务人报送的报告或者披露的信息有虚假记载、误导性陈述或者重大遗漏的，责令改正，给予警告，并处以 100 万元以上 1 000 万元以下的罚款；对直接负责的主管人员和其他直接责任人员给予警告，并处以 50 万元以上 500 万元以下的罚款。2020 年《证券法》还通过代表人诉讼制度、强化中介机构责任等对违法行为进行监管，通过明确法律责任促进信息披露的规范，对违法违规行为进行震慑。比如，《证券法》第 213 条规定：证券服务机构未勤勉尽责，所制作、出具的文件有虚假记载、误导性陈述或者重大遗漏的，责令改正，没收业务收入，并处以业务收入 1 倍以上 10 倍以下的罚款，没有业务收入或者业务收入不足 50 万元的，处 50 万元以上 500 万元以下的罚款；情节严重的，并处暂停或者禁止从事证券服务业务。对直接负责的主管人员和其他直接责任人员给予警告，并处以 20 万元以上 200 万元以下的罚款。

我国证券市场信息披露制度的不断完善，正是顺应了证券监管理念的变化，适应了发行审核制度的具体要求，旨在从有助于市场健康发展、有助于投资者保护角度不断完善整套制度规则体系。Stigler（1964）的研究派生出监管失灵的理论（其在《证券市场公共管制》中指出，强制性信息披露并没有让投资者收益有所改善，导致监管失灵情况时有发生），如部门利益理论、监管俘获理论等，并且迅速引起了学界的广泛讨论。Heflin 和 Hsu（2008）发现，SEC 在 2003 年要求公开披露 Non-GAAP 收入的企业做额外备案，这一监管举措使得上市公司对业绩的披露更加准确。近年来，有一些研究从侧面证明了监管的必要性。Barth 和 Landsman 等（2017）针对《乔布斯法案》（JOBS Act）的研究发现，该法案放松了对新兴成长企业上市的监管，减少了该类企业的强制性信息披露，结果产生了明显的信息不对称，这使得公司估值整体偏低。Gomez 等（2018）发现，在公司停止披露完整的 Non-GAAP 利润表后，分析师预测分散度和误差会增加。Gadarowski 和 Christopher（2002）通过研究发现：新股发行的监管机构能够最大限度地减少发行人公布虚假信息的情况，从而保障证券交易市场的公平性，降低二级市场参与者的风险。越来越多的研究表明，信息披露制度对资本市场的健康发展具有重要意义。充分及时的信息披露有利于股票市场价格机制的形成，减少投资者信息不对称，同时信息披露对于公司管理层也是一种敦促，充分的信息披露限制了管理层可能的委托代理问题。此外，监管部门通过信息披露制度的推行，也更容易发现问题公司并及时进行风险处置。

3.2 退市制度

退市制度是指已上市公司被交易所采取终止上市举措的一系列法规的集合。退市制度的建立和不断完善，对提高我国上市公司质量、提高资本市场配置效率、促进市场整体健康发展、落实资本市场服务实体经济的初衷具有重要意义。

3.2.1 第一阶段：退市制度的初步建立

关于退市法律法规，可追溯到1993年《公司法》，其第157条规定了四种暂停上市的情形：股本总额和股权分布等发生变化不再具备上市条件、财务不公开或虚假记载、有重大违法行为、近三年连续亏损。第158条规范了终止上市的情形：一是存在财务状况不公开或虚假记载、有重大违法行为两类事项，且查实后果严重的；二是股本总额或股权分布等发生变化不再具备上市条件、近三年连续亏损，在一定期限内未能消除的；三是公司解散、被关闭或破产的。1993年《公司法》首次从证券法律层面分别规范了股票暂停上市和终止上市的情形，由此建立了我国上市公司强制退市制度。虽然制度已有，但实际执行起来非常困难。

1998年3月16日，证监会颁布《关于上市公司状况异常期间的股票特殊处理方式的通知》，对存在交易状况异常的股票实行特别处理，在此类股票前加“ST”标识。

1999年6月17日，《深圳证券交易所上市公司股票暂停上市处理规则》正式施行，其中第8条、第9条就股票暂停上市期间交易所提供的“特别转让服务”做了具体规定，同时股票前加“PT”（particular transfer）标识。随着沪深交易所上市公司家数的不断增多，市场的优胜劣汰效应显现，亏损企业、连年亏损企业也不时出现。鉴于此，启动退市机制的呼声越来越强烈。

2001 年 2 月，证监会发布《亏损公司暂停上市和终止上市实施办法》，就上市公司暂停上市、如何恢复上市和终止上市等事项做了专项规范。之后又于 2001 年 11 月 30 日在原有办法基础上加以修订，规定连续三年亏损的上市公司将由交易所 10 日内做出暂停上市决定。当年 4 月 23 日，我国资本市场重大事件——PT 水仙因连年亏损退市，引发广泛关注，标志着我国资本市场股票强制性退市制度已正式实施。

3.2.2　第二阶段：树立多元化退市标准体系

2001 年 11 月 30 日，证监会发布《中国证券监督管理委员会关于发布〈亏损上市公司暂停上市和终止上市实施办法（修订）〉的通知》，由此，短命的 PT 制度自 2002 年 1 月 1 日起被废止。

2003 年 4 月 2 日和 3 日，沪深交易所接连发布《关于对存在股票终止上市风险的公司加强风险警示等有关问题的通知》，通过 ST 制度，对有终止上市可能的股票交易实行“退市风险警示”。

2005 年 10 月 27 日修订的《证券法》在终止上市条款中新增了收购方式引发终止上市的情形，并赋予证券交易所制定暂停上市和终止上市规则的权利。交易所也在后续对股票上市规则的修订中，对相关情形进行了进一步明确。

2012 年，退市制度有了较大程度的完善，2012 年资本市场改革的主要内容包括完善退市指标和简化退市程序，退市制度得以进一步完善，比如增加了收入指标、会计师审议、交易活跃度指标等。2012 年 4 月 20 日，深交所发布《深圳证券交易所创业板股票上市规则》（2012 年修订），该规则于 2012 年 5 月 1 日起施行。同时，明确从创业板退市后不能再借壳上市，退市后统一平移到代办股份转让系统。同年 6 月 28 日，明确连续 3 年净资产为负或营业收入低于 1 000 万元、连续 20 个交易日收盘价低于股票面值的公司将终止上市。从单一财务指标到多元化的退市指标，标志着资本市场多元化退市标准体系的建立。在此期间，ST长油由于连续三年亏损，成为2012年退市新政后首只退市股票。

3.2.3　第三阶段：更市场化的退市制度

2014年中国证券监督管理委员会《关于改革完善并严格实施上市公司退市制度的若干意见》中，“主动退市”和“强制退市”内容得以引入，我国退市制度进入新的历史时期。主动退市与国际资本市场体例相同，赋予上市公司自主决定权。强制退市包括两类：一是因触发交易类、财务类等退市指标而被强制退市；二是因欺诈上市、重大信息披露违法而被强制退市，对于这种类型，证监会允许交易所一年内做出终止交易决定。

2018年证监会发布实施《关于修改〈关于改革完善并严格实施上市公司退市制度的若干意见〉的决定》，主要是明确了证券重大违法行为和社会公众安全重大违法行为两类强制退市情形。证券重大违法退市包括：首发欺诈上市、重组欺诈发行、造假规避退市以及交易所认定的其他情形四种类型。社会公众安全类重大违法强制退市为此次新增，具体是指上市公司涉及国家安全、公共安全、生态安全、生产安全和公众健康安全等领域的重大违法行为强制退市。比如，2016年博源投资因重大信息披露违规退市，2017年欣泰电气因欺诈上市被强制退市，2019年长生生物因社会公众安全类重大违法而退市等。具体来看，长生生物2018年7月被爆狂犬病疫苗和百白破疫苗造假，10月16日，该公司被国家食品药品监督管理总局做出吊销药品生产许可证的行政处罚决定，并被罚款91亿元。11月16日，由于长生生物可能触及重大违法强制退市，深交所启动对长生生物的退市机制。2019年10月16日，在暂停上市6个月后，长生生物进入退市整理期。2019年11月8日，深交所官网公布《长生生物科技股份有限公司关于公司全资子公司破产清算的公告》，宣告长生生物破产。2019年11月27日，长生生物股票被摘牌，成为重大违法强制退市第一股。

目前，我国证券交易所各板块上市公司退市标准的主要内容对比如表2-4所示。

表 2-4　退市标准对比

	主板	中小板	创业板	科创板
财务指标	—	—	—	丧失主营业务经营能力，如主营业务停滞或规模极小、营业收入或利润主要来源于不具备商业实质的关联交易等
	—	—	—	研发型上市公司主要业务、产品或者所依赖的基础技术研发失败或者被禁止使用
	连续四年亏损			连续两年扣非净利润为负，且营业收入低于 1 亿元
	净资产为负（深交所规定连续两年，上交所规定连续三年）			净资产为负（连续两年）
	营业收入低于 1 000 万元（深交所规定连续四年，上交所规定连续三年）		—	—
	审计报告为否定或无法表示意见（近三年）		审计报告为否定或无法表示意见（近两年半）	审计报告为否定或无法表示意见（近两年）
交易指标	连续 20 个交易日股东数量每日均少于 2 000 人	连续 20 个交易日股东数量每日均少于 1 000 人	连续 20 个交易日股东数量少于 200 人	连续 20 个交易日股东数量少于 400 人
	—	—	—	连续 20 个交易日市值低于 3 亿元
	连续 20 个交易日每日股票收盘价均低于股票面值			
	连续 120 个交易日成交量低于最低限额（500 万股）	连续 120 个交易日成交量低于最低限额（300 万股）	连续 120 个交易日成交量低于最低限额（100 万股）	连续 120 个交易日成交量低于最低限额（200 万股）
	社会公众持股比例不足 25%，或者公司股本总额超过 4 亿元，社会公众持股比例不足公司股份总数的 10%			

续表

	主板	中小板	创业板	科创板
信息披露	造假欺诈发行、信息披露违规，未在法定期限内披露财报			
重大违法	社会公众安全重大违法：涉及国家安全、公共安全、生产安全和公众健康			
破产解散	公司被法院宣告破产			

资料来源：国金证券．A 股退市专题报告：科创板退市制度市场化程度对标美国退市制度.

2020 年 3 月 1 日，新《证券法》全面实施，原《证券法》第 55 条和第 56 条分别规定的股票暂停上市和终止上市规则相应被废除。《证券法》新增第 48 条：上市交易的证券，有证券交易所规定的终止上市情形的，由证券交易所按照业务规则终止其上市交易。新《证券法》优化了有关上市公司退市情形的规定，取消了对退市的具体要求，将退市标准交由交易所制定，这体现了《证券法》的注册制理念，体现了尊重市场、尊重规则。可以期待的是，退市标准将更加多元化、执行力度和投资者保护力度将进一步加大。总的来看，退市制度对于形成市场优胜劣汰机制、净化市场、降低市场运行成本、增大市场活跃度、保护投资者利益具有重要意义，同时垃圾股、问题公司的出清也有助于投资者树立价值投资理念。

4. 发行审核相关的其他制度

4.1　证券发行上市保荐制度

与审批制相比，核准制下的证券公司拥有了推荐企业的职责，客观上要求证券公司提高业务能力和推荐水平，同时也要为其业务行为负责。为了适应发行审核机制的变化，在总结经验的基础上，借鉴境外成熟市场做法，中国证监会于 2003 年底颁布了《证券发行上市保荐制度暂行办法》，由此我国发行上市保荐制度正式设立。2005 年《证券法》修订时，保荐制度被明确写入了新修订的《证券法》，得到了市场的普遍认可。2006 年 5 月，证监会发布了《保荐人尽职调查工作准则》，对保荐机构尽职调查工作提出了明确要求，使保荐机构从事保荐业务更具现实操作性。

2008 年 10 月，为落实关于授权证监会制定保荐人的资格及其管理办法的规定，证监会修订并出台了《证券发行上市保荐业务管理办法》，进一步落实保荐机构及其保荐代表人的责任；强化保荐机构的内部控制；平衡保荐机构和保荐代表人之间的权责利关系，形成良性互动。2009 年 5 月，证监会根据在创业板上市的企业的特点，增加了创业板保荐持续督导期间延长一年的特殊要求，并建立了创业板信息披露持续跟踪报告制度。

作为证券发行上市市场化约束机制的重要组成部分，保荐制推动了保荐机构及保荐代表人树立诚信观念，勤勉尽责，从推荐优质企业这一源头把控上市公司的质量，同时保荐制的设立有助于全行业专业素养和知识结构的提升，从长期来看，对市场的规范化运作具有重要意义，但也会造成市场规模受制于保荐机构和保荐代表人数量限制的问题。

4.2　发行审核委员会制度

4.2.1　发行审核委员会发展历程

发行审核委员会（简称发审委）是依据《证券法》设立、对申请发行股票的公司进行审核的专门机构。实际上，发审委 1993 年就已设立，彼时发审委为证监会内设机构，负责对材料进行复审，其人员构成中，除证监会、国务院证券委员会以外，还包括会计、法律、经济、金融领域的专家学者，每届委员任期一年，共 20 名。1999 年 7 月 1 日《证券法》实施后，证监会发布《中国证券监督管理委员会股票发行审核委员会条例》，组建了由证监会、其他有关部委和证券交易所的代表及学者等共 80 人组成的发审委，每次发行审核会议（简称发审会）从中选择 9 人参加，名单保密，由此发审委作为发行审核决策机构的职能得到了法律上的确认。发审会的审核意见以投票表决方式形成。投票采取无记名方式，根据少数服从多数的原则做出发行审核决议，同意票数达到三分之二或以上即为通过。

2003 年 12 月，中国证监会发布《股票发行审核委员会暂行办法》，改革发审委制度。首先，委员人数由 80 人降至 25 人，其中证监会人员 5 名，证监会以外人员 20 名。其中专职委员 13 名，主要来自证监会以及会计师事务所、资产评估机构和律师事务所的资深合伙人；兼职委员 12 名，主要来自中国证监会、其他有关部委、高等院校、证券交易所和中介机构的专家。专职委员的设立有利于提高专业性，也有助于审核效率的提升。其次，设会议召集人 5 名，每次会议的参会委员减至 7 人，5 票或以上通过即可，且改为记名投票（同意、反对），同时建立了委员的追责机制，强化发审委委员的责任意识；明确要求委员不得利用发审委委员身份或者在履行职责时所得到的非公开信息为本人或他人直接或间接谋取利益，不得私下与所审核的发行人及其他相关单位或者个人接触，不得接受机构或个人提供的资金、物品及其他利益。最后，为了提高审核透明度，发审委在发审会前 5 日会向社会公布发审会时间、参会委员名单、发行人名单等，会后也会公布审核结果。

2006 年 5 月，证监会审议通过了《发行审核委员会办法》，《股票发行审核委员会暂行办法》宣告废除。新文件对委员人数进行了微调，专职委员数量增加到 17 名。同时增加了发行人和保荐代表人到会陈述和接受委员的询问这一环节。委员发现存在尚待调查核实并影响明确判断的重大问题时，可在发审会前以书面方式提议暂缓表决。

2009 年创业板设立后，为配合创业板启动，2009 年 5 月证监会修订了《发行审核委员会办法》，设立了单独的创业板发审委。创业板发审委设委员 35 名，任期一年，较主板的 25 名增加了 10 名，同时在人员构成上，除传统的会计、法律等专业人员外，适当吸收了部分行业专家。

4.2.2 从发审委到上市委的过渡

2019 年 3 月 1 日，为规范科创板上市审核工作，上交所发布《上海证券交易所科创板股票上市委员会管理办法》。2020 年 6 月 12 日，为配合创业板试点注册制改革工作，深交所发布《深圳证券交易所创业板上市委员会管理办法》。

上市委员会（简称上市委）通过合议方式审议复审企业发行申请。上市委由交易所以外的专家和交易所专业人员组成，上交所上市委委员人数为 30～40 人，深交所上市委委员人数不超过 60 人。每届任期两年。在公开透明方面，上交所上市委会前 7 天公布会议时间、参会委员名单、发行人名单；深交所是会前 5 天。

4.2.3　发审委——市场看门人

2005 年修订的《证券法》第 22 条规定，国务院证券监督管理机构设发行审核委员会，依法审核股票发行申请，这就从立法层面明确了发审委的设置和职能。2009 年修订后的《发行审核委员会办法》第 3 条规定，证券发行经发审委表决通过后，证监会有权依据法定条件和程序做出核准或不予核准的决定。

在核准制下，发审委作为能否上市的决策机构，对市场准入和上市公司质量有重要意义。这就要求发审委有一定的专业性，也需要对商业、行业有一定的判断能力，因此，发审委的构成既包括了证监会工作人员，也包括了大量专业的市场人士。发审委对于证券市场的健康发展和投资者保护机制具有重要作用。如今，在注册制改革的背景下，上市委实际上起到了交易所发审委的作用，如维护证券市场秩序，做好市场看门人。

4.3　定价承销制度

我国资本市场的发展是伴随着我国经济发展不断完善的过程。在新股发行定价承销制度方面，改革也围绕着放松管制、不断提高市场化程度的目标展开。

4.3.1　第一阶段：2000 年以前定价承销行政化

1993 年的《公司法》和 1998 年的《证券法》均规定，新股发行价格需经证券监管部门批准。比如《公司法》第131条规定，股票发行价格不得低于票面金额，超过票面金额发行的，需经国务院证券管理部门批准。《证券法》第28条规定，股票溢价发行的，其发行价格由发行人与承销商协商确定，由国务院证券监督管理机构核准。因此，在2005年以前，结合我们市场的实际情况，证监会主要采用市盈率指导发行定价的方式控制新股首发价格，基本价格都在12～15倍。即便有企业试图采取上网竞价发行方式，也因市场不成熟而中止，直到1998年才有企业开始突破15倍市盈率限制。在配售制度方面，1990—2000年新股配售经历了限量发售认购证、无限发售认购证且与储蓄存款挂钩、全额预缴且比例配售、上网定价等方式。1999年，证监会放开4亿股以上股票的上网发行与法人配售，开启了机构配售的模式。

总的来看，行政指导下的定价缺乏科学依据，不真正反映公司的价值差异，也不利于市场发挥价格发现功能，无法发挥促进资源优化配置的作用。

4.3.2　第二阶段：2000年以后新股发行市场化探索

2001年5月，证监会公布《新股发行上网竞价方式指导意见》，这是1994年之后再次尝试上网竞价发行。2001年11月，新股定价开始使用网上累计投标定价，承销商根据申购认购情况确定发行价格。2004年修正的《证券法》删除了新股发行价格须经监管部门核准的规定。据此，2004年12月7日，证监会发布《关于首次公开发行股票试行询价制度若干问题的通知》，新股发行引入询价制度。该文件规定，初步询价对象不少于20家，对于发行超过4亿股的，初步询价对象不少于50家。这是采用机构投资者累计投标询价方式确定新股发行价格的重要一步，是市场化的重要举措。

为了进一步健全新股发行询价机制、强化市场化约束，2009年6月10日，中国证监会发布《关于进一步改革和完善新股发行体制的指导意见》，启动了新一轮新股发行体制改革，围绕定价和发行承销环节，完善定价约束，逐渐改变完全按资金量配售股份的机制；优化网上网下发行机制，适度向中小投资者倾斜，并完善了回拨机制和中止情形。2010年10月11日，中国证监会发布《关于深化新股发行体制改革的指导意见》和《关于修改〈证券发行与承销管理办法〉的决定》，进一步深化发行体制改革，取消中小板、创业板的累计投标询价环节，并在发行过程中通过摇号方式减少获配机构家数，提高每家机构的获配数量；敦促投资者审慎报价，发展长期机构投资者。2012 年 4 月，证监会发布《关于进一步深化新股发行体制改革的指导意见》，适当调整询价范围和配售比例，承销商可推荐 5～10 名经验丰富的个人投资者进行网下询价，注重风险防控，进一步完善定价约束机制。2013 年，证监会发布《关于进一步推进新股发行体制改革的意见》，宣布取消网下配售股份锁定期安排，规定网下获配无须再锁定三个月，并提出了剔除最高报价的方法（承销商剔除比例不得低于总量的 10%），以应对机构盲目报高价的冲动。2014 年，证监会发布《关于修改〈证券发行与承销管理办法〉的决定》，提出新股申购流通市值门槛，即所谓的市值申购，规定网下投资者只能有一个报价，取消网下机构获配的数量限制。2015 年，新股发行重新启动，证监会继续深化发行体制改革，规定公开发行股票数量在 2 000 万股（含）以下且无老股转让计划的，可直接定价发行。这一规定在 2018 年被取消，同时被取消的还有新股申购预先缴款制度，以减少新股发行对全社会资金的扰动效应。在定价方面，自 2014 年下半年以来，规定新股定价不得高于 23 倍市盈率。

科创板和创业板的发行体制改革随着发行审核制度的变化也在不断优化，最引人注目的就是取消了 23 倍市盈率限制，实行完全市场化的发行定价决定机制。

我们可以看出，新股发行定价承销制度改革一直在进行中，伴随着发行体制的总体改革历程。实际上，市场化也存在反复，比如 23 倍市盈率的限制就是在 2014 年才推出，实际上是一种行政指导，有回到 2000 年之前的感觉。这一方面说明了我们的资本市场仍然不成熟，另一方面证明了在市场化改革过程中存在反复。改革并不是一蹴而就的，而是需要结合投资者机构、证券市场监管能力、投资者定价能力等综合协调，稳妥推进。

4.4 交易制度

从我国证券市场交易机制变化来看，存在许多标志性事件，尤其是股票交易机制。关于资金和投资者，往往不是监管层能左右的。

4.4.1 第一阶段：懵懂期，涨跌幅不断调整

1990年3月前，深圳市场只有“老五股”，彼时交易清淡，市场走势平缓。随着业绩的不断提升，深发展带动的投资热一下子渲染了整个市场，导致二级市场投资者暴增，交易活跃，为控制风险，政府采取了一系列举措。1990年5月29日，政府第一次将涨跌停幅度限定为10%。1990年6月18日，进一步将涨跌停幅度降为5%。很快，1990年6月26日，第三次将涨跌停幅度调整为：涨停幅度为+1%，跌停幅度为-5%。1990年11月21日，第四次调整开始：涨停幅度为+0.5%. 跌停幅度为-5%。1991年8月17日，政府放开限价措施，让市场机制自行调节，当天深发展开盘1个小时内下跌幅度达到41.6%，真正让监管者见识到了市场的力量。

4.4.2 第二阶段：A股涨跌幅制度的建立

1996年12月12日，A股市场确定了10%的涨跌停幅度（ST类个股涨跌停幅度为5%），这标志着A股涨跌停板制度的建立。12月13日黑色星期五，上证指数下跌5.7%，下一个交易日12月16日，上证指数无量跌停，这也是A股历史上上证指数唯一一次跌停。

4.4.3 第三阶段：融券做空机制

2010年3月30日，融资融券制度实施，同年4月16日，股指期货上市，标志着A股杠杆机制设立，股市交易有了做空机制。2015年8月3日，为应对股市异常波动，上海证券交易所和深圳证券交易所分别发布通知，称为了进一步加强对融资融券业务的风险管理，促进融资融券业务规范发展，维护证券市场秩序，经中国证监会批准，两个交易所修改融资融券业务交易实施细则，规定投资者在融券卖出后，需从次一交易日起方可通过买券还券

或直接还券的方式偿还负债，这被视为稳定市场救市的举措之一。

4.4.4　第四阶段：短暂的熔断机制

为应对2015年的股市异常波动，2016年1月1日证监会宣布熔断机制正式实施；1月4日，即熔断机制试行后的第一个交易日，上证综指下跌6.8%，在整个1月，上证综指累计下跌25%，最终导致熔断机制不得不取消。

4.4.5　第五阶段：新旧交易机制共存

从2020年8月24日开始，创业板注册制改革落地后第一批股票上市，存量创业板的涨跌停幅度也放宽至20%，是继科创板20%涨跌幅后的又一个创新，这也是自1996年后针对涨跌停板制度存量部分的首次改革。由此，A股市场主板、中小板涨跌停幅度依然为10%，科创板和创业板涨跌停幅度比例设为20%，两类交易制度共存于市场中。

4.4.6　关于“T+0”制度

我国资本市场交易制度的变革与创新是我们关注的另一个问题。首先，市场短暂存在过“T+0”① 制度：1992年5月21日，上交所取消涨跌幅限制并实行了“T+0”制度，当日上证综指最高达1 334.98点，最低仅为604.01点，振幅惊人；1993年11月，深交所也实行了“T+0”制度，振幅也很大。

由于可交易的股票数量较少，投资者尤其是散户众多，投机氛围浓厚，每每造成股市剧烈波动。为防范可能的风险，保持市场稳定，防止过度投机，1995年交易所取消了“T+0”制度，恢复“T+1”交收制度并一直沿用至今。

1998年《证券法》第106条明确规定：证券公司接受委托或者自营，当日买入的证券，不得在当日再行卖出。这实际上是从法律上认可了我国交易

① “T+0”交易，指当天卖出股票所得资金在当天就可以买入股票，当天买入的股票在当天即可卖出。

制度的“T+1”模式。虽然我国交易制度目前是“T+1”，但实际上专业机构投资者可以通过建立底仓、融券等方式变相实现“T+0”，从而在不同投资者之间造成割裂，使之处于不同的竞争格局，违背市场公平原则。

从“T+0”制度的优势来看，它方便交易，使投资者持有时间缩短，有助于更好地控制持仓风险，帮助投资者及时纠错，是一种交易便利性举措。此外，它对于提升投资者交易信心、增强市场活跃度有直接作用。当然，如果实施“T+0”，预计二级市场换手率与波动率会大幅提高，不利于市场价格稳定，因此，是否有必要在我们的资本市场实施须综合判断。

参考文献

[1] 曹凤岐. 推进我国股票发行注册制改革. 南开学报（哲学社会科学版），2014（2）.

[2] 陈羽桃，冯建. 股票发行注册制改革对壳资源价值的影响. 会计之友，2015（6）.

[3] 甘培忠，张菊霞. IPO注册体制下证券监管机构的功能调整——从证监会和交易所分权视角观察. 法律适用，2015（7）.

[4] 顾连书，王宏利，王海霞. 我国新股发行审核由核准制向注册制转型的路径选择. 中央财经大学学报，2012（11）.

[5] 李曙光. 新股发行注册制改革的若干重大问题探讨. 政法论坛，2015（3）.

[6] 李文华. 中国式注册制：市场基础与实施路径. 上海金融，2014（9）.

[7] 申豪. 注册制与核准制的辨析与选择：基于美国资本市场的研究. 财务与会计（理财版），2014（10）.

[8] 沈朝晖. 流行的误解：“注册制”与“核准制”辨析. 证券市场导报，2011（9）.

[9] 时晋，曾斌，吴锦宇. 中国大陆发审委的法经济学反思//2012年度（第十届）中国法经济学论坛论文集，2012.

[10] 王丹，李海婴. 中国证券监管体制演变及其研究. 金融理论探索，2004（3）.

[11] 王啸. 美国“注册制”的四大难题与中国资本市场改革的思考. 证券市场导报，2015（1）.

[12] 余尘. 股票发行注册制制度环境及我国注册制改革路径. 中国流通经济，2015（7）.

［13］ Akerlof，G. A. The Market for Lemons：Quality Uncertainty and the Market Mechanism. *Quarterly Journal of Economics*，1970（84）.

［14］ Barth，M. E.，Landsman，W. R.，Taylor，D. J. The JOBS Act and Information Uncertainty in IPO Firms. *The Accounting Review*，2017，92（6）.

［15］ Bertoni，F.，Meoli，M.，Vismara，S. Board Independence，Ownership Structure and the Valuation of IPOs in Continental Europe. *Corporate Governance：An International Review*，2014，22（2）.

［16］ Denis，D. J.，Xu，J. Insider Trading Restrictions and Top Executive Compensation. *Journal of Accounting and Economics*，2013，56（1）.

［17］ Gadarowski，Christopher and Praveen Sinha. On Efficacy of Regulation Fair Disclosure：Theory and Evidence. Working Paper. Cornell University，2002.

［18］ Gomez，E.，Heflin，F.，Wang，J. Information Environment Consequences of SEC Non-GAAP Comment Letters. Available at SSRN 3044026，2018.

［19］ Heflin，F.，Hsu，C. The Impact of the SEC's Regulation of Non-GAAP Disclosures. *Journal of Accounting and Economics*，2008，46（2-3）.

［20］ Neupane，S.，Thapa，C. Underwriter Reputation and the Underwriter-Investor Relationship in IPO Markets. *Journal of International Financial Markets，Institutions and Money*，2013（24）.

［21］ Stigler，G. J. Public Regulation of the Securities Markets. *Journal of Business*，1964（37）.

［22］ Wafula，F.，et al. Protecting the Public or Setting the Bar Too High? Understanding the Causes and Consequences of Regulatory Actions of Front-line Regulators and Specialized Drug Shop Operators in Kenya. *Social Science & Medicine*，2013（97）.

第3章 中国资本市场运行机制的重构：从股权分置到全流通改革

摘　要：股权分置改革几乎与20世纪90年代初中国资本市场的建立具备同样重要的意义。股权分置改革相当于从制度层面“再造”了中国资本市场，使中国资本市场运行机制得到重构。股权分置是中国资本市场设立之初为保障国有资产不流失对国有股流通问题总体上采取搁置方式而形成的历史问题。这种不合理的股权结构严重阻碍了中国资本市场的健康发展，是导致中国上市公司股东利益分裂、委托代理问题严重、资金利用率低下、内幕交易频发的重要原因。在此背景下，我国进行了“国有股减持”这一初步探索，虽然因未妥善权衡各方利益特别是流通股股东的利益而以失败告终，但为今后的改革提供了有益经验。2004年1月，《关于推进资本市场改革开放和稳定发展的若干意见》（简称“国九条”）的发布开启了新一轮股权分置改革。这次股权分置改革通过引入对价机制平衡了流通股股东与非流通股股东的权益，从而保护了流通股股东利益不受侵害，并将方案的制订权交给了非流通股股东，将方案的通过表决权交给了流通股股东，让两类股东自行博弈和协商利益，保证了改革方案提出的条件与承诺处在各方可接受的利益均衡点上，为改革的成功推进创造了客观条件。股权分置改革的成功恢复了中国资本市场的资产定价、资源配置、存量资源整合等功能，为中国资本市场的开放和发展注入了新活力，为现代金融体系的建立奠定了良好的制度基础，对中国资本市场的发展来说具有里程碑式的意义。

1. 2001年国有股减持的有益探索

股权分置是指上市公司的一部分股份上市流通，其余股份暂不允许上市流通，前者为流通股，主要为社会公众股，后者为非流通股，大多为国有股和法人股。股权分置问题本质上是上市公司的二元股权结构问题，是国有企业股份制改革过程中的过渡产物。20 世纪 90 年代，我国国有企业大面积亏损，彼时银行受制于沉重的历史坏账难以向国有企业提供足够的资金，股票市场便理所当然地被认为是国有企业融资脱困的最佳选择。但是，国有企业股份制改革进程中面临的股票私有化和国有资产流失问题引发了市场争论，为防止国有资产流失，设计者提出“存量不动，增量流通”的折中方案，即国有企业按净资产折算成相应的股份后，再对外发行部分增量股份，前者禁止上市流通，后者允许在二级市场交易转让，自此股权分置的格局正式形成。

1.1　国有股减持的历史回顾

1.1.1　国有股减持的历史背景

（1）减持国有股是资本市场深化和构建现代金融体系的内在要求。

一段时间以来，我们一直将在股票市场发行上市作为国有大中型企业解困脱困的重要途径。在这种思想的作用下，经过 10 年积累，我国境内现有上市公司中国有控股企业占绝大多数；同时，出于保持公有制在上市公司中的控制地位和害怕出现国有资产大量流失的考虑，当初的政策制定者将上市公司的股份按照所有者性质分为国家股、法人股和社会公众股，并且规定国家股、法人股不得上市流通。以上原因导致了我国上市公司的股权结构呈现出和世界上其他国家截然不同的特点：国有股权高度集中且不可流通，可流通的社会公众股只占很小的比重。在这种特殊的股权结构下，由于上市公司的国家股有效持股主体缺位问题没有得到有效解决，容易出现严重的内部人控制问题、对经理人员的约束不力、各持股主体控制权的行使容易出现缺陷等原因，上市公司难以建立有效的法人治理结构。

资本市场绝非简单的企业融资场所，其更为重要的功能是通过其价格发现机制，以有效的价格符号来引导社会资源的高效率流动，依托资本市场来实现一国产业结构升级优化和资源的有效配置，最终实现整个社会福利的帕累托改进。在我国上市公司现有的特殊股权结构下，资本市场难以为企业提供有效的价格符号，上市公司资产的整体流动性受到极大制约，这些问题极大地阻碍了资本市场的功能深化，从而妨碍了现代金融体系的构建。大力推进中国上市公司股权结构的战略性调整，实施国有股权的战略减持，是资本市场深化和构建现代金融体系的内在要求。

（2）减持国有股是完善我国公司治理结构的有效途径。

关于公司治理的内涵，理论界有多种解释。有的学者认为，公司治理是指“董事会据以监督经理行为的过程、结构和关系”，有的学者认为，公司治理包括两个基本要素——“对经理阶层的监督和就组织的行为和政策对所有与该组织有关联的利益相关者承担责任”，因而，将公司治理理解为一种对经理行为的制衡机制是符合现代公司的运营实际的。也可以说，公司治理中最核心的问题是出资人或股东如何激励和约束经理人员，使其尽可能地努力经营，以实现股东价值的最大化。

根据对中国沪深两市上市公司 1998 年年报的统计，我国国家股、国有法人股在总股本中所占比例超过 50%的公司多达 273 家，占全部 813 家公司的 33.58%，特别是其中的 112 家总股本超过 4 亿元的公司，国有股的比例半数以上超过 70%，具有明显的绝对控股地位。按照委托—代理理论，国家应当对企业行使其作为所有者的权利，并同时承担其行使财产权利的行为后果，即履行财产责任或义务，而不论是承担权利还是履行义务，所有者都亟须对经营者建立起强硬有效的激励和约束机制。但是，所有者在事实上的缺位导致了国有财产权利的私人化和财产责任的社会化，在此基础上形成的不完善的公司治理结构直接造成了严重的腐败、数量惊人的国有资产流失和大量的经济犯罪。显然，解决“所有者缺位”现象成为缓解问题的关键。而国有资产的所有者缺位问题因其公共产权性质，不可能从真正意义上得到解决，廉价的控制权总是会存在。因此，具有现实意义的做法不是指望国有产权的所有者真正在位，而是通过其他变通的途径削弱廉价控制权在公司治理中的作用。“减持国有股”方案的推出正符合了这一思路。通过国有企业中国有股比重的减小引入其他形式的股权，将股权结构分散化，便可以合法地削弱国有股权的控制权力度，使我国国有企业的治理结构逐步趋于完善。

（3）减持国有股具备的政策支持条件。

根据我国经济体制改革的实践探索和理论深化，中共十五届四中全会已明确提出：“在社会主义市场经济条件下，国有经济在国民经济中的主导作用主要体现在控制力上。”而且，这次会议也对国有经济控制力的表现进行了阐释，指出：“国有经济应保持必要的数量，更要有质的提高。”按照人们对“控制力”的通常理解，只要是在总数中占 50%以上，就表明在量上占有优势。但如果从股份制的角度来看，起主导作用的股份数量并不一定必须占总股本的 50%以上，如果股权相对分散，那么只要拥有 10%甚至 5%的股份就可以支配其他 90%以上的资产，就能获得“控制力”。因此，在保持“控制力”的前提下，国有股的适当减持并不意味着国家作为大股东的地位丧失，更没有否认国家资产的公有制。相反，国有股减持将改善公司治理结构，使所有者的监督和约束进一步强化，以保证经营者尽心地经营国有资产，从而提高国有资产的运营效率。这样，国有经济在保持必要数量的同时，质也真正得到了提高。

（4）减持国有股具备法律支持条件。

股份减持实质上表现为股权减弱，而股权减弱的主要方式是通过股份回购和股份转让。对于股份回购或股份转让，《公司法》《证券法》《上市公司章程指引》等有关法律、法规、规章都做出了具体的规定。

首先，1993 年《公司法》第 152 条明文规定：“向社会公开发行的股份达公司股份总数的百分之二十五以上，公司股本总额超过人民币四亿元的，其向社会公开发行股份的比例为百分之十五以上。”虽然法律有如此明确的规定，但是，由于历史遗留问题和股票计划额度管理的原因，我国现行上市公司的股本结构普遍存在国家股、国有法人股在总股本中所占比重过大的问题。根据上市公司披露的资料，到目前为止，总股本超过 4 亿元，而国有股占总股本75%以上的上市公司还有十几家，这意味着国有股的减持势在必行。同时，《公司法》第149条规定："公司不得收购本公司的股票，但为减少公司资本而注销股份或者与持有本公司股票的其他公司合并时除外。"

1997年发布的《上市公司章程指引》第23条规定："根据公司章程的规定，公司可以减少注册资本。"第25条规定："公司购回股份，可以下列方式之一进行：（一）向全体股东按照相同比例发出购回要约；（二）通过公开交易方式购回；（三）法律、行政法规规定和国务院证券主管部门批准的其他情形。"由上述有关法律规定可以看出，减持国有股是完善上市公司股权结构的合理手段，且其实施过程不存在法律障碍。

1.1.2 国有股减持的可选方案

（1）存量发行。

存量发行是指对已经存在的国有股股权进行出售。该方案的优点主要有：1）借助新股发行的机会直接实现国有股的上市流通，既将国有股减持压力化解到增发和首发之中，又避免了过低价格减持，造成国有资产流失；2）减持所得上缴社保基金，将来也可以入市，对股市的供求关系影响不大；3）对上市公司较为有利，不影响总股本，但能优化股本结构，具有简单、明晰、易于操作的特点。缺点主要有：1）由于只有融资额的10%，规模有限，没有解决国有股比例过大的历史遗留问题，很难起到优化证券市场资源配置和机制调整的作用；2）将国有股减持与首次发行和增发捆绑在一起进行，把我国证券市场的所有禁入者都禁止于减持的门外，尤其是那些境外投资者，这与我国目前扩大对外开放和吸引外资的政策不符；3）减持价格很难被证券市场（特别是二级市场）接受。

（2）回购。

国有股回购是指股份公司向国有股股东购买其持有的国有股，并按规定予以注销，从而减少总股本，达到降低国有股份额、优化股本结构的目的。该方案的优点主要有：1）能够有效地降低国有股比重，使上市公司股权结构趋于科学、合理，有利于改善公司治理结构，充分发挥非国有股东的监督与约束作用；2）由于流通股本比例提高，为企业今后进一步融资提供了便利；3）在回购资金支出不影响企业经营业绩或影响不大的前提下，由于总股本缩小，因而提高了每股收益、净资产收益率，而市盈率会有所下降，这就拓展了股价上升空间，对投资者的吸引力也会增加，有利于改善上市企业在二级市场的形象；4）不会对二级市场造成扩容压力。缺点主要有：1）股份回购减少了企业的注册资本，增大了企业的经营风险。2）以现金回购，巨额支出会影响企业的现金流量，从而给企业带来一定的经营风险。此外，当企业有好的投资机会时，现金回购也会影响其他股东的利益。3）股份回购属于关联交易，在监督不严的情况下，容易发生大股东套现并损害中小股东的利益的情况。此外，由于回购不通过市场，因而很难通过市场定价。若回购价格过高，会损害广大公众股东的利益；若回购价格过低，将损害国家的利益。

（3）配售。

国有股配售是指国有股以特定价格向特定投资人转让。该方案的优点主要有：1）配售后，非国有股比重提高，有利于改善上市公司的治理结构与运营效率，强化对经营者的约束作用；2）配售后，仅仅改善了上市公司的股权结构，并未扩大公司的总股本，不会对公司的每股收益、净资产收益率等指标产生影响，未稀释股票的“含金量”，对股市的冲击相对较小。缺点主要有：1）直接从二级市场上抽调资金并增加流通筹码，极易超过市场的承受能力，在市场行情低迷时不能采用；2）如果配售价格过高，可能会挫伤投资者的积极性，造成配售失败。

（4）协议转让。

协议转让指国有股股东以协议方式向其他法人机构甚至个人转让。该方案的优点主要有：1）可在较短时间筹集大量资金，满足政府对股权变现的需要；2）买卖双方直接谈判，价格由双方商定；3）接受协议转让的投资者能够据此参股上市公司，甚至获得对上市公司的控股权；4）从公司治理的角度来看，接受转让的企业可能成为第一大股东，这就改善了公司治理结构，有利于企业的发展；5）具有手续简便、对市场压力小等特点。缺点主要有：1）决策不透明，程序不规范。国有股协议转让一般是在政府“牵线搭桥”下进行的，易于发生行政干预或包办代替。这样，协议往往缺乏透明度，导致暗箱操作，产生各种寻租行为；同时，协议转让使得关联交易更加复杂化，易出现内幕交易、操纵股价等违规行为，不利于国家集中统一监管证券市场。2）国有股变成法人股，由于同样不能流通，因而并没有解决国有股的流通问题，证券市场的效率也并没有因此提高。3）转让价格一般略高于每股净资产，而目前A股市价一般是每股净资产的五倍，这中间存在很大的利润空间。一些投机者协议收购国有股后，一旦政策允许流通，就急不可耐地疯狂变现，从而会给二级市场带来难以预料的负面影响。4）目前国内很难找到资金实力雄厚的受让方，大规模协议转让是不现实的。

（5）股转债。

股转债是指将国有股从股票形态转化为债券形态，从而减少总股本，在流通股本不变的情况下提高流通股的比例，最后达到股票全部流通的目的。股转债又可具体分为以下三种。

一是国有股权转为可转换债券。可转换债券是一种特殊的股转债的方式，是国有债权和可流通普通股期权的混合物。该方案的优点主要有：1）上市公司质量和每股收益将明显提高，可使国家、债券投资者、目标公司三方受益；2）可转换债券具有债券与期权的双重特征，价值高于其本息的现值且波动幅度较小，可以吸纳一定量的银行储蓄，增大证券市场的资金容量；3）由于规定了时间和比例，便于准确控制国有股减持的速度，避免对股市造成巨大的冲击；4）由于确定转换比例与转换价格时考虑了股价的未来变动因素，在一定程度上保证了国有资产在变现过程中不会流失。缺点主要有：1）债券的转换价格定在以市场价格为基础的相对较高的溢价上，而国有股和流通股在取得成本上的先天巨额差距，使投资者对其预期不高，这大大降低了债转股的可能性，从而不能达到或不能如期达到国有股按设定比例减持的目的；2）转换债券的发行人可能会面临转换期间股市行情低迷、转换价高于市价，投资者在转换期满时不行使转换权而要求发行人还本付息的风险；3）要等债券市场得到一定程度的发展时才可充分采用该方案。

二是国有股权转为国家债权。对于偿债能力较强、经营现金流量稳定、资产负债比率较低的上市公司，可以考虑将其国有股权转换为国家债权。该方案的优点主要有：1）股权转债权后，总股本及净资产减少，企业的净资产收益率及每股收益将会提高，市盈率下降，股票投资价值上升，对股票投资者有利；2）既不构成扩容压力，也不争夺市场资金；3）企业可以利用债券利息的抵税作用降低资金成本；4）企业负债比率提高，可鞭策企业不断寻求有更高的投资收益率的项目，提高资金的利用效率，加速资金周转。缺点主要有：1）企业的资产负债率有一定的限度，可转换的额度往往不高，很难达到大规模减持国有股的目的；2）企业的负债比率过高将增大企业的财务风险，也不利于企业的再融资。

三是国有股权转为零息回购转债。即，公司以折价方式发行债券，在此期间不向投资者支付利息，到期可按面值赎回，也可转换成普通股股票，以发行债券所得现金协议回购并注销部分国有股。零息回购转债是集现金回购、零息债券、可转换债券于一身的组合工具。

（6）缩股。

缩股是指将现有的国有股按照当初的发行价格进行折股，使国有股的每股价格与发行价一样。该方案的优点主要有：1）缩股可以解决国有股及法人股的流通问题，不会对二级市场产生冲击，今后市场按其自身规律运行，不再因市场分隔而产生过度投机现象，效率将大大提高；2）机构投资者的介入有助于完善上市公司法人治理结构，从而提高上市公司的经营管理效率。缺点主要是很难确定一个科学合理的缩股系数（即缩股比例）。

（7）拍卖。

国有股权的拍卖可以被认为是一种“从属性”减持。该方案的优点主要有：国有股减持的价格可以由市场直接决定。采用拍卖方式减持国有股，信息与交易对称，不存在暗箱操作，价格是唯一的评判标准，其透明度较高、公平性较好，容易得到广大投资者的认同。缺点主要有：由于供求关系的不对称，往往表现为有价无市，而拍卖接受方往往是一些投资机构，即使一部分拍卖成功，可能也只解决了一次性流动问题，并没有解决国有股的最终流动问题。

（8）国有股转换为优先股。

在国有股减持过程中，可以考虑修改有关法律，将部分国有股转化为优先股。该方案的优点主要有：1）其收益稳定，投资风险极小，可以最大限度地保障国家所持股份的收益权；2）国有股转换成优先股操作简单、易于执行。缺点主要有：1）优先股在通常情况下没有参与公司经营决策的表决权。如果国家股转成优先股的比例过高，普通股股东在决策时就有可能置大量的国有资本于不顾，从事高风险的投资，用国有资产去冒险；2）国有普通股转换为优先股，由于同样不能流通，因而并没有解决国有股的流通问题，证券市场的效率并没有因此而提高。

1.2　国有股减持失败的原因

1999 年 12 月，经财政部批准，中国嘉陵与黔轮胎作为中国证监会首批推出的 10 家试点企业开始进行国有股减持。减持方式为向流通股股东进行配售，配售价格为前 3 年公司的每股平均收益乘以 10 倍的市盈率。中国嘉陵以 10∶8.361 的比例向流通股股东配售 1 亿股，配售价为每股 4.50 元；黔轮胎以 10∶1.590 97 的比例向流通股股东配售 1 710.527 5 万股，配售价为每股 4.80 元。方案出台后，市场出现暴跌走势，导致该方案无法继续实施，最后不了了之。2001 年 6 月 12 日，有关部门又推出了以市场价来减持新上市公司流通股中 10％的国有股的方案，并由财政部予以实施，结果导致市场出现了持续 4 个月的暴跌走势，市价总值损失达 1.8 万亿元，以致在 2001 年 10 月 22 日中国证监会不得不紧急叫停了这个方案。两次减持失败给市场造成了重大创伤，使得国有股减持的难度进一步提高，并使国有股减持成为当年市场上的最大变数和困扰投资者的最大难点。反思国有股减持失败的原因，吸取经验和教训，并在此基础上提出新的修正方案，进一步稳定并完善资本市场的发展是接下来的工作重点。本章总结了国有股减持失败的主要原因。

1.2.1　国有股减持的出发点和立足点存在问题

本次国有股减持与补充社保基金连在一起，属于同一个过程。虽然是同一个过程，但因具体执行人所持目标不同而产生了不同的做法。从减持的操作思路来看，本次减持方案主要侧重的是通过国有股变现来增补社保基金，这样一来，国有股减持就成了筹集社保基金的一种手段。国有股减持这把悬在股市头上的利剑并没有落下来，只是稍微挪动了一下，问题依然存在。

我国国有股减持具有十分重要的意义，其中最重要的莫过于将目前国有控股公司中一股独大的国有股比例降低，建立合理的、多元股权相制衡的法人治理结构。从这个意义上讲，我国国有股比例一定要降到足够低，即降低到其他股权能够与之制衡的程度，才有利于法人治理结构的建立。但是，如果单从以国有股变现增补社保基金的角度来看，就有可能不愿意从根本上降低国有股的过高比例。甚至国有股变现总是以保持绝对控股的国有股高比例的状态，来实现对国有股变现过程的控制。这不仅对法人治理结构无益，而且对国有股变现的过程来说，也可能会存在不公正之处。按照这样的减持办法，上市公司首次发行股票时又会产生新的国有股问题——它所减持的是小部分新产生的国有股，只要有新公司发行上市，就会源源不断地产生新的国有股问题。正如复旦大学的谢百三教授所指出的，这样的减持办法是越减国有股越多。显然，如果目的是减持国有股总量，则对首次发行股票和增发股票应该区别对待，首次发行股票的上市公司在减持国有股时应该一步到位。

另外，由于国有股减持的目的明显偏向于国有股的变现，所以在本次国有股减持的过程中所有公司都按同一个标准、同一个步骤减持，并没有一个先后顺序，没有考虑其属于竞争性行业还是垄断性行业，是具有战略意义的部门还是普通部门，这样的减持方案对国有资产的战略性调整影响不大。从促进国有资产战略性调整的角度出发，国家计划委员会、国有资产管理部门应该尽快根据国家的产业政策将上市公司分为三类：第一类为国家必须绝对控股的公司，对这类公司，国有股权必须保持在51%以上；第二类为国家必须相对控股的公司，对这类公司，根据公司股本的规模和股权的分散化程度来确定国有股必须持有的比例，一般为35%～50%；第三类为国家不需要控股的公司，这类公司考虑将国有股全部退出。只有分好类，再按照各自的要求确定减持的幅度，才能达到促进国有资产战略性调整的目的。

1.2.2 减持价格远离市场价格

减持价格远离市场实际，是导致前两次减持失败的重要原因。国有股减持方案按投资者的身份把上市公司的股份分为国有股、法人股、社会公众股和职工个人股，是计划经济思维方式对市场经济渗透的结果。从本质上来说，沪深交易所上市公司中的绝大部分都不是按市场方式和市场规则进入市场的，而是在定向为国企改革和脱贫服务这一方针的指导下，通过行政方式和行政机制上市的。

根据原国家国有资产管理局和原国家经济体制改革委员会在1994年11月3日发布并实施的《股份有限公司国有股权管理暂行办法》第12条的规定："国有资产严禁低估作价折股，一般应以评估确认后净资产折为国有股的股本。如不全部折股，则折股方案须与募股方案和预计发行价格一并考虑，但折股比率（国有股股本/发行前国有净资产）不得低于65%。股票发行溢价倍率（股票发行价格/股票面值）应不低于折股倍数（发行前国有净资产/国有股股本）。"

在这里，《股份有限公司国有股权管理暂行办法》所体现的实际上是三个方面的要求：（1）国有资产一般应按股票面额折股；（2）国有资产的折股价最高为1.54元；（3）向社会发行的股票只能高于而不能低于国有股的净资产值。在十几年的股份制改革实践中，流通股的发行价格都高于国有股和法人股的折股价格与认购价格数倍。从发行价格来看，按照中国证监会提供的资料计算，在1999年、2000年和2001年前10个月，上市公司新股发行的平均价格分别为6.61元/股、8.31元/股和9.14元/股，溢价收入被平均分摊到上市公司每一股的净资产之中，国有股和法人股的股东也因而分享了巨大收益。从配股价格和方式来看，由于国有股和法人股的股东可以放弃配股权，因而近年来上市公司的配股资金都主要来自流通股股东。根据中国证监会提供的资料计算，在 1999 年、2000 年和 2001 年前 10 个月，上市公司的平均配股价分别为 7.79 元/股、9.27 元/股和 10.36 元/股。如果再把上市公司在上市后的送股和分红的因素也考虑进来，那么国有股和法人股的平均持仓成本实际上就只有几毛钱。从这里我们可以看到国有股与流通股在性质和类别上的两个重大差异：一是国有股是低价形成，而流通股则是高价进入；二是国有股是根据国有股股东的内部规则形成的，而流通股则是根据市场规则进入市场的。这两个方面的差异客观上造成了国有股与流通股是异质和异类股票，因而它们之间不能同股同价，也不能同股同权。

1.2.3 减持决策违背公共选择原则

国有企业在上市时大都带有政策倾斜色彩，在国有股和法人股股东已经稀释了流通股股东的巨额净资产、国有股和法人股股东与流通股股东的持仓成本有着重大差异的情况下，片面地强调同股同价并按所谓的市场价来减持，就必然对流通股股东的权益造成重大侵害，这就不可能获得流通股股东对减持方案和减持价格的认同。减持决策违背公共选择原则，是导致前两次减持失败的第三个主要原因。

国有股减持方案能否顺利地转化成国有股减持的现实，不仅取决于方案设计本身的科学性与合理度，而且取决于市场对这个方案的认同度以及方案与市场预期的契合度。前两次特别减持方案的失败与方案制订和实施过程中的一系列失误直接相关。占上市公司股份总额三分之二的国有股和法人股不流通既是市场惯例，也是现行规则。

正是由于这三分之二的国有股和法人股不流通，才形成了以三分之一的流通股为基础的供求关系，并在这种供求关系的基础上形成了现行的流通价格。正像国内有些经济学家所指出的那样："在流通股股东事实上已经为国有股暂时放弃流通性而支付了价格的情况下，国有股要无偿重新获得流通性，这是对流通股股东合法权益的侵犯”（林义相，2001）。进一步说，国有股和法人股从不流通转为流通，实际上意味着股票性质和市场规则的重大改变，这种改变不但要获得原流通股股东的认同，而且必须在利益上向原流通股股东倾斜，只有这样，才能符合股份经济中的股东优先原则，也才能使国有股和法人股的减持真正具有可行性，并且确保市场的稳定和发展。原有的减持方案违背股份经济的决策程序，违背民主原则和透明原则，在未征求社会公众意见和未引入任何公共选择机制的情况下，就仓促地做出决策并由国有股的持股单位——财政部——予以实施，这实际上是由一部分股东来决定另一部分股东的命运，这就不可能不引起市场的强烈反应。

1.2.4 有关各方的利益没有得到保障

国有股减持能否均衡各方利益，关键看减持资金投向何处以及如何运作。从此次减持来看，有关各方的利益根本没有得到保障。首先，广大投资者为政府解决社保基金缺口这一难题掏了一次腰包；其次，筹集来的社保基金不能使农村广大农民受惠；最后，公司无分文留利，也没有抵扣部分企业社保费，如同做了一次慈善活动。其实，国有股减持应重点考虑中小投资者的利益。资本市场的金融放大效应使上市公司边发行新股（或增发新股）边减持国有股的同时，在两个不同的定价市场之间将资产套现出售，不仅无风险，而且收益之高令人咋舌。从表现形式看，这种存量发行实际是一种类似于增量回购的方式，只不过股本没有注销，而是强制转让。而回购国有股的资金来源于二级市场募集的资金，也就是说，投资者在认购新股的同时，就必须高价购买国有股，从法律的角度讲，这对中小投资者有失公平。再者，资本市场的金融放大效应不是体现在实物资产和虚拟资产的差异上，而是体现在不同股权结构之间的差异上，造成财富自然由一方向另一方转移，这可以说是一种掠夺。中小投资者在此次减持中的被动地位足以说明这一点。

此外，国有股减持筹集的社保基金应惠及包括广大农民在内的社会大众。有关文件规定：国有股存量出售收入全部上缴全国社会保障基金。减持资金全部上缴有失公平，因为这样做不仅不利于提高公司的积极性，而且是在牺牲股民和农民的利益。有目共睹的是，国有资产是几十年来全国劳动人民共同积累留下来的，既有产业工人劳动的积累，也有国家拨付、税费减免形成的资产，同时还有广大农民做出的贡献。而社保基金名义上是面向全社会，事实上在我国现阶段仅覆盖城镇居民。

最后，还应考虑公司的利益。市场经济所要求的是产权明晰、政企分开、买卖公平、平等互利。而我国国企改革的目标就是建立以公司制为主体特征的现代企业制度，使企业成为真正的市场主体，按照公平合理的交易规则参与市场竞争。但是由于政府亟须考虑的是弥补社保基金缺口，在这次减持过程中企业最终只是政府手中的一枚棋子。我国《公司法》关于公司注册资本的规定是很明确的，股份不可退回只可转让，只有回购注册资本的时候才可注销。而回购资本的决定要公司股东大会才能做出，而且股份的转让应该是买卖双方在市场上平等自愿达成的。然而，在此次减持过程中，一切都是按行政命令执行，市场行为和正常的程序都不起作用，企业很被动。另外，通过无偿划拨的行政手段将股权转让的资金上缴社保基金，说明我们还没有将独立的国有法人资产与凭行政权力直接调拨财政资金区分开来，这样我们又谈何政企分开和产权明晰？上市公司转让国有股所得，首先应归上市公司自己所有，然后按适当比例上缴国家社保基金。即使要缴社保基金，首先也得上缴自己的社保基金，全部直接上缴国家社保基金有失公正，公司的利益未得到尊重。究竟怎样平衡公司利益与国家利益，应通过市场行为及合法的程序解决，这也是市场经济的基本要求。

1.3　国有股减持的有益经验

在投资者、股票市场及多方面的强大压力下，2002年6月23日，国务院做出决定，除企业海外发行上市外，对国内上市公司停止执行2001年6月国务院发布的《减持国有股筹集社会保障资金管理暂行办法》中关于利用证券市场减持国有股的规定，并且不再出台具体实施办法。在这一“利好”

的强烈刺激下，沪、深两市大幅高开，上证指数跳空高开 141 点，深证指数也跳空高开 300 点，收盘时二者分别上涨 144.59 点和 297.18 点，并且创下了两市交易合计 817 亿元的天量。至少从当时来看，停止国有股减持的决策是正确的，因为它充分地体现了一种“民意”。但是，停止国有股减持之后，还要不要坚持减持国有股呢？如果要，又如何减持国有股呢？

1.3.1 减持国有股具有客观必然性

应该肯定的是，停止国有股减持并不意味着永远放弃减持国有股。正如财政部和证监会的发言人在宣布停止利用国内证券市场减持国有股的时候所指出的：国有股减持是一项重要的改革举措，方向是正确的，符合国有经济结构调整的基本原则，有利于进一步完善现代企业制度、促进社会保障体系的建立、促进证券市场的持续稳定发展。中共十五届四中全会提出：“从战略上调整国有经济布局，要同产业结构的优化升级和所有制结构的调整完善结合起来，坚持有进有退，有所为有所不为。”这是国有经济结构调整的基本原则。依据这一原则，国有经济应该逐步从一般竞争性领域退出，集中力量抓好关系国计民生、关系国民经济命脉的重要领域。也就是说，不仅许多一般竞争性行业不一定需要国家控股，而且一些重要行业也并不一定要国家100％控股。在不影响国家控股的前提下，适当减持部分国有股，用较少的国有资本发动更多的社会资本进行经济建设，促进经济发展，实现国有资产的保值增值，才是更明智的选择。而要做到这一点，就势必要进行国有股的减持。

我国国有企业改革的基本方向是在国有企业中建立现代企业制度。现代企业制度最突出的特点有两个：一是它是法人组织；二是它具有现代公司治理结构。如果一个企业只有一个国有股东，或者国有股东占绝对控股地位，那么这个企业的公司治理结构肯定是不完善的，因为股东大会、董事会都是畸形的，必然会出现“所有者缺位”和“内部人控制”。解决这一问题的关键就是实现股权的多元化，让国有股部分退出，同时引进其他所有者，建立真正的公司治理结构和现代企业制度。在这个意义上，国有股减持有利于完善现代企业制度，它是解决上市公司法人治理结构问题和国有股“一股独大”问题的关键一步。

就其实质而言，证券市场本来应该是一个公开、公平、公正的市场，但由于历史的原因，我国的股市在设立之初就违背了“三公”原则。同股不同权也不同利，国有股占多数却不流通且拥有控制权，这些不公平严重制约了市场的健康发展。截至 2001 年底，我国上市公司总股本中国有股占 46%，非流通股（尚未流通股份）占 65%（见表 3－1 和表 3－2）。国有股和法人股占多数且不流通成为阻碍市场健康发展的最大障碍，它不仅使得股市供求严重失衡，证券市场优化资源配置和促进公司治理结构完善等功能无法实现，而且使得投资者的利益在国有股“一股独大”和所有者缺位条件下无法得到最大限度的保护。特别是，这些问题正随着市场规模的扩大越积越重，解决的难度也越来越大。因此，从促进证券市场发展的角度来看，国有股减持和流通已经成为市场健康稳定发展的必不可少的前提。

表 3－1　全国上市公司股本数量　　单位：亿股

年份	尚未流通股份	其中：国家拥有股份	已流通股份	股份总数
1998.12	1 664.84	865.51	861.93	2 526.77
1999.12	2 009.29	1 115.59	1 079.65	3 088.95
2000.12	2 437.43	1 475.13	1 354.27	3 791.7
2001.11	3 347.46	2 350.87	1 775.58	5 123.04

资料来源：中国证监会官网（www.csrc.gov.cn）。

表 3－2　全国上市公司股本结构

年份	尚未流通股份比重	国家拥有股份比重	已流通股份比重	已流通股份/尚未流通股份
1998.12	0.658 9	0.342 5	0.341 1	0.517 7
1999.12	0.650 5	0.361 2	0.349 5	0.537 3
2000.12	0.642 8	0.389 0	0.357 2	0.555 6
2001.11	0.653 4	0.458 9	0.346 6	0.530 4

资料来源：中国证监会官网。

归纳起来，国有股带来的问题包括以下几个：一是国有经济布局失衡，政府职能难以充分发挥；二是国有股“一股独大”，上市公司内部人控制问题严重；三是股票市场投机盛行，系统风险加大。也正是基于此，有关方面积极地进行了国有股减持、流通的探索，如股权协议转让、国有股定向配售、股份回购以及国有股存量发行等。但是，这些探索都受到了来自市场的强烈抵制。这只能说明，在国有股减持的方法、步骤、时机等方面存在不合时宜的地方，而绝不能抹杀国有股减持本身对证券市场发展等方面的促进作用。从改革和发展的角度来看，国有股减持是经济体制改革必过的大关，是一种必然的趋势。即便目前停止了在国内证券市场减持国有股，有关国有股减持的研究和反思也不应就此停止，有步骤、小范围地减持国有股的尝试也不应就此停止。

1.3.2 准确把握国有股减持的内涵

国有股减持不只涉及国家持有上市公司股本的量的变化，也不只涉及政府要从市场上筹集多少资金，更为重要的是，它是我国上市公司的一次股权革命，是资本市场从双轨体制走向单一市场体制的重大制度创新过程，这一过程应该一举解决制约我国资本市场走向市场化与国际化的三个重大问题。

首先，国有股减持必须有利于解决我国资本市场机制扭曲问题。近 10 年来，我国的资本市场一直在一种扭曲和畸形的状态下运行。类别股份（按投资者的身份把上市公司的股份划分为国有股、法人股、社会公众股和职工个人股）以及部分流通（只有三分之一的在场内一级市场新发行的股票才能上市流通，而三分之二的存量股票一直处于停滞状态）使得我国上市公司的股权结构一直是刚性的，股票与股票市场本身所具有的流动性要求不能得到实现，相反，国有股的“一股独大”使我国的上市公司大都带有明显的国有性质，并且使市场带有明显的计划经济“胎记”；过小的流通量使得市场上的供求关系也呈现出畸形状态，价格的失真和投机的过盛使得作为国民经济“晴雨表”的股票市场不能真实和准确地反映国民经济的客观实际；市场评价与行政评价的并存往往使得投资者无所适从，而控制权市场与企业家市场的双重缺失又造成上市公司对行政机制和行政权力的过度依赖。如果不在国有股减持过程中着力解决我国资本市场中这种明显的制度缺陷，那么在我国已经加入 WTO 的大背景下，我国的资本市场就难以与国际惯例对接，也就难以抵御国际资本的冲击和挑战。

其次，国有股减持必须有利于完善我国上市公司的法人治理结构。“一股独大”是我国上市公司治理结构建设中的突出弊端，但“一股独大”这一表象背后所掩盖的却是“一股独霸”。国有股股东凭借自己的表决权优势，不仅可以在股东大会上“一票定乾坤”，而且可以在董事会、监事会和经营管理机构中全面实施“内部人”控制，从而在上市公司中“一手遮天”。股份经济“合意”原则的失效和上市公司制衡机制的失灵从根源上说就是源于这种集中和呆滞的股权结构；行政机制和行政权力之所以能够在资本市场和上市公司中大行其道，从根源上说就植根于这种没有独立意志，从而不能对行政命令产生抗逆机制的企业制度。如果不在国有股减持过程中把矛头指向上市公司的“一股独大”进而“一股独霸”问题，那就无法在上市公司中建立起有效的法人治理结构，上市公司也就很难逐步摆脱行政控制，从而真正走向市场。

最后，国有股减持必须有利于实现国有经济有进有退的战略调整。全面调整国有经济的战略布局是我国经济市场化的内在要求，也是我们在走向市场经济过程中有效实现政府、市场、企业和个人的角色调整与功能归位的客观趋势。由于上市公司大都处于竞争性领域，因而国有经济的逐步退出不但势在必行，而且刻不容缓。从这个意义上说，把国有股减持理解为国有股退出可能更符合市场经济的本意，也更能体现我国经济市场化与国际化的内在要求。

1.3.3　确定减持的基本原则

根据上述对减持内涵的总体把握，我们可以从总的方面来把握国有股减持的基本原则，即预期机制要明确，定价机制要清楚，减持方式要灵活。具体说来，国有股减持应该把握四个方面的原则。

(1) 减持方案宜粗不宜细。政府需要把握和确定的，只应是减持的定价原则，在这个原则下具体采用何种减持方案，是市场、企业和投资者的事情，应由他们来自主决定。

(2) 减持方式宜多不宜少。由于在 1 200 多家上市公司中，国有股和法人股的数量与结构都不相同，企业进行减持的出发点和最终目标也各有差异，因而不能用单一的方式来框定整个市场的减持过程。在这一方面，还是应该更多地发挥市场、企业和投资者的创造性和想象力，从而使减持过程更加丰富多彩。

(3) 减持机制宜统不宜分。国有股、法人股和其他非流通股的减持必须统一考虑，即：国有股怎么减持，法人股和其他非流通股也将怎么减持；国有股按什么价格减持，法人股和其他非流通股也将按什么价格减持；这一部分国有股、法人股和其他非流通股按什么方式、什么价格减持，另一部分国有股、法人股和其他非流通股也理当按什么方式、什么价格减持。减持的方式可以多种多样，减持的途径也可以有千万条，但不管采用什么方式和途径，其定价基准都必须统一，定价机制也必须同一。

(4) 减持价格宜低不宜高。前两次减持失败表明，高价减持的路子已经不可能走通，低价减持是唯一出路。1999 年底中国嘉陵与黔轮胎进行国有股减持，减持价格分别为 4.50 元和 4.80 元，当年中期这两只股票的净资产值分别为 3.82 元和 3.08 元，减持价格分别高出净资产值 17.80%和 55.84%，但市场仍然表现出强烈的抵制态度，最后导致减持方案夭折。对于这两次高价减持失败，我们必须将其作为前车之鉴并认真地加以反思。

1.3.4 设计合理的和被市场与投资者广泛认同的定价机制

国有股减持的核心和关键都是价格问题。1999 年与 2001 年两次国有股减持方案失败，其主要原因都是价格的确定不合理；新的减持方案要想获得市场的认同并取得成功，也必须在定价机制上与市场达成共识。国有股减持本质上是一种买卖行为，要在市场上把国有股卖出去，首先就必须找到买家，其次买卖双方必须在价格上达成一致。在市场经济关系广泛发展和人民群众的金融意识普遍提高的今天，即使卖方手中有天大的权力，也不能强买强卖，更不能把矿石当成钻石卖。正是在这个意义上，减持价格的确定就显得格外重要，因而在确定减持价格时必须格外谨慎。市场是由供需双方构成的，只要国有股减持价格公允，市场就能接受。如果价格由单方面决定且不公平，投资者就还是只能选择“用脚投票”。在价格不确定的情况下，市场只会增加不确定因素，投资者无法判断能否获得稳定的预期，其信心就会受到严重影响。

国有股减持价格应以净资产值为轴心。之所以做出这样的选择，主要是因为：(1）净资产值是国际上公认的和通用的衡量股票价值的标准。(2）国有股在进入市场时，就是以评估后的净资产值来折价入股的。(3）净资产值就是上市公司中的股东权益。(4）以往的国有股转让都是按净资产值进行的。迄今为止，在我国股市上发生的最大也最成功的一起国有股减持案例是 1999 年底申能股份经财政部批准进行的 10 亿股国有法人股回购，其回购价格也是按经审计的 1999 年中期调整后的每股净资产 2.51 元进行的。(5）按净资产值减持符合市场实际。根据中国证监会提供的资料，截至 2001 年 10 月底，沪深两市上市公司的总股本为 5 115.26 亿股，其中：国有股为 2 349.22 亿股，占 45.93%；法人股为 942.55 亿股，占 18.43%；加上其他未流通股，非流通股总计为 3 347.68 亿股，约占上市公司股本总额的 65.44%。如果按 2001 年中期沪深两市每股平均净资产值 2.60 元计算，那么国有股的减持需要 6 107.97 亿元资金，法人股的减持需要 2 450.63 亿元资金，全部非流通股转为流通股总计需要 8 703.97 亿元资金，相当于 2001 年 10 月底流通市值 14 560.16 亿元的 59.78%。对于这样的资金规模，市场是可以接受的。但如果按照市价减持，那么按照 2001 年 10 月底沪深两市流通股平均每股 8.24 元计算，全部非流通股转为流通股总计需要 27 584.88 亿元资金，相当于 2001 年 10 月底流通市值的 1.89 倍。对于这样的资金规模，市场显然是难以承受的。(6）按净资产值减持与市场预期吻合。《上海证券报》从 2001 年 11 月 27 日起开辟了《国有股减持大家谈》专栏，共收到了业界、学术研究机构和投资者约500份意见和建议，其中，90%的人主张以净资产值为基础来进行定价。因此，以净资产值来作为国有股减持的定价依据，并不像有些人所说的那样是主观定价和人为定价，而恰恰是尊重历史、尊重现实的市场定价。

考虑到净资产值只反映企业的账面价值而没有考虑到企业的内在价值即盈利能力，而盈利企业与亏损企业的净资产含量实际是不同的，并且盈利水平高的企业与盈利水平低的企业的净资产值的变化也会大不相同，因此，笔者的基本思路是：在净资产值的基础上，再乘以上市公司前三年的平均净资产收益率，进而得出国有股、法人股和其他非流通股的减持价格。根据这种定价方式，盈利企业的权数将是正的，亏损企业的权数将是负的，盈利水平高的企业与盈利水平低的企业的权数也将不同，这样，乘以权数以后的净资产值就既包含了股票的账面价值，又包含了股票的内在价值即盈利能力，甚至还包含了股票的市场价值的因素，因为盈利能力本身就是市场竞争的结果。同时，把净资产收益率作为权数考虑进来，也符合管理层和市场对上市公司盈利能力与发展前景的评价基准，因为上市公司再融资能力的确定都是根据前三年的平均净资产收益率来进行的。举例来说，如果一家上市公司的净资产值是2.50元，前三年的平均净资产收益率是10%，那么这家公司国有股、法人股和其他非流通股的减持价格就是：2.50元×1.1=2.75元；相反，如果这家上市公司前三年的平均净资产收益率为−8%，那么这家公司国有股、法人股和其他非流通股的减持价格就是：2.50元×0.92=2.30元。这样的定价机制，可以说是简便易行、一目了然的。

1.3.5 减持过程中的风险防范

国有股减持是一项覆盖全社会的具有重大意义的工程建设，为了保证这一工程的顺利实施并如期完成，必须切实加强组织和领导，并且要时时注意防范减持过程中的类别风险与系统风险。

（1）对因减持规模过大而引起的市场波动问题的防范。为了避免减持过于集中地进行，从而引起市场出现无序现象，需要对减持过程统一规划，力争用 3～5 年的时间完成。这样，既可以防止因减持过于集中而引起的风险集中释放问题，又能够以尽可能快的速度推进减持进程。

（2）对因股权结构失衡而引起的对流通股利益侵蚀问题的防范。由于我国上市公司在股权结构上普遍存在“一股独大”的特点，而减持本身又与大股东的利益息息相关，因而在进行减持决策时，要特别注意对流通股股东特别是其中的中小股东利益的保护。在这一方面，可以考虑的思路是，引入流通股股东对减持方案的认同率制度。上市公司的非流通股减持方案必须得到流通股股东的广泛认同。当流通股股东对减持方案的认同率（支持率）低于 50％时，减持方案就不能实施；流通股股东对减持方案的认同率越高，该公司在全国的减持顺序中就越往前排。这意味着减持过程将呈现出两个方面的特点：其一，国家对减持进程的把握不是人为制定的，而是根据上市公司流通股股东的认同率的高低来统一进行的，凡是发起人的股票超过三年的上市公司，原则上都可以进入减持程序；其二，从一定意义上说，流通股股东对上市公司的减持方案具有否决权，这既符合股份经济决策的“合意”原则，又可以使减持进程最充分地体现市场各方的利益和要求，而且有利于根据市场状况来把握减持节奏。

（3）对因股权变动而引起的市场操纵问题的防范。对于采用回购或缩股方案的上市公司来说，公司股本的减少不仅意味着每股收益的大幅提高和公司股票市盈率的大幅降低，而且为公司进一步送股和转增打开了市场空间。为了防止股权操纵和市场操纵问题，除了加强监管以外，还可以考虑对这类上市公司的送股、转增行为设置限制期，即凡是进行了股权缩减的上市公司在三年内均不得再实施送股或转增股本，这样就既可以防范利用公司股本的收缩与扩张来操纵市场的现象，又可以遏制上市公司盲目扩大股本、缺乏股本成长战略的问题在市场上再次出现。

（4）对因财务状况不实和法律程序不完备而引起的无序问题的防范。在这一方面，可以考虑的思路是，组成全国性的或由证券交易所辖定的减持核定委员会，负责对上市公司的财务状况、定价机制和减持程序进行核定，以保证减持过程符合公开、公平、公正和公信原则，并且平稳、有序地进行。

应当看到，国有股、法人股和其他非流通股的减持是上市公司和资本市场中一场意义重大的股权革命，这一股权革命的完成，将使我国经济在主体上完成从计划经济向市场经济的跨越，并且将大大推进我国上市公司的生产社会化、资本社会化、风险社会化和经营社会化的进程。这个过程的完成将会极大地提高我国资本市场的资源整合能力和配置效率，也将使我国经济真正汇入市场化与国际化的潮流。

2. 股权分置改革：全流通市场机制的构建

2.1 股权分置改革的历史回顾

股权分置是指A股市场上的上市公司股份按能否在证券交易所上市交易，被区分为流通股和非流通股，前者主要为社会公众股，后者大多为国有股和法人股。由于非流通股不能上市流通，只能进行拍卖或协议转让，从而导致了非流通股股东和流通股股东持有相同的股票却没有相同的权利。股权分置是我国经济体制转轨过程中形成的特殊问题，是伴随着国有企业改革的发展而出现的。而所谓的股权分置改革，就是通过将非流通股股东持有的不能流通的非流通股按照一定的比例，以对价支付方式对流通股股东进行补偿，从而换取流通权，来逐步实现非流通股向流通股的转变，最终实现资本市场由“半流通”向“全流通”的转变，其主要目的是解决股权分置所导致的权益不均衡以及市场混乱问题。

为什么我国会形成股权分置的局面呢？20世纪90年代初期，历经改革开放后我国国民经济得到了迅速恢复，此时原有的高度集中的计划经济管理模式越来越表现出其局限性。国有企业作为政府机构的附属物，经常会沦为政府的权益工具，而政府机关由于欠缺专业知识，导致国有企业的经营效率低下。为解决国有企业困境，必须对我国原有的企业进行股份制改造，通过建立现代企业制度，改善企业的治理问题，提高我国经济在世界上的竞争能力，我国的资本市场就是在这样的背景下成立的。

但是，理论界和实务界对于股份制改革和资本市场存在很大争议，我国尝试从计划经济向市场经济转型的过程也遭到了诸多质疑，争议的核心是股份制和资本市场到底是姓“社”还是姓“资”。具体而言，可以细分为以下三个问题：一是发行股票会不会产生私有化的问题；二是发行股票会不会出现国有资产流失的问题；三是发行股票会不会影响到公有经济的主体地位问题。出于对上述问题的担忧，政府部门采取了一个折中的办法，提出“国有存量股份不动，增量股份筹集转让”的股权分置暂行模式：首先，将国有企业原有的净资产折成国有股份，不允许进行上市流通，只可通过场外协议转让（非流通股）；之后，在原有的净资产之外再多发出一部分股权，形成增量股份对外发行，在资本市场上流通（流通股）。

在股票发行制度上，主要采用额度制（1993—1996 年）和指标制（1997—2001 年）的上市审批发行方式。由于我国资本市场建立的目标之一就是为国有企业股份制改革服务，所以能够获得额度和指标的绝大部分都是国有企业。此外，由于每个省份所能获得的上市额度或指标有限，为了满足大多数企业的融资需求，上市公司在资本市场上流通的股票仅占总股本的三分之一，而非流通股的比例则高达三分之二，这也内生地导致了我国上市公司的股权结构高度集中。

1992 年 5 月，《股份有限公司规范意见》等文件出台，其中明确规定：“公司的股份按投资主体分为国家股、法人股、个人股和外资股。”上市时除社会公众股可以流通以外，国有股、法人股暂不流通。这一文件的这些规定可以看作股权分置。1994 年 3 月，《股份制试点企业国有股权管理的实施意见》中规定，对于特定行业和在经济中占据重要地位的企业，应当保证国家股的控股地位不被动摇，进而从法律角度指出股权分置政策的实施原则。而 1994 年 7 月 1 日生效的《公司法》，对股份公司就已不再设置国家股、集体股和个人股，而是按股东权益的不同，设置普通股、优先股等。然而，翻看我国证券市场设立之初的相关规定，既找不到对国有股流通问题的明确的禁止性规定，也没有明确的制度性安排，总体上采取的是搁置办法，对国有股和法人股（非流通股）暂不上市交易的规定主要体现在上市公司招股说明书或上市公告书中。虽然股权分置作为我国特有的制度性问题早已存在，但其概念是在 2003 年 11 月 10 日中国证监会前主席尚福林所撰《积极推进资本市场改革开放和稳定发展》一文中才被首次正式提出。

为确保公有制经济的主体地位，保证国有资产不流失，基于对资本运行的不全面认识和判断，当时的政府机关认为，通过限制国有股和法人股的流通就可以保护国有资产不流失，故而将上市公司的股份人为分割成了可流通股和不可流通股，最终形成了困扰我国资本市场多年的股权分置问题。流通权的差异导致了流通股和非流通股定价机制的差异，流通股按市价在证券交易所挂牌交易，非流通股则按净资产价格协议转让。由于流通股供应的稀缺性，其价格往往远高于非流通股，但是流通股股东和非流通股股东所持的每份股票享有的公司控制权又是一样的，换言之，流通股股东需要花费更高的成本来取得与非流通股股东一样的控制权，这就形成了“同股同权不同价”的局面。这一制度在其后的新股发行和上市实践中延续下来，形成了我国资本市场中流通股和非流通股并存的二元股权结构。

随着我国资本市场的逐步发展，股权分置带来的诸多弊端也日益显现，制约着我国资本市场的开放以及与国际资本市场的接轨，改革已迫在眉睫。回顾股权分置改革的整个进程，两次国有股减持可以被看作股权分置改革的起点，第一次是 1999 年 9 月在中共十五届四中全会上提出的，第二次是在 2001 年 6 月 12 日由国务院提出的，但是两次尝试都引发了股价暴跌，与市场预期存在巨大落差，最终导致两次国有股减持都流产了。经历了两次失败后，证监会从中吸取教训、总结经验，于 2003 年 11 月通过网络向社会公众集思广益，征集国有股减持方案。此时，社会各界意识到，协调各方利益，保证流通股股东的权益不受侵害，才是成功推进股权分置改革的关键所在。

2004 年 1 月，国务院发布“国九条”，提出：积极稳妥解决股权分置问题；规范上市公司非流通股份的转让行为，防止国有资产流失；稳步解决目前上市公司股份中尚不能上市流通的股份的流通问题；在解决这一问题时要尊重市场规律，促进市场的稳定和发展，切实保护投资者特别是公众投资者的合法权益。该文件为股权分置改革提供了最为直接的法律依据。

2005年4月29日，经过国务院批准，中国证监会发布了《关于上市公司股权分置改革试点有关问题的通知》，确立了“市场稳定发展、规则公平统一、方案协商选择、流通股东表决、实施分步有序”的操作原则，标志着股权分置改革试点正式启动。2005年5月8日，确定了4家上市公司作为第一批股权分置试点公司，分别是金牛能源、三一重工、紫江企业、清华同方（除清华同方外，其他三家上市公司顺利通过股权分置改革，实现全流通）。一周后，这4家首批试点公司全部推出了自己的试点方案。2005年5月，上海证券交易所、深圳证券交易所、中国证券登记结算有限责任公司联合颁布《上市公司股权分置改革试点业务操作指引》，对首批股权分置改革试点公司的股改程序做出了详细的规定，这也意味着股权分置改革试点工作进入了具体实操阶段。

首批试点企业的成功尝试极大地增强了市场投资者们的信心，充分发挥了模范带头作用。2005年5月30日，中国证监会和国务院国有资产监督管理委员会（简称国资委）联合颁布《关于做好股权分置改革试点工作的意见》，明确了股权分置改革的若干问题，并在2005年5月31日公布了《关于做好第二批上市公司股权分置改革试点工作有关问题的通知》，部署推出第二批上市公司股权分置改革试点工作。随后，第二批42家上市公司股权分置改革试点工作全面铺开，至此，46家股权分置改革试点公司全部登场。

为了配合股权分置改革的推进，2005年6月，证监会公开征求《关于实施股权分置改革的上市公司的控股股东增持社会公众股份有关问题的通知》（征求意见稿）的修改意见。2005年6月13日，财政部联合国家税务总局发布相关通知，就股权分置试点改革中有关的税收政策问题做出相关规定：对于股权分置改革过程中因非流通股股东向流通股股东支付对价而发生的股权转让，暂免征收印花税；股权分置改革中非流通股股东通过对价方式向流通股股东支付的股份、现金等收入，暂免征收流通股股东应缴纳的企业所得税和个人所得税。这一减税政策激励了上市公司实施股权分置改革的积极性，为后续股权分置改革的全面铺开奠定了基础。2005 年 6 月 17 日，国务院国资委发布《关于国有控股上市公司股权分置改革的指导意见》，要求国有控股上市公司的控股股东根据调整国有经济布局和结构、促进资本市场稳定发展的原则，结合企业实际情况，确定股权分置改革后在上市公司中的最低持股比例。2005 年 6 月 28 日，第二批试点公司陆续披露股权分置改革方案，到 7 月 20 日全部公布完毕。自 2005 年 7 月 25 日起，第二批试点公司陆续进入股东大会表决阶段，并于 8 月 19 日全部表决完毕。

2005 年 8 月 23 日，经国务院同意，中国证监会、国务院国资委、财政部、中国人民银行、商务部联合发布《关于上市公司股权分置改革的指导意见》（以下简称《指导意见》），明确提出“股权分置改革试点工作已经顺利完成”，“总体上具备了转入积极稳妥推进的基础和条件”。试点工作的圆满完成说明股权分置改革基本上得到了市场的认可，总体上具备了转入积极稳妥推进的基础和条件，因此中国证监会等部门随后又出台了相关的配套政策：2005 年 9 月 4 日，中国证监会依照《指导意见》发布了《上市公司股权分置改革管理办法》（以下简称《管理办法》），对于股权分置改革的操作程序、改革方案、改革后原非流通股的出售、信息披露等进行了细致的规定；上海证券交易所、深圳证券交易所和中国证券登记结算有限责任公司于 2005 年 9 月又发布了《上市公司股权分置改革业务操作指引》和《上市公司股权分置改革工作备忘录》（第 1 号及第 2 号）等文件；国务院国资委于 2005 年 9 月 8 日颁布了《关于上市公司股权分置改革中国有股股权管理有关问题的通知》。这些文件细化了股权分置改革的操作准则，为股权分置改革的全面推进建立了完整的法制框架，标志着股权分置改革从试点阶段开始转入积极稳妥地全面铺开的新阶段。遵循“试点先行，协调推进，分步解决”的操作思路，截至 2006 年 12 月 31 日，累计完成或进入股改程序的公司数已达

1 303家，总市值约为60 504.47亿元，约占沪深A股总市值的98.55%，股权分置改革工作步入收官阶段，随着大小非的解禁，基本实现股市的全流通状态。

与国有股减持相比，此次股权分置改革的一个特点是，将是否批准非流通股股份入市流通的决策权交给了各家上市公司的流通股股东：临时（或相关）股东会议投票表决改革方案，须经参加表决的股东所持表决权的三分之二以上通过，并经参加表决的流通股股东所持表决权的三分之二以上通过。这意味着流通股股东的意见对股改方案的通过与否具有决定性作用。尽管股权分置改革方案由非流通股股东制定，但是流通股股东具有表决权，表决通过的，就立即着手实施；表决不通过的，就日后再议，对各方利益都进行了权衡，这是本次股权分置改革能够成功的重要原因。此外，由于将决策权下放至公司，改革方案得以多样化，最大限度地发挥了投资者的聪明才智，各类改革方案层出不穷，激发了我国资本市场的创新活力。

2.2　股权分置改革的理论逻辑

股权分置严重损害了我国资本市场的正常发展，是引发我国上市公司内幕交易频发、关联交易盛行、资金使用低效、业绩不断下滑的重要原因。证监会前主席尚福林指出，股权分置长期以来扭曲资本市场定价机制，使公司治理缺乏共同的利益机制，不利于国有资产的顺畅流转和国有资产管理体制改革的深化，不利于投资者对市场的完整判断，影响资本市场预期的稳定，制约我国资本市场国际化进程和产品创新。股权分置所带来的诸多弊端随着我国资本市场的逐步发展日益显现，主要可以归纳为以下几个方面：

第一，股权分置导致流通股股东和非流通股股东之间缺乏共同的利益基础，导致了股东之间的利益冲突。理论上，公司内部的股东之间应该有着共同的利益目标，但是股权分置从制度上割裂了股东利益。由于非流通股不能上市流通，只能依法通过协议转让，因此非流通股股东的资产价值与二级市场股票价格基本无关，导致非流通股股东没有动力去治理公司和改善公司的经营业绩。但是对于流通股股东来说，其资产增值高度依赖股票价格上涨的财富增值效应，是资本市场上系统性风险和非系统性风险的最终承担者，因此流通股股东十分关注公司经营状况和股价走势，而非流通股股东则对股价涨跌漠然处之，这就是导致流通股股东和非流通股股东之间利益目标与风险承担不一致的根源。既然非流通股股东的收益不依赖于市场股价，那么非流通股股东要如何实现自身资产价值的快速增值呢？对于非流通股股东来说，上市再融资是实现净资产增加的最有效途径。在 IPO、配股或增发时，由于流通股股东的出价远远高于非流通股股东，其溢价部分作为资本公积被所有股东所共享，这样，非流通股股东就从流通股股东处攫取了巨大的利益——中国资本市场实际上沦落为一个为非流通股股东“圈钱”的市场，这也解释了我国资本市场上出现的排队融资现象。从上述分析中我们得知，非流通股股东的效用与流通股股东的效用是相互冲突的，非流通股股东效用的最大化势必会损害流通股股东的利益，因此我国上市公司的“控股大股东控制”问题和“隧道效应”问题尤为严重，究其根源则是股权分置所导致的非流通股产权缺失问题。

第二，股权分置扭曲了资本市场的定价机制。资本市场作为现代金融的核心，理应是实体经济的“晴雨表”，但是股权分置扭曲了我国资本市场的定价功能。非流通股股东不能抛售股票，导致公司的实际价值不明确，流通股价格取决于资本市场定价，而非流通股则依托于公司的净资产值定价，这是两个完全不同的交易体系和定价体系。因此，以三分之二的非流通股为前提而形成的三分之一的流通股的价格不能真实反映上市公司的实际股价，换句话说，就是造成了市场信息的失真。这就为投资者进行炒作和投机留下了操作空间，许多连年亏损甚至净资产为负值的上市公司股票都可以被炒上高价。人为炒作使股价偏离了公司的内在价值，再加上我国投资者专业知识薄弱、不够成熟等原因，投资者缺乏对风险与收益的理性判断，注重短期投机而忽视长期价值投资，从而导致资本市场的波动性上升、风险攀高，进而影响了中国股市和经济的健康稳定发展。

第三，股权分置影响了资源配置功能的有效发挥。资源配置是资本市场的另一个基本功能。在资本市场定价合理的前提下，投资者往往会抛弃收益率低、缺乏增长潜力的股票，而去购买收益率高且具有高成长性的股票。这样资金便会自发流向那些回报较高的高成长性企业或行业，而绩效较差、缺乏发展前景的企业则会逐渐衰退，或破产或因被并购而逐步退出市场，从而实现资源的有效配置。但是股权分置的存在导致资本市场无法进行合理定价，在一个炒作和投机盛行的市场上，资金自然无法自发地转移到盈利能力更高的企业中去，而非流通股由于不能上市流通，也无法参与动态配置过程，使资本市场的资源配置功能被大大弱化。

第四，股权分置导致我国难以形成有效的并购重组机制。由于股权分置扭曲了资本市场的定价机制，这就使收购兼并行为缺乏公平的财务标准，使上市公司的并购重组带有很大的投机性。尽管通过并购重组可以使公司获得更强的竞争力和盈利能力，从而改善上市公司的经营业绩并带动股价上涨，但是非流通股股东无法在股价增值后通过出售股份来将收益变现。为此，非流通股股东转而通过如下三种方式来实现并购重组的利益（吴晓求，2004）：一是通过注入优质资产或编造产业转型，使上市公司暂时符合再融资条件，从而进行配股或增发，以获得对所募集资金的控制权和支配权；二是通过制造并购重组概念，在二级市场上进行内幕交易，并通过单独或联合操纵股价，获得二级市场的非法收益；三是通过对上市公司资源的滥用（例如担保）获得低成本资金。这些投机性并购重组行为没有达到整合产业、提升产业竞争力的目标，仅仅是收购者的一种掠夺行为，损害了流通股股东的利益，违背了并购重组的理念，使并购重组成为非流通股股东掏空上市公司的一种工具。换句话来讲，由于股权分置的存在，原本是资本市场核心功能的存量资源配置功能已经名存实亡了。

第五，股权分置不利于上市公司建立完善的公司治理结构。首先，定价机制的扭曲导致公司难以建立高管考核指标。在成熟的资本市场中，公司资产市值是考核管理层的核心指标，因为市值不仅可以反映一个公司的经营状况和盈利能力，也可以反映市场对公司未来发展的预期。若公司正处于新兴产业阶段，有着广阔的发展前景，或者高管团队具有很强的创新精神，那么就算公司业绩一时不佳，其股价仍会继续上涨，但是这类考核指标在中国无法生效。此外，考核机制的缺失影响了激励机制的构建，难以对表现优异的高管进行奖励，从而影响了公司管理层的工作积极性。其次，非流通股股东掌握着三分之二的股权，处于绝对控股地位，作为大股东本应能够享受到监督管理层的最大收益，当收益高于监督成本时，大股东有足够的动机去监督在职的管理层。但是由于股权分置，我国的非流通股股东缺乏监督管理层的动机，因为他们无法享受到所持股份利益增长的好处。流通股股东虽然有监督动机，但因持股较少而缺乏话语权，很难更换表现不佳的管理层，管理层甚至可能会与非流通股股东合谋，侵占流通股股东的利益。由此可见，在股权分置时期，上市公司既缺乏对高管的考核和激励，又缺乏对高管的监督与处罚，这必然导致管理层的懒惰、渎职行为，导致公司内部的委托代理问题更为严重，对公司绩效和未来发展造成不利影响。

第六，股权分置是市场内幕交易盛行的微观基础。一直以来，内幕交易都是中国监管部门的重点打击对象之一，但是屡禁不止，这是因为内幕交易与股权分置有着必然的逻辑关系。基于上文的分析可以知道，非流通股股东难以从公司业绩提高中获利，而内幕交易本质上是非流通股股东实现寻租的一种途径。当公司业绩提高，而非流通股股东自身又没有获得相应的报酬时，他们就会出现寻求替代性补偿的动机，也就是从事内幕交易，以此来弥补相应的市场差价收益。此外，由于非流通股股东掌握着上市公司三分之二的股权，处于控股地位，流通股股东持股仅占三分之一，在进行投票表决时难以改变非流通股的意图，无法对其实施有效监督，导致内幕交易更加猖狂。而且非流通股股东作为内部人和实际掌权人，相较流通股股东本身就更具信息优势，具有实施内幕交易的先天条件，管理层和董事会也被非流通股股东控制，其中部分人员甚至就是由非流通股股东直接委派，更容易出现合谋和腐败，内幕交易也因此更具隐蔽性，难以被发现和处罚。

如上所述，上市公司股权分置问题已经成为我国资本市场发展的枷锁，是我国资本市场的一项重大基础制度缺失。因此，股权分置改革不仅仅是非流通股的流通问题，还是重塑我国资本市场各项基本功能的关键。股权分置是引发上述问题的根源，进行股权分置改革，就是要从根本上改善和解决这些问题，引导我国资本市场健康发展。

2.3　股权分置改革方案的要点

上文已经详细地描述了股权分置带来的弊端，以及进行股权分置改革的必要性。为了保证股权分置改革的成功，我们首先需要确定股权分置改革所要实现的战略目标，以保障我们在推行股权分置改革的过程中不会偏离正确的方向，归纳来看主要有以下四点。

第一，促使上市公司成为股东的利益共同体，这也是股权分置改革的核心目标。股权分置使流通股股东与非流通股股东的利益相互割裂开来。股东彼此之间的利益目标是不一致的：流通股股东追求的是资产市值的最大化，非流通股股东追求的是通过融资最大化来实现资产净值的最大化。股权分置改革就是要消除这种相互割裂的利益机制，将流通股股东与非流通股股东的目标函数重新整合到一起，从根本上解决二者间的利益冲突问题。让非流通股股东不再把流通股股东当作攫取利益的目标，而是把流通股股东当作治理公司的合作伙伴，共同致力于提高公司的创新能力、盈利能力和综合竞争实力，将资产市值最大化作为二者共同追求的最终目标。只有这样，才能使非流通股股东成为财富的创造者，而不是财富的掠夺者。

第二，建立资本市场未来发展可预期的制度平台。在股权分置时代，对于国有股流通问题在立法上一直没有太明确的法律规定，总体上采取的是搁置办法，对国有股和法人股（非流通股）暂不上市交易的规定主要体现在上市公司招股说明书或上市公告书中。这就导致投资者无法明确地预期三分之二的非流通股的未来走向，从而使市场始终处于动荡之中，找不到未来发展的方向。投资者不应承担制度变量的不确定性所引起的风险，政府有责任给投资者明确的制度预期。只有在制度相对稳定的资本市场上，投资者才好研判经济变量和政策变量对市场的影响，并以此预估风险和承担风险；但若市场上的制度预期不明，制度的不确定风险较大，明智的投资者往往会选择撤离市场。股权分置改革的重要目标就是建立一个可预期的制度平台，并通过股权分置改革消除制度的不确定性给市场带来的潜在风险。

第三，建立市场化的资产定价机制，恢复资源配置功能，促进收购兼并活动的有效进行。资产定价机制的扭曲使得市场上投机盛行，并购活动也大多是投机性的，其目的不是整合资源，而是掠夺资源。没有存量资源的重组和公司间的收购兼并，资本市场就会失去应有的活力，就会简单地沦为圈钱融资的场所。健全的定价机制能够为并购提供更为公平透明的财务标准，进而保障资本市场有效发挥存量资源配置功能，加速我国产业结构的调整。

第四，为建立一个有利于企业长期发展的有效的激励机制奠定基础。从前文的分析中我们可知，定价机制的扭曲导致公司难以制定合适的高管考核标准，进而影响了激励机制的构建。在成功建立市场化的资产定价机制之后，公司也得以制定相应的考核标准和激励机制，从而可以对公司高管进行公平合理的奖惩，有利于企业业绩的提高。

在明确了股权分置改革所要实现的战略目标后，在推行股权分置改革的过程中我们还应遵循以下三个基本原则：

第一，要遵循统一组织、市场化决策（股东决策）原则。在股权分置改革方案的设计中，我们必须坚决反对统一标准、统一决策的原则。上市公司间存在差异，不能采取“一刀切”的方法，而是要具体情况具体分析，量体裁衣，各个公司应审视自身的实际情况，制订相应的、适合自己的方案。股权分置改革的直接目标是要解决非流通股的流动性问题，本质上是两类股东互相博弈和利益协调的问题。只要两类股东均认可改革方案，同意的比例达到法定要求，那么在遵守法律程序的前提下，任何改革方案就都是可以的。政府及监管部门对此只有备案权，没有审批权。外部公共权力无权干涉企业的改革方案，更不能代替决策、统一决策。

第二，要遵循方案多样性原则。将制订改革方案的权力下放至企业，必定会出现多样化的方案，这是由企业自身的差异性决定的。目前出台的股权分置改革方案大体上可以被归纳为九大类：送股/缩股方案、定向增发/定向回购方案、保底价格承诺方案、流通权方案、权证方案、配售方案、非流通股股东向流通股股东派送现金方案、债务重组换取流通权方案和资产重组换取流通权方案。无论公司选择哪一种方案，只要能够得到双方股东的认可，就是适合的方案，方案设计的多样化正是中国资本市场创新的体现。

第三，要遵循股东自愿原则和分类投票原则。其中，自愿原则主要针对非流通股股东，而分类投票原则主要针对流通股股东。首先，需要咨询非流通股股东是否想要申请获取资产（股票）的流通权；其次，由于股权分置改革方案的提出只能由当事人（即非流通股股东）提出，为了防止出现霸王条款，必须实行分类投票原则予以约束，保障非流通股股东的利益。现行规则规定，只有当参与投票的三分之二及以上流通股股东赞成时，股权分置改革方案才有效，这实际上是要让长期处在弱势状态的流通股股东充分地行使自己的权利。股权分置改革能否成功，取决于改革方案提出的条件与承诺是否处在双方可接受的利益均衡点上。若改革方案只对单方有利，则必然无法通过。

股权分置改革的本质是要让非流通股得以流通（即获得流通权），从而实现同股同权。然而，想要获取流通权，必然需要支付成本，那么应该由谁来支付流通权的成本？流通权的价值又应该如何衡量呢？显而易见，应该由非流通股股东支付。在股权分置时期，流通股股东为了认购股票，出资往往远高于非流通股股东，却只能掌握公司三分之一的控制权，在公司决策上几乎没有话语权，但要共同承担公司决策失败的风险；相较而言，非流通股股东只要支付很低的成本就可以控制公司三分之二的股权，同时还不用承担资本市场上的系统性风险和非系统性风险。可以认为，流通股股东已经为股权分置付出了高昂的成本，因此股权分置改革的成本，或者说获得流通权的成本理应由非流通股股东承担。

当非流通股股东想要换取流通权时，这实际上是一种对契约的变更。依据合同法的规定，未经合同当事人协商一致，任何一方均不得擅自变更合同，否则应当承担相应的违约责任。在我国近 1 400 家上市公司的招股说明书和上市公告书中都曾约定：本公司发起人持有的股份暂不流通。“暂不流通”就是一种契约、一种约定。而非流通股股东想要将自己持有的非流通股转化为流通股，就是对契约的变更。如果非流通股在获得流通权后也在市场上流通起来，则必然会改变资本市场上股票的供求关系，从而对股票价格造成影响，令流通股股东蒙受损失，因此非流通股股东需要支付相应的对价来对流通股股东权益受损的部分进行补偿。

这里涉及了“对价”这个概念。对价是股权分置改革的核心内容，所谓对价（consideration）原本是英美合同法中的概念，其含义是在有偿交易的情形下，一方当事人为了获得另一方当事人的财产、权益或者劳务等而向对方所做的对等给付。“对价”一词在中国最早以正式文件的形式出现是在《关于上市公司股权分置改革的指导意见》第 8 条中：“非流通股股东与流通股股东之间以对价方式平衡股东利益，是股权分置改革的有益尝试，要在改革实践中不断加以完善。”在股权分置改革中引入对价机制，是为了平衡流通股股东与非流通股股东的权益，从而保护流通股股东利益不受侵害。

流通权属于产权的一部分，是产权中支配权的一种。而在金融理论中，任何能够给未来带来收益的权利都是可以定价的。流通权能够为股东带来的收益主要可以分为三种：第一种是有利于资产避险能力的提高，比如在企业价值最大化时及时退出以实现投资回报的最大化，或者在企业经营不善时及时退出以止损等；第二种是可以享受公司利润增长、综合竞争力提升所带来的杠杆化资产增值效应；第三种是有机会取得资产的市场差价收益。所以，非流通股股东想要申请获取的流通权在商业上是可以定价的，而获取这种权利是要付出成本的。

既然获取流通权需要支付成本，那么非流通股股东可以选择放弃流通权吗？出于自愿性原则，这当然是可以的。非流通股股东之所以会选择放弃流通权有两种可能：一是为换取流通权所需支付的对价成本过高，超出非流通股股东的承受能力；二是继续维持股权分置的状况有利可图，可以通过钻制度的空子来获取超额收益。前者本质上是流通股股东与非流通股股东在改革方案上未能达成一致，可以通过继续磋商来进行利益博弈。考虑到股权分置改革能够实现市场参与主体的利益“共赢”——非流通股股东可以享受流通权带来的三种收益，流通股股东不用再独自承担资本市场上的风险，也不用再担心自己的利益被非流通股股东侵害。因此，非流通股股东和流通股股东理应积极寻求新方案，使对价成本不断接近均衡价格，非流通股股东因对价成本太高而放弃流通权这种情况只会是暂时的。但如果是后者，非流通股股东出于自利动机不会主动提出股权分置改革的方案，那么就应制定政策，对非流通股股东借股权分置套制度缺陷之利的行为进行限制，从而迫使非流通股股东进行股权分置改革。例如，我们可以采取下述措施：（1）对进行股权分置改革的上市公司所得税减半（现在已实行），而不进行股权分置改革的上市公司则不享有这种优惠政策；（2）提高维持股权分置状态的上市公司的融资标准，制定更加严格的关联交易规则，从政策上制约这类公司的非流通股股东试图通过股权分置来获得超额收益的行为。

至于对价标准，或者说对价率，需要各个公司根据自身的实际情况来制定。考虑到上市公司之间的差异性，要寻求一个统一的、对所有上市公司都适用的对价标准是相当困难的，也没有必要。因为对价标准的最终确定取决于流通股股东的意志，取决于两类股东之间的博弈结果，只要两类股东能够认可，那么对价标准就是恰当的、合适的，允许出现多样化的对价标准。对价支付的目的是要维持流通后的总市值不变，以及保护流通股股东的利益。考虑到非流通股股东在上市公司内的话语权较小，在投票表决时处于弱势地位，监管机构应该积极对股权分置改革实施监督，督促非流通股股东切实履行承诺义务，避免流通股股东的利益受到侵害。我国证券监管部门也早已对非流通股股东履行承诺问题采取了必要的限制措施。中国证监会于 2005 年 9 月 4 日发布的《上市公司股权分置改革管理办法》中规定：在股权分置改革中做出承诺的股东未能履行承诺的，证券交易所对其进行公开谴责，中国证监会责令其改正并采取相关行政监管措施；给其他股东的合法权益造成损害的，依法承担相关法律责任。

尽管统一的对价标准是不存在的，但是市场平均对价率是客观存在的。上市公司的具体对价率实际上围绕着这个市场平均对价率而上下波动。笔者认为，这个市场的平均对价率可能是30%。市场平均对价率的基本依据来自配股、增发价格的确定机制。股权分置改革可被视为一种动态的存量发行行为，其发行价格与增量发行（配股、增发）价格具有相互参照性。在实践中，配股和增发的价格确定一般是以某日（通常是股权登记日）市场收盘价前15天平均价的6折到8折为标准，30%的市场平均对价率便是以此为基础形成的。

3. 股权分置改革的历史评价

在中国资本市场发展过程中，股权分置改革几乎与20世纪90年代初资本市场的建立具备同样重要的意义。股权分置改革相当于从制度层面“再造”了中国资本市场，使得中国资本市场具备了真正意义上的功能，突破了传统以融资为主甚至以纾困为主的落后观念，开始重视发展中国资本市场的资源配置、资产定价和财富管理等功能，为现代金融体系的建立奠定了良好的制度基础。股权分置改革的历史意义和对资本市场的深刻影响主要表现在以下几大方面。

3.1 股权分置改革真正从制度上重塑了中国资本市场

过去我们对于如何发展中国资本市场缺乏清晰的目标和认识，在制度设计、政策设计上存在矛盾和犹疑。在2004年股权分置时期，以国有股和法人股为代表的非流通股占据主要市场，政府用“有形的手”干预和破坏了市场透明度、公平原则，资源和政策向国有股倾斜导致国有企业僵化却不被市场机制淘汰，严重损害了流通股股东的利益和市场功能的发挥。而仅占25%～30%的流通股只能支撑微小的市场规模和微弱的流动性，让资本市场无法充分实现其价格发现功能，使投资基金、公募基金和私募基金难以进入市场。尽管股权分置存在诸多弊端，但不可否认，中国上市公司股权分置是历史条件下的必然产物，是中国资本市场得以建立、存在和发展的必要前提，但也的确给中国资本市场的发展造成了极大的障碍。

2005 年 4 月实施的股权分置改革开启了中国股权市场制度规范的时代，此次改革采取增量改革的思路，破除“路径依赖”，通过非流通股股东向流通股股东支付“对价”获得流通权，使非流通股股东和流通股股东有了共同的利益基础，最终仅用两年时间就顺利解决了 1 333 家上市公司的股权分置问题。股权分置改革后，中国资本市场的总市值大幅增长，市值流通比例迅速提高，为资产定价、风险管理等提供了良好的市场环境。股权分置改革为资本市场的发展确立了一个规范化的制度基础，实现了资本市场的基础性制度变革，是一场意义深远的市场化改革，对于完善公司治理机制、纠正要素市场的扭曲、发挥资本市场功能都有重要影响，使中国资本市场真正进入规范发展的阶段。

长久以来，我们总是忽视了资本市场的本质意义，在 20 世纪 90 年代甚至认为，资本市场就是为国有企业纾困的平台，之后很长一段时间也仅将其当作拟上市公司融资的平台，不知道为何和如何发展资本市场。在这样的背景下，中国资本市场的功能发挥是残缺的，发展路径是曲折而模糊的。而股权分置改革重塑了中国资本市场的制度体系，对发行和退市制度、交易制度、信息披露制度和并购重组规则都进行了根本性调整，为增量资源和存量资源的合理配置提供了更加市场化的制度环境，同时为资本市场提供了大量流动性，为我们如今近 50 万亿元市值的资本市场的形成提供了良好的制度发展基础。

股权分置改革所形成的全流通市场格局使资本市场制度发生了深刻变革，既为上市公司创建了具有共同利益趋向的制度平台，消除了非流通股股东侵害流通股股东利益的制度基础，降低了流通股股东面临的风险，也为资本市场吸纳了更多资金，使资产定价机制有了更广泛的基础；同时，对于完善资本市场对存量资源的配置功能、增强资本市场整合存量资源的能力、提高市场透明度也有重大意义。股权分置改革使中国股票市场发生了重大转折，让资本市场制度更加规范，进一步与国际接轨。资本市场不再仅仅作为融资平台，而是更明显地发挥资产定价、风险分散和存量资源配置的功能，真正具备现代资本市场的基本特征，为私募市场和私募基金、创业板和创新企业、股指期货和各类金融衍生品的创设和发展打开了空间，构建起权利公平、机会公平、规则公平的股权文化和公司治理的股东共同利益基础。不可否认，股权分置改革是中国资本市场发展史上划时代的革命，对中国资本市场制度变革、规范化和法制化建设以及新的金融业态的形成产生了深远的历史影响，为我国经济持续增长提供了坚实的制度基础，标志着中国资本市场一个新时代的开始。

3.2 股权分置改革健全了资本市场的市场化资产定价功能

资产定价功能是资本市场最基础的功能之一，是推动存量资源配置的基础，也是并购重组活动有效进行的前提，而中国资本市场发展进程中的很多痼疾都源于股权分置这种制度设计。在股权分置时代，非流通股股东和流通股股东分别以资产净值最大化和资产市值最大化（股价上涨）为利益目标，二者处于分割状态，目标不一致导致了公司治理上的缺陷和资本市场投机活动盛行。非流通股股东收益巨大却不用承担相应风险，而流通股股东却承受着股价波动的巨大风险。处于控制地位的非流通股股东对公司在二级市场的股价、市值并不关心，只注重每股净资产等账面指标，因而频繁在二级市场高价再融资，侵害流通股股东利益。“同股不同权”“同股不同利”导致了资本要素市场的扭曲，非流通股股东对于流通股实行高股价的定价方式，非流通股股东的股份取得成本远低于流通股股东，而投资者处于信息劣势，容易出现错觉，进而引起市场秩序混乱，阻碍资本市场的健康发展。股权分置改革降低了流通股的定价，即降低了流通股股东的持股成本，更好地维护了中小投资者的利益，也有助于吸引更多资金流入市场参与定价，增加流通股，减少投机性。在股权分置的情况下，资产估值、资产转让以“净资产”财务指标为基础，定价机制重视“账面”和“过去”，股价不能充分反映公司业绩，资本市场的价格发现功能受到限制。而股权分置改革恢复和健全了中国资本市场的资产定价功能，从根本上改变了资产的估值标准，资产定价从注重账面值过渡到注重未来现金流和盈利能力，更加注重“市场”和“未来”，注重企业的未来成长能力和持续竞争力，形成了更为科学的市场化定价机制。

定价能力是衡量一个国家金融是否发达和先进的最重要的指标，缺少风险定价能力的资本市场体系是落后的，也不可避免地隐藏着巨大的危机。而只有构建了透明度良好、制度完备、流动性和资产成长性良好的资本市场，才能有效实现市场化的资产定价功能，才能为风险定价和分散提供可靠的制度保障。股权分置改革恰好发挥了完善中国资本市场资产定价功能的重要作用，消除了流通股和非流通股的差异，使大小股东具有相同的利益基础，非流通股的流动性溢价不复存在，降低了资本市场定价的扭曲程度，为存量资源的重组和公司的收购兼并提供了良好的定价机制支持，强化了对上市公司的市场约束，让资本市场不再只是简单作为圈钱融资的平台，而是对整个金融体系业态重塑和功能升级都有不可或缺的意义。

3.3　股权分置改革完善了资本市场对存量资源的整合配置功能

并购重组活动是对存量资源进行整合配置的重要途径，但由大股东主导的并购重组活动往往容易沦为大股东掏空中小股东的自利工具。在股权分置时代，市场缺乏基本的定价功能，相当大一部分并购重组都成为大股东掠夺公司资源的投机性手段，控股股东一味地追求增量配置，产生了非流通股股东凭借控制权侵占流通股股东利益的问题。并且，在资产估值标准非市场化、规则和信息不透明的背景下，内幕交易、市场操纵现象丛生。在成熟市场或股权流动性一致的市场中，对并购重组的动机、并购重组的成本分析和支付方式等都有相对规范的理论解释，但在中国股权分置时期，收购公司通过并购重组获得对被收购公司的控制权后，投资收益难以通过股价的上涨来表现，加上中国上市公司现金派息率很低，总的资本收益很低，并购重组就表现出明显的投机性，严重损害了流通股股东的利益，损害了二级市场整合产业的功能，引发了市场信心危机，与成熟市场上市公司进行并购重组是为了追求协同效应有根本的差异。

股权分置改革形成了市场化的资产定价机制，中国A股市场进入市值时代，并购重组成本完全市场化。当公司本身业务到达天花板的时候，股东们有动力寻求新的利润增长点，甚至引入新的大股东，大股东对控制权的追求逐渐弱于让股票市值最大化的欲望，再加上以具有流通性的股票作为兼并收购的支付工具被更多的交易方认可，并购市场开始逐渐繁荣甚至火爆起来。在股权分置改革之后，净资产不再是衡量资产买卖的重要依据，交易程序也更加透明公开，从而极大限度地遏制了寻租和投机活动，减少了国有大股东对流通股股东的利益侵占。当然，这并不意味着股权分置改革就能完全解决公司治理中的各种利益冲突问题，股权分置改革更多是解决资本市场基本的制度问题，让市场更好地发挥对存量资源的配置作用以及其他功能。

股权分置改革的核心意义之一就在于实现流通股股东和非流通股股东之间的权益重新分配，在制度层面上实质性地保护流通股股东的利益。股权分置改革方案本身在激励机制设计、分散决策以构建共同利益基础、股东协商自治等方面就具有鲜明的市场化特征，注重保护中小投资者的合法权益。股权分置改革之后形成的全流通市场格局更是充分激发了市场在资源配置中的决定性作用，让并购和扩张成为可能，并成为上市公司增长的重要方式。股权分置改革通过让非流通股流通起来，增强了资本市场整合存量资源的能力，构建了更为完善合理的市场化存量资源配置机制，提高了并购重组的市场效率。

3.4　股权分置改革重新定位了资本市场的核心功能，财富管理、风险分散等作用逐步凸显

股权分置造成的一个制度问题就是资本市场功能的定位问题：重视融资功能，且通过高价首发、增发以及配股等方式使融资功能发挥到了极致，反而忽视了资源配置、财富管理和风险分散等重要功能。而股权分置改革重塑了资本市场的功能定位，逐步建立起投资者保护机制，规模日益扩大、透明度不断提高、制度不断规范的资本市场逐渐成为居民财富管理和风险分散的重要平台，为中国资本市场的健全、经济的可持续发展提供了重要的制度基础。

过去的资本市场注重流量，而不注重存量，股权分置改革减少了政府干预、使市场化成为资产定价机制和资源配置的主导，同时提供了良好的流动性，使资本市场开始成为社会资产投入和组合的平台，成为风险分散的地方。在股权分置改革之后，资本市场的核心功能发生了根本性的转型，由传统的以资金融通为主的媒介作用，逐步向存量资源配置、财富管理和风险分散等功能转型。随着社会财富积累以及股权分置改革带来的市场制度不断健全、信息披露体系不断完善，越来越多的资金被吸收到资本市场，资本市场作为财富管理和风险分散的“资产池”的功能逐步凸显，不再只是上市公司的融资平台。但不得不承认，迄今为止，资本市场的财富管理作用有限，要将中国资本市场打造成为更广阔坚实的财富管理中心、更透明规范和市场化的现代金融中心，未来还有很长的路要走。

3.5　股权分置改革推动了资本市场的信息透明度建设

股权分置是在我国由计划经济体制向市场经济体制转轨的过程中形成的特殊历史问题，股权分置造成了中国资本市场的结构性问题，非流通股与流通股之间的割裂造成了公司治理的低效，损害了市场透明度和投资者的合法权益。为了使账面财务数据达到上市或再融资标准，股权分置下的公司存在

较强的虚假披露信息和隐瞒负面信息的动机。股权分置改革促使大股东和中小股东的利益趋于一致，以追求资产市值即股票价格为目标，一方面减少了利益侵占，改善了上市公司的治理结构和质量，有助于遏制控股股东对中小股东的利益掏空以及随之产生的虚假陈述、信息操纵等行为，促进了资本市场信息透明度的提高；另一方面也可能导致更为严重的通过信息操纵影响股价的行为，但也正是这样的可能性推动了监管部门进一步强化对上市公司信息披露行为的监管，推动资本市场的信息透明度制度建设。

3.6 股权分置改革转变了投资者预期和投资理念

股权分置改革通过流动性管理稳定市场预期，“流通股含权”预期的兑现减轻了市场结构调整的压力。改革的成功显著提高了投资者对市场的信心，减少了投资者对不确定性的担忧，也催生了更为理性的市场预期机制，促使投资者的投资理念从主要追求价差收益转到注重收益与风险的匹配，开始向价值投资倾斜。在股权分置时代，中国资本市场缺少合理的定价机制和投资价值，投资者投机活动盛行，多追求短期的价差收益，也为资本市场积累了大量风险。股权分置改革健全了市场定价机制，使股价与企业盈利的相关度提升，盈利成为驱动股价上涨的重要因素，为投资者的交易活动构建了更为科学合理的定价基础，也逐步影响了投资者的预期和投资理念。在透明度更高、市场化制度更完善、更为活跃的资本市场中，投资者更加注重资产价值对于股价的影响，更加注重风险管理和理性的长期价值投资。改革成效在二级市场也有所表现。比如，不可否认，2005—2008 年长达 4 年的牛市在一定程度上受益于股权分置改革。可以说，股权分置改革的一个重要意义在于，让资本市场将社会资金有效转化为长期投资，更大限度地发挥转变投资者理念和优化资源配置的功能。

事实证明，股权分置改革终结了中国股市的流通股和法人股分裂的历史制度，实现了股票的全流通，使 A 股进入了市值时代，充分激发了资本市场的活力，在制度层面“再造”了中国资本市场，实现了对资本市场的一次复杂的结构性变革，对中国资本市场的发展和制度建设具有里程碑式的意义。

参考文献

[1] 安青松. 推动我国资本市场迈向高质量发展——基于股权分置改革的回顾与启示. 清华金融评论，2018（12）.

[2] 施新政，高文静，陆瑶，李蒙蒙. 资本市场配置效率与劳动收入份额——来自股权分置改革的证据. 经济研究，2019，54（12）.

[3] 吴晓求. 股权流通性分裂的八大危害——中国资本市场为什么必须进行全流通变革. 财贸经济，2004（5）.

[4] 吴晓求. 当前中国资本市场面临的三大问题. 经济理论与经济管理，2004（9）.

[5] 吴晓求. 建立以市场为主导的现代金融体系. 中国人民大学学报，2005（5）.

[6] 吴晓求. 股权分置改革的若干理论问题——兼论全流通条件下中国资本市场的若干新变化. 财贸经济，2006（2）.

[7] 吴晓求. 资本市场和现代金融体系——兼谈股权分置改革问题. 中南财经政法大学学报，2006（2）.

[8] 吴晓求. 关于当前我国金融改革和资本市场发展若干重要问题的看法. 金融研究，2006（6）.

第4章

中国资本市场的法制建设：大陆法系与市场变革的适应

摘　要：我国资本市场的法制建设呈现出阶段性特点，以《证券法》的颁布与修订为线索，可归纳为“初创”、“成长”与“发展”三个阶段。在初创阶段，仍缺乏高位阶的法律。在成长阶段，《证券法》颁布并进行了第一次修订。在发展阶段，《证券法》完成了第二次修订。资本市场的发展与传统大陆法系的理念存在一定冲突，由此，大陆法系做出了相应调整。以我国为例，《公司法》《证券法》杂糅了大量域外规则，在本土化改造的基础上形成了兼容英美与德日模式的法律体系。具体而言，我国陆续引入了独立董事制度、特别表决权制度与代表人诉讼制度，但是该类制度均存在一定的改进空间。资本市场发展需要良好的法制环境，我国资本市场发展及法制建设仍存在较大的完善空间。例如：第一，需强化投资者权益保护的理念与相关制度建设；第二，需推进股票发行制度的市场化改革；第三，需改进上市交易制度；第四，需关注证券监管制度的深化改革。

1. 中国资本市场法律制度的阶段性特点

在我国资本市场建设的过程中，法制建设一直是其重要的组成部分。随着资本市场的逐步发展，法制建设亦呈现出不同的特点，以重要的法制事件——《证券法》的颁布与修订——为线索，我们可将之归纳为“初创”、“成长”与“发展”三个阶段，每个阶段均呈现出不同的特点。

1.1　初创阶段（1999 年以前）的法制建设：较浓的行政化与政策化色彩

1.1.1　以行政法规和交易规则为主的资本市场法制

中华人民共和国成立初期实行计划经济，中共十一届三中全会后进行经济改革，开始进入市场经济时代，证券市场得以逐步恢复建立，资本市场法制建设进入初创阶段。《国库券条例》《企业债券管理暂行条例》《关于加强股票、债券管理的通知》等行政法规、规章和规范性文件的颁布，标志着我国对股票、债券的发行管理开始走上规范化轨道。

1990 年后，上海证券交易所和深圳证券交易所几乎同时成立，证券市场正式形成，资本市场及其法制建设进入正式起步阶段。在这一时期，率先形成的是地方政府规章和交易所业务规则，此时的资本市场法制建设呈现显著的地方性特征与改革试点的色彩，法律制度则以地方政府行政规则和交易所业务规则为主：两个交易所原则上归地方政府管理；市场业务规则主要由证券交易所制定；在决定公司上市等方面，交易所享有较大自主权（张育军，2010）。

其后，随着证券市场的快速扩张，国务院证券委员会和证监会成立，资本市场领域更高层级的法律法规开始形成。1993 年 4 月，国务院出台《股票发行与交易管理暂行条例》，对股票交易与发行进行全面规范与管理，是股票市场第一个重要的全国性法规。1993 年 12 月，《公司法》通过，规定了公司股份发行、上市交易及公司债券等方面的基本法律制度，确立了证券市场的基本规范。在此期间，国务院及有关部门颁行的大量行政法规、部门规章成为规范资本市场的重要法律规范。

1.1.2　初创阶段我国资本市场法制特征及对资本市场法制建设的影响

以上这些法律规范构成当时资本市场法制的基本框架，标志着我国资本市场法律制度初步形成。此阶段的特征主要体现为以下几点：

第一，伴随着资本市场由地方性向全国性的转变，资本市场法制建设的主导权亦由地方转移至中央，相关法制与规则逐步展现出统一性的特征。

第二，相关行政法规与交易规则具有较强的实践性，但缺乏一定的系统性。此阶段的诸多法规服务于探索中的资本市场建设，呈现出“先发展、后规范”的特征，实践性与灵活性较强。然而，探索中形成的法律规范造成系统性与稳定性不足，有些规则甚至存在相互矛盾之处。

第三，资本市场的法制建设缺乏高位阶的法律作为规范基础，呈现出较浓的行政化与政策化色彩。在该阶段，行政法规、部门规章与政策等是规范资本市场的重要组成部分，成立不久的证监会与国务院证券委员会、地方政府共同行使着对资本市场的监督管理职能。同时，由于资本市场立法政出多门，相关规定之间容易出现脱节、矛盾等现象，过于浓厚的政策性色彩亦将影响规定的具体落实（梅慎实，2001）。由于缺乏《证券法》等高位阶法律的调整，早期证券市场暴露出大量问题，其中 1992 年的“8・10”风波、1995 年的“3・27”国债事件尤其受人关注，这对资本市场的法制化建设提出了更高的要求。

1.2 成长阶段（1999—2018 年）的法制建设：监管理念的调整与制度优化

在 1999—2018 年，我国资本市场步入了快速发展阶段，此可谓我国资本市场的成长阶段。以《证券法》的颁布与第一次修订为线索，我国资本市场法制在监管理念和相关制度方面，一直在不断调整和优化，力求为资本市场发展提供良好的监管环境和制度土壤。

（1）我国证券市场法治化进程的里程碑——1999 年《证券法》的颁布实施。

①《证券法》的颁布实施及其主要内容。随着我国资本市场的建设由在地方试点转向在全国全面推进，行政规章和交易规则无论是在效力层级上还是在规范内容上都已经不敷使用，此时制定一部正式证券法的呼声极为强

烈，我国资本市场第一部基本法律规范——《中华人民共和国证券法》（以下简称《证券法》）——就应运而生了。

1998 年通过、1999 年正式颁布实施的《证券法》作为我国第一部全面调整资本市场的法律，在总结地方证券交易所试点运行的成功经验的基础上，正式规定了我国证券市场一系列基本的法律制度，主要包括：证券发行制度、证券交易制度、对证券公司的分类管理制度、证券规范监督管理制度等。《证券法》中的各项制度吸收了各地资本市场建设探索取得的成功经验，同时借助一定的立法技术，将相应的经验转变为具有普遍适用性的法律规范，奠定了我国资本市场的法律基石。实践证明，《证券法》的颁布实施对于规范证券市场活动、保护投资者权益、促进证券市场的规范和健康发展，起到了重要作用（信春鹰，2014）。

②《证券法》颁布后我国资本市场法制的特点。有别于初创阶段的法制建设，《证券法》的颁布与实施即通过立法的形式认可并规范资本市场的存在与发展，强化法律规则在规范资本市场运行方面的作用。此阶段资本市场法制建设的特征主要在于：

第一，强调对金融风险的防范与化解。《证券法》的起草工作是在 1997 年亚洲金融风暴的背景下展开的，由此，以金融危机尚未完全消解为大背景，《证券法》尤为强调对风险的防范与控制。例如，规定 A 股市场暂不对外国投资者开放、证券交易采用现货交易等；同时，要求证券公司、证券交易所等机构设立风险准备金，从法律制度层面建立风险防范机制。

第二，以从严治市为基本导向。针对资本市场存在的不规范性与投机性问题，《证券法》明确了证券监管部门、证券发行人、证券公司、上市公司等主体的责任与义务，以规范资本市场的发展。

第三，兼顾阶段性与前瞻性。一方面，此阶段的法制建设既立足于我国已有实践，肯定了资本市场中已被证明行之有效的成功经验，亦就尚未具备条件制定的事宜暂不做调整，呈现一定的阶段性。另一方面，注重吸收域外成熟资本市场的已有经验，具有一定的前瞻性（祁斌和黄明，2007）。

第四，注重强化资本市场监管的权威性，使市场监管权力高度集中统一。以《证券法》的颁布为契机，逐步建立起全国集中统一的证券监管体系以及高度科学化的证券市场运作与监管系统（陈京华，2001）。

(2)《证券法》的第一次修订——市场活力的进一步激发。

①《证券法》第一次修订的主要内容。《证券法》于 1999 年正式实施后，对于我国资本市场的健康有序发展起到了重要作用，使我国资本市场无论在数量上还是在规模上都得到了迅猛发展。但与此同时，资本市场累积起来的深层次问题，如资本市场基础性制度缺失、股权分置、上市公司内部治理失衡、证券公司违规经营、市场违规现象突出等渐渐暴露，日益受到关注和重视（张育军，2010）。

面对这些问题，我国适时启动了《证券法》修订工作，对《证券法》中的各项制度进行全面修订，修订后的《证券法》于 2005 年 10 月 27 日第十届全国人民代表大会常务委员会第十八次会议通过。针对资本市场运行中暴露出来的问题，该次《证券法》修订集中在证券种类、证券发行保荐制度和预披露制度、公开发行新股和公司债券条件、上市公司收购制度、证券交易所法律地位的明确、证券监管机构职权等方面。

②《证券法》的第一次修订对我国资本市场法制建设的影响。2005 年《证券法》的修订将《证券法》的调整对象进一步扩大，有力地保障了证券产品交易的法治化和规范化；借助保荐制度、预披露制度等，并通过对证券上市和退市的规定，进一步规范了证券市场的发行活动，为证券市场良好市场秩序的建设提供了保障。同时，增加规定了证券公开发行方式等一系列制度，增强了证券市场活力，有效发挥了市场在证券市场资源配置中的重要作用。

伴随着《证券法》的第一次修订，一系列资本市场法律法规先后颁布，对我国资本市场法制建设产生了诸多积极的影响，具体包括以下方面：

第一，法治观念基本得以确立。历经多年的法制建设，法治观念与法治文化均逐步扎根在资本市场的运行之中。

第二，法律体系日益完备。截至 2019 年，我国已形成以《证券法》《公司法》为核心，以国务院行政法规和监管部门行政规章为重点，以最高人民法院司法解释和资本市场自律机构业务规则为补充的证券法律体系。包括证券发行与上市交易、上市公司监管与信息披露、证券违法行为法律责任等在内的证券法律制度均在有条不紊地完善，资本市场的法律制度呈现出一定的完备性（张育军，2010）。

第三，能适应市场需求，通过创新试点先行等方式不断完善法制建设的具体内容，丰富资本市场的法律制度。例如，作为完善资本市场基础制度与激发市场活力等的重要安排，科创板的设立可谓落实创新驱动和科技强国战略等的重大改革举措。2019 年 3 月，中国证券监督管理委员会通过《科创板首次公开发行股票注册管理办法（试行）》《科创板上市公司持续监管办法（试行）》，之后相关配套举措亦进一步明晰。由此，我国资本市场建立起独立于现有主板市场的新设板块，作为注册制的试点，为我国日后注册制的施行积累了有益经验。

第四，在监管权力的行使上，强化了对发行审核权力的限制与规范。IPO 是发挥市场融资功能与服务实体经济的关键，把握好发行质量关，有助于从源头上改善上市公司治理。例如，在 2017 年 7 月，围绕增加保护投资者合法权益这一宗旨、增加对违法违规委员的公开谴责等诸多方面，证监会修订了《发行审核委员会办法》。同时，通过发布《中国证监会发行审核工作预约接待办法》《关于加强发行审核工作人员履职回避管理的规定（2017 年修订）》等，进一步规范了发行审核过程中的相关问题，有助于强化对发行审核权力运行的约束。

第五，在监管思维上，推进功能监管的落实。在分业监管与机构监管这一传统的监管思维模式下，证券、银行与保险由不同法律进行规范、由不同机构进行监管，由此导致了名称各异但本质相同的金融产品未能获得同等监管，最为显著的乃资管业务监管，其法律适用存在逻辑混乱等情况。为此，2018 年 4 月，中国人民银行、中国银行保险监督管理委员会（简称银保监会)、证监会与国家外汇管理局四部门联合发布了《关于规范金融机构资产管理业务的指导意见》，以期回归资产管理本质并最大限度地消除监管套利空间。该意见采取机构监管与功能监管相结合的监管理念，实现对各类机构开展资产管理业务的全面、统一覆盖，采取有效监管措施，加强金融消费者权益保护，由此转变了监管思维、推进了功能监管的实施（姜沅伯和邹露，2018)。

1.3 发展阶段（2019年至今）的法制建设：进一步强化市场风险防控与投资者保护理念

1.3.1 2019年《证券法》的第二次修订及其主要内容

《证券法》实施及经历第一次修订后，我国证券市场的市场化和法制化程度显著提高。但同时，随着资本市场的发展形势不断变化及我国资本市场改革进程的推进，出现了一系列危害证券市场健康发展的行为，甚至不法行为，对投资者造成了伤害。因此，针对不断变化的形势，我国开启了对《证券法》的第二次修订工作。

2019年12月28日，第十三届全国人大常委会第十五次会议审议通过了修订后的《证券法》，修订后的该法于2020年3月1日起施行。此次修订在总结我国证券市场改革发展、监管执法、风险防控的实践经验，深入分析证券市场运行规律和发展阶段特点的基础上，做出了一系列新的制度改革和完善，特别是在对投资者的保护方面。此外，还在完善信息披露、证券交易规则、证券违法行为责任等方面进行了大幅修订。

1.3.2 《证券法》第二次修订的影响

《证券法》第二次修订在深入分析我国证券市场运行和发展规律的基础上，结合我国证券市场的发展特点，系统总结了我国证券市场多年来的运行和执法经验，进一步完善了证券市场基础制度。通过一系列制度改革，修订后的《证券法》有效提高了市场风险防控能力，提高了上市公司质量，通过一系列手段和措施切实维护了投资者的合法权益，优化了证券市场的交易秩序和投资者权益保护情况。《证券法》的修订为促进证券市场服务实体经济功能的发挥，打造一个规范、透明、开放、有活力、有韧性的资本市场，提供了坚强的法制保障，具有非常重要而深远的意义。① 图 4-1 展示了我国《证券法》历次修订和修正情况。

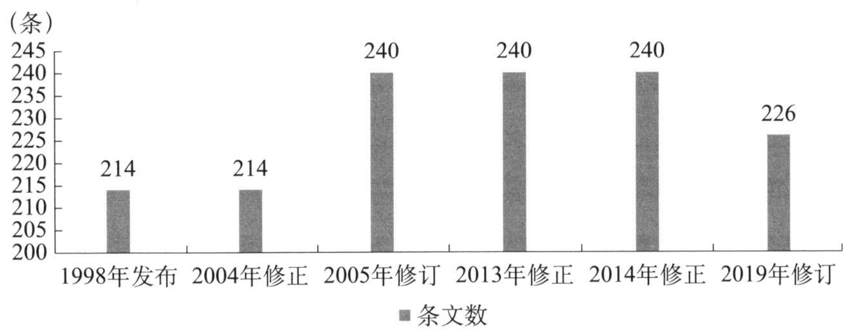

图 4-1　我国《证券法》历次修订和修正情况

资料来源：中国证监会官网。

1.3.3　发展阶段法制建设的主要特征

以《证券法》的第二次修订为背景，我国资本市场的法制建设进入了新的发展阶段，此阶段的特征主要体现在下述几个方面：

第一，在吸收历史经验教训的基础上，注重对市场风险的防控。在充分总结 2015 年股市异常波动的经验教训、借鉴域外市场的相关制度与实践的基础上，丰富了监管机构的风险防控措施，并强化了证券交易所的风险防控职责。

第二，由关注对投资者的限制转向关注对投资者的保护。现代法制建设的基本精神理当是协调平衡各项利益冲突，使各方得以处于其最佳的联结状态，此乃保证社会经济持续、稳定发展的关键。在资本市场中，对于提高投资者保护水平、完善投资者保护制度而言，《证券法》的第二次修订即以专章的形式提供了强有力的制度保障，实现了我国投资者保护证券立法集中规

① 参见中国证监会官网。

定从无到有。诸如代表人诉讼等诉讼制度的完善，即有助于优化投资者的救济途径。①

第三，实现与时俱进的同时，回归本原。证券定义的界定，与《证券法》的适用范围、监管体系的构建存在紧密联系。在《证券法》第二次修订前，我国证券法律制度仅规定了股票、公司债券、政府债券、证券投资基金这几种证券类型，狭隘的证券定义未能满足实践需求，从而引发了一系列问题。例如，在传统的证券定义下，资本市场的"功能监管"将难以实现其价值，诸如新兴的信托理财产品等新型产品将因不属于"证券"而无法纳入《证券法》的监管范畴。此次有关证券定义的修订有助于消除相关资管产品的监管真空等问题，以完善资本市场监管的法律框架体系。进一步而言，将有助于促进《证券法》向证券市场法律的发展，使之由"股票法"回归证券本原。

1.3.4 发展阶段法制建设的优化空间

诚然，发展阶段的法制建设为我们带来了诸多极具价值的制度安排，推进了资本市场的有序发展。不过在法律制度运行的过程中，我们可发现下述方面仍存在进一步优化的空间。

第一，退市制度仍有待健全。作为资本市场重要的基础性制度，严格的退市制度对于推动资本市场优胜劣汰、降低市场投资风险、均衡股票供求关系等均具有重要意义。2001 年，我国的退市制度正式启动，2014 年证监会发布实施《关于改革完善并严格实施上市公司退市制度的若干意见》，彰显了监管层净化资本市场的态度与决心。不过，从我国退市制度的实施来看，截至 2019 年末，我国 A 股市场退市的上市公司累计达 110 家，年均退市率不到 0.3%，主动退市的公司极少（因私有化原因退市的仅 9 家），退市制度有名无实。由此，在发展阶段的证券市场建设中尤需关注健全市场化、法制

① 中国证券监督管理委员会．聊聊新证券法中的"投资者保护"专章．http://www.csrc.gov.cn/pub/shanghai/xxfw/tzzsyd/202004/t20200401_373078.htm.

化、常态化的上市公司退市机制（苟文均，2020）。

第二，投资者保护与代表人诉讼制度仍有待进一步健全。强化投资者保护可谓资本市场持续、稳定、健康发展的永恒主题，《证券法》第二次修订的亮点之一也在于确认了投资者保护机制的建立。当发生特定的损害时，明确可由投资者保护机构按“明示退出，默示加入”规则提起代表人诉讼，依法为受害投资者提起民事损害赔偿诉讼。就此，或许需要进一步关注多样化诉讼的投资者保护制度体系的建立，妥当处理民事诉讼赔偿中违法违规或犯罪人无力赔付等问题（苟文均，2020）。此外，在具体落实相关赔偿责任时，注重对损害赔偿中的因果关系、具体赔偿金额的确认等方面予以细化和规范。

第三，应进一步落实服务市场、便利企业投融资的理念。《证券法》的第二次修订对证券的定义进行了适当的扩大，不过，对其定义范围可进一步拓展。事实上，融资乃企业的一项重要权利，关系其存续与发展，并不会因为缺乏资本市场上的具体规定，某些投融资安排便不会进行。扩大证券的定义范围，其实是将特定行为纳入了《证券法》的监管范围。这就意味着，证券监管将有权对相关的融资安排予以监管，相关投资者亦将获得证券法律制度的保护（彭冰，2019）。

第四，仍缺乏发行豁免制度。在投资者保护的基本理念与制度安排下，市场主体直接融资的成本相对较高，即便调整为注册制，信息披露与合格的成本等亦不会显著降低。就我国而言，虽然《证券法》的第二次修订加入了员工持股计划的人数不计入 200 人股东的规定，相当于对员工持股计划做出了注册豁免安排，但在整体上，我国仍存在制度供给不足的问题，有待日后的进一步调整与优化（彭冰，2019）。

第五，资本市场的市场化改革仍有待推进。国内诸多公司赴海外上市的现象反衬出我国资本市场的法制建设仍存在较大的优化空间，以《证券法》的修订与注册制改革为契机，需进一步推动我国资本市场的市场化改革。以中概股的回归为例，在过去，国内诸多公司选择远赴海外上市，其原因既在于我国资本市场存在较强的制度约束，又在于我们过去受到传统观念的较大束缚。在我国资本市场建立之初，服务“国有企业股份制改革”是一项重要特征，对公司的 IPO 活动仍采取条件严苛的审批制；此外，早期的股权投资基金市场还未成熟，且很大一部分是由境外投资银行所属机构与资本组成，我国早期的公司往往只能获得境外的风险投资基金。同时，在早期的资本市场中，我国倾向于让大工业公司、大型制造业公司上市，市场的投资与融资特性表现得并不明显，存在市场化不足的问题。在此背景下，国内诸多优质的公司大多选择远赴海外上市。不过，随着国内外市场环境的变化，中概股大多走上了回归之路，这促使我们反思我国资本市场存在的诸多缺陷，并进一步加快了市场化改革的步伐。

2. 大陆法系对市场变革的适应

2.1 大陆法系与资本市场法制建设的矛盾

2.1.1 法律与发展的观点及其对资本市场建设的现象解释

LLSV 实证考察了 49 个国家有关投资者保护的法律规则及其执行质量，发现普通法系国家在不同层面为投资者提供了最好的法律保护。① 与普通法系相比，大陆法系赋予投资者较弱的法定权利②，投资者保护较弱的国家拥有明显较小的债务和股票市场。而拥有发达的债务、股票市场和金融体系的国家其资本密集型行业增长迅速；用法律渊源的可变因素作为衡量资本市场发展的手段，可以促进经济发展。这说明了法律制度与经济发展之间的联系

① LLSV 为四个经济学者的姓氏首字母，请参见本章参考文献［61］。例如，39％允许股东通过邮寄方式投票，94％对受压迫的少数股东提供法律保护，持股比例达到 9％即可召开临时股东大会。唯一欠缺的是优先购买权（44％）。

② 虽然看起来也实行一股一票（29％）和累积投票制（19％），以及高于一般水平的优先购买权（62％），但允许通过邮寄方式投票的发生率低（5％），允许股东参与股东大会投票的比例较低（29％），保护受压迫的少数股东的法律较少，召开临时股东大会所需要的股东持股比例最高（15％）。

（La Porta，et al.，1996）。

投资者保护较弱的国家往往有替代性保护措施。这些替代性机制可能在法律之内，也可能在法律之外（La Porta，et al.，1996）。有学者对中国法律、资本市场与增长进行了研究，发现中国是法律与发展理论的重要反例。按照法律与发展理论，中国的法律或资本市场发展并不完善，经济增长应较慢，但其经济增长较快。研究发现，中国以声誉、关系、文化为基础的非正式制度相较正式制度发展更为迅速，是标准公司治理和金融渠道的优秀替代品，在促进经济增长方面发挥着非常重要的作用（Allen，2004）。

在法律环境良好的国家，市场和经营业绩表现较好；在少数股东保护不力的国家，公司治理更为重要。对法律环境不好或投资者保护不足的国家来说，即使公司治理的略微改善也非常重要。即，公司治理的相对改善提高了这些公司的估值和经营业绩，并粗略地部分替代了糟糕的法律环境（Engelen，2003）。因此，对外部融资有强大需求的公司通常更有动力采用良好的公司治理，投资者保护差的国家的公司即使在法律和司法改革之前，也同样可以通过建立可信的投资者保护条款来改善其公司治理，以降低融资成本，提高公司业绩和估值（Klapper and Love，2002）。

2.1.2　资本市场发展与传统大陆法系的理念冲突与制度呈现

第一，大陆法系的公司治理模式与治理理念，将影响金融证券产品的创新与资本市场的自由化发展。公司治理的价值在于，通过合理地配置公司组织机关的权力资源实现公司的经营目标，并最终实现股东利益最大化。不过，两大法系对于公司治理机制的选择、公司组织机构的设置各有不同。英美法系倾向于适用“董事会中心主义”的治理模式，由此，在授权资本制与金融自由化的影响下，资本市场的发展更能满足公司金融证券资本创新的要求。而在大陆法系下，由于受到公司“人合性”特征、公司法定资本制度的影响，公司治理更倾向于采用“股东会中心主义”的治理模式，该模式往往显著地影响了公司进行金融证券产品创新的进程（胡军，2012）。

第二，大陆法系严苛主义与保守主义的立法模式，难以及时应对资本市场的创新活动。在英美法系下，受法律实用主义思潮的影响，其资本市场创新实践往往不用打破原有的法律体系，不会损害证券法律制度的基本原则，因此不会遭遇过大的理念与制度障碍。例如，在大陆法系的传统理念中，表决权被视为股东权与公司民主自治机制的基础属性，股权不能被转让、放弃或分离，有价证券所负载的投资者权益将与有价证券本身进行紧密的结合。由此，在英美法系资本市场的实践中存在"优先股"实践，因突破了公司"人合性理论"与股东权益保护的基本理念，将难以被传统的大陆法系接受。在此严苛主义与保守主义的影响下，资本市场实践的自由空间与发展空间较为狭小，继而影响资本市场的发展（胡军，2012）。

第三，大陆法系是建立在概念主义和形式主义基础上的体系，在解释与引进域外制度时面临一些困境。在大陆法系下，民法体系是以法律关系为框架构建的概念体系，其所使用的概念、规则以及法律制度具有较为固定的内容，在解释资本市场相关制度时存在一些困难，如不能实现对已有概念体系的改造，则难以引入新的制度。以证券民事责任制度为例，以大陆法系为基础的民事责任以及诉讼制度在解释证券民事侵权的构成、因果关系时存在一些解释困境，故对于证券侵权因果关系的证明、损害的确认等，需要传统民法理论对原有概念、规则进行解释和发展，才能实现证券侵权制度与民法侵权制度的衔接（杨峰和刘兴桂，2003；龙柯宇，2013）。

第四，大陆法系的法典化特征，在一定程度上影响投资者权益保护的程度。在资本市场的实践中，相较大陆法系，英美法系往往可以对投资者权益保护发挥更大的推动作用。这可能源自英美法系市场立法的特点。资本市场往往存在诸多变化，投资者权益保护的需求亦呈现出多样性。英美法系在对待资本市场的投资者权益保护需求时，大多采用市场立法的模式，即应市场的变化及时确立相关规则，此乃其重要的制度创新机制。传统上，我国深受大陆法系政府立法模式的影响，常以政府的思维与模式作为市场规则与反应的替代，由此，投资者权益保护规范的实效将受制于政府立法者的思维模式、传递效率等因素（虞群娥，2006）。

2.2　大陆法系基于资本市场发展的因应调整

我国《公司法》《证券法》实则杂糅了大量英美法及德、日以及我国台湾地区的相关制度规则，并在此基础上进行了一定程度的本土化改造，形成了兼容英美与德日两种典型模式的特点的法律体系。

2.2.1　转变传统的监督理念：引入独立董事制度

（1）独立董事制度的形成与引进。

在传统大陆法系下，公司内部监督机制采用二元体制或双层体制，即在股东（大）会下设董事会与监事会，股东（大）会是权力机构，在股东（大）会权限范围之外，董事会负责公司经营管理的决策；监事会则作为专门内设监督机构，负责对董事会或经理层的经营管理行为进行监督；监事会不仅可以监督公司董事会、经理人员的经营管理行为，还掌握着选任、解聘董事会成员的大权。大陆法系国家多采用该种模式，德国是典型代表（郭富青，2010）。与英美法系相比，该模式下大型银行作为控股股东在公司治理中扮演集中的监督角色，证券市场相对较弱小，信息披露标准较低（肖奎，2016）。我国证券市场发展初期，投资者以散户为主，直接融资市场较弱小，信息披露等各项制度尚未建立健全，证券市场处于发展不成熟阶段，故采用大陆法系的二元体制治理结构，即在股东（大）会下设董事会与监事会，监事会则作为专门内设监督机构，负责监督董事会或经理层的经营管理行为。

由于我国股权结构相对集中，公司由大股东等控股股东掌握经营管理权，存在控股股东利用控制权攫取公司利益的行为。监事会职权较小，难以抑制控股股东滥用控制权的行为，监督效果较差（郭雳，2016；方流芳，2008）。基于该现状，我国公司治理开始寻求新的监督机制。2006年1月，新修订的《公司法》实施，要求上市公司聘任独立董事，标志着我国最终从法律层面确立了独立董事制度。同年，《上市公司章程指引》进行相应修订。

（2）独立董事制度在我国的运行现状与原因分析。

我国专设监事会行使监督职能，同时又效仿英美法系设独立董事，在大陆法系制度内嵌入英美法系制度，这种制度移植需要经过一个本土化且不断调整适应的过程。在引入该制度之初，预设独立董事可以发挥一定的监督作用，但由于我国多数上市公司难以保障独立董事制度的独立性，实施效果并不好（方流芳，2008）。具体而言，基于如下原因，独立董事制度在我国尚未实现应有的制度效益。

第一，未能切实地理解独立董事“独立性”的要求。根据《关于在上市公司建立独立董事制度的指导意见》的相关规定，独立董事既需要独立于股东，又需要独立于公司的经营管理层、其他利害关系人以及自身利益，继而成为“完全独立的主体”。然而，考察美国的独立董事制度可以发现，此处的独立性仅指独立于公司管理层，而非公司股东，相反，独立董事应做好股东利益的忠实代表，以便更好地发挥其作用（李正祥，2017）。

第二，独立董事制度未能契合我国上市公司的治理机制。我国资本市场法制建设的时间较短，行政力量与传统思想意识仍发挥着较大作用，影响市场对独立董事制度的认识与定位。与美国资本市场对权力抱以不信任感的传统理念相比，我国长期存在“一元统治”的政治与文化传统，多元制衡的公司治理理念未能获得充分认可，影响了上市公司治理结构的构建与独立董事制度的定位。美国上市公司的审计委员会、提名委员会等大多由独立董事组成，独立董事在公司内部享有较大权限，而我国在引入独立董事制度的同时，却未就上市公司设立审计委员会、提名委员会等做出相应规定，独立董事的职责亦与域外制度存在较大差异。在此情况下，独立董事更多只是作为董事会的咨询与协助部门，目的是维护董事长及执行董事主导的公司治理的统一性（李正祥，2017），未能发挥其监督职能。

第三，我国资本市场现状的制约。我国资本市场上市公司的股权相对集中，累积投票制未能改变独立董事的任免权仍掌握在大股东手中的现状。对于独立董事而言，更符合其利益的行为是维护实际控制人在公司的地位，以实现其稳定的薪酬目标（张文婷和史广龙，2012）。在此情况下，难以期待独立董事在违背自身利益的情况下与公司的实际控制人对抗，独立董事维护中小股东利益、监管管理层等制度目标亦难以实现。

（3）我国独立董事制度的改进之路。

针对上述制度困境，一是要完善独立董事的选聘机制。应强制公司董事会下设提名委员会，将独立董事提名权交由提名委员会，由内部推举出更加了解公司经营情况的独立董事，以保证独立董事在选聘过程中的独立性。同时，可以考虑设立专家库和会议制度，即由业界推荐人选，按一定标准进行分类并公开相关人员信息，为公司提供更多的选择空间，也在独立董事之间形成良性的竞争关系。二是完善独立董事激励机制，构建薪酬激励机制、声誉激励机制，设置恰当的绩效考核体系，采取多元化的方法激励独立董事更好地履行职责，增强独立董事制度的专业化、职业化与独立性。三是完善独立董事约束机制，建立专业的评价机制，由第三方机构负责对独立董事的履职情况进行评价，对独立董事的失职行为进行惩戒，必要时追究责任，对独立董事问责，明确监事代表诉讼制度。四是建立独立董事责任保险制度，利用保险制度分担独立董事由决策失误导致的民事赔偿责任，减少独立董事在公司实务中面临的风险。

需要指出的是，我国监事会与独立董事的监督职能存在重叠之处。对此，学界有几种看法：一是坚持监事会与独立董事并存的公司监督机制，认为独立董事与监事会并不能够完全相互替代，我国公司内部监督机制应当以独立董事为主，监事会为辅，进行构建，互相配合（李建伟，2004）。二是废除监事会制度（汤欣，2001）。三是允许公司自行选择公司治理结构（刘俊海，2003；张昊，2010）。未来我国公司的监督机构的选择，既要考虑我国公司治理存在的控制权滥用、内部监督弱化的问题，又要顾及监事会与独立董事并存的监督机制长期运行的现实，不宜直接废除监事会制度，而应由公司自行选择公司治理结构。如果选择坚持监事会与独立董事并存的公司监督机制，则需要合理划分独立董事与监事会的职权范围，对于公司日常经营事项，可以由监事会进行监督，而对于公司重大经营事项，如关联交易、兼并收购及资产重组等，可以充分利用独立董事的专业性，发挥其监督作用。

同时，要加强监事会与独立董事之间在监督信息资源获取与共享层面上的合作，建立联动合作机制，发挥各自优势，加强相互协作，使制度最大限度地发挥监督功能。

2.2.2 重新认识公司治理的方式：引入特别表决权制度

（1）传统理念的束缚与制度引入的背景。

从我国立法来看，我国上市公司治理方式长期以来秉持一股一权原则。在一股一权原则下，股东之间投票权与分红权能够等比例配置，中小股东的利益能够得到较为全面的保护（Grossman and Hart，1988；汪青松，2014）。在我国科创板设立之前，受限于我国《公司法》第 103 条和相关上市规则的规定，我国 A 股市场并不支持不同于一股一权结构的特别表决权制度①，这导致以 BATJ（百度、阿里巴巴、腾讯、京东）为代表的大批优秀创新型企业选择了赴海外上市，使得本土优质企业的巨大发展红利并不能为中国普通投资者所享有。考虑到该问题，2019 年 3 月，上海证券交易所正式发布《上海证券交易所科创板股票上市规则》（简称《科创板股票上市规则》），引入表决权差异安排，正式允许科创板上市企业中的部分股东持有特别表决权股，打破了一股一权的硬性规定。

（2）特别表决权机制在我国的推进与运行。

《科创板股票上市规则》第四章第五节"表决权差异安排"，对特别表决权制度做了详细的制度安排，具体包括：一是特别表决权股的发行。从我国《公司法》和《科创板股票上市规则》来看，我国从特别表决权股的设定方

---

① 基于商业实践现状，我国相关法律也给特别表决权制度留下了立法空间，并做出了一些尝试。具体而言，1993 年，我国《公司法》颁行，经 2005 年修订及 1999 年、2004 年、2013 年、2018 年四次修正，虽然未就特别表决权制度做出明确规定，但从现行《公司法》条文中可以看到，对于有限责任公司，《公司法》第 34 条、第 42 条允许其以股东协议的方式自由设计公司的表决权规则；对于股份有限责任公司，《公司法》第 103 条第 1 款虽未规定其可以对表决权进行不同于一股一权结构的设置，并在第 126 条强调同股同权，且在《上市公司章程指引》中重申了这一规定，但《公司法》第 131 条以国务院另行做出规定的方式，为特别表决权制度的创设留下了制度空间。但是，在无明文规定的情况下，我国监管部门对上市公司执行较为严格的监管政策，上市公司仍然无法以特别表决权股的形式上市。

式、发行比例、表决权数等方面做出了限制。首先，在设定方式上，我国采取了法定主义的方式，规定了表决权差异安排只能在首次公开发行并上市前设置，并且必须经出席股东大会的股东所持三分之二以上的表决权通过。[①]其次，就发行比例而言，设置了普通表决权不低于10%下限的要求，实则间接设置了发行比例的上限；同时设置了特别表决权发行比例10%的下限。[②]最后，为防止创始股东过分利用其表决权优势地位，规定了特别表决权股的表决权数不超过普通股10倍的限制。[③] 二是类别股东大会。为最大限度地保护普通股股东及无表决权类别股东的权益，我国科创板规则一方面赋予了符合一定条件的普通股股东提议召开临时股东大会的权利及提出议案的权利[④]，另一方面对类别股东大会的特殊表决事项的适用范围加以限制，在修改公司章程，改变特别表决权股份享有的表决权数量，聘请或者解聘独立董事，聘请或者解聘为上市公司定期报告出具审计意见的会计师事务所，公司合并、分立、解散或者变更公司形式等特定事项上赋予普通股等同于特别表决权股的表决权数。三是特别表决权股的转换。由于投票权与现金流权之间的差异，IPO之初表决权差异安排所展现的优点将会减弱，控股股东会通过持续享有控制权攫取私利；另外，公司创始人有可能因为个人原因不再适合持有超级表决权股（Sharfman，2018）。对此，《科创板股票上市规则》第4.5.9款规定了在四种情形下特别表决权股转换为普通股的情形。[⑤] 四是相关配套措施，包括建立差异化信息披露制度、设置监事会专项报告制度、设立证券特别代表人诉讼制度等，使得特别表决权股在更为规范的道路上运行，最大

---

① 《科创板股票上市规则》第4.5.2款。

② 《科创板股票上市规则》第4.5.3款。

③ 《科创板股票上市规则》第4.5.4款。

④ 《科创板股票上市规则》第4.5.7款。

⑤ 即：(1) 持有特别表决权股份的股东丧失持股资格和最低持股要求，或丧失相应履职能力、离任、死亡；(2) 实际持有特别表决权股份的股东失去对相关持股主体的实际控制；(3) 持有特别表决权股份的股东向他人转让所持有的特别表决权股份，或者将特别表决权股份的表决权委托他人行使；(4) 公司的控制权发生变更。这也称为日落条款，即在公司章程中约定以某个时间或事件为触发器，当满足触发器的条件时，自动拆解表决权差异安排，届时所有特殊表决权股自动转换为普通股。

限度地保护投资者的合法权益。

总体而言，科创板关于表决权差异做了较为完善的制度安排，相关配套措施也在不断完善中。目前，优刻得科技股份有限公司（简称优刻得）已采用表决权差异安排在我国科创板上市。根据其招股说明书，优刻得发行A类股份和B类股份，其中A股每股拥有的表决权数量为B股的5倍。[①] 以科创板表决权差异安排为代表的特别表决权制度，既能够使上市公司获得融资，为公司发展募集更多资金，又能够使创始股东在股权稀释的情况下保持对公司的控制权，更好地延续公司的发展战略、商业模式或创始人的独特愿景（Goshen and Hamdani，2016），符合部分企业的多种发展需求，这将促进新技术、新发展模式的产生和发展，进一步繁荣我国经济市场。

（3）特别表决权制度的完善建议。

我国投资者多以散户为主，证券市场尚不成熟，特别表决权股所依存的法律和制度基础尚不牢固。科创板规则应当具体化规则细节，完善制度设计，为中小股东提供更为快捷、方便的权益保障和维权途径。首先，健全信息披露制度。从我国科创板目前建立的信息披露制度来看，信息披露内容还应当围绕特别表决权本身进行详尽披露与说明，包括特别表决权的行使方式及具体内容、影响公司发展的特定行为、风险防范和保障制度等内容。建立健全特别表决权制度下的专门信息披露制度，可以建立投资者分类制度，设置分级披露制度，在避免信息披露超载的同时确保各类投资者获取到更为有效的投资判断依据。

其次，应当健全特别表决权的监督机制。我国《科创板股票上市规则》第4.5.12款设置了依靠监事会专项报告制度的监督模式，但控制人可以通过特别表决权制度或其他制度选举监事，由此导致监督效果不佳（郭丹，2019）。因此，应当排除特别股东在选举监事上的超级表决权，避免特别股东对监事会实施控制。同时，应当强化对监事的激励和制约机制，进一步强

① 参见上海证券交易所官网科创板专栏。

化公司内部监督作用。

再次，完善“日落条款”。我国《科创板股票上市规则》第4.5.9款中没有包含基于时间的“日落条款”，但特别表决权运行一段时间后，其所展现的优点将会减退，控股股东可能会通过持续享有控制权攫取私利。另外，公司创始人有可能因为个人原因①而不再适合持有超级表决权股（Sharfman，2018）。因此，有必要设置基于时间的“日落条款”。至于时间长度，有人认为7年符合实证研究的结果②，也有人认为应当设置更有弹性的有效期（Chen and Zhao，2017），无论何者都必须结合我国具体实践而定，可以先设置5～10年的期限，具体时间由公司自由决定。

最后，在我国尚不具备引入美国集体诉讼制度的情况下，应当完善证券代表人诉讼制度，提高投资服务中心等投资者保护机构保护投资者权益的能力，对普通股股东的举证责任进行相应的倾斜。与此同时，建立健全我国调解、仲裁、诉讼等证券多元纠纷解决机制，提高维权效率，降低维权成本，为普通股股东和中小股东提供更为便捷的维权路径。

2.2.3　建立专门的证券纠纷诉讼规则：建立代表人诉讼制度

（1）我国代表人诉讼制度引入的背景与引入方式。

在证券纠纷解决领域，证券违法案件具有金额小、数量多的特点，受害人数众多且较为分散，个人投资者损失数额不大，这使得证券违法诉讼不同于一般的民事诉讼。为此，美国采用证券集体诉讼，旨在保护证券市场中的中小投资者的合法权利（任自力，2007）。早期，我国不少学者主张引入证券集体诉讼制度并做恰当的本土化改造（杜要忠，2002），但未被采纳，最

① 例如，不再具有符合其身份的品格或能力、失去竞争力、丧失行为能力、死亡等，或者其继承人无洞见等。

② 该实证研究对15年间采用双层股权结构的157家公司进行了分析，含有“日落条款”的71家双层股权结构公司和86家永久双层股权结构公司在IPO后两年的估值基本相同，但7年后含有“日落条款”的公司的经营状况明显好于永久双层股权结构公司。Commissioner Robert J. Jackson Jr.，Perpetual Dual-Class Stock：The Case Against Corporate Royalty，at https://www.sec.gov/news/speech/perpetual-dual-class-stock-case-against-corporate-royalty.

终我国并未引入严格意义上的美国集体诉讼，证券集体诉讼只能参照我国民事诉讼法中的代表人诉讼制度。[①] 2020 年 3 月 1 日生效的《证券法》第 95 条明确规定了证券集体诉讼领域适用代表人诉讼制度，旨在高效解决证券市场人数众多的纠纷。其中第 95 条第二款规定了普通代表人诉讼，第三款规定了特别代表人诉讼，即由投资者保护机构作为代表人参加诉讼。普通代表人诉讼制度在我国《民事诉讼法》中已有规定，特殊代表人诉讼制度则专用于证券纠纷案件的审理。2020 年 7 月，最高人民法院发布《关于证券纠纷代表人诉讼若干问题的规定》，以司法解释的方式对证券纠纷代表人诉讼制度进行了详细规定。

（2）我国代表人诉讼制度的内容。

围绕《证券法》第 95 条有关证券纠纷代表人诉讼制度的规定，最高司法机关以“司法解释”的形式、证券监督管理机关以“专项通知”的形式，促进了该制度在资本市场的贯彻落实。具体而言，证券纠纷代表人诉讼制度的构成主要包括下述方面。

第一，在诉讼类型方面，明确证券纠纷代表人诉讼包括“普通代表人诉讼”和“特别代表人诉讼”两类。即，证券纠纷代表人诉讼包括因证券市场虚假陈述、内幕交易、操纵市场等行为引发的普通代表人诉讼和特别代表人诉讼。其中，特别代表人诉讼制度首要的特别之处在于作为代表人的“特定主体”的投资者保护机构在代表人的条件与范围、代表人的选任方式等方面均存在一定的特殊之处。

第二，在诉讼管辖方面，明确了证券纠纷代表人诉讼的管辖法院。《关于证券纠纷代表人诉讼若干问题的规定》第 2 条[②]明确规定此类案件由中级人民法院或者专门人民法院管辖，这意味着该类诉讼可能涉及三个法院管

① 代表人诉讼制度分为《民事诉讼法》第 53 条规定的起诉时人数已确定的共同诉讼中的代表人诉讼制度和第 54 条规定的起诉时人数不确定的集体诉讼中的代表人诉讼制度。

② “证券纠纷代表人诉讼案件，由省、自治区、直辖市人民政府所在的市、计划单列市和经济特区中级人民法院或者专门人民法院管辖。”

辖：深交所上市公司对应深圳市中级人民法院，上交所上市公司对应上海金融法院，新三板上市公司对应北京市第二中级人民法院。管辖法院的明确有助于减少审理结果出现矛盾冲突的情况，便于集中管辖。

第三，在投资者权益保护方面，安排了投资者权益保护的具体制度内容。具体而言，一是保障原告的异议权，包括当事人对权利人范围的裁定申请复议的权利、对拟任代表人人选资格提出异议或申请担任代表人的权利等。二是赋予有异议的原告在代表人诉讼中的退出权，包括异议原告在特别代表人诉讼登记期间明示退出和另行诉讼的权利等。此外还明确了强化专业支持和投资者保护机构的诉讼权利义务。

第四，在裁判效力方面，适度扩张了裁判效力的范围。《关于证券纠纷代表人诉讼若干问题的规定》第 29 条①明确规定，符合权利人范围但未参加登记的投资者适用已经生效的代表人诉讼判决、裁定。这就实现了证券纠纷代表人诉讼的效力扩张，维护了投资者的合法权益。

（3）代表人诉讼制度的完善建议。

证券代表人诉讼制度克服了传统证券诉讼中中小投资者维权积极性不高的问题，还可有效提高证券诉讼效率、降低投资者维权成本，帮助中小投资者逐渐摆脱以往的维权困境，具有较大的突破性意义。证券代表人诉讼制度完全不同于域外证券集体诉讼制度，不仅具有鲜明的中国特色，而且具有特别的价值引领意义，被认为是“中国版证券集体诉讼制度”②。当然，目前证券代表人诉讼制度还在探索过程中，存在部分尚待完善之处，具体包括：

第一，豁免投资者举证责任。投资者在资本市场中处于弱势地位，上市公司及其高管等侵权人往往掌握了侵权行为过程中的技术资料和关键证据，而投资者难以获取这些信息。因此，有必要在证券代表人诉讼中实行举证责

---

① “符合权利人范围但未参加登记的投资者提起诉讼，且主张的事实和理由与代表人诉讼生效判决、裁定所认定的案件基本事实和法律适用相同的，人民法院审查具体诉讼请求后，裁定适用已经生效的判决、裁定。适用已经生效裁判的裁定中应当明确被告赔偿的金额，裁定一经作出立即生效。”

② 参见法制网。

任倒置，投资者只需证明其受损的具体情形及结果状态、损失计价等，由侵权人证明其没有实施侵害行为，如举证不能，则须承担侵权责任。

第二，赋予代表人实体权利。根据现行规定，诉讼代表人只能代为行使程序性权利。这会打击代表人的积极性，也不利于制度发挥最大功效。因此，应当赋予代表人实体性权利，设置激励程序，鼓励代表人积极行权，并加强法院对代表人的监督，建立实体权利处分公示制度，对代表人滥用权力的行为予以惩戒。

第三，妥善协调代表人诉讼与示范性判决制度之间的关系。示范性判决制度适用于大规模侵权纠纷，可以与代表人诉讼形成优势互补的良性动态关系。可以允许法官或当事人选择代表人诉讼制度或示范性判决制度（叶林和王湘淳，2020），尤其是允许退出代表人诉讼的受害者选择适用示范性判决制度，以便为受害者提供较为全面的保护。

3. 资本市场法律制度的发展与完善

经过数十年的发展，我国资本市场的法制建设取得了丰硕的成果。不过，若联系我国对资本市场未来发展所提出的要求与展望、对比域外成熟的资本市场运行，则可以发现，我国资本市场的发展与法制建设仍存在较大的完善空间，面临诸多有待解决的问题。

3.1 资本市场发展所需要的良好法制环境

3.1.1 对投资者权益的良好保护

伴随着资本市场的大幅波动以及各种违法违规行为的出现，投资者权益保护的理论研究逐步兴起（马庆泉和吴清，2009）。资本市场与相关理论研究如此重视投资者权益保障，或许与资本市场的交易存在一定的特殊性相关：作为证券交易标的的证券本身并无经济价值，其价格受到诸多因素的制约，证券交易双方与实物交易双方亦存在差别。这就意味着，资本市场中的违法违规行为将难以消弭，投资者权益将处于极易受侵犯的境地，域外资本市场的发展大多印证了这一点。由此，若不在立法上明确对投资者权益提供保护，那么作为资本市场重要参与人的投资者或许将选择退出市场，继而影响资本市场的持续发展（张育军，2005）。事实上，无论对于资本市场发展还是对于投资者本身而言，投资者权益保障均具有重要意义，是资本市场法制建设的重要内容与特征。

在资本市场中，实现投资者权益保护并不意味着市场监管者需对投资者的获益提供承诺，而是要促进使投资者享有公平收益和承担风险的资本市场秩序的形成。因此，资本市场的发展离不开投资者的信心，法制化的资本市场应当是能更好地保障投资者的合法权益、使投资者更有信心的市场（王保树，2011）。

3.1.2　高效快捷的市场化发行机制

市场化的发行与上市机制的核心便在于通过市场来实现优胜劣汰，继而激发市场活力。资本市场的市场化内涵丰富，在资本市场法制建设的过程中，注册制改革便是推进我国资本市场进一步实现市场化的重要内容。一方面，注册制改革的本质在于将新股发行标准由目前的行政化转向市场化，由此，股票发行将不再是稀缺资源，市场的导向作用会进一步彰显。另一方面，厘清市场与政府之间的关系，亦是建设市场化发行机制、推进注册制改革的重要表现。在推行注册制改革的基础上，要对监管部门的职责边界予以规范，避免公权力对市场的过度干预，继而构筑起“宽进严管，放管结合”的体制。

在成熟的资本市场中，证券的发行与上市环节均呈现出显著的市场化特征，在制度设计上更加尊重市场规律，有利于充分发挥市场在资源配置中的作用，把证券发行与上市的选择权交予市场。在此基础上，市场各方参与主体的权利与义务将得到进一步明确。此外，通过清晰、严格的法律责任，可以形成市场各方参与主体依法履职、恰当行使权利的市场化环境。

3.1.3 制度借鉴和移植的本土化契合

在推进资本市场法制建设的进程中，往往涉及对域外成功经验的借鉴，在资本市场领域，相关制度的聚合与法律制度的移植表现得尤为明显。一方面，资本市场中的制度借鉴与法律移植大多有其正当性依据。在契合本土特征的前提下，对域外成功经验的适当借鉴、移植，有助于以较低的制度成本优化法律制度资源的配置。更何况，在资本市场领域，相关规则更多地彰显出技术性与国际性的特征，并较少受到道德性、伦理性等强烈的本土化因素的制约。由此，在资本市场领域的制度借鉴与法律移植往往具有更强的可操作性，也更易被接受。另一方面，若在制度借鉴的过程中未能契合本土化特征，则不仅未能实现制度借鉴的目标、解决资本市场存在的问题，还将干扰本土既存的法律体系的运行。事实上，本土性问题镶嵌于传统的价值观念与制度规范中，此乃资本市场制度变迁的路径依赖（李安安，2015）。法制化的资本市场应当能满足本土化需求、契合本土化特征，这意味着在进行相关制度借鉴与法律移植的过程中，更需要关注该等制度、法律背后的监管逻辑与监管理念。

诚然，经过数十年的改革与发展，我国资本市场的法制建设取得了显著进步。不过亦需承认的是，我国资本市场建立、发展的时间还较短，在诸多方面仍不够成熟。就资本市场的法制建设而言，还存在不少亟待完善之处。

3.2 投资者权益保护的理念强化与制度完善

3.2.1 我国投资者权益保护制度现状：多层次的投资者权益保护

目前，我国投资者权益保护制度主要的制度依据是《证券法》2019 年修订后专章规定的投资者保护制度。该章规定，投资者保护涵括对投资者事前、事中与事后三方面的保护：一是通过加强投资者适当性管理、区分投资者类型等方式，实现对投资者的事前保护；二是通过完善上市公司现金分红制度、建立上市公司股东权利代为行使征集制度等，实现对投资者的事中保护；三是通过建立代表人诉讼制度、明确强制调解机制等，实现对投资者的事后保护。此外，我国《民法典》将投资性权利列入民事主体权利保护范畴，各类司法解释也在不断完善投资者权益的司法救济水平，这些规定和制度共同构成了我国目前对投资者权益的多层次保护。

3.2.2　我国投资者权益保护的不足

虽然我国有关投资者权益保护的规范已在逐步完善中，但是从资本市场的实践运行来看，投资者权益损害的现象仍不乏见。具体而言，投资者权益受损的现象可体现在下述方面：一是在监管不严的情况下，上市公司的控股股东、实际控制人可利用表决权优势在股权转让、收益分配等方面进行利益转移，由此侵占中小投资者权益。二是中介机构与大股东或公司管理层联合，通过内部交易、关联交易、虚假信息披露等方式侵害公司或中小投资者利益。三是机构投资者利用资金和信息优势，实行误导投资者的投资行为（涂人猛，2018）。这些行为均会对投资者权益造成不当影响。面对诸多侵害投资者权益的行为，需要清楚地认识到现阶段我国资本市场在投资者权益保护方面仍面临一些问题。

第一，投资者权益保护的法制建设仍未完全到位，对违法违规行为的处罚力度不足。诚然，《证券法》的历次修订均对内幕交易、市场操纵的违法处罚做出了规定，但是相关的处罚力度仍然不足。尤其是从近年来仍较频繁发生的违规案件来看，对相关行为的处罚力度或许还可进一步提高（马庆泉和吴清，2009）。与此同时，虽然2019年修订的《证券法》极大地提高了各类证券违法违规行为的成本，但是有关“高额罚单”执行难的问题仍然存在，故在加大处罚力度的同时，亦需关注处罚的具体执行。

第二，市场主体的治理结构仍有待完善，否则将增加投资者权益被侵害的可能性。作为重要的市场主体，上市公司与证券公司在公司治理结构方面仍存在不少缺陷，控股股东控制或内部人控制的情况并不乏见。诚然，这些公司大多设立了由股东会、董事会和监事会组成的内部管理机制，独立董事等制度亦在按序运行中。不过，“一股独大”导致的控股股东控制、所有者缺位导致的内部人控制等现象仍有发生，继而导致公司的决策与监督等机制失衡，扭曲了公司治理结构，由此发生侵占中小股东权益等现象（马庆泉和吴清，2009）。

第三，作为对投资者权益保护的事后救济机制，有关证券纠纷代表人诉讼制度的运行与民事赔偿责任的认定规则有待进一步细化。传统上，国家对证券违法违规行为大多通过行政处罚的方式进行处理，虽然也能对行为人予以一定的惩戒，警示其他的市场主体，但是难以补偿市场投资者所遭受的经济损失。与此同时，由于需以行政处罚或刑事判决为前提、诉讼成本较高、利益受损主体较为分散等原因，证券欺诈的民事赔偿诉讼亦难以在实践中展开。在此背景下，为适应资本市场对强化投资者权益保护的需求，2019 年修订的《证券法》明确规定了代表人诉讼制度，此制度可谓对市场寄予了较高的期待。不过，该制度在实际运行过程中仍有待进一步细化。例如，由于证券纠纷代表人诉讼往往涉及复杂的法律关系，法律流程较长、牵涉面极广，若该制度仅是原则性的规定，或许将缺乏可操作性。此外，投资者保护机构（简称投保机构）的性质与职责亦有待明确。《证券法》有关代表人诉讼的规定可谓突破了《民事诉讼法》下诉讼代表人必须是当事人的限制，赋予了投保机构诉讼代表人的地位。不过，投保机构在此处却存在性质不清、权限范围不够明确等问题，例如，当投保机构既受发行人、证券公司的委托，又受投资者委托时，如何确保其能从投资者利益出发进行诉讼？在具体进入诉讼程序后，投保机构能享有多大范围内的处分权（黄江东和施蕾，2020）？此等问题均有待进一步细化。与此同时，在证券民事诉讼与民事赔偿责任认定的过程中，赔偿金额计算、举证责任分配等具体的技术问题仍有待明确，否则将影响投资者权益保护的实现。

第四，未能重视投资者的多元化需求。除了为投资者权益损害提供有效的事后救济外，及时回应投资者多元化的实践需求亦是投资者权益保护的重要体现。以特别表决权制度为例，伴随着资本市场的发展，越来越多的外部股东开始进入公司并对公司运营施加影响，然而不同的股东对公司治理的价值判断并不一样，呈现出股东异质化的现象。在此背景下，特别表决权制度即通过分离股权中的表决权与收益权，并对它们进行重新组合，来满足异质化股东的多元需求，实现收益与成本之间的对称性。考虑到市场实践的需求，我国资本市场亦在科创板中引入了该制度。不过，作为满足投资者多元化需求的重要制度安排，该制度在我国的适用有严格的范围限制，并未在主板市场全面推行，存在一定的局限性。

3.2.3　强化投资者权益保护理念与完善制度建设的建议

第一，在投资者适当性管理方面，进一步建立并完善适用于指导全行业投资者适当性管理的基础性制度。投资者适当性管理乃投资者权益保护的重要范畴之一，投资者适当性制度的建立旨在保障投资者进入资本市场初始环节的合法权利。在我国资本市场的投资者结构中，中小投资者大量且长期存在，不同的投资者对于资本市场的认识、风险的把控与承受能力等存在较大差异；资本市场的运行呈现出瞬息万变且结构复杂的特征。同时，经营机构开发客户、销售产品的冲动与处于信息弱势地位的投资者之间存在一定的冲突，这些因素均表明了我国监管部门构建并完善投资者适当性管理体系的重要意义。虽然自 2009 年以来，我国资本市场的投资者适当性制度建设已逐步完善，但是，相关法律规范大多专注于细化市场或产品的领域，呈现出相当大的零散性与独立性。随着资本市场的快速发展，亟须制定统一且清晰的监管底线要求。2016 年，中国证监会《证券期货投资者适当性管理办法》的出台填补了投资者适当性管理制度中基础性制度的空白，成为保护投资者合法权益的重要制度保障。不过，在文件出台后，仍需进一步关注相关基础性制度的建设与完善，就投资者适当性管理形成系统性、规范性的制度体系（吴晓求和彭飞，2016）。

第二，进一步细化责任体系、完善证券民事赔偿与民事制裁制度。在我国逐步推进股票发行制度市场化改革的进程中，事后的责任与制裁制度是保障市场秩序的最后屏障。健康的、成熟的资本市场不仅需要有完善的市场化制度，而且需配合严格的事后责任追究制度。由此，有必要进一步细化《公司法》《证券法》及相关法规有关证券违法违规行为的民事责任制度，改变一直以来重刑事与行政责任、轻民事责任的现象，以符合我国资本市场发展的实践需求。与此同时，需进一步细化资本市场的民事赔偿责任制度。虽然2019年修订的《证券法》以专章的形式关注投资者权益保护问题并引进了代表人诉讼制度，但是这种证券诉讼制度仍存在诸多亟待完善之处，尤其是在民事赔偿责任的执行、损失范围的具体划定、赔偿金额的计算、因果关系的证明等方面，均有待进一步细化和明确。

第三，梳理投资者保护理念，关注并依法满足投资者的多样化需求。在累积一定的实践经验的基础上，可适时扩大特别表决权机制在主板市场的适用，在更大范围内满足市场投资者的需求，同时便利公司融资目的的实现。这有赖于我国转变传统的投资者权益保护理念，认可投资者“异质性”特征的存在。

3.3 股票发行制度的市场化改革与推进：注册制改革的不断深入

3.3.1 我国股票发行制度的演变与现状

股票发行是指发行人以筹集资金或设立股份有限公司为目的，依照法定条件和程序向社会公众或特定对象出售并交付股票的行为。公司首次公开发行股票的条件严格、程序复杂，是受到法律规制最多的一种形式。

股票发行制度是资本市场的基础性制度之一，自我国资本市场形成至今，对于新股发行制度的探索便未曾止步。具体而言，我国的新股发行上市资格审核制度大致历经了单一审批制、额度管理、指标管理、通道核准制、保荐核准制和注册制的改革和实践六个发展阶段。

概观之，自我国资本市场正式建立以来，我国股票发行制度历经了从带有显著的计划经济色彩的审批制，到适应市场经济发展的核准制，再到如今进一步凸显市场化特征的注册制的变革。经过历年的改革与发展，我国的股票发行制度改革取得了较大成就，新股发行的逐步市场化在一定程度上激发了我国资本市场的融资潜能，使资本市场逐步趋于强大与自信。特别是注册制改革的确立与推进，显著提升了资本市场透明度，同时加强了市场对发行人的约束。表4-2对三种证券发行制度进行了比较。

表 4-2　三种证券发行制度的比较

项目	审批制	核准制	注册制
发行指标、额度	有	无	无
发行上市标准	有	有	无
主要推荐人	政府主管部门或行业	中介机构	中介机构
对发行做实质判断的主体	证监会	中介机构、证监会	中介机构
发行监管性质	证监会实质审查	中介机构和证监会分担实质审查职责	中介机构实质审查、证监会形式审查

3.3.2　我国股票发行制度存在的不足

第一，面临制度定位与本土化困境。我国在进行注册制改革时，需要关注其可能会面临的一些本土化困境，对于制度定位的认识亦有待转变。其一，基于注册制在域外的运行现状与制度背景。注册制的运行理念在于，在市场机制充分运行的情况下，若市场信息公开能及时、完整与真实，那么市场将会对市场参与者做出优胜劣汰的选择。监管部门的职责只在于通过资本市场的法制建设，保证相关信息的公开，而非通过行政手段对市场运行进行干预。作为一种理想的市场运行模式，注册制制度效益的实现往往需要与核准制下的实质性审查相配合。申言之，注册制并未完全对应形式审查，其亦包含一定的实质审查的内容。以美国为例，其在证券发行审核上也并非完全贯彻注册制，而是施行所谓的“双重注册制”：联邦注册制以信息披露为主，证券监管权限受到严格限定；各州的证券发行监管则普遍实行实质审查，以控制证券的投资风险。可见，美国“注册制”的审核中充满了实质审查的内容（沈朝晖，2011）。其二，基于投资者差异。相较于成熟的资本市场中的投资者，我国机构投资者所占比例并不高，个体投资者的专业化程度亦较为有限。在注册制下，投资者权益保护会面临更大挑战。其三，基于制度差异。相较域外，我国资本市场的涨跌停板仍存在诸多限制、“T+1”的交易模式呈现一定特殊性，相对封闭的资本市场监管制度亦有可能会对股票发行定价机制的运行产生不利影响。由此，在引进“注册制”的过程中，我国有必要对其进行本土化的调整。

第二，在一段时间内，行政干预的痕迹或许依然显著。考察我国股票发行审核制度的变革历程，在制度执行方面，无论是核准制还是注册制，均带有较为显著的行政干预色彩，政府的价值取向亦往往会对市场供给造成显著影响，这与我国资本市场的运行现状有关。必须承认的是，我国目前的信用体系、自律精神与违法成本等均未完全达到切实运行注册制的程度。尚未健全的信用体系、较低的违法违规成本等，将形成对资本市场上虚假信息披露、欺诈上市等违法违规行为的纵容（吴晓求，2013）。基于对上述因素的考虑，核准制下的实质审查对于资本市场的有序运行能发挥相当重要的作用，故行政干预的痕迹或许依然显著。

第三，股票发行价格的市场化改革仍有待推进。股票发行时间与发行价格的市场化意味着，发行人可自主决定何时发行、以何种价格发行。目前，科创板与创业板采取新股询价制度，此可谓优于主板市盈率限制的市场化举措，本意在于防止注册制下出现新股定价“三高”的现象，但是诱发了买方机构集体“压价”的行为。以资本市场的实践为例，2020 年 9 月，科创板拟上市公司上维新材即因极为显著的“三低”发行引发了资本市场的关注，资本市场质疑其询价机构存在“串联压价”的情况。沪深交易所与中国证券业协会亦针对此发出了多份文件，倡导买卖双方规范开展新股发行业务，并进一步规范对承销商、网下投资者行为的自律管理。可见，我国注册制下市场化定价机制的运行仍面临诸多挑战。

第四，相关的配套制度仍有待跟进。随着股票发行制度朝着市场化方向推进，上市公司的数量可能会进一步增长。在此背景下，严格且健全的退市制度是更好地发挥注册制的效果的关键。以成熟的资本市场为例，英美的退市率一般在 10%左右，主板市场的退市数量一般与 IPO 数量相关，甚至高于 IPO 数量。反观我国，退市不畅的问题仍然显著，2015 年主板市场上市公司退市率远不足 1%（肖伟和徐鹏炯，2016）。由此，在施行注册制的同时，尤需关注退市制度的建设与完善。此外，在注册制下，信息披露成为股票发行监管的核心举措，我国的信息披露制度在披露内容、披露方式等方面仍存在诸多可完善的空间，在制度施行的过程中，需要根据市场变化及时进行调整。

3.3.3　进一步深化股票发行制度市场化改革的建议

第一，关注注册制下“实质审查”方式的适用，以契合本土化、阶段化的需求。考虑到注册制在域外的施行逻辑、我国的投资者特征与制度背景，在全面推行注册制改革的进程中，或许可以适当地关注“实质审查”方式在特定领域的适用，以更好地实现注册制的制度效益。事实上，注册制在域外运行的过程中亦未能完全地对应“形式审查”，在关键内容、问题上的“实质审查”仍具有一定的必要性。

第二，因应市场实践，逐步弱化行政干预、稳中求进地推动制度落实。有别于域外资本市场发展的自然历史进程，我国资本市场的发展并非自发形成的历史结果，而是一开始就以行政计划的方式被纳入政府改革规划中，股票发行制度亦带有浓厚的行政干预色彩（宋德缙，1998）。在此背景下，由核准制到注册制的改革或许可以循序渐进，逐步实现股票发行审核的市场化目标。在此过程中，亦需关注“形式审查”与“实质审查”的适当结合。

第三，妥善落实新股发行定价制度。合理的新股发行定价制度是成熟资本市场的重要标志。在具有显著的市场化特征的股票发行环节，询价机构将承担更大的风险。在此背景下，机构投资者基于自身利益的考虑、投资水准和筹码争夺等因素，所报价格往往会与其能承受的风险相适应。与此同时，不同机构对于公司所处阶段的认知各不相同，所得出的估值也将呈现一定的差异。所以，即使在注册制改革的进程中出现了股票定价异常等情况，也需坚定落实市场化定价机制，以进一步实现股票发行制度的市场化改革。不过，为更好地实现市场化定价机制的制度效益、降低异常情况发生的可能性，可以适时地进行优化调整，如扩大询价机构的范围与规模、防止询价机构之间串通抱团抬价或压价等（桂衍民，2020）。

第四，逐步完善相关配套制度。在注册制改革伊始，难免会面临诸多困难，相关配套制度的完善有助于为注册制改革提供坚实的法制基础。一方面，要积极推动退市制度的完善。科创板与创业板试点注册制在“入口”打开市场化准入基础的同时，也需关注市场“出口”的畅通无阻，以优化市场生态、提高市场资源配置的效率。具体而言，需加强退市制度的执行与监督、增强退市程序的公正性、丰富并细化公司的退市标准，使上市公司退市呈现常态化的运行。《国务院关于进一步提高上市公司质量的意见》亦对此有明确指示，指出需严格退市监管，完善退市标准，简化退市程序，加大退市监管力度。另一方面，要适应不同类型的投资者对信息披露的需求，适时地引进“分类披露”的理念，为投资者精简冗余信息。①《国务院关于进一步提高上市公司质量的意见》即关注到了信息披露质量的提升，指出需做到以投资者需求为导向，完善分行业信息披露标准，优化披露内容，增强信息披露的针对性和有效性。

3.4 上市交易制度的改进

3.4.1 我国上市交易制度的现状

证券交易，是指当事人买卖依法发行并交付依法发行的证券、转让证券权利的行为，是一种特殊的合同行为，受到法律的严格规范（冯果，2014）。股票的上市交易是股票发行的现实需求，同时，股票交易市场的拓展亦将对股票发行形成有利影响。

我国1998年《证券法》对证券交易制度进行了一定限制，2005年修订的《证券法》规定了证券交易的上市环节、信息公开环节、禁止交易事项等一般性问题，将上市公司的审核权、暂停以及终止上市的权限交由证券交易所履行，在一定程度上扩大了证券交易所的自由裁量权。2019年修订的《证券法》对证券交易进行了进一步完善。在制度建设的过程中，集中竞价、大宗交易、做市商制度，现货交易、期货交易、期权交易与融资融券交易的相关制度，限定特定主体进行股票交易的制度等，成为我国股票上市交易制度

① 上海证券交易所法律部．专家学者热议科创板试点注册制：加快健全各项制度实施机制．证券法苑，2020（28）．

的重要组成部分。

3.4.2　我国上市交易制度存在的不足

第一，涨跌停板制度不利于实现市场自我调节的需求，并将对市场流动性以及价格发现等方面造成不利影响。沪深股市在成立初期分别对涨跌停板制度进行了若干次修改，最终在1996年12月，我国沪深交易所正式施行10%的涨跌停板制度。涨跌停板制度旨在稳定市场、防范市场风险，具有价格稳定效应和冷却效应，但也限制了股票每日的最大跌幅，变相鼓励了杠杆交易和场外配资行为，从而给投资者带来了股票将持续上涨或下跌的心理暗示，加剧了期现市场的负反馈和市场踩踏行为（肖钢，2020）。

第二，"T＋1"交易制度使投资者在股市交易中面临过高的制度成本，不利于股市的稳定发展。"T+1"交易是指投资者买入的证券经确认成交后，在交收前全部或部分卖出，资金或证券结算在交易日次日完成。我国股市建立初期，采取"T＋1"交易制度，以防止过度投机。1992年5月，上交所推出"T＋0"交易制度；1993年11月，深交所也推出"T＋0"交易制度，以与国际惯例接轨。1995年1月1日，沪深交易所A股和基金交易统一试行"T+1"交易制度，以打击投机，防止市场过热。2001年12月，我国沪深两市的B股交易调整为采用"T＋1"交易制度。纵观全球股票市场，我国股市可谓当今唯一采用"T＋1"交易制度的市场。该制度导致投资者日内买入的股票无法实现当日卖出，实际上对投资者行为设置了不对称的强制约束。制度初衷本是减弱市场中的投机炒作氛围，抑制股价过度波动，从而实现市场的平稳运行，但是在制度运行的过程中，显然并未达到预期目标（朱红兵，2020）。

第三，大宗交易制度的制度功能未能有效发挥。证券大宗交易，是指证券单笔买卖数量符合证券交易所规定的要求、远大于市场平均单笔交易规模的交易。[①] 大宗交易有证券数量方面的基本要求，有成交申报价格的限制，只能通过证券交易所专门的大宗交易系统来进行，交易结果必须经证券交易

① 参见《上海证券交易所大宗交易实施细则（2003修订）》第二条。

所确认。相较而言，我国沪深交易所对于大宗交易所采取的交易方式不完全相同。深圳证券交易所采用协议大宗交易方式（交易双方互为指定交易对手方，协商确定交易价格及数量）和盘后定价大宗交易方式（证券交易收盘后按照时间优先的原则，以特定价格对大宗交易买卖申报逐笔连续撮合），上海证券交易所采取申报交易方式（买卖双方协商好价格或以特定价格向交易所交易系统提出成交申报）。由于我国采用单一投资者指令驱动交易制度，我国大宗交易制度依附于集中竞价交易制度，未区分机构投资者和散户，否定了大宗交易者意思自治的权利和证券交易买卖中极端复杂的交易条件，其制度功能未能有效发挥。

3.4.3 我国上市交易制度的改进进路

2020年4月，国务院金融稳定发展委员会第二十五次会议提出，要发挥好资本市场的枢纽作用，不断强化基础性制度建设，提升市场活跃度。之后，中共中央、国务院印发《关于构建更加完善的要素市场化配置体制机制的意见》，该文件在“完善股票市场基础制度”部分提出，要改革完善股票市场发行、交易、退市等制度。相关会议的召开与文件的颁发为我国上市交易制度的改进提供了思路，亦昭示着涨跌停板制度与“T＋1”交易制度等可能会迎来新一轮改革。

第一，对于涨跌停板制度，要对其进行优化和完善，以更好地发挥其制度功能，这需要在市场机制下结合具体实践进行。就我国现阶段而言，注册制改革的全面推行刚刚迈出了历史性的步伐。在制度推出的初期，或许会加剧市场的波动与投机性。如果突然取消涨跌停板制度，可能会导致市场出现极端的行情走势。故立足长远，取消涨跌停板制度这一举措仍需经过谨慎的考虑。当然，若确实需取消该制度，或许也可以采取循序渐进的策略。例如，通过改革试点的方式，逐步推行该制度，并在此基础上做好充分的应急预案并设置一定的熔断机制，以免资本市场遭受波动过大的风险。

第二，对于“T＋1”交易制度，虽然其在我国境内已实行了20多年，降低了操纵市场风险，对我国境内股市的稳健运行发挥了积极作用，但不利于投资者及时规避投资风险。关于未来是否恢复“T＋0”交易制度这个问题，有人认为，在我国目前的集中竞价交易模式下，仍应坚持“T+1”交易制度（吴晓求，2013）；也有人认为，需要根据市场发展阶段来进行判断，建议从蓝筹股开始试点，等到市场运行平稳再谋求全面改革（朱红兵，2020）。不过，依据《关于构建更加完善的要素市场化配置体制机制的意见》这一文件的精神，我国可能会对“T＋1”交易制度进行改革。与此同时，需要指出的一点在于，已有实践表明，我国股票市场实行“T＋0”交易制度或许会加剧市场的炒作，大幅提高市场的交易成本，进而损害投资者的利益，而目前的“T＋1”制度为市场参与者提供了冷静思考的时间，有利于在抑制疯狂投机的同时保持合适的流动性，所以继续实行“T＋1”交易制度或许具备其合理性基础（吴晓求，2013）。

第三，对于大宗交易制度，建议我国未来大宗交易发展独立的撮合机制和系统，允许当事人之间自由议价，以增强大宗交易的独立性（吴晓求，2013）。具体而言，大宗交易制度除了具有协议管制的特点之外，还应当建立以证券商报价制度为核心的交易转让制度，同时还应当允许证券商存储和买卖其客户所报买或报卖的证券，实行做市商制度，由此，可以改善大宗交易制度缺乏报价权等窘境，恢复大宗交易制度价格协商的本质特征（董安生和翟彦杰，2016）。

3.5　证券监管制度的进一步深化和改革

3.5.1　我国的证券监管制度

我国目前的统一证券监管制度主要确立于1998年。1998年，国务院赋予了证监会审批和监管证券经营机构的职权。随着1999年《证券法》的颁布实施，我国确立了现行证监会集中统一管理证券市场的体制。在证监会统一监管的体制下，监管的可操作性和执行力度大大加强了，证券市场得到了进一步规范，信息披露、对市场违规行为的打击和对投资者利益的保护等方面的力度也不断加大（尹海员和李忠民，2011）。

3.5.2 我国证券监管制度仍存在的不足与改革需求：行政主导的监管体制与市场化需求之间的摩擦

伴随着资本市场的快速发展，我国的证券监管制度也历经了从无至有的转变，并在资本市场的发展过程中不断创新与完善。至今，在总结自身经验教训、借鉴域外监管经验的基础上，我国逐渐形成了富有中国特色的证券监管理念与证券监管制度体系。不过，其中仍存在一些不足，亦面临一定的改革需求。

（1）证券监管机构的性质与职能定位存在偏差。

我国证券监管机构的监督职能的行使明显缺乏独立性。一方面，我国证监会职能的形成乃经济体制改革和社会发展的产物，其对资本市场的“监督”与“管理”职能之间存在一定的包容关系，继而容易造成职能冲突或矛盾的现象，如出现以管理替代监督、重管理轻监督等问题。与此同时，虽然证监会的职权源自法律的授权，而非政府的委托，但《证券法》亦未明确指出证监会具有发展市场的职能。在资本市场的实践运行中，证监会往往会自觉或不自觉地以政府代理人自居，认为其担负着积极发展资本市场的重要职能，这种错位的认知将导致其将有多少上市公司、能设立多少证券公司等，均归入自身的职责范畴，而容易忽视对内幕交易、虚假陈述等违法违规行为的查处（陈婉玲，2014）。例如，在承担了大量国家政治职能的背景下，为了实现国家宏观调控政策目标，证监会需要打击市场泡沫，而这往往只能采用“政策市”时期所适用的警告性讲话等方式，由此导致证监会的职能偏离了其最为关键的目标——保护中小投资者权益，而转变为维护国家经济秩序的稳定（王建文，2009）。

另一方面，我国的监管理念倾向于为国有企业改革服务，与国家监管理念中的投资者权益保护存在一定区别，由此也影响了证监会的独立性。与美国的SEC直接对国会负责不同，我国证监会乃国务院的直属机关，在一定程度上缺乏独立性，证监会直接领导下的证券交易所也存在独立性不足的问题。由此，职能与性质上的偏差将导致其职能行使缺乏一定的独立性，职能的行使过程亦将充斥着管制的色彩，如从国有资产保值增值到政府主导的重组等多个方面，均可见到明显的政府管制痕迹（李东方和陈邹，2016）。由此，基于我国股市的特有功能以及政府对国有企业天然的“父爱主义”的存在，政府往往会自觉或不自觉地进行市场干预，从而影响政策连续性（曾宝华，2007）。

（2）未充分关注监管制度失衡的问题。

在资本市场领域，若未能充分关注监管制度失衡的问题，将影响有效监管的实现。一方面，金融监管制度存在供给不足的问题，例如存在监管缺位、监管制度与预期的监管目标发生了偏离等。监管模式的选择、监管内容的制定等均将影响具体监管目标的实现。例如，在金融监管相对缺位或滞后的背景下，打着互联网金融、新兴金融等旗号的违法违规行为便多有发生。另一方面，金融监管制度供给过度也将对监管的有效性造成影响。例如，当存在多个监管部门时，就容易发生监管权限不清晰的问题，继而引发监管缺位或监管重复。例如，随着资本市场中混业经营的模式越发常见，对监管机构与各部门之间进一步强化联系与沟通便提出了更高的要求。与此同时，随着大量新兴金融机构在各地的形成与发展，对地方金融监管提出了更高的要求。不过在资本市场的实际运行中，地方金融管理部门往往注重准入审批，在行为和风险监管等方面却相对薄弱（宋晓燕，2020）。①

（3）监管制衡存在缺位以及监管能力缺乏提升动力。

在资本市场传统的监管理念下，金融监管的重心往往集中于监管者与市场之间的关系，每次反思与检讨金融危机的结果，大多是金融监管者能由此获得更多的监管权力与更丰富的监管举措。相应地，却很少反思金融危机的发生与监管失职之间是否存在一定的联系，即，对金融监管者的责任追究往往会被忽视。即便对于成熟的资本市场，也如是。就我国而言，虽然资本市场形成与发展的时间较短，但是资本市场发展迅猛，资本市场监管面临诸多挑战。在此背景下，金融监管者往往承担了更为重要的市场发展任务，这就意味着监管者将被赋予更多的权威与权力。与此同时，考虑到我国的金融监管体制乃由计划经济下的管制体制演变而成，行政主导与监管优位的观念根

① 中国民生银行研究院．我国金融监管体制改革的主要方向和路径．民银智库研究，2017（21）．

深蒂固，在这些因素的综合影响下，也就能理解为何我国的监管者往往难以及时反省自身了。在2019年《证券法》修订的大背景下，如何赋予证券监督管理机构更多的权力与提供更多的监管举措，往往成为市场关注的热点，而“监督监管者、执法者”这个问题很少被关注。事实上，我国并未建立起严格的、系统性的证券监管监督与问责机制，具体体现在以下方面：我国仍未设置专门的证券监管机构组织法，并未关注监管机构的内部治理问题；未设置专门针对证券监管机构的行政法规。与此同时，从证监会执法的绩效考核评估来看，其往往缺乏自我提升与自我监督的动力（洪艳蓉，2018）。

由此看来，伴随着《证券法》的修订，我国证券法律制度赋予了证券监管机构极为广泛的权力，如依法制定有关证券市场监督管理的规章与规则，依法对证券的发行、上市、交易、登记、存管、结算等行为进行监督管理等。然而，在权力运行的过程中，受到诸多因素的影响，权力的行使可能会偏离预期的目标。在此背景下，监管制衡的缺位与监管能力的滞后性将对监管的质效造成极大影响。

3.5.3 进一步推进我国证券监管制度改革的思路：监管体制对市场化监管需求的适应

（1）转变证券监管机构的监管理念与职能定位，明确证券监管的边界。

传统上，证监会作为法律授权的高度集中统一的证券监管机构，被赋予了过多的“职能”与期待，继而出现了职能定位偏差、性质不清、带有强烈的行政干预色彩等问题。要改变这些现状，可能需要相应地转变监管理念、明确市场监管的职能定位。

第一，重视其应当承担的“监督管理”职责，避免承载过多的政治职能与期待。对于证监会而言，规范其监管职能的基础在于保证履行的适度性，其职能履行应当受到市场运行的约束：若属于资本市场能自行调节的内容，则不应当施以积极的市场监管，市场机制运行的边界将构成行政干预的最大范围。申言之，证券监管应定位于对资本市场行为的监管，而非促进资本市场的发展，监管行为应当严格限制在市场失灵的领域。

第二，重新审视证监会与证券交易所之间监管职能的分配。证监会的集权式监管将承担过多本应由交易所承担的职能，有必要关注自律组织在市场监管方面的作用（陈婉玲，2014）。

第三，证监会的主体定位应当贯彻独立规制机构的内在要求。强化证监会的独立性并明确其主体地位，乃世界各国立法的普遍倾向。考虑到我国证监会的主体定位本就带有强烈的规制机构的色彩，对于强化证监会的独立性而言，或许可以考虑将之明确界定为委员会制的独立行政机构，继而放弃国务院直属事业单位这一主体属性模糊不清的性质（王建文，2009）。

第四，关注人事权与预算权的行使对证监会独立性所造成的影响。我国机构大多缺乏独立性，原因或许在于人事权与预算权往往受到政府的过度控制。证监会与交易所未来进一步改革的方向，或许可以考虑在人事与预算上逐渐脱离国务院的管辖。例如，可规定前述机构主管人员的任免免受任何不当干预，除非特殊情况，否则不得被免职；证券交易所则可以实行公司化改革，将证券交易所高级管理人员的任免权交给股东，与此同时，实现自收自支，以此强化其独立性（李东方和陈邹，2016）。

（2）促进金融监管供给均衡以实现有效监管。

资本市场是一个极为复杂的系统，而当前的资本市场又正处于综合经营与国际化的发展进程中，这给我国资本市场监管制度的运行带来了极大的挑战。为实现有效监管，有必要关注监管制度供给的平衡性。

一方面，我国正在进行的机构改革强化了央行在金融监管中的重要地位，并计划通过对银监会、保监会的合并促进监管合力的形成，由此厘清各方的监管职责、调整金融监管供给失衡等。在此过程中，尤其需要关注以下方面：一是为减少监管套利空间，在各类监管模式下均需建立和完善高效的监管协调机制；二是建立有效的、防止系统性风险发生的机制；三是关注并推进功能性监管的施行；四是考虑到综合经营将大大增加金融监管的复杂度与难度，故需持续提高监管能力（宋晓燕，2020）。

另一方面，需要进一步提高各类、各级监管机构之间的协调性。在资本市场综合经营的背景下，要求各类、各级监管部门进一步强化联系与沟通，以增强监管透明度；充分利用大数据、区块链等监管科技，建立监管信息共享机制，提高监管的质效。此外，进一步协调中央金融监管部门与地方金融监管部门之间的关系，积极发挥中央金融监管部门的指导和协调作用，在条件适合的情况下，适当下放部分金融监管权和政策制定权，明晰中央与地方的金融监管职责，进而调动地方金融监管的积极性、提高金融监管的有效性。①

（3）在权力制衡理念下促进形成对金融监管权力的约束机制。

考虑到政府失灵的可能性以及权力制衡理念的重要性，有必要对金融监管机构的权力运行予以必要的监督、约束，以形成良性的权力运行模式。

具体而言，一方面，有必要建立完善的内部约束机制。例如，明确监督行为在实施的过程中要符合严格的程序要件，明确证券监管机构工作人员的义务与责任，规范证券监管机构工作人员的操守要求等（王萍，2015）。另一方面，有必要关注外部约束机制的作用。例如，其一，加强对规章与规则的审查。其二，强化监管公开，主要包括行为规则的公开与处罚决定的公开。两者相互结合，则既能使证券监管机构的运行享有更高的透明度，又能便利相关处罚的当事人行使权利，在教育其他市场参与者的同时，促进正常交易秩序的形成（王萍，2015）。其三，关注舆论监督的作用。在当代社会，新闻舆论被赋予了较高的地位，被视为除了立法、行政与司法三大权力外的“第四种权力”，若其呈现得当，则能发挥较好的舆论监督效果。其四，为当事人提供便利的行政诉讼渠道。

参考文献

［1］陈婉玲．市场监督组织法律研究．上海：上海人民出版社，2014．

［2］董安生，翟彦杰．完善资本市场交易制度．中国金融，2016（3）．

［3］杜要忠．美国证券集团诉讼程序规则及借鉴．证券市场导报，2002（7）．

［4］方流芳．独立董事在中国：假设和现实．政法论坛，2008（5）．

① 中国民生银行研究院．我国金融监管体制改革的主要方向和路径．民银智库研究，2017（21）．

[5] 冯果. 证券法学. 武汉：武汉大学出版社，2014.

[6] 苟文均. 资本市场改革发展中的几个重大问题. 中国金融，2020 (5).

[7] 桂衍民. 注册制市场化定价机制须坚持. 证券时报，2020 - 09 - 17.

[8] 郭丹. “不同投票权”在美中两国资本市场中的制度设计. 哈尔滨工业大学学报(社会科学版)，2019 (5).

[9] 郭富青. 公司权利与权力二元配置论. 北京：法律出版社，2010.

[10] 郭雳. 中国式监事会：安于何处，去向何方？——国际比较视野下的再审思. 比较法研究，2016 (2).

[11] 洪艳蓉. 我国证券监管独立性的检讨与制度完善. 法律适用，2018 (3).

[12] 胡军. 法国现代金融有价证券的私法分析. 北京：知识产权出版社，2012.

[13] 黄江东，施蕾. 中国版证券集团诉讼制度研究——以新《证券法》第 95 条第 3 款为分析对象. 财经法学，2020 (3).

[14] 姜沅伯，邹露. 2017 年证券市场法治述评. 证券法苑，2018 (24).

[15] 李安安. 资本市场法律移植的制度反思与变革. 证券法苑，2015 (14).

[16] 李东方，陈邹. 上市公司强制退市监管法论. 北京：中国法制出版社，2016.

[17] 李建伟. 论我国上市公司监事会制度的完善——兼及独立董事与监事会的关系. 法学，2004 (2).

[18] 李正祥. 企业文明与企业发展. 北京：经济日报出版社，2017.

[19] 刘俊海. 我国《公司法》移植独立董事制度的思考. 政法论坛，2003 (3).

[20] 龙柯宇. 我国证券市场道德风险及其法律治理研究. 中国资本市场法治建设导论. 北京：中国法制出版社，2013.

[21] 马庆泉，吴清. 中国证券史：1999—2007 年：第 2 卷. 北京：中国金融出版社，2009.

[22] 梅慎实. 证券法：证券市场走向法治的前提和基础. 北京：昆仑出版社，2001.

[23] 彭冰. 新修《证券法》的四大亮点和两个不足. 北京大学金融法研究中心，2019.

[24] 祁斌，黄明. 亚洲金融危机以来中国资本市场的制度变迁//王梦奎. 亚洲金融危机后的中国. 北京：中国发展出版社，2007.

[25] 任自力. 美国证券集团诉讼变革透视. 环球法律评论，2007 (3).

[26] 上海证券交易所法律部. 专家学者热议科创板试点注册制：加快健全各项制度

实施机制．证券法苑，2020（28）．

［27］沈朝晖．论流行的误解："注册制"与"核准制"辨析．证券市场导报，2011（9）．

［28］施光耀，陈京华．中国证券大全（1999）．北京：中国经济出版社，2000．

［29］宋德缙．中国资本市场论．北京：中国物价出版社，1998．

［30］宋晓燕．论有效金融监管制度之构建．东方法学，2020（2）．

［31］汤欣．公司治理与上市公司收购．北京：中国人民大学出版社，2001．

［32］涂人猛．证券投资分析的理论与实践．武汉：武汉大学出版社，2018．

［33］汪青松．论股份公司股东权利的分离——以"一股一票"原则的历史兴衰为背景．清华法学，2014（2）．

［34］王保树．迎接资本市场的新发展：信心 透明 法制．证券法苑，2011（4）．

［35］王建文．中国证监会的主体属性与职能定位：解读与反思．北京：知识产权出版社，2009．

［36］王萍．证券交易与监管法律研究．北京：中国政法大学出版社，2015．

［37］吴晓求．中国资本市场：从制度和规则角度的分析．财贸经济，2013（1）．

［38］吴晓求．中国资本市场制度变革研究．北京：中国人民大学出版社，2013．

［39］吴晓求，彭飞．我国投资者保护法律体系初建成．证券时报，2016-09-12．

［40］肖钢．中国资本市场变革．北京：中信出版社，2020．

［41］肖奎．公司治理模式：国际比较与演进趋势．南方金融，2016（2）．

［42］肖伟，徐鹏炯．上市公司退市与转板制度探析．证券法律评论，2016（00）．

［43］信春鹰．我国证券法的发展历程及修改完善．证券法苑，2014（10）．

［44］杨峰，刘兴桂．证券法．广州：中山大学出版社，2003．

［45］叶林，王湘淳．我国证券示范判决机制的生成路径．扬州大学学报（人文社会科学版），2020（2）．

［46］尹海员，李忠民．中国证券市场监管均衡与适度性分析．重庆大学学报（哲学社会科学版），2011（3）．

［47］虞群娥．金融改革探索．杭州：浙江大学出版社，2006．

［48］曾宝华．中国证券市场监管困境的原因分析．华东经济管理，2007（5）．

［49］张昊．构建监事会与独立董事关系的法律问题研究．哈尔滨商业大学学报（社会科学版），2010（3）．

［50］张文婷，史广龙．反思法律移植模式下的资本市场创新机制——以“中概股”丑闻背后的公司治理问题为例．证券法苑，2012（7）．

［51］张育军．从投资者权益保护看我国《证券法》修改．证券市场导报，2005（5）．

［52］张育军．我国资本市场二十年法制建设回顾与展望．证券法苑，2010（2）．

［53］中国民生银行研究院．我国金融监管体制改革的主要方向和路径．民银智库研究，2017（21）．

［54］朱红兵．T+1 交易制度对中国股票市场的影响——来自长期折价率的证据．证券市场导报，2020（8）．

［55］Bernard S. Sharfman. A Private Ordering Defense of a Company's Right to Use Dual Class Share Structures in IPOs. *Villanova Law Review*，2018，63（1）．

［56］Commissioner Robert J. Jackson Jr. Perpetual Dual-Class Stock：The Case Against Corporate Royalty. Available at https://www.sec.gov/news/speech/perpetual-dual-class-stock-case-against-corporate-royalty.

［57］Fa Chen，Lijun Zhao. To Be or Not to Be：An Empirical Study on Dual-Class Share Structure of US Listed Chinese Companies. *Journal of International Business and Law*，2017（12）．

［58］Franklin Allen，Jun Qian and Meijun Qian. Law，Finance，and Economic Growth in China. University of Pennsylvania，Inst for Law & Econ Research Paper No. 03 - 21，May 7，2004. Available at SSRN：https://ssrn.com/abstract=365641 or http://dx.doi.org/10.2139/ssrn.365641.

［59］Leora F. Klapper，Inessa Love. Corporate Governance，Investor Protection，and Performance in Emerging Markets. World Bank Policy Research Working Paper 2818，April 2002.

［60］Peter-Jan Engelen. Law and Finance—State of the Art. *Economic Journal*，2003（9）．

［61］Rafael La Porta，Florencio Lopez-de-Silane，Andrei Shleifer，Robert W. Vishny. Law and Finance. NBER Working Paper No. 5661，Issued in July 1996.

［62］Sanford J. Grossman and Oliver D. Hart. One Share/One Vote and the Market for Corporate Control. *Journal of Financial Economics*，1988，20（1 - 2）．

［63］Zohar Goshen，Assaf Hamdani. Corporate Control and Idiosyncratic Vision. *Yale Law Journal*，2016（3）．

第5章

中国资本市场的结构性变化：从单一到多元

摘　要：经过30年的探索和发展，中国资本市场基本实现了从单一到多元的结构性变化。由沪深交易所主板市场和第二层次市场（二板市场）组成的场内市场，以及由三板市场和四板市场组成的场外市场逐步发育，多层次资本市场基本形成，上市公司规模快速扩张，上市家数、股本数量单向快速增长，股市总市值、股市总市值/GDP保持长期稳定上升趋势，上市公司行业覆盖面愈加广泛、代表性愈强。三次产业上市公司总市值结构基本处于较稳定水平。投资者初步形成多元化的格局，除了自然人个人外，机构投资者队伍日益壮大，各类机构投资者持股市值规模增长、占比处于相对稳定状态。其中，保险资金、外资持股市值及占比逐步上升，陆股通后来居上成为外资进入主要渠道，公募基金和私募基金均保持快速增长的势头，而证券公司资管计划、基金公司及其子公司资管计划不论在规模还是在占比上近年来都表现出明显的下降趋势。市场交易品种逐渐丰富，形成了股票、基金、可转债、融资融券、股票期权以及股指期货等较为丰富的交易品种，表现出多样化趋势。交易方式也从单一的现货交易发展到现货交易、信用交易并存，再到现货交易、信用交易、衍生品交易并存，初步形成了多元化的交易方式。交易机制在不断探索中发展，交易手段沿着一条清晰的技术推进型升级路径发展，线上委托交易成为主流。

从市场结构看，经过30年的探索和发展，中国资本市场基本实现了从单一到多元的结构性变化。多层次资本市场基本形成，上市公司、投资者、交易品种等规模持续扩张，结构则表现出多样化趋势，市场交易机制、交易手段等依托制度改革和科技进步的推动不断优化和完善。

5.1　多层次资本市场基本形成

经过 30 年的努力，我国已经建设成了由沪深交易所主板市场和第二层次市场（二板市场）组成的场内市场，以及由三板市场和四板市场组成的场外市场，基本形成了多层次股票市场体系（见表 5－1）。

表 5－1　中国的多层次股票市场体系

<table>
<tr><td rowspan="4">场内市场</td><td rowspan="2">主板市场</td><td>上海证券交易所主板（含中小企业板）市场</td></tr>
<tr><td>深圳证券交易所主板市场</td></tr>
<tr><td rowspan="2">第二层次市场
（二板市场）</td><td>上海证券交易所科创板市场</td></tr>
<tr><td>深圳证券交易所创业板市场</td></tr>
<tr><td rowspan="2">场外市场</td><td>三板市场</td><td>全国中小企业股份转让系统，即“新三板”市场</td></tr>
<tr><td>四板市场</td><td>34 家区域性股权交易市场</td></tr>
</table>

四个层次的定位如下：从服务对象看，主板市场（含中小企业板）主要为全国范围内较为成熟的、优质的大中型企业融资、股权流动、市场估值、并购重组等提供服务。第二层次市场（一般称为二板市场，包括创业板市场、科创板市场）主要为全国范围内处于创业阶段的高成长型中小企业以及科技型、创业型企业融资、股权流动、市场估值、并购重组等提供服务。三板市场（即“新三板”市场）主要为全国范围内未在交易所市场上市的创新型、创业型、成长型中小微企业，尤其是科技创新型中小微企业挂牌、股份转让、私募融资、市场估值、并购重组等提供服务，以及为部分符合条件的挂牌企业提供公开融资服务。四板市场（各地的区域性股权交易市场）为本区域的中小微企业规范运作、政府扶持、挂牌、股权转让、私募融资、市场估值、并购重组等提供服务。基于上市（或挂牌）企业视角，主板、二板、三板、四板市场的进入门槛依次降低。

基于投资者视角，主板、二板、三板、四板市场风险和进入门槛依次递增，主板市场投资者进入门槛最低，适合有一定风险承受能力的个人投资者和机构投资者进入。二板市场设有投资者适当性制度，适合机构投资者和有较高风险承担能力的个人投资者进入。三板市场设置了更为严格的投资者适当性制度，适合机构投资者和风险承担能力强的个人投资者进入。四板市场属于私募市场，主要是机构投资者参与的市场。

基于差异化定位形成的多层次股票市场体系有利于更好、更全面地发挥市场功能。

需要指出的是，从各国和各地区的实践看，由于历史、法律、经济等方面的差异，其资本市场层次体系安排也表现出明显的差异性和动态变化，没有统一的模式。如对于主要为创业型、科技型中小企业服务的这一层次市场（一般称为二板市场），美国在交易所市场之外安排了纳斯达克市场（NASDAQ），英国伦敦证券交易所成立了独立于主板市场的另类投资市场（AIM），新加坡交易所在主板市场之外安排了自动报价系统（SESDAQ），我国香港交易所在交易所市场内主板市场之外设立了创业板市场。从前述可知，我国境内市场将第二层次市场（二板市场）安排在交易所内而独立于主板市场，即上交所的创业板市场和深交所的科创板市场。

5.1.1 发展多层次资本市场的逻辑

资本市场的产生源于经济发展的内在需求，也正是由于资本市场能够不断满足实体经济对金融服务的要求，它才不断得以发展成长。就融资渠道而言，不仅需要间接融资，还需要直接融资，资本市场发展不仅是总量的概念，还有结构的内涵，多层次资本市场正是市场发展结构内涵的主要表现。“中国资本市场进行结构创新的理论基础来源于资本市场资金供求两方面的变动，资本市场本身是人类社会为进行资源配置而设计的架构精巧的资金流动安排，最基本的功能在于根据资金供求双方不同的需要完成资金从盈余方向赤字方的流动，实现资金的高效配置。”①

① 吴晓求，等．中国资本市场：创新与可持续发展．北京：中国人民大学出版社，2001：105－106.

资本市场是企业直接融资的场所，也是投资者进行投资的场所。融资需求的差异化和投资需求的多元化对资本市场提出了结构性要求，只有多层次的资本市场才能够对应满足以上投融资的结构性要求，多层次资本市场发育状况决定着直接融资的规模，也决定着全社会直接融资的比重。

企业作为融资者，在生命周期的不同阶段，在产品、规模、市场、公司治理、收益、风险等方面会表现出不同的特征，其融资需求、融资环境、融资方式也有明显差异。在初创阶段，企业规模小、稳定性差、未来不确定性大、投资风险大，要求投资者有很高的风险承受能力，主要通过权益性融资、自有资金、风险投资、政府性支持等方式满足企业发展的资金需求。在成长阶段，成长风险较高，企业快速扩张，信用逐步建立，便于通过银行信贷、风险投资、资本市场等进行融资。在成熟阶段，企业规模较大，在技术、产品、市场、信誉、收益等方面都达到了较高水平的稳定状态，有利于通过银行信贷、债券市场、股票市场等多渠道进行融资。进入衰退阶段，企业生产经营各方面日渐衰落，经营业绩低下甚至亏损，造成银行信贷、资本市场等渠道融资环境持续恶化，可以通过资本市场的退出机制逐级平稳退出，也可以提前进行战略布局，通过资本市场实施重组、并购，利用股票、债券、银行信贷等手段获得重组并购所需的资金支持，推进企业技术升级和转型，赋予企业新的内涵和活力，跨越衰退期，进入新的发展阶段。总体上讲，从需求端看，企业在生命周期的不同阶段需要有对应的渠道为其提供融资，多层次资本市场是满足这种结构性融资需求的重要基础。

个人投资者由于年龄、性别、性格、成长环境、职业、收入、受教育程度等的不同，机构投资者由于性质、目标等的不同，对投资的收益、流动性以及风险的承受能力存在显著差别，风险偏好也存在差异，需要具有不同风险收益水平的资本市场提供多样化的金融产品以满足投资者的多样化需求。对资金规模较大的投资者而言，在追求投资收益的同时，还要通过投资组合、跨市场配置资产来规避非系统性风险，通过衍生品交易来规避系统性风险。这就对资本市场及其产品提出了多样化的需求，而多层次资本市场是满足其多样化需求的重要基础。

优化资源配置是资本市场的基本功能之一，这一功能的发挥有赖于资本市场具有较高成熟度和有效性，能够通过真实准确地反映市场供求关系的价格信号，引导资金合理流动（流向风险水平基本一致而预期收益较高的投资项目或预期收益水平基本一致而风险较低的投资项目），推动资源的优化配置，进而促进经济结构的调整和优化。价格信号的可信度取决于资本市场的成熟度，市场规模大、流动性强是成熟市场的重要标志。多层次资本市场能够为不同类型企业的股权提供交易机会，提高企业股权的流动性，为企业提供便利的并购重组场所。多层次资本市场具有较强的包容性，健全的多层次市场有助于提升市场的有效性，能够更好地优化资源配置，进而优化经济结构。

5.1.2　资本市场的层次化是成熟市场的普遍现象

成熟经济体的资本市场都具有多层次，并配以相应的上市标准、监管规则、交易机制等。一般而言，主板市场上市标准最为严格，主要为成熟大型企业提供服务，上市公司具有规模大、经营稳定性高的特征，其投资者也更注重价值投资；创业板市场主要为运作规范、具有一定规模和经营期限的创业型中小企业服务，更看重企业的成长性；场外市场提供服务的对象主要是，由于经营规模、年限、运作规范性等方面的原因，不符合场内市场上市标准或不愿在场内市场上市的企业。与场内市场相比，场外市场挂牌的企业数量更多，包括的范围更广，挂牌企业之间的差异性更大，风险也更高。从上市（或挂牌）标准看，主板市场、创业板市场、场外市场依次降低。美国资本市场包括主板市场（纽约交易所）、创业板市场［交易与自动报价系统（NASDAQ）全国市场和小公司市场］、场外交易电子报价低价股市场（OTCBB）、区域性交易市场等。日本资本市场分为交易所市场和场外市场，交易所市场包括全国性的交易所［东京交易所（分为市场一部、市场二部）］和四家区域性交易所，场外市场也是创业板市场，包括 Mothers 和佳斯达克（JASDAQ）。英国有历史悠久的伦敦证券交易所主板市场，附属于伦敦证券交易所的相对独立运行的创业板市场，还有为未上市企业提供服务的三板市场，以及区域性股权交易市场。各国的各层级市场中，根据自身情况又有细分层次。

5.1.3　我国多层次资本市场的提出

从英美等国家的资本市场的产生和发展历程看，其主要推动力是实体经济导致的资本市场本身强烈的内在需求，包括经济规模、多元化的企业类型、多元化的投资者（主要是机构投资者）以及适宜的法律环境等因素所导致的内在需求，在市场发展的不同阶段通过市场自发形成相应的市场层次。然而，从制度经济学的角度看，多层次资本市场实质上是一系列制度安排，多层次资本市场的发展和演进离不开相应的制度变迁，包括上位法（《公司法》《证券法》）以及一系列法律制度的形成和变迁，这种由市场自发推动、引起制度变迁的演进具有典型的诱致性制度变迁的特征。在新制度经济学的制度变迁理论中，诱致性制度变迁和强制性制度变迁是最具代表性的两种理论模式。[①] 诱致性制度变迁指的是现行制度安排的变更和替代，或者是新制度安排的创造，是由个人或一群人，在响应获利机会时自发倡导、组织和实行的。与此相反，强制性制度变迁则由政府命令或法律引入实行。[②] 从我国多层次资本市场的形成和发展历程看，我国的资本市场发展具有更为明显的强制性制度变迁的特征："我国资本市场尽管最初有自发生成的萌芽，但其自形成伊始便呈现出强制性制度变迁特征，资本市场层次化体系变迁的每一步都是源于自上而下的政府强制性供给行为，而不是自下而上的诱致性微观主体的需求行为，因而中国资本市场层次化演进基本上是沿着中国政府设

① 胡海峰，罗惠良．我国多层次资本市场的生成机理与演化路径．中国社会科学院研究生院学报，2011（5）．

② 卢现祥．西方新制度经济学．北京：中国发展出版社，2003：70－120；科斯，阿尔钦，诺斯．财产权利与制度变迁——产权学派与新制度学派译文集．刘守英，译．上海：上海三联书店，上海人民出版社，1994：327－371．

计、主导的强制性变迁展开的。”①

国内学术界对多层次资本市场的提出和研究始于 20 世纪末，孙小凡、王国刚等于 1996 年最早提及“多层次资本市场”，孙小凡在学术文章中明确提出了“多层次资本市场”②。王国刚则于 1996 年在公开场合提及“多层次资本市场”，并在之后陆续发表文章，从多角度分析了我国建设多层次资本市场的必要性、可行性及基本构想等。③

2003 年，中共十六届三中全会发布《关于完善社会主义市场经济体制若干问题的决定》，明确指出要建立多层次资本市场体系，完善资本市场结构，丰富资本市场产品，提出规范和发展主板市场，推进风险投资和创业板市场建设，首次从政策层面以文件形式正式提出多层次资本市场和多层次资本市场体系的建设问题。2019 年修订的《证券法》作为上位法，首次以法律形式对多层次资本市场赋予了规范架构，包括“证券交易所、国务院批准的其他全国性证券交易场所可以根据证券品种、行业特点、公司规模等因素设立不同的市场层次”，“按照国务院规定设立的区域性股权市场为非公开发行证券的发行、转让提供场所和设施”等。

从实践看，中国资本市场的发展次序与西方国家一样，也是场外市场首先产生和发育，再到交易所市场建立和发展。

5.1.4 我国场外市场的发育和建设

我国股票市场的恢复和起步始于 20 世纪 80 年代中期，1984 年 10 月中共十二届三中全会发布《关于经济体制改革的决定》，标志着经济体制改革的重心由农村转向城市，国有企业改革是其重点内容，北京、上海、广东等地开始进行企业股份制试点。严格意义上的第一次股票发行，一般被认为是

① 胡海峰，罗惠良．我国多层次资本市场的生成机理与演化路径．中国社会科学院研究生院学报，2011（5）.

② 孙小凡．改革呼唤一个统一、多层次的资本市场格局．国有资产研究，1996（6）.

③ 王国刚．创业投资：建立多层次资本市场体系．改革，1998（6）；王国刚．建立多层次资本市场体系研究．北京：人民出版社，2006：3－19.

1984 年上海飞乐音响股份有限公司发行的 50 万元股票；第一次公开在《深圳特区报》上刊登招股说明书公开招股的是 1983 年 9 月 25 日广东省宝安县联合投资公司；首次在国企中招股并正式在工商部门登记注册的企业是北京市天桥百货股份有限公司（1984 年 1 月）。① 与此相对应，股票（场外）转让市场经历了从自由生长发育到规范发展的探索过程。

（1）我国场外市场的发育。

随着股票发行企业家数的不断增加和发行数量的扩大，对股票的流动转让有了内在需求。1986 年 9 月 26 日，上海试办了股票的公开柜台交易，"静安信托"成为当代中国的第一个股票交易柜台。1988 年 4 月 7 日，深圳特区证券也开始办理本地的股票公开柜台交易②，为之后上海证券交易所和深圳证券交易所的建立打下了基础。与此同时，虽然上海和深圳设立了柜台交易，但在上海、深圳之外的地方，因缺乏柜台交易途径，加之存在信息不对称、交易成本过高、制度设计不尽合理等问题，各地出现了自发的、没有规范的、也非常活跃的私下（黑市）交易，甚至不乏投机和欺诈。沪深交易所开业后，两地以及个别外地符合条件的企业股票陆续由柜台转入交易所场内交易。20 世纪 90 年代初股份制改造蓬勃开展，涌现出大量非上市的股份公司。为探索和解决其股票转让问题，各地相继成立了证券交易中心、产权交易所以及地方股票交易柜台等场外交易场所。由于在监管、组织结构、信息披露、交易及报价方式、登记过户、资金清算等方面都存在极不规范的情况，这一时期，两个全国性法人股转让系统先后开始运行：1990 年底，由国家体制改革委员会牵头建立的全国证券交易自动报价系统（STAQ）开通运行，初期主要作为国债等债券的统一流通市场，1992 年 7 月开始接纳企业法人股挂牌交易，并迅速发展壮大成全国法人股流通市场。1993 年 4 月，另一个全国性法人股市场，即由中国证券交易系统有限公司（简称中证交）开发

① 李幛喆．终于成功——中国股市发展报告．北京：世界知识出版社，2001：63－71，81－82.

② 马庆泉．中国证券史．北京：中信出版社，2003：54－55.

设计的NET系统（全国电子交易系统）开始运行，形成了法人股市场双足鼎立的局面。两个法人股交易系统在运行之初（1993年）一度出现过短期繁荣、交投活跃、成交量扩大的情况，也出现了法人股个人化的情况，此后，由于管理层采取了限制性措施以及市场本身的原因，市场交易、股价、挂牌公司数都日渐萎缩。

1998年，为整顿金融秩序，防范金融风险，国务院办公厅先后转发证监会《关于清理整顿场外非法股票交易方案》《清理整顿证券交易中心方案的通知》，全面禁止了上述各地各类产权交易所、证券交易中心和证券交易自动报价系统等从事场外股权类证券交易的活动。

20世纪90年代，我国曾出现过所谓的“一级半市场”。沪深交易所开业之前，已经有大量企业完成了股票发行，股票发行方式基本都是企业自办发行，由于缺乏统一的监管规则，股票发行价格、数量、范围、时间等都表现出较大的随意性。1988年首批证券公司等证券中介机构成立，部分企业开始委托证券公司等证券中介发行股票。两个证券交易所开业以后，这些已经发行股票的企业中，部分符合条件的企业（上海“老八股”和深圳“老五股”）陆续转入场内成为上市公司，还有一部分（1990年前已公开发行股票，并经国家体制改革委员会重新确认，但尚未上市的90家企业）被界定为历史遗留问题①，逐步安排在证券交易所上市。交易所开业以后，统一了企业向公众公开发行股票的政策，实行审批制。由于网络技术限制等原因，股票发行方式经历了不断探索的过程，早期采用过限量发售认购证、认购表，无限量发售认购抽签表，与银行储蓄存单挂钩等网下发行方式。以上情况客观上催生了具有特定时期色彩的所谓“一级半市场”。至于90家历史遗留问题企业，在安排上市之前，其股票缺乏正规的流通渠道。在网下发行方式下获得认购股票资格（中签）的认购证、认购表、储蓄存单（或中签的副联），在交款认购之前也没有正规的转让渠道。民间自发形成的“一级半市场”应运

① 参见1994年2月4日发布的《中国证监会新闻发言人就目前股票市场若干政策性问题的谈话》和1995年发布的《国务院关于批转国务院证券委员会1995年证券期货工作安排意见的通知》。

而生，火爆一时。到20世纪90年代后期，90家历史遗留问题企业的大部分股票实现集中托管，并先后完成上市。随着技术的进步，统一的网上发行使实名制得以真正实行，也迎来了股票发行的电子化时代，“一级半市场”也失去了生存的土壤，迅速消亡。

（2）我国场外市场的建设。

1）三板市场的建设——从“老三板”市场到“新三板”市场。2001年6月，为解决主板市场退市公司和两个停止交易的法人股系统公司的股份转让问题，经中国证监会批准，中国证券业协会发布《证券公司代办股份转让服务业务试点办法》，同年7月“（老）三板”市场——代办股份转让系统——开始运行。2006年1月，国务院发布了《证券公司代办股份转让系统中关村科技园区非上市股份有限公司股份报价转让试点办法》及相关配套文件，北京中关村科技园区非上市股份有限公司“代办股份转让系统”开始进入试点。2012年8月，国务院批准《关于扩大中关村试点逐步建立全国中小企业股份转让系统的请示》。2013年1月，“新三板”——全国中小企业股份转让系统——正式运营，全部承接了“老三板”挂牌公司，形成了非上市股份转让的全国性证券交易场所。此后，经历了从区域性试点到全国快速扩容，挂牌公司家数从2012年末的200家飙升到2017年末的11 630家（见表5-2）。按照“多层次、分步走”的思路，2016年5月，正式实施市场分层管理，设置基础层和创新层，创新层在整体上设置了高于基础层的准入条件。为了完善分层管理，优化市场层级结构，实施差异化制度安排，2019年末“新三板”全面深化改革启动，内容主要包括：优化发行融资制度，设立精选层，建立股票公开发行制度；建立挂牌公司转板上市机制；完善基础制度和差异化交易制度，对精选层实行连续竞价交易制度，适度降低投资者适当性标准，引入公募基金等长期资金；建立直接转板上市机制；等等。2020年7月27日，首批32家精选层公司挂牌交易，至此“新三板”内部形成了基础层、创新层和精选层的三层结构，以及与外部市场对接的转板机制（包括接纳交易所退市公司，挂牌公司直接转板到交易所上市，未来将拓展到区域性股权交易市场挂牌公司的转入）。

表 5-2　“新三板”历年末挂牌公司家数

年份	2012	2013	2014	2015	2016	2017	2018	2019
挂牌公司数（家）	200	356	1 572	5 129	10 163	11 630	10 691	8 953

资料来源：全国中小企业股份转让系统（http://www.neeq.com.cn/static/statisticdata.html）。

2）区域性交易市场的建设。1998 年，各地各类产权交易所、证券交易中心和证券交易自动报价系统等被全面禁止从事场外股权类证券交易活动后，除了个别符合条件的公司到交易所上市、小部分在三板市场挂牌外，绝大多数公司的股票失去了合规、正当的转让场所。这在很大程度上约束了新的股份有限公司的产生，因为虽然《公司法》赋予了股份有限公司股东依法转让的权利，但股票转让的客观需求与缺乏合规的交易场所之间矛盾突出。事实上，进入 21 世纪几年以后，上海、天津、重庆等地陆续恢复或设立了各种形式的区域性场外市场，与此同时，一些地区也设立了从事产权交易、文化艺术品交易和大宗商品中远期交易等各种类型的交易场所，各种乱象再次出现。为防范金融风险，规范市场秩序，维护社会稳定，2011 年末国务院再次下发文件进行清理整顿。① 2012 年 1 月，国务院批复同意建立由证监会牵头的清理整顿各类交易场所部际联席会议制度；2012 年 8 月，证监会发布《关于规范证券公司参与区域性股权交易市场的指导意见（试行）》；2013 年 8 月，国务院办公厅发文要求在清理整顿各类交易场所的基础上，将区域性股权市场纳入多层次资本市场体系。② 至此，被称为四板市场的区域性股权市场在制度上得以确立。2017 年初，国务院办公厅印发了《关于规范发展区域性股权市场的通知》，明确区域性股权市场是主要服务于所在省级行政区域内中小微企业的私募股权市场，是多层次资本市场体系的重要组成部分，是地方人民政府扶持中小微企业政策措施的综合运用平台。中国证监会自 2018 年 4 月起分三批公布了共 34 家全国区域性股权市场运营机构备案名单（见表 5-3）。

---

① 参见《国务院关于清理整顿各类交易场所切实防范金融风险的决定》和《国务院办公厅关于清理整顿各类交易场所的实施意见》。

② 参见《国务院办公厅关于金融支持小微企业发展的实施意见》。

表5-3　证监会公示的全国区域性股权市场运营机构备案名单

公示批次和日期	地区	区域性股权市场运营机构名称
第一批（21家）2018年4月27日	北京	北京股权交易中心有限公司
	河北	石家庄股权交易所股份有限公司
	内蒙古	内蒙古股权交易中心股份有限公司
	辽宁	辽宁股权交易中心股份有限公司
	上海	上海股权托管交易中心股份有限公司
	江苏	江苏股权交易中心有限责任公司
	安徽	安徽省股权托管交易中心有限责任公司
	福建	海峡股权交易中心（福建）有限公司
	江西	江西联合股权交易中心有限公司
	湖南	湖南股权交易所有限公司
	广西	广西北部湾股权交易所股份有限公司
	重庆	重庆股份转让中心有限责任公司
	四川	天府（四川）联合股权交易中心股份有限公司
	陕西	陕西股权交易中心股份有限公司
	甘肃	甘肃股权交易中心股份有限公司
	青海	青海股权交易中心有限公司
	宁夏	宁夏股权托管交易中心有限公司
	新疆	新疆股权交易中心有限公司
	大连	大连股权交易中心股份有限公司
	宁波	宁波股权交易中心有限公司
	厦门	厦门两岸股权交易中心有限公司
第二批（9家）2018年7月27日	天津	天津滨海柜台交易市场股份公司
	浙江	浙江股权交易中心有限公司
	山东	齐鲁股权交易中心有限公司
	河南	中原股权交易中心股份有限公司
	湖北	武汉股权托管交易中心有限公司
	广东	广东股权交易中心股份有限公司
	海南	海南股权交易中心有限责任公司
	深圳	深圳前海股权交易中心有限公司
	青岛	青岛蓝海股权交易中心有限责任公司

续表

公示批次和日期	地区	区域性股权市场运营机构名称
第二批（4家） 2019年7月26日	山西	山西股权交易中心有限公司
	吉林	吉林股权交易所股份有限公司
	黑龙江	哈尔滨股权交易中心有限责任公司
	贵州	贵州股权交易中心有限公司

资料来源：根据中国证监会公布的资料统计汇总。

5.1.5 我国的交易所市场建设

本书第1章阐述了沪深交易所的建立过程和环境条件。20世纪90年代中后期，上海股票柜台交易快速发展，申银证券公司（前身为中国工商银行上海市信托投资公司静安营业部）、海通证券公司、万国证券公司等先后开设证券柜台交易业务，深圳特区证券公司也开始办理本地股票的柜台交易。到1990年，上海共有16个股票交易柜台，深圳有10个。[①] 柜台交易积累了经验，股票、债券发行和交易规模扩大，证券经营机构逐渐增多。在此基础上，1990年11月26日，经中国人民银行批准，上海证券交易所宣告成立，并于12月19日正式开业。1991年7月3日，经国务院批准，深圳证券交易所正式成立，在此之前已于1990年12月1日开始试营业。两家证券交易所的成立和开业标志着场内市场建设开始起步。场外市场在发育之初自发生成的色彩很浓，之后通过政府强制性制度供给，其从自由生长走向规范发展，自下而上和自上而下的两阶段特征明显。与此不同的是，交易所市场从产生到之后的每一步改革和建设，都遵循着自上而下的、政府设计和主导的强制性制度变迁路径展开。

初创时期的证券交易所具有明显的地域特征，上市证券以本地公司股票为主，上市数量和交易规模都很小。上交所开业当天上市股票仅七只［包括延中实业（600601）、电真空（600602）、飞乐音响（600651）、爱使股份（600652）、申华实业（600653）、飞乐股份（600654）、浙江凤凰（600656）］，

① 马庆泉．中国证券史．北京：中信出版社，2003：55.

加上后来上市的豫园商场（600655），这八只股票被称为上海“老八股”。深交所 1990 年 12 月 1 日试营业时，只有深安达 A［现为国农科技（000004）］一家企业上市（因此，上交所开业当天沪深股市共有八家上市公司），之后深原野 A（现为世纪星源 000005）、深金田 A（000003，已退市）、深万科 A（000002）、深发展 A［现为平安银行（000001）］先后上市，以上五家公司股票被称为深圳“老五股”，在深交所试营业之前都已经在深圳特区证券公司柜台挂牌公开交易。B 股也称为人民币特种股票，是指公司在中国境内注册并上市的人民币特种股票，以人民币标明面值，以外币认购和交易。1992 年 2 月，电真空 B 股、深南玻 B 股分别在沪深交易所上市，标志着 B 股市场的起步。起初，B 股市场作为利用外资的一条渠道，对彼时的经济发展起到了积极作用，但是随着环境的变化，B 股市场逐渐萎缩，市场流动性趋于枯竭，主要市场功能基本丧失，尽管管理层采取过向境内居民开放等措施，但没能阻止 B 股市场的衰落趋势。

成立之后的沪深交易所便进入了发展的快车道，市场规模不断扩大，市场辐射面从本地很快扩展至全国，但是，直到 2009 年两个市场都保留着单一主板市场的结构。

2004 年 5 月 17 日，经国务院批准，中国证监会正式批复同意深圳证券交易所在主板市场内设立中小企业板。当年 6 月 25 日，首批 8 只中小企业股票在深交所中小企业板挂牌上市，拉开了交易所市场层次建设的序幕，但是，从发行上市条件以及监管要求看，其仍属于主板范畴。2009 年 10 月，经国务院同意，证监会批准深交所设立创业板市场。当年 10 月 30 日首批 28 家公司在深交所创业板市场挂牌上市，中国的二板市场就此诞生。2020 年 4 月 27 日，中央全面深化改革委员会审议通过《创业板改革并试点注册制总体实施方案》。继科创板成功设立并试点注册制后，创业板迎来全面改革。当年 8 月 24 日，创业板注册制下首批 18 家公司的股票挂牌上市。2019 年 1 月 23 日，中央全面深化改革委员会第六次会议审议通过《在上海证券交易所设立科创板并试点注册制总体实施方案》《关于在上海证券交易所设立科创板并试点注册制的实施意见》。当年7月22日，首批25家公司在上交所科创板市场挂牌上市，标志着酝酿多年的股票发行注册制落地。至此，经过近30年的建设，我国交易所市场形成了包括主板（含中小企业板）、创业板、科创板的多层次格局。

2020年初，创业板进行系统性改革，并试点注册制。当年8月24日，首批18家首发公司上市，之后应当进一步对主板市场（包括中小企业板）进行改革，全面推行注册制改革。我们建议根据中小企业板的定位，将其从主板分离，降低发行上市门槛，服务于创业板、科创板服务对象之外的中小企业，划归第二层次市场（二板市场）。图5－1展示了中国境内股票市场的全景

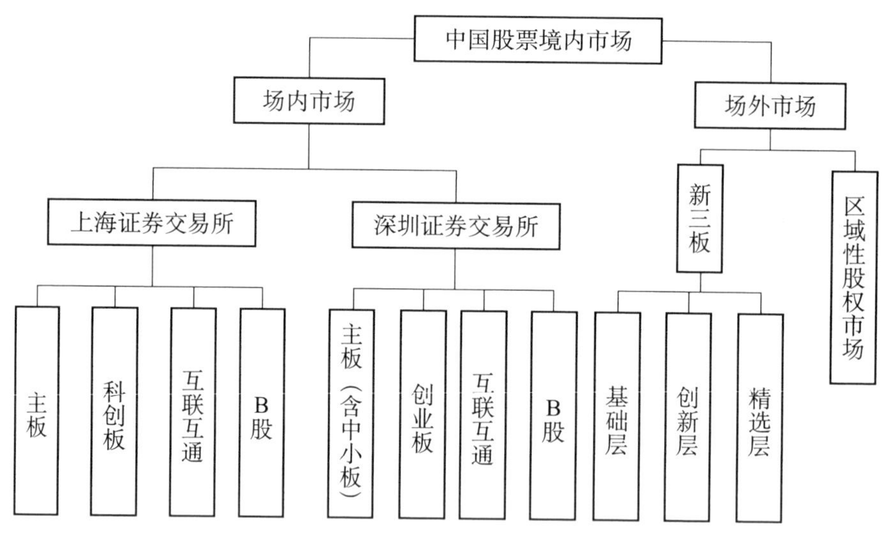

图5－1 中国境内股票市场全景图

5.2 上市公司的规模和结构变化

30年来，上海、深圳两家证券交易所的市场规模扩张惊人，上市公司数量、股本数量单向快速增长，股市总市值、股市总市值/GDP保持长期稳定上升趋势，证券总市值在全世界的占比稳步上升。从结构上看，上市公司行

业逐渐丰富，覆盖面和代表性愈加广泛。具体看，三次产业上市公司总市值占比基本处于较稳定水平，但是三次产业上市公司总市值结构基本没有反映国民经济产业结构优化的长期趋势，股票市场引导优化资源配置的功能需要加强。

5.2.1 上市公司的规模变化

从规模指标看，上海、深圳两家证券交易所市场规模扩张惊人。来自WIND数据库和国家统计局的数据显示（具体见表5-4），上市公司数量从上海证券交易所开业之日（1990年12月19日，深圳证券交易所已于同年12月1日试营业）的8家发展到2020年9月15日的4 015家，30年年均净增加近140家。图5-2显示了1990年以来上市公司总数的变化，从图中我们能够清晰地看出，1993年以后上升趋势明显。上市公司总股本从最初的0.97亿股增加到2020年9月15日的72 542.63亿股，增幅高达74 785倍。

表5-4 上市公司的规模变化

日期	上市公司总数（家）	A/B股上市股票总数（只）	A股上市股票总数（只）	总股本（亿股）	股市总市值（亿元）	GDP（亿元）	股市总市值/GDP（%）
1990-12-19	8	8	8	0.97	20.1		
1990-12-31	8	8	8	0.97	23.8	18 872.9	0.13
1991-01-31	10	10	10	1.51	37.2		
1991-02-28	10	10	10	1.51	36.1		
1991-03-29	10	10	10	1.52	32.3		
1991-04-30	11	11	11	2.00	50.2		
1991-05-31	11	11	11	2.00	45.8		
1991-06-28	12	12	12	4.61	61.1		
1991-07-31	13	13	13	5.04	58.4		
1991-08-30	13	13	13	5.05	57.3		
1991-09-30	13	13	13	5.05	53.5		
1991-10-31	13	13	13	5.05	81.5		

续表

日期	上市公司总数（家）	A/B股上市股票总数（只）	A股上市股票总数（只）	总股本（亿股）	股市总市值（亿元）	GDP（亿元）	股市总市值/GDP（%）
1991-11-29	13	13	13	5.05	98.8		
1991-12-31	13	13	13	5.46	120.3	22 005.6	0.55
1992-01-31	14	14	14	5.48	129.3		
1992-02-28	15	17	15	6.56	183.4		
1992-03-31	23	28	23	13.24	270.6		
1992-04-30	26	32	26	15.64	397.6		
1992-05-29	28	35	28	17.26	704.2		
1992-06-30	31	40	31	19.68	663.5		
1992-07-31	37	47	32	20.86	761.0		
1992-08-31	39	54	37	22.32	742.6		
1992-09-30	42	57	40	22.52	723.5		
1992-10-30	44	60	42	23.66	591.2		
1992-11-30	49	66	48	26.84	803.2		
1992-12-31	53	71	53	67.99	1 060.1	27 195	3.90
1993-01-29	58	77	58	74.91	1 632.6		
1993-02-26	62	81	62	79.02	2 052.9		
1993-03-31	71	90	71	93.17	1 712.0		
1993-04-30	78	97	78	125.49	3 004.9		
1993-05-31	90	112	90	146.47	2 424.8		
1993-06-30	100	126	99	174.82	2 881.8		
1993-07-30	107	134	105	191.02	2 513.7		
1993-08-31	114	142	112	206.11	2 762.3		
1993-09-30	124	154	122	226.36	2 893.0		
1993-10-29	138	170	137	248.15	2 871.8		
1993-11-30	161	194	159	342.40	3 990.9		

续表

日期	上市公司总数（家）	A/B股上市股票总数（只）	A股上市股票总数（只）	总股本（亿股）	股市总市值（亿元）	GDP（亿元）	股市总市值/GDP（%）
1993-12-31	183	218	177	382.69	3 635.7	35 673	10.19
1994-12-30	291	345	287	684.29	4 040.5	48 638	8.31
1995-12-29	323	381	311	851.16	3 922.4	61 340	6.39
1996-12-31	530	599	514	1 218.49	10 866.5	71 814	15.13
1997-12-31	745	821	720	1 951.71	18 883.4	79 715	23.69
1998-12-31	852	932	826	2 536.16	20 813.9	85 196	24.43
1999-12-31	949	1 031	923	3 095.38	28 090.7	90 564	31.02
2000-12-29	1 088	1 174	1 060	3 802.11	50 595.9	100 280	50.45
2001-12-31	1 160	1 248	1 136	5 220.12	46 066.3	110 863	41.55
2002-12-31	1 224	1 311	1 200	5 877.37	40 890.7	121 717	33.59
2003-12-31	1 287	1 374	1 263	6 436.72	45 563.9	137 422	33.16
2004-12-31	1 377	1 463	1 353	7 163.59	39 871.5	161 840	24.64
2005-12-30	1 381	1 467	1 358	7 638.43	34 927.6	187 319	18.65
2006-12-29	1 434	1 520	1 411	14 847.39	103 470.8	219 439	47.15
2007-12-31	1 550	1 636	1 527	22 312.42	400 833.0	270 092	148.41
2008-12-31	1 625	1 711	1 602	24 378.22	148 045.7	319 245	46.37
2009-12-31	1 718	1 804	1 696	26 207.33	290 314.7	348 518	83.30
2010-12-31	2 063	2 149	2 041	33 281.67	304 411.4	412 119	73.86
2011-12-30	2 342	2 428	2 320	36 194.24	249 693.2	487 940	51.17
2012-12-31	2 494	2 579	2 472	38 487.68	267 456.1	538 580	49.66
2013-12-31	2 489	2 574	2 468	40 662.43	272 170.3	592 963	45.90
2014-12-31	2 613	2 696	2 592	43 931.08	427 087.7	643 563	66.36
2015-12-31	2 827	2 909	2 808	50 092.96	583 970.3	688 858	84.77
2016-12-30	3 052	3 134	3 034	55 983.01	556 549.8	746 395	74.57
2017-12-29	3 485	3 567	3 467	61 099.44	630 839.7	832 036	75.82
2018-12-31	3 584	3 666	3 567	65 130.68	487 268.2	919 281	53.01

续表

日期	上市公司总数（家）	A/B股上市股票总数（只）	A股上市股票总数（只）	总股本（亿股）	股市总市值（亿元）	GDP（亿元）	股市总市值/GDP（%）
2019-12-31	3 777	3 857	3 760	69 760.46	658 136.7	990 865	66.42
2020-09-15	4 015	4 094	4 000	72 542.63			

说明：鉴于1993年前沪深交易所处于成立初期，规模小，为反映月度变化情况，1993年前按月度末列示，其中1990年12月19日为上海证券交易所成立日。1993年之后按年度最后一个交易日数据统计列示。

资料来源：基础数据来源于WIND数据库（其中GDP数据来源于国家统计局网站）。

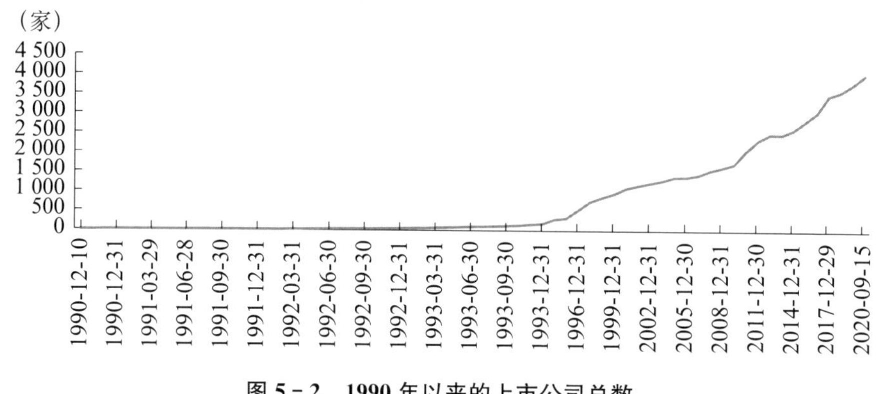

图5-2　1990年以来的上市公司总数

资料来源：根据WIND数据库数据绘制。

上市公司总市值则从1990年末的23.8亿元增加到2019年末的658 136.7亿元，增幅高达27 652倍。图5-3显示，上市公司股市总市值总体呈振荡上升趋势。上市公司股市总市值与GDP的比率是一个衡量国民经济证券化程度的指标，也是衡量股票市场规模的相对指标。根据WIND数据库统计的历年年末股市总市值以及国家统计局历年GDP数据，笔者计算出当年末股市总市值/当年GDP（%），其中，1990年末这一比率为0.13%，2019年末达到了66.42%，图5-3反映出这一比率总体呈上升态势。表5-5中对世界、中国、美国证券市场总市值的比较表明，中国证券市场总市值在全世界的占比总体来说稳步上升，到2018年末已经达到9.206%，图5-4展示了这一上升趋势。

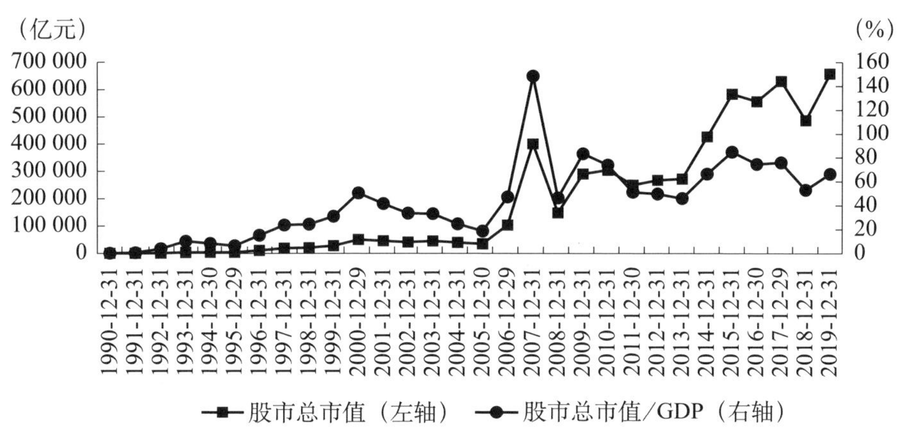

图 5-3　1990 年以来股市总市值及其与 GDP 之比

说明：根据 WIND 数据库股市总市值数据和国家统计局 GDP 数据计算绘制，其中股市总市值/GDP 中，股市总市值为当年年末数据，GDP 为当年数据。

表 5-5　世界、中国、美国证券市场总市值

年份	世界（万亿美元）	中国（万亿美元）	中国/世界（%）	美国（万亿美元）
1990	9.380			3.090
1991	11.190	0.002	0.018	4.160
1992	10.710	0.018	0.168	4.550
1993	13.760	0.042	0.305	5.250
1994	14.470	0.044	0.304	5.140
1995	17.100	0.042	0.246	6.950
1996	19.620	0.114	0.581	8.480
1997	21.740	0.206	0.948	10.770
1998	25.470	0.231	0.907	12.920
1999	33.540	0.331	0.987	14.780
2000	31.000	0.581	1.874	15.110
2001	26.860	0.524	1.951	13.980
2002	22.770	0.463	2.033	11.050
2003	31.250	0.513	1.642	14.270
2004	36.680	0.448	1.221	16.320

续表

年份	世界（万亿美元）	中国（万亿美元）	中国/世界（%）	美国（万亿美元）
2005	40.440	0.402	0.994	17.000
2006	49.990	1.150	2.300	19.570
2007	60.300	4.480	7.430	19.920
2008	32.270	1.780	5.516	11.590
2009	44.610	3.570	8.003	15.080
2010	51.470	4.030	7.830	17.280
2011	44.380	3.410	7.684	15.640
2012	51.130	3.700	7.236	18.670
2013	60.240	3.950	6.557	24.030
2014	63.430	6.000	9.459	26.330
2015	61.890	8.190	13.233	25.070
2016	64.920	7.320	11.275	27.350
2017	79.220	8.710	10.995	32.120
2018	68.650	6.320	9.206	30.440

资料来源：新浪网全球经济数据（http://finance.sina.com.cn/worldmac/compare.shtml?indicator=CM.MKT.LCAP.CD）。

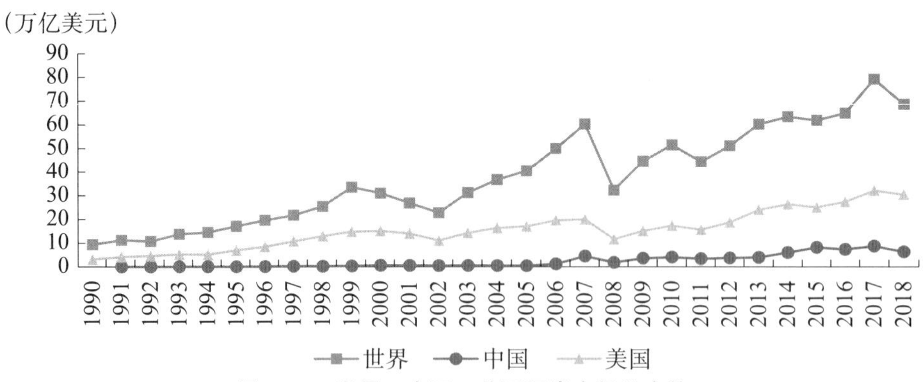

图 5-4　世界、中国、美国证券市场总市值

资料来源：表 5-5。

5.2.2　上市公司的结构变化

1990 年 12 月，我国两家证券交易所仅有 8 家上市公司（见表 5-4），其中上海证券交易所 7 家（延中实业、电真空、飞乐音响、飞乐股份、爱使股份、申华实业和浙江凤凰），深圳证券交易所 1 家（深安达），8 家上市公司市值共 23.8 亿元，与当年 GDP 之比仅为 0.13%，比重极低，家数又过少，其行业覆盖面也过小，对其结构进行分析没有太大价值。

证监会《上市公司行业分类指引》（2012 年修订）将上市公司行业分为 19 个门类。依据 2018 年修订后的《三次产业划分规定（2012）》，上市公司 19 个行业门类中的“农、林、牧、渔业”属于第一产业，“制造业”和“采矿业”属于第二产业，其余门类属于第三产业。按照上述划分标准，根据 WIND 基础数据，我们计算并得到了表 5-6，即 2012 年以来上市公司产业及行业门类市值占比。根据表 5-6，我国上市公司行业逐渐丰富，覆盖面和代表性愈加广泛。

（1）上市公司产业结构占比变化。

总体上看，三次产业上市公司总市值占比基本处于较稳定水平（见表 5-7），基本反映了国民经济产业结构总体稳定的状态，但是从长期看，我国国民经济产业结构在总体稳定的前提下，也处于缓慢调整优化的过程中，而我国三次产业上市公司总市值结构基本没有反映这种产业结构优化的趋势。虽然从静态占比水平看，第一产业上市公司市值占比远低于国民经济第一产业比重，似乎表明股票市场在对产业的选择中把第一产业排在了后面，但是从动态看，国民经济第一产业比重从 2012 年的 9.1%下降到 2019 年的 7.1%，而第一产业上市公司市值占比却从 2012 年的 0.6%上升到 2019 年的 0.9%，两者呈相反的变化走势，在图形上表现为喇叭口形状（见图 5-5）。从静态占比水平看，第二产业上市公司市值占比明显高于国民经济第二产业比重，表明股票市场在对产业的选择中把第二产业排在了首位；从动态看，国民经济第二产业比重从 2012 年的 45.4%下降到 2019 年的 39.0%，而第二产业上市公司市值占比 2012 年为 47.9%，到 2019 年为 48.4%，基本没有大的变化，没有反映第二产业在国民经济中所占比重下降的情况，在图形上表现为不规则的喇叭口形状（见图 5-6）。从动态看，国民经济第三

表 5-6　2012 年以来上市公司产业及行业门类市值占比（%）

产业	行业门类	2012	2013	2014	2015	2016	2017	2018	2019	2020-09-14
第一产业	农、林、牧、渔业	0.64	0.72	0.61	0.99	0.97	0.76	0.78	0.94	0.93
	第一产业合计	0.64	0.72	0.61	0.99	0.97	0.76	0.78	0.94	0.93
第二产业	制造业	33.49	38.43	35.23	42.50	42.91	42.95	40.33	43.30	50.55
	采矿业	14.37	11.01	10.08	6.45	6.76	6.52	6.78	5.09	3.71
	第二产业合计	47.90	49.40	45.30	48.90	49.70	49.50	47.10	48.40	54.30
第三产业	金融业	30.18	26.47	30.15	21.51	21.77	24.35	27.14	27.15	21.94
	房地产业	4.69	4.00	3.98	5.00	4.39	3.98	3.87	3.57	2.80
	交通运输、仓储和邮政业	3.32	3.52	3.76	3.64	3.24	3.99	3.76	3.45	3.32
	电力、热力、燃气及水的生产和供应业	3.29	3.37	3.63	3.54	3.30	3.09	3.41	2.96	2.59
	建筑业	2.93	2.54	3.58	3.21	3.58	3.00	2.88	2.05	1.64
	批发和零售业	2.67	3.17	2.71	3.21	3.41	2.88	2.52	2.24	2.16
	信息传输、软件和信息技术服务业	1.84	3.19	3.20	5.40	5.15	4.27	4.49	5.13	5.59
	水利、环境和公共设施管理业	0.66	0.76	0.69	0.71	0.61	0.70	0.52	0.46	0.60
	文化、体育和娱乐业	0.54	1.00	0.85	1.55	1.39	1.14	1.04	0.88	0.83
	综合	0.54	0.57	0.33	0.51	0.44	0.30	0.24	0.24	0.14
	租赁和商务服务业	0.51	0.77	0.70	1.00	1.31	1.08	1.06	0.98	1.24
	住宿和餐饮业	0.16	0.17	0.17	0.25	0.18	0.16	0.14	0.12	0.12
	科学研究和技术服务业	0.13	0.20	0.21	0.32	0.32	0.50	0.60	0.72	0.87
	卫生和社会工作	0.05	0.09	0.09	0.20	0.21	0.29	0.38	0.49	0.66
	教育	0.00	0.01	0.01	0.02	0.05	0.04	0.03	0.22	0.30
	居民服务、修理和其他服务业	—	—	—	—	—	—	0.00	0.00	0.00
	第三产业合计	51.50	49.80	54.10	50.10	49.40	49.80	52.10	50.70	44.80

资料来源：根据 WIND 数据库数据计算整理。

产业比重从 2012 年的 45.5%上升到 2019 年的 53.9%，而第三产业上市公司市值占比 2012 年为 51.5%，到 2019 年为 50.7%，基本没有大的变化，没有反映第三产业在国民经济中的比重上升的态势，也表明股票市场在对产业的选择中把第三产业排在了第二产业之后，在图形上表现为第三产业在国民经济中的比重曲线由低到高上穿上市公司第三产业市值占比曲线（见图 5－7）。

表 5－7　国民经济三次产业比重与三次产业上市公司市值占比（%）

年份	第一产业比重	第一产业上市公司市值占比	第二产业比重	第二产业上市公司市值占比	第三产业比重	第三产业上市公司市值占比
2012	9.1	0.6	45.4	47.9	45.5	51.5
2013	8.9	0.7	44.2	49.4	46.9	49.8
2014	8.6	0.6	43.1	45.3	48.3	54.1
2015	8.4	1.0	40.8	48.9	50.8	50.1
2016	8.1	1.0	39.6	49.7	52.4	49.4
2017	7.5	0.8	39.9	49.5	52.7	49.8
2018	7.0	0.8	39.7	47.1	53.3	52.1
2019	7.1	0.9	39.0	48.4	53.9	50.7

说明：国民经济三次产业比重＝产业增加值/国民生产总值×100%，数据来自国家统计局网站；三次产业上市公司市值占比＝三次产业上市公司总市值/股市总市值×100%，数据来自本章表 5－6。

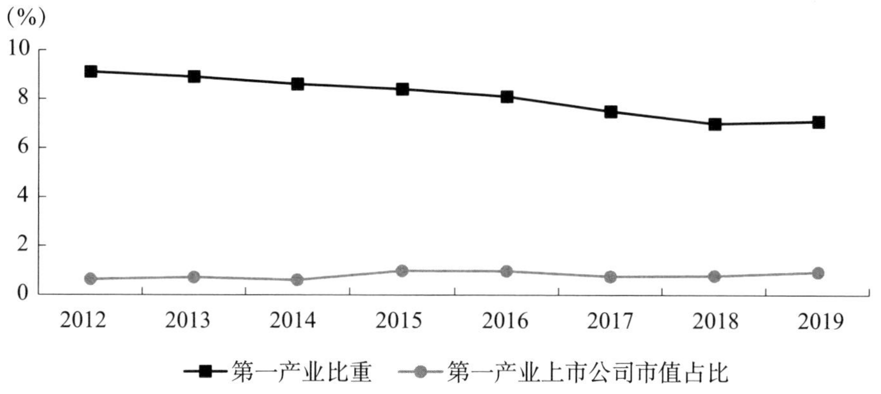

图 5－5　第一产业在国民经济中的比重与第一产业上市公司市值占比

资料来源：依据表 5－7 的数据绘制。

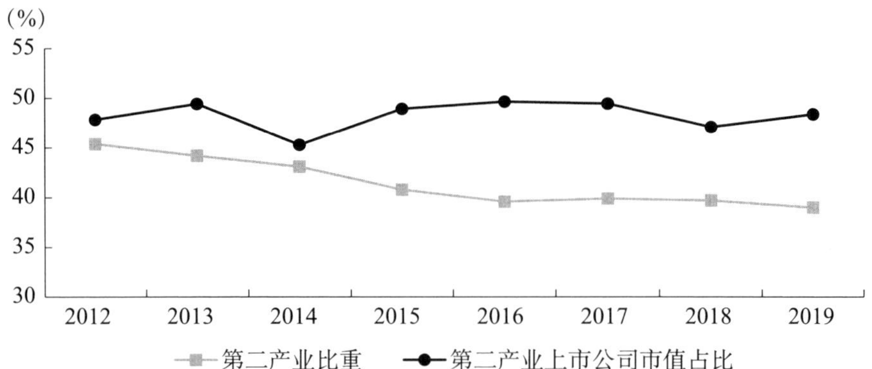

图 5-6　第二产业在国民经济中的比重与第二产业上市公司市值占比

资料来源：依据表 5-7 的数据绘制。

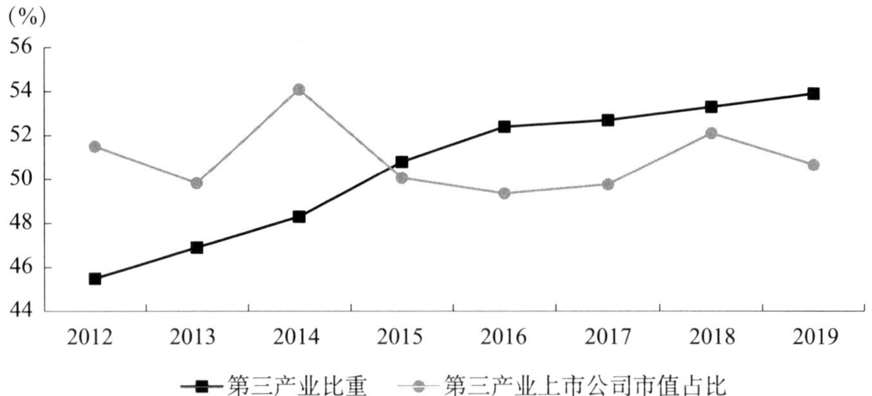

图 5-7　第三产业在国民经济中的比重与第三产业上市公司市值占比

资料来源：依据表 5-7 的数据绘制。

（2）典型行业占比变化。

根据 WIND 基础数据和国家统计局基础数据，我们计算并得出了典型行业上市公司总市值在股市总市值中的占比及在各自产业上市公司总市值中的占比（见表 5-8）。

从表 5-8 中我们可以看出，在第二产业中，制造业上市公司总市值占比呈上升趋势，制造业上市公司总市值在股市总市值中的占比从 2012 年的 33.5%上升到 2019 年的 43.3%，制造业上市公司总市值在第二产业上市公司总市值中的占比从2012年的70.0%上升到2019年的89.5%。而采矿业上市公司总市值在股市总市值中的占比从2012年的14.4%下降到2019年的5.1%，采矿业上市公司总市值在第二产业上市公司总市值中的占比则从2012年的30.0%下降到2019年的10.5%。

在第三产业中，金融业占比很大，历年金融业上市公司总市值在股市总市值中的占比均在21%以上，远远高于国家统计局公布的同期金融业在GDP中的占比（2012年为6.5%，2013年为7.0%，2014年为7.3%，2015年为8.2%，2016年为8.0%，2017年为7.8%，2018年为7.7%，2019年数据暂缺），金融业上市公司总市值在第三产业上市公司总市值中的占比大部分年份超过了50%，占了第三产业的半壁江山。值得一提的是，代表新兴行业的信息传输、软件和信息技术服务业发展迅速，该行业上市公司总市值在股市总市值中的占比从2012年的1.8%上升到2019年的5.1%，该行业上市公司总市值在第三产业上市公司总市值中的占比从2012年的3.6%上升到2019年的10.1%，上升趋势明显。

表5-8　典型行业上市公司总市值在股市总市值中的占比及在各自产业上市公司总市值中的占比（%）

年份	制造业	采矿业	第二产业合计	制造业/第二产业	采矿业/第二产业	金融业	信息传输、软件和信息技术服务业	第三产业合计	金融业/第三产业	信息传输、软件和信息技术服务业/第三产业
2012	33.49	14.37	47.9	70.0	30.0	30.18	1.84	51.5	58.6	3.6
2013	38.43	11.01	49.4	77.7	22.3	26.47	3.19	49.8	53.2	6.4
2014	35.23	10.08	45.3	77.8	22.2	30.15	3.20	54.1	55.7	5.9
2015	42.50	6.45	48.9	86.8	13.2	21.51	5.40	50.1	42.9	10.8
2016	42.91	6.76	49.7	86.4	13.6	21.77	5.15	49.4	44.1	10.4
2017	42.95	6.52	49.5	86.8	13.2	24.35	4.27	49.8	48.9	8.6
2018	40.33	6.78	47.1	85.6	14.4	27.14	4.49	52.1	52.1	8.6
2019	43.30	5.09	48.4	89.5	10.5	27.15	5.13	50.7	53.6	10.1

资料来源：根据WIND数据库基础数据计算。

5.3 投资者结构趋向多元化，外资占比快速增长

经过30年的发展，我国股票市场投资者初步形成了多元化的格局，除了自然人个人外，机构投资者队伍日益壮大，包括证券投资基金、保险公司、社保基金、养老基金、企业年金、证券公司、信托公司等，以及境外投资主体［合格境外机构投资者（QFII）、人民币合格境外机构投资者（RQFII）、陆股通[①]］。

5.3.1 我国股票市场上的各类投资者

早期股票市场中的投资者除了自然人个人以外，主要有一般法人、证券公司（自营）、少量信托投资公司和封闭式基金等机构投资者。伴随着股票市场的发展，机构投资者队伍逐渐壮大，又先后出现了开放式基金、私募基金、各类资管计划（证券公司资管计划、基金公司资管计划）、QFII和RQFII、陆股通。养老基金、社保基金、企业年金、商业保险基金等机构投资者通过上述资管计划等渠道进入股票市场。

30年来，我国自然人投资者数量稳步增长。中国证券登记结算公司数据显示，截至2020年7月末，自然人投资者账户共16 976.99万户，非自然人投资者账户共39.95万户。根据表5－9中上交所的数据，2018年自然人投资者持股市值占比19.62%。

一般法人是指具有产业资本属性的法人单位。一般法人包括一般法人团体和非金融类上市公司。该类投资者主要是持有企业IPO之前股份的法人单位，往往是上市公司的控制人等大股东，是股票市场中最大的投资者。根据表5－9中上交所的数据，2018年一般法人投资者持股市值占比64.55%。遗憾的是，深交所没有定期披露各类投资者持股的数据，也缺乏权威且全面系统的境内市场持股结构统计数据，只有从不同视角、不同口径对市场投资主体投资状况的统计，如中国人民银行对境外机构和个人持有境内人民币金

① 沪港通和深港通合起来称为陆股通。

融资产情况（其中包括持有股票市值）的统计，中国基金业协会对基金管理公司及其子公司、证券公司、期货公司、私募基金管理机构资产管理业务规模的统计，但没有单独列出股票投资数据。中国银监会（现与中国保监会合并为中国银保监会）每月（2013年3月起）披露保险资金运用余额，包括投资于股票和证券投资基金的余额。我们从上海证券交易所查到了历年末一般法人、自然人、专业机构和沪港通持股总市值占比数据（见表5-9）。

表5-9 上海证券交易所各类投资者年末持股总市值占比（%）

	一般法人	自然人	专业机构	沪港通
2012年末	63.34	19.74	16.92	
2013年末	63.64	21.78	14.58	
2014年末	61.44	23.51	14.65	
2015年末	59.83	25.18	14.49	0.49
2016年末	60.00	23.70	15.58	0.72
2017年末	61.53	21.17	16.13	1.18
2018年末	64.55	19.62	13.92	1.91

资料来源：历年《上海证券交易所统计年鉴》。

机构投资者可分为境内机构投资者和境外机构投资者。境内机构投资者包括公募基金、私募基金、各类证券机构资管计划、基金专户等；境外机构投资者包括QFII、RQFII和通过陆股通渠道进入境内A股市场的境外投资者。

1998年真正意义上的证券投资基金（封闭型）发行并上市，之后为改善投资者结构，国家、监管部门陆续出台了支持机构投资者发展的政策和制度，鼓励中长期资金投资股票市场。2001年社保基金成立之初就以战略投资者身份参与A股配售，之后逐步加快了进入步伐，提高了投资比例。2016年5月，《全国社会保障基金条例》施行，为社保基金更好地规范入市行为提供了基础。2016年，我国启动基本养老金、职业年金入市。2004年2月，国务院明确提出支持保险基金以多种方式直接投资资本市场。2005年保险基金开始进入股市，之后入市规模和比例逐步提高。2000年10月，中国证监会颁布了《开放式证券投资基金试点办法》。2001 年 9 月，首只开放式证券投资基金——华安创新——发售。2013 年 6 月，修订后的《证券投资基金法》实施。2014 年，一系列私募基金监管制度发布并实施，私募基金进入规范发展阶段。2002 年 12 月起，我国开始施行 QFII 制度。2011 年 12 月，我国开始试行 RQFII 制度，并逐渐降低 QFII 和 RQFII 的进入门槛以及额度限制。2020 年 9 月 10 日，国家外汇管理局宣布取消 QFII 和 RQFII 投资额度限制，明确不再对单家合格境外机构投资者的投资额度进行备案和审批。2014 年 11 月，沪港通开通，2016 年 12 月，深港通启动，内地和香港市场互联互通机制得以建立，使内地和香港投资者（包括香港市场的国际投资者）可以通过沪港通和深港通买卖规定范围内的对方交易所上市的股票。自此开始，陆股通成为继 QFII 及 RQFII 之后境外机构投资者进入境内股票市场的另一重要渠道。证监会数据显示：截至 2020 年 8 月末，共有证券公司 134 家，取得公募基金管理资格的基金管理公司 129 家、资产管理机构 14 家，公募证券投资基金 6 613 只，基金管理公司从事特定客户资产管理业务的子公司 79 家，合格境外投资机构 322 家，人民币合格境外投资机构 256 家。

5.3.2 主要机构投资者投资情况

（1）各类机构投资者持股市值处于相对稳定状态。

各类机构投资者（其中包括一般法人）持股市值从 2009 年末的 92 596 亿元增长到 2020 年 6 月末的 322 542 亿元，总体上保持稳定增长的趋势，且基本保持与市场流通股总市值同步增长，但增速较后者稍慢，占流通股总市值的比重则基本没有大的变化（见表 5－10），各类机构投资者历年持股市值和占比情况如图 5－8 所示。

（2）保险基金持股市值及占比逐步上升。

保险基金持股市值从 2013 年末的 7 865 亿元增长到 2020 年 6 月末的 26 828 亿元，保持快速稳定增长的势头，增长速度高于市场流通股总市值，使得保险基金在流通股总市值中所占的比重从 2013 年末的 3.97%稳步上升到 2020 年 6 月末的 5.17%，保险基金历年持股市值和占比情况如图 5－9 所示。

表 5-10　各类机构投资主体持股情况

日期	流通股总市值（亿元）	各类机构持股市值（亿元）	各类机构持股市值/流通股总市值（%）	保险基金持股市值（亿元）	保险基金持股市值/流通股总市值（%）	外资持股市值（亿元）	外资持股市值/流通股总市值（%）	陆股通持股市值（亿元）	陆股通持股市值/流通股总市值（%）	QFII和RQFII合计持股市值（亿元）	QFII和RQFII合计持股市值/流通股总市值（%）
2009-12-31	149 618	92 596	61.89								
2010-12-31	191 041	123 498	64.64								
2011-12-30	163 597	109 747	67.08								
2012-12-31	180 142	119 926	66.57								
2013-12-31	198 026	126 111	63.68	7 865	3.97						
2014-12-31	314 765	198 261	62.99	10 326	3.28						
2015-12-31	415 548	242 999	58.48	15 462	3.72						
2016-12-30	391 046	236 593	60.50	17 788	4.55	3 006	0.77	1 702	0.44	1 186	0.30
2017-12-29	447 373	283 114	63.28	18 354	4.10	6 488	1.45	5 143	1.15	1 444	0.32
2018-12-31	352 459	232 735	66.03	19 220	5.45	7 898	2.24	6 518	1.85	1 095	0.31
2019-12-31	482 103	309 137	64.12	24 365	5.05	15 743	3.27	14 180	2.94	1 735	0.36
2020-06-30	519 190	322 542	62.12	26 828	5.17	18 599	3.58	17 053	3.28	1 957	0.38

资料来源：基础数据来源于 WIND 数据库、中国银保监会；各类机构持股市值为 WIND 数据库中历年上市公司年度报告和 2020 年中期报告机构持股汇总数，其中包括一般法人持股。

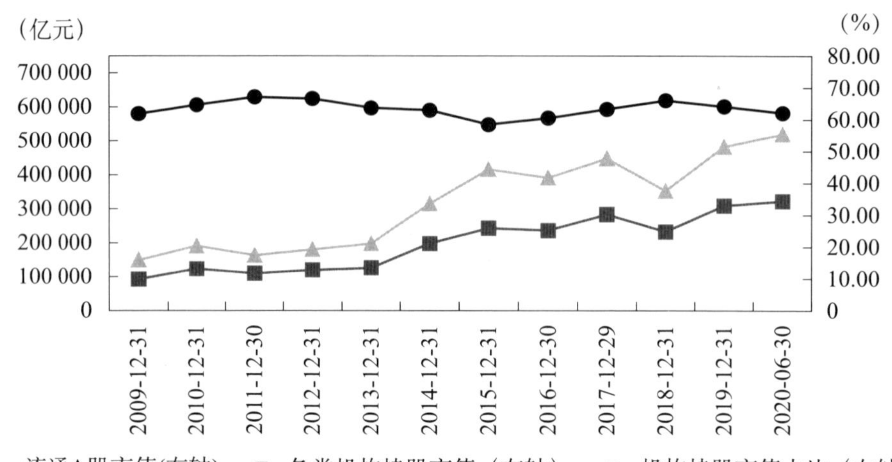

图 5-8　各类机构投资者历年持股市值和占比

资料来源：基础数据来源于 WIND 数据库；各类机构持股市值为 WIND 数据库中历年上市公司年度报告和 2020 年中期报告机构持股汇总数，其中包括一般法人持股。

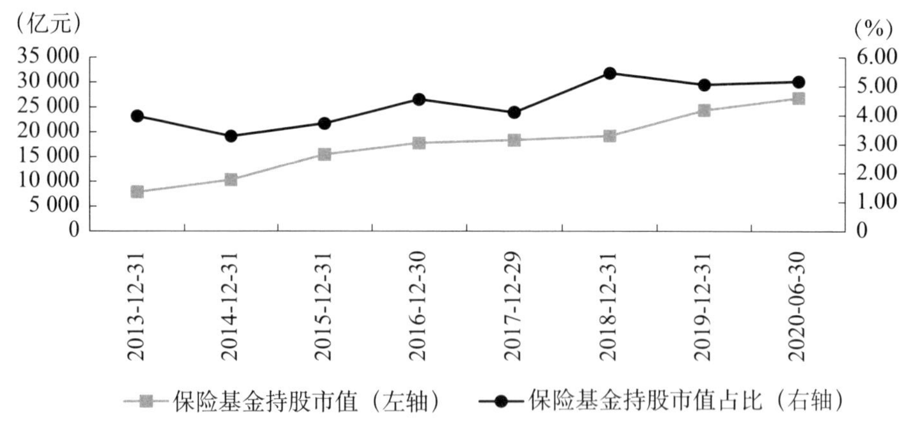

图 5-9　保险基金历年持股市值和占比情况

资料来源：根据 WIND 数据库、中国银保监会基础数据计算得出。

（3）外资持股市值及占比逐步上升，陆股通后来居上成为外资进入的主要渠道。

外资持股市值从 2016 年末的 3 006 亿元增长到 2020 年 6 月末的 18 599 亿元，保持快速稳定的增长势头，增长速度明显高于 A 股市场流通股总市值，使得境外资金在 A 股市场流通股总市值中所占的比重从 2016 年末的 0.77%稳步上升到 2020 年 6 月末的 3.58%，在图形上外资历年持股市值和占比表现为明显向上倾斜的曲线，如图 5－10 所示。另据国家外汇管理局的统计，2015 年末至 2020 年 6 月末，境外投资者持有境内股票规模从 1 088 亿美元上升至 3 684 亿美元，增长了 2.4 倍，占 A 股市场流通总市值的比重从 1.5%提升至 4.5%。① 其数据比表 5－10 中统计的相应数据还要高些。

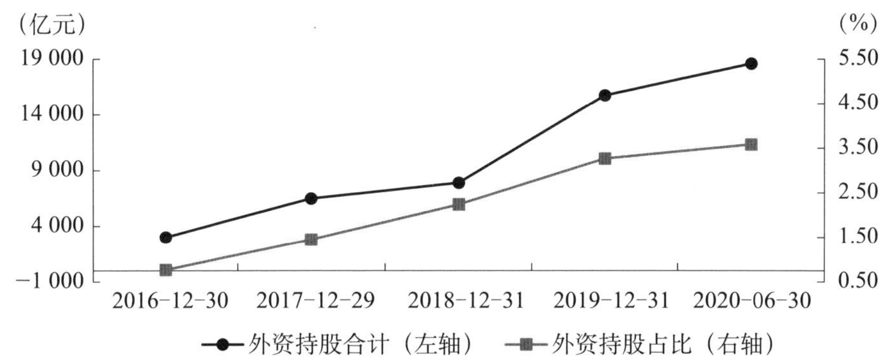

图 5－10　外资历年持股市值及在 A 股流通市值中的占比

资料来源：根据 WIND 数据库基础数据计算而得。

自 2002 年 12 月起，我国开始施行 QFII 制度，建立了资本项目管制条件下外资进入 A 股市场的管道，之后境外资金逐步通过这一管道进入 A 股市场。2011 年 12 月，我国开始试行 RQFII 制度，增加了境外人民币回流境内 A 股市场的渠道。QFII 曾经是境外投资者投资境内金融市场的主要渠道之一，为我国金融市场稳步开放和深化发展发挥了积极作用。统计显示，2016 年末 QFII 和 RQFII 合计持有 A 股市值 1 186 亿元，2020 年 6 月末逐步增长到 1 957 亿元，增速稍快于 A 股流通总市值，在 A 股市场流通股总市值中的占比也从 2016 年末的 0.3%增长到 2020 年 6 月末的 0.38%。在图形上历年 QFII 和 RQFII 合计持股市值及其占比总体上表现为稍微向上倾斜的曲线，如图 5－11 所示。

① 数据来自国家外汇管理局发布的《2020 年上半年中国国际收支报告》。

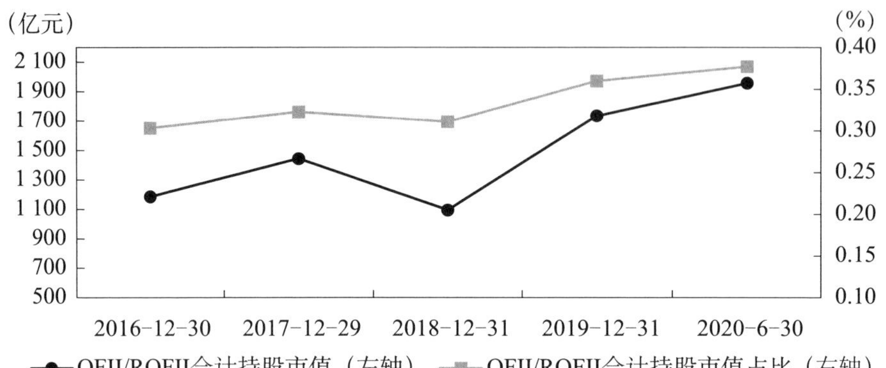

图 5-11　QFII 和 RQFII 合计持有 A 股市值及在 A 股流通市值中的占比

资料来源：根据 WIND 数据库基础数据计算而得。

2014 年 11 月，沪港通开通；2016 年 12 月，深港通启动，由于监管相对宽松，交易、进出更为便利，陆股通很快取代了 QFII 和 RQFII 成为外资进入 A 股市场的主要渠道，通过陆股通进入的外资持有的 A 股流通市值从 2016 年末的 1 702 亿元快速增长到 2020 年 6 月末的 17 053 亿元，其增长速度远远高于 A 股流通市值的增长速度，也远高于 QFII 和 RQFII 持有 A 股流通市值的增长速度。从图形上看，陆股通历年持股市值及其占比均表现为明显向上倾斜的曲线，如图 5-12 所示。

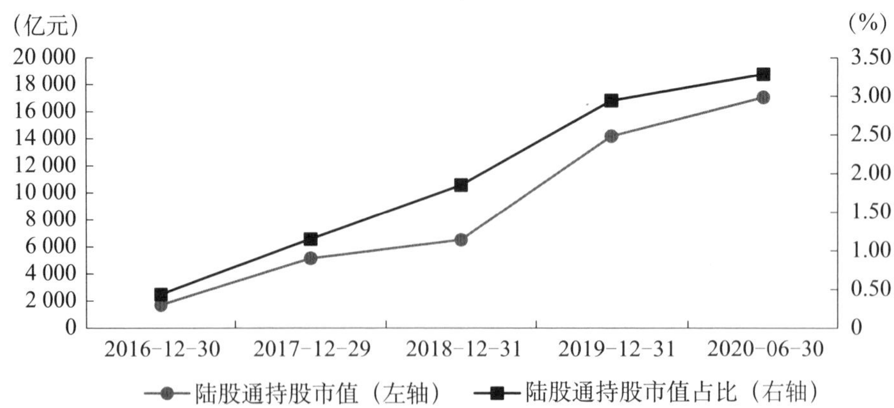

图 5-12　通过陆股通进入的外资持有 A 股流通市值及在 A 股流通市值中的占比

资料来源：根据 WIND 数据库基础数据计算而得。

5.3.3　资产管理行业资产管理规模总体稳定，结构发生较大变化

由于缺乏资产管理行业资金投资于A股市场的专题统计数据，我们通过中国证券投资基金业协会关于各类资产管理业务规模的数据（详见表5-11），分析资产管理行业资管业务规模总体的发展趋势。

总体看，2016年以来各类资产管理业务总规模缓慢增长，业务结构则有较大的调整。根据表5-11的数据可得出，在近5年的时间里，各类资产管理总规模从2016年第四季度的515 148亿元增长到2020年第二季度的549 268亿元，增长了6.62%，远低于同期A股市场流通股总市值32.77%①的增幅。根据表5-11的数据计算得出，2020年第二季度各类型资产规模占比分别为：公募基金30.78%，私募基金27.12%，证券公司资管计划18.69%，基金公司及其子公司资管计划14.76%，社保基金、养老金和企业年金5.15%，资产支持专项计划3.16%，期货公司资管计划0.34%。

从结构变化看，占比位居前两名的公募基金和私募基金均保持快速增长的势头，根据表5-11列出的数据，公募基金规模从2016年第四季度的91 593亿元增长到2020年第二季度的169 044亿元，增长幅度达84.56%，私募基金规模则从78 912亿元增长到148 981亿元，增幅达88.79%，均远高于同期A股流通市值32.77%的增幅。公募基金在总规模中的占比也从2016年第四季度的17.78%提高到2020年第二季度的30.78%，私募基金占比则从15.32%提高到27.12%。值得一提的是，社保基金、养老金和企业年金的业务规模和占比虽然目前排名都不在前面，但是与公募基金和私募基金同样表现出快速增长的势头。图形上均显示为向上倾斜的曲线，如图5-13、图5-14和图5-15所示。

① 根据WIND数据库基础数据计算，(2020年第二季度A股市场流通股总市值÷2016年第四季度A股市场流通股总市值－1)×100%＝(519 190÷391 046－1)×100%＝32.77%。

表 5-11　各类资产管理业务规模

单位：亿元

	公募基金	证券公司资管计划	基金公司资管计划	社保基金、养老金和企业年金*	基金公司子公司资管计划	期货公司资管计划	私募基金	资产支持专项计划	合计
2020Q2	169 044	102 633	43 033	28 314	38 017	1 877	148 981	17 369	549 268
2020Q1	166 367	104 653	41 454	25 250	39 970	1 642	143 123	16 884	539 343
2019Q4	147 673	108 310	43 444	24 131	41 885	1 429	140 830	16 491	524 193
2019Q3	137 876	115 093	43 358	21 454	44 087	1 342	136 282	14 580	514 072
2019Q2	134 563	125 332	42 606	20 100	46 738	1 268	133 339	14 589	518 535
2019Q1	139 432	132 718	42 077	18 994	49 104		132 393		514 718
2018Q4	130 347	133 569	43 702	16 728	52 470		127 064		503 880
2018Q3	133 589	141 772	44 719	16 219	56 301		128 019		520 619
2018Q2	126 983	152 769	45 860	16 193	61 240		126 022		529 067
2018Q1	123 664	164 591	47 885	14 638	68 245		120 359		539 382
2017Q4	115 997	168 843	49 625	14 650	73 099		111 003		533 217
2017Q3	111 407	173 746	49 885	14 345	79 585		103 224		532 192
2017Q2	100 723	180 975	49 105	14 310	85 948		94 553		525 614
2017Q1	92 953	187 714	51 197	13 237	99 137		87 459		531 697
2016Q4	91 593	175 782	51 043	12 787	105 031		78 912		515 148

* 2018 年第一季度（含）之前该项目名称为社保基金和企业年金，之后该项目名称改为社保基金、养老金和企业年金。

资料来源：中国证券投资基金业协会各期资产管理业务统计数据。

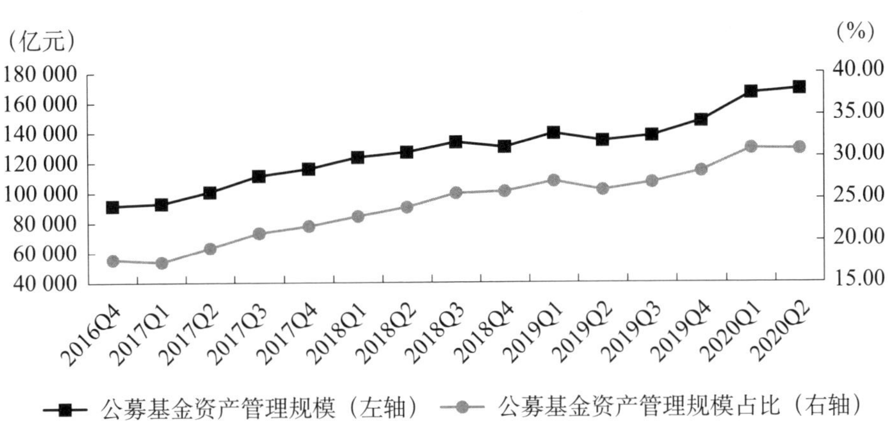

图 5－13　公募基金资产管理规模及其占比

资料来源：根据 WIND 数据库基础数据计算绘制。

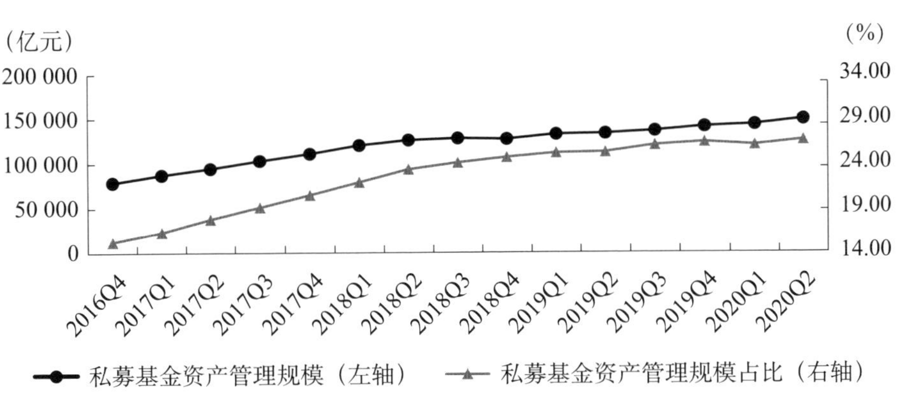

图 5－14　私募基金资产管理规模及其占比

资料来源：根据 WIND 数据库基础数据计算绘制。

与目前资产管理规模排在前两位的公募基金和私募基金快速增长不同的是，分别排在第三位和第四位的证券公司资管计划、基金公司及其子公司资管计划在规模和占比上都表现出明显的下降趋势。根据表 5－11 的数据计算可得出：证券公司资管计划规模从 2016 年第四季度的 175 782 亿元下降到 2020 年第二季度的 102 633 亿元，下降幅度达 41.61%；基金公司及其子公

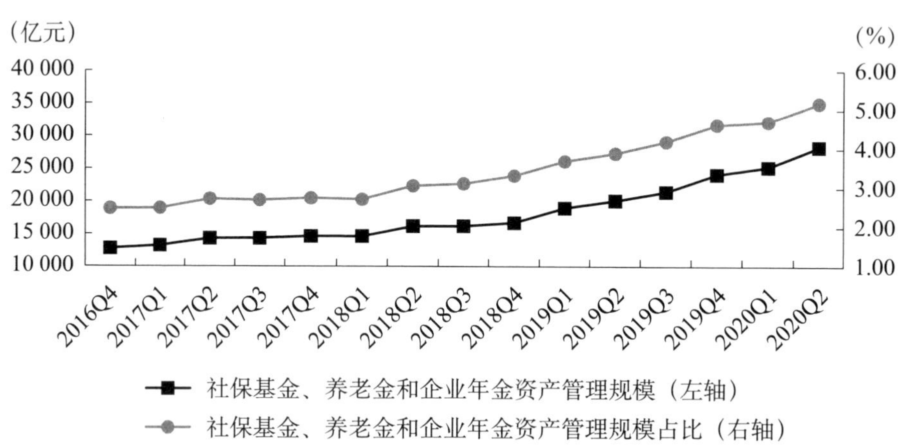

图 5-15　社保基金、养老金和企业年金资产管理规模及其占比

资料来源：根据 WIND 数据库基础数据计算绘制。

司资管计划规模则从 156 074 亿元下降到 81 050 亿元，降幅达 48.07%。这与同期 A 股流通市值增长走势明显相悖。证券公司资管计划规模在总规模中的占比也从 2016 年第四季度的 34.12%下降到 2020 年第二季度的 18.69%，基金公司及其子公司资管计划规模占比则从 30.30%下降到 14.76%。图形上均显示为向下倾斜的曲线，见图 5-16 和图 5-17。

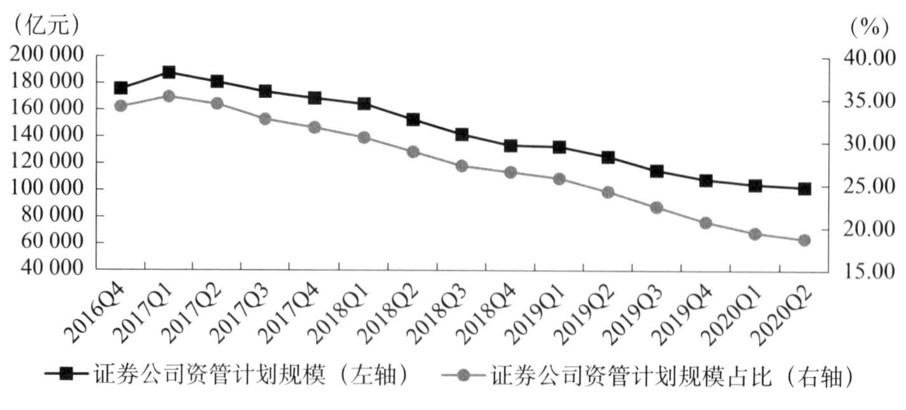

图 5-16　证券公司资管计划规模及其占比

资料来源：根据 WIND 数据库基础数据计算绘制。

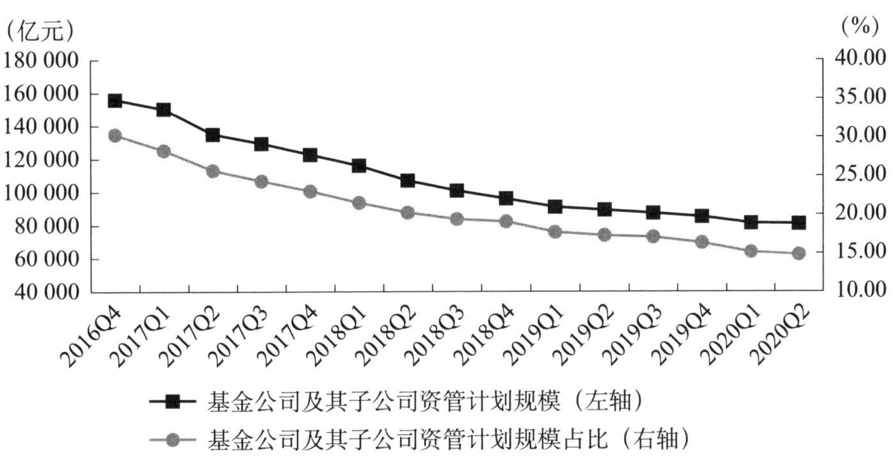

图 5－17　基金公司及其子公司资管计划规模及其占比

资料来源：根据 WIND 数据库基础数据计算绘制。

5.4　交易品种逐渐丰富，交易机制不断改善

5.4.1　交易品种逐渐丰富

沪深交易所市场开业以后，市场上与股票有关的交易品种逐步增加，形成了股票、基金、可转债、融资融券、股票期权以及股指期货等较为丰富的交易品种。交易方式也从单一的现货（本金）交易发展到现货（本金）交易＋信用交易（融资融券），再到现货（本金）交易＋信用交易（融资融券)＋衍生品交易（股指期货、期权），初步形成了多元化的交易方式。

（1）股票是市场上最基本的交易品种，也是沪深交易所最早的交易品种，其规模扩张是交易所市场发展的重要标志。我国上市股票总数、总股本、总市值分别从 1992 年末的 8 只、0.97 亿股、23.8 亿元发展到 2019 年末的 3 857 只、69 760.46 亿股、658 136.7 亿元（历年数值详见表 5－4)。1992 年沪深交易所成立以后，先后设立了 B 股（人民币特种股票）市场。截至 2020 年 9 月 25 日，沪深交易所共有 93 只上市 B 股，其中上交所 48 只，深交所 45 只。除了普通股之外，早在 20 世纪 80 年代，我国一些公司

还尝试过发行优先股，优先股是指依照《公司法》，在一般规定的普通股票之外，另行规定的其他股票种类，其持有人优先于普通股股东分配公司利润和剩余财产，但其参与公司决策管理等权利受到限制。2014 年 11 月，中国农业银行 400 亿元优先股在上交所挂牌交易，之后一些上市银行以及其他上市公司发行的优先股陆续在交易所挂牌。截至 2020 年 9 月末，两家交易所共有 48 只优先股挂牌，其中上交所 39 只，深交所 9 只。① 表 5－12 列出了历年优先股发行上市情况。

表 5－12　历年优先股发行上市情况（按上市日）

年度	优先股数量（只）	优先股募集资金（亿元）
2014	5	1 030.00
2015	12	2 007.50
2016	12	1 623.00
2017	1	200.00
2018	7	1 349.76
2019	6	2 550.00
2020	5	99.35
合计	48	8 859.61

说明：2020 年统计时间为 9 月末。
资料来源：WIND 数据库。

（2）证券投资基金是股票市场上重要的机构投资者，封闭型基金以及可上市的开放型基金是交易所市场上的交易品种。1993 年 8 月，首只在交易所市场上市的封闭式基金——淄博基金——在上海证券交易所挂牌。1994 年 3 月开始在沈阳证券交易中心、南方证券交易中心挂牌的基金先后通过与交易所联网交易方式，实现在交易所的交易。早期在证券交易所挂牌的基金并非证券投资基金。1997 年《证券投资基金管理暂行办法》发布后，1998 年 3 月，基金开元和基金金泰设立，拉开了封闭型证券投资基金发展的序幕。2000 年 10 月《开放式证券投资基金试点办法》发布，2001 年 9 月我国第一

① 参见上海证券交易所网站和深圳证券交易所网站。

只开放式基金华安创新诞生，之后开放式基金获得快速发展。2004 年 12 月，首只上市开放式基金南方积极配置基金在深交所挂牌交易；2005 年 2 月，首只交易所交易开放式指数基金华夏上证 50ETF 在上交所挂牌交易。之后证券投资基金品种越来越丰富，在交易所交易的数量也呈爆发式增长。截至 2020 年 9 月 25 日，沪深交易所共有多达 1 389 只证券投资基金挂牌交易，其中，上交所 731 只，深交所 858 只。①

（3）兼具股债双性特征的可转债。可转债全称为可转换公司债券，是指债券持有人有权依照约定的条件将所持有的公司债券转换为发行公司股票的公司债。1993 年 2 月，深宝安 A 发行的宝安转债在深交所上市，这是交易所上市的首只可转债。由于转股价格（25 元）过高，深宝安 A 股票的市场价格一直远低于 25 元，导致转股失败。1995 年末到期的 5 亿元债券给发行人深宝安带来了巨大偿债压力，对公司经营产生了很大冲击，使深宝安成为可转债失败的典型案例。1998 年吴江丝绸、南宁化工、茂名炼化三家未上市的公司发行了转换标的为各自原始股的可转债，前两家公司股票上市后其可转债成功转股，而茂名炼化的可转债则因发行人未上市，以最终持有人回售给发行人终结。以 2000 年上海机场发行的可转债——机场转债——为起点，可转债发行上市才真正走上了规范发展的道路。由于可转债具有股债双性特征，投资者既可享受标的股价上升的好处，又可选择继续持有债券以规避标的股价下跌的风险，所以可转债发行备受投资者青睐。对于发行人来说，则既可以通过发行可转债获得低利率成本的资金，又可通过恰当的转股方案设计，使债券在到期之前成功转股，而不必承担集中偿债的压力，许多上市公司纷纷选择通过发行可转债进行再融资。1993 年至 2020 年 9 月末，共有 486 家公司发行了可转债，共募集资金 9 101.81 亿元（见表 5 - 13）。上市公司可转债发行以后，会在证券交易所挂牌交易，直到临近债券到期日，若未转换为股票的债券少于一定规模（流通面值 3 000 万元），则发行人应发布公

① 数据来源于沪深交易所证券行情交易系统。

告并停止挂牌交易。截至2020年9月25日，在沪深交易所挂牌交易的可转债尚有248只，其中，上交所132只①，深交所116只②。实践中，上市公司发行可转债也可以采取可分离债券方式（称为“认股权和债券分离交易的可转换公司债券”），即把发行的可转债分离为认股权和普通债券分别上市交易，这样上市公司作为发行人可以筹集到两笔资金：一方面，可以获得发行债券募集的资金；另一方面，持有认股权的投资者行权认购股票时，发行人又获得了股票发行的募集资金。在一定的期限里，市场上会有同一发行人同时发行的普通债券和权证同时流通交易。2006年12月8日，马钢股份发行的可分离交易可转债（为首只可分离交易可转债）其普通债券和认股权证同时在上交所上市交易。此后，一些上市公司陆续采用此种方式发行可转债。

可交换公司债券是指上市公司的股东依法发行、在一定期限内依据约定的条件可以交换成该股东所持有的上市公司股份的公司债券。可交换债是与可转债相近的债券，债券持有人都拥有将债券转换为标的公司股票的选择权，所不同的主要是前者的发行人为上市公司股东，后者的发行人为上市公司；持有债券的投资者将债券转换为股票时，前者不增加上市公司股本，后者则使上市公司股本增加。2014年宝钢集团发行的标的为新华保险A股股票的可交换债在上交所上市，为首只公开发行并在交易所上市的可交换债，之后陆续有上市公司股东发行的可交换债在交易所挂牌交易。到2020年9月末，共有301家上市公司股东发行了可交换公司债，共筹集资金3 811.46亿元（见表5-13）。截至2020年9月24日，在上交所托管的可交换债券有74只，面值达1 661.35亿元③，深交所的可交换债券有3只④。

---

① 数据来源于上海证券交易所官网。
② 数据来源于深圳证券交易所官网。
③ 数据来源于上海证券交易所官网。
④ 数据来源于深圳证券交易所官网。

表5-13　历年可转债、可交换债发行上市情况（按上市日）

年度	可转债数量（只）	可转债募集资金（亿元）	可交换债数量（只）	可交换债募集资金（亿元）
1993	1	5.00		
1994				
1995				
1996				
1997				
1998	2	3.50		
1999				
2000	2	28.50		
2001				
2002	5	41.50		
2003	14	161.50		
2004	13	213.03		
2005				
2006	6	28.77		
2007	10	106.48		
2008	5	77.20		
2009	6	46.61		
2010	8	717.30		
2011	9	413.20		
2012	4	157.05		
2013	9	551.31	1	2.57
2014	12	311.19	3	55.60
2015	3	93.80	11	134.14
2016	12	226.52	58	572.63
2017	23	602.72	92	1 231.78
2018	78	1 073.10	38	556.51
2019	106	2 477.81	62	831.38
2020	158	1 765.72	36	426.87
合计	486	9 101.81	301	3 811.46

说明：2020年度数据截至9月末。
资料来源：WIND数据库。

（4）融资融券交易推动信用交易走向规范发展。融资融券交易又称证券信用交易、保证金交易，是指投资者向具有融资融券业务资格的证券公司提供担保物，借入资金买入上市公司证券（融资交易）或借入上市公司证券并卖出（融券交易）的行为。2010 年 3 月 31 日，沪深交易所开通融资融券交易系统，融资融券业务正式启动。这标志着交易所市场信用交易有了正规渠道，也标志着股票市场开始由单一的现货交易向现货交易＋信用交易发展，股票市场有了做空机制。自此之后，融资融券规模呈波动上升趋势。截至 2020 年 9 月 24 日，上交所融资余额达 7 328.59 亿元，融券余额达 554.21 亿元①，深交所融资余额达 6 858.03 亿元，融券余额达 295.21 亿元。② 两市合计融资融券余额达 15 036.04 亿元。其实，在沪深交易所推出融资融券交易之前，即 20 世纪 90 年代股票市场上就出现了信用交易，很多证券公司为增加股票的交易量和提高佣金收入，采取各种方法为部分客户交易提供透支的操作，即客户用自己账户上的一部分资金加上从证券公司透支的一部分资金买入股票，也出现过个别券商为客户提供融券交易的行为。但是，这种交易极不规范，风险很高，也不被监管层认可，尤其是自 1999 年 7 月 1 日起施行的首部《证券法》明确禁止融资融券交易，规定证券公司接受委托卖出的证券必须是客户证券账户上实有的证券，不得为客户融券交易。证券公司接受委托买入证券必须以客户资金账户上实有的资金支付，不得为客户融资交易。这种市场自发的信用交易随着市场监管的加强而基本消失。但是，2010 年场内融资融券正式开通以后，违规的场外融资也暗流涌动，每次股票市场活跃的时候，都有场外融资活动的影子，给市场运行带来了巨大风险，也对监管提出了挑战，成为监管的难点之一。

（5）股票期权——逐渐规范的股票衍生品。股票期权具体可以表现为权证和标准化期权合约，都属于股票衍生品。前者是由上市公司、上市公司控股股东以及合格机构发行的，约定持有人在规定期间内或特定到期日，有权

---

① 数据来源于上海证券交易所官网。

② 数据来源于深圳证券交易所官网。

按约定价格向发行人购买或出售标的证券。后者则是由证券交易所或其他交易者之外的主体制定的标准化期权合约，供交易者进行交易。融券交易和股票衍生品交易共同构成了我国股票市场的做空机制。

一是权证。在证券交易所挂牌的权证包括认购权证和认沽权证。20 世纪 90 年代，出现了以下现象：上市公司进行配股时，采取向原有股东发放认股权证的方式，在持有人行使认购权之前，认股权证可以在交易所挂牌交易，一些获得认股权证的股东可以选择行权认购配股股票，也可以将权证在市场上卖出变现。由于疯狂炒作的原因，一些认股权证的市场价格远远高于其内在价值（即权证价格远远高于标的股票市场价格－权证规定的认股价格），出现了早期的宝安权证，后来的柳工权证、悦达权证等典型案例，市场投机气氛浓烈，之后多年认股权证在市场上销声匿迹。之后，沪深交易所于 2005 年 7 月 18 日同时推出《权证管理暂行办法》，并将权证重新定义为：标的证券发行人或其以外的第三人发行的，约定持有人在规定期间内或特定到期日，有权按约定价格向发行人购买或出售标的证券，或以现金结算方式收取结算差价的有价证券。这就将权证发行人扩大到了上市公司之外的第三人，并规定对于已上市交易的权证，合格机构可创设同种权证，此外还推出了认沽权证。权证再次出现在交易所市场上，如 2005 年 8 月 22 日为配合股权分置改革而推出的宝钢认购权证在上交所挂牌上市。此后，一些上市公司、上市公司大股东、合格的券商纷纷发行和创设股票认购权证和认沽权证，权证交易再次活跃一时，直到 2010 年 2 月 8 日深交所中兴认股权证终止交易，2011 年 8 月 23 日上交所长虹认股权证终止交易，两家交易所市场的权证交易再次淡出。

二是标准化股票期权合约。期权合约是交易双方关于未来买卖权利达成的合约。在沪深交易所挂牌的股票期权合约为交易所统一制定的、规定买方有权在将来特定时间以特定价格买入或者卖出约定股票或者跟踪股票指数的交易型开放式指数基金（ETF）等标的物的标准化合约。按照合约类型，股票期权合约分为认购期权和认沽期权两种。股票期权作为衍生品，具有价格发现和风险管理的功能，它是进行风险管理和资源配置的一种有效工具。股票期权具有的杠杆功能可以让投资者以小博大获取杠杆收益，同时对买入持有期权的投资者而言，其最大的损失就是买入期权所支付的权利金，因此具有损失有限的优点。另外，投资者通过股票期权交易还可以起到对冲股票现货市场价格风险的作用。

2015 年 2 月 9 日，我国首只场内 ETF 期权——上证 50ETF 期权合约——在上交所上市交易，由交易所主导的、以标准化合约形式表现的、带有股票性质的期权合约问世。2019 年 12 月 23 日，上交所和深交所同时挂牌沪深 300ETF 期权合约，两个交易所的具体合约标的分别为华泰柏瑞沪深 300ETF 和嘉实沪深 300ETF。截至 2020 年 9 月 25 日，上交所共有 50ETF 期权未平仓合约 1 904 404 张，其中，未平仓认购合约 1 093 515 张，未平仓认沽合约 810 889 张；300ETF 期权未平仓合约 1 560 540 张，其中，未平仓认购合约 880 776 张，未平仓认沽合约 679 764 张。[①] 深交所共有 300ETF 期权未平仓合约 279 356 张，其中，未平仓认购合约 165 101 张，未平仓认沽合约 114 255 张。[②] 按照规定，合约单位为 1 张合约初始对应 10 000 份标的 ETF，之后当合约标的发生除权、除息时，对该标的所有未到期期权合约进行调整，包括对合约单位进行调整。目前，沪深交易所仅推出了上述以 ETF 为标的的合约，尚未推出以股票为标的的股票期权交易。

三是股指期货——证券交易所之外的交易品种。中国金融期货交易所于 2006 年 9 月成立后，2010 年 4 月 16 日，我国境内首只股指期货——沪深 300 股指期货合约——正式上市，开启了境内股票衍生品交易。之后，2015 年 4 月 16 日推出了上证 50 和中证 500 两个股指期货交易品种，2019 年 12 月 23 日又推出了沪深 300 股指期权交易。股指期货和股指期权交易的推出，增加了做多和做空的机制，使投资者尤其是机构投资者增加了在股票现货市场和股票衍生品市场交易的渠道，使得通过跨市场交易实现套期保值、规避

① 数据来源于上海证券交易所官网。

② 数据来源于深圳证券交易所官网。

风险成为可能，对市场整体而言，也使得价格发现有了更多的视角和更加丰富的价格期限结构。但是，在股票衍生品市场发展过程中，也存在诸多问题，如投资者参与程度较低、交易品种少、交易规模波动大、存在被操纵的可能等。市场功能的发挥并不理想。甚至在 2015 年股市出现危机时，起到了助涨助跌的作用，股指期货市场一度被管理层进行了诸多限制，几乎丧失了应有的市场功能。之后虽然逐渐松绑，但投资者参与程度低、交易规模不稳定等问题仍然存在。从市场交易规模看，2019 年有了较大起色，但是股票衍生品市场发展依然任重道远。

5.4.2　交易机制在不断探索中发展，交易手段科技化趋势明显

（1）交易机制的探索。

①涨跌幅限制制度的探索。涨跌幅限制制度也称涨跌停板制度，是旨在防止股市过度投机造成股价过度波动，以及减缓和抑制突发事件对股票市场的冲击，对每日股票买卖价格涨跌做出限制性规定的制度。涨跌停板制度的双刃剑特征，造成市场实践过程中管理层陷入两难选择境地：当管理层认为市场投机性过强，价格波动过于剧烈时，为了稳定市场运行，抑制价格过度波动，便会推出涨跌停板制度，同时就会引发市场交易低迷、有行无市的问题。当股票价格达到涨（或跌）停板时，往往有大量买盘（或卖盘）难以成交，造成市场流动性单向枯竭（即在涨停板上买不到，在跌停板上卖不出）、价格失真、价格信号失灵。反之，当管理层认为市场过度低迷，交投不够活跃，影响到市场功能的发挥时，就会倾向于选择取消涨跌停板制度。但是，这又可能会引发过度投机、过度炒作、市场操纵、股价剧烈波动的问题。这种两难选择在实践中就体现为“实行—取消—实行—取消……”的摇摆行为。沪深交易所成立初期，市场投资热情高涨，股市规模又很小，股票供求严重失衡，股价涨幅巨大。1992 年 5 月 21 日之前，就曾两次实行 5%的涨跌幅限制，在这期间还实行过 1%的涨幅限制和 0.5%的跌幅限制。1992 年 5 月 21 日，上交所全面放开股价，实行完全的自由竞价交易，当日就出现了“5・21”井喷行情（上证指数在 1992 年 5 月 21 日较前一交易日涨幅高达

105.27%，振幅更是高达118.47%）。到了1996年12月16日，管理层认为股市出现了过度投机现象。《人民日报》还发表了特约评论员文章《正确认识当前的股票市场》，认为最近一个时期的暴涨是不正常和非理性的。于是管理层恢复了涨跌停板制度，规定除了上市首日的证券外，证券当日交易价格相对于前一日收盘价的涨跌幅不得超过10%。1998年4月27日，出台上市公司ST制度，规定对ST和*ST股票实行5%的每日涨跌幅限制；2014年1月1日，对新股上市首日设置了新股发行价144%的涨幅限制，新股发行价64%的跌幅限制。由于涨跌停板制度的负面效应，其受到市场越来越多的诟病。2019年科创板推出时，就配以20%的每日个股涨跌幅限制，并规定IPO新股上市前5个交易日不设涨跌幅限制，相比主板涨跌停制度明显宽松；2020年创业板注册制改革，与科创板规定了相同的20%的涨跌幅限制，新股上市前5个交易日不设涨跌幅限制。

指数（或个股）熔断机制也称自动停盘机制，是指当股指（或个股价格）当日波幅达到规定的熔断点时，交易所为控制风险采取的暂停交易措施。它是与涨跌幅限制制度相近的制度。2016年1月1日，上交所、深交所、中国金融期货交易所（简称中金所）曾推出并实施指数盘中熔断机制，但由于实施第一周之内四次触发熔断，且并未如预期的那样稳定市场，反而加剧了市场下跌，中国证监会随即宣布自2016年1月8日起暂停实施该制度。之前也曾对上市首日无涨跌幅限制的新股实施个股盘中熔断机制。应当指出，熔断机制本身对稳定市场具有正面作用，但是需要选择恰当的推出时机和设计适当的熔断方案（尤其是熔断点和熔断时间的设定），如若不慎会适得其反。实际上，现行沪深交易所的交易规则中也有关于指数熔断和个股熔断的规定，如上交所在交易规则中就专门设立了有关指数熔断的内容，深交所在《深圳证券交易所创业板交易特别规定》中也有对创业板上异常波动的股票实施盘中临时停盘（即个股熔断）的规定。实践中，对新股上市实施的熔断基本上没有起到稳定股价的作用。

②交易方式的探索。交易所股票市场主要有竞价交易、大宗交易和盘后

定价交易三种交易方式。沪深交易所成立之初，就实行了集中竞价交易，早期的沪深交易所都规定了口头竞价，实际上由于计算机竞价方式的成功运行，口头竞价最终未能派上用场。客观上，我国两个证券交易所在交易手段上直接引入计算机，做到了基础平台的高起点。竞价交易按价格优先、时间优先的原则撮合成交，具体分为集合竞价和连续竞价。前者是指对一段时间内接受的买卖申报一次集中撮合的竞价方式，后者则是指对买卖申报逐笔连续撮合的竞价方式。集合竞价具有价格唯一的特点，在连续竞价开始前，沪深交易所采用该种方式对 5～10 分钟内参与买卖的报价和数量进行集中撮合，符合条件的申报成交，并形成当日的开盘价。后来 2004 年 5 月中小企业板开板实施了收盘集合竞价制度，2006 年 7 月 1 日深交所主板也实行了收盘集合竞价制度，即收市前 3 分钟进入集合竞价阶段，在收盘时间点集中撮合成交产生当日收盘价。2018 年 8 月 20 日，上交所也实行了与深交所相同的收盘集合竞价制度。开盘和收盘集合竞价制度能够起到抑制人为操纵拉抬或打压股票开盘价和收盘价，维护市场稳定运行的作用。

大宗交易又称为大宗买卖，是指证券单笔买卖申报数量或交易金额达到规定的最低限额的，买卖双方经过协议达成一致并经交易所确定成交的证券交易。大宗交易能够起到分流部分规模较大的股票买卖报单、降低交易成本以及减少对竞价交易系统的冲击的作用。深交所早在 1993 年 8 月就公布了《深圳证券交易所 B 股对敲交易暂行规则》，于 2002 年 2 月发布并实施了《深圳证券交易所大宗交易实施细则》，在 A 股市场正式推出大宗交易。上交所自 2003 年 1 月 10 日起实施《上海证券交易所大宗交易实施细则》，正式推出大宗交易。之后沪深交易所陆续在交易门槛、交易价格、交易时间和交易方式等方面对大宗交易制度进行了完善，并将原大宗交易细则纳入新的交易规则，形成了目前沪深交易所大致相同的大宗交易制度。A 股单笔买卖申报数量不低于 30 万股，或者交易金额不低于 200 万元人民币的，可以采用大宗交易方式，操作上有协议大宗交易和盘后定价大宗交易两种方式供交易者选择。由于大宗交易主要是机构投资者等交易规模大的投资者参与的交易，与竞价交易相比有其自身特点，因此，监管重点要放在大宗交易与竞价交易价差、大宗交易和竞价交易中的套利行为、是否进行利益输送等方面。

盘后定价交易是指在收盘集合竞价结束后，交易系统按照时间优先原则对收盘定价申报进行连续撮合，并以当日收盘价成交的交易方式。在科创板推出之前，A股的竞价交易收盘后当日交易就结束了。科创板推出时引入了盘后定价交易，交易日的15：05至15：30为盘后定价交易时间，9：30至11：30、13：00至15：30接受交易参与人收盘定价申报。创业板注册制改革后设置了与科创板基本一致的盘后交易制度。

③A股市场做市商制度渐行渐近。做市商制度指在证券市场上，由具备一定实力和信誉的证券经营机构向市场提供特定证券的双向报价，并接受其他投资者的买卖要求，以其自有资金和证券与投资者进行证券交易。做市商制度是与竞价交易平行的交易制度，具有提高市场流动性、稳定市场运行的作用，是一种成熟的交易制度。2014年8月25日，“新三板”市场正式推出做市商制度；2015年2月和2019年12月，上交所分别就上证50ETF期权（股票期权）、沪深300ETF期权（股票期权）交易推出做市商制度；2020年4月，国务院金融稳定发展委员会提出提升市场活跃度要求，同年6月，证监会主席表示加快推进引入做市商制度，上交所也表示适时推出做市商制度，保证市场流动性，从而保证价格发现功能的正常实现。A股市场做市商制度渐行渐近。

④回转交易制度“T+0”和“T+1”的选择。回转交易制度是指在证券成交后，何时应当办理好证券和价款清算交割手续的交易制度。就股票交易而言，就是指当天买入的股票是允许当天还是下一交易日或更长日期卖出。“T+0”就是当天买入的证券当天就可卖出，“T+1”则是当天买入的证券要到下一交易日才能卖出。关于回转交易“T+0”存废问题的讨论，基本上伴随我国股票市场30年发展历程的始终：上交所成立之初禁止“T+0”回转交易；为提高市场活跃度、增强市场流动性，1992年末和1993年11月上交所和深交所先后对A股和基金交易实行“T+0”；1995年初，为抑制市

场投机炒作，又以“T+1”回转交易取代；1992 年 B 股市场创建，就实行“T+0”，直至 2001 年末 B 股对内开放，开始实行与 A 股市场相同的“T+1”回转交易，同时又对可转债交易实行了“T+0”回转交易；2005 年对权证交易实行“T+0”，股指期货从 2010 年 4 月上市至今一直采用“T+0”交易；2015 年 1 月起，对跨境交易型开放式基金、跨境上市开放式基金等实行“T+0”。“T+0”作为一种成熟的市场交易机制，具有显著的正面效应，能够增强市场流动性，提高市场活跃度，降低跨市场交易风险，更快地实现价格均衡，提升市场效率。当今很多成熟市场都采用了“T+0”回转交易制度。同时，“T+0”也可能带来一些负面效应：第一，助长投机行为。由于在完全的“T+0”交易机制下，投资者在一个交易日里可以反复买进卖出，这就增加了操纵股价的手段，可以用较少的资金做出更大的成交量，人为制造不真实的量价关系。第二，由于可以频繁地反复买卖，会增加市场的磨损，加大投资者的交易成本（佣金、税收等）。鉴于此，“T+0”交易对市场各方主体都有更高的要求，如要求市场交易系统更加完善可靠，要求投资者更加理性成熟，要求监管者提高监管效率。所以，我国股票市场自 1995 年开始对 A 股交易一直选择采用“T+1”制度。随着市场的不断完善和发展，恢复“T+0”交易的讨论也日趋热烈。2020 年 4 月，国务院金融稳定发展委员会提出放松和取消不适应发展需要的管制，提升市场活跃度。同年 5 月，上交所表示要适时研究引入单次“T+0”交易。关于统一现货市场与衍生品市场、不同品种、境内外市场之间的交易回转制度再次成为热点，恢复 A 股市场“T+0”的问题开始进入实质性论证阶段。

（2）交易手段沿着一条清晰的技术推进型升级路径发展。

纵观我国股市 30 年的发展历史，交易手段沿着一条清晰的技术推进型升级路径发展。计算机技术、互联网技术、移动通信技术的应用和普及促进了新的委托交易手段的不断出现，便利程度明显提高，误差率显著下降，交易成本大幅降低，极大地提高了交易效率。股票委托交易手段经历了从现场到非现场、从线下到线上的发展历程（见表 5-14），红马甲（证券公司派驻场内代表）、接单员、报单员等岗位消失或基本消失，从不同时期《证券法》有关条文的变化就能够看出来：1999 年 7 月 1 日开始施行的首部《证券法》规定，投资者应当在证券公司开立证券和资金账户，以书面、电话以及其他方式，委托为其开户的证券公司代理及买卖证券；2019 年新修订的《证券法》规定，投资者应当与证券公司签订证券交易委托协议，并在证券公司实名开立账户，以书面、电话、自助终端、网络等方式，委托该证券公司代其买卖证券。目前，绝大多数股票交易是通过线上委托完成的。

表 5－14　我国的股票委托交易手段

<table>
<tr><td rowspan="3">现场
委托交易</td><td rowspan="5">线下</td><td>营业部当面（书面）委托交易</td></tr>
<tr><td>营业部磁卡刷卡自助委托交易</td></tr>
<tr><td>营业部计算机终端自助委托交易</td></tr>
<tr><td rowspan="4">非现场
委托交易</td><td>电话委托交易</td></tr>
<tr><td>传真委托交易</td></tr>
<tr><td rowspan="2">线上</td><td>互联网台式计算机终端委托交易</td></tr>
<tr><td>互联网移动设备终端（智能手机、笔记本电脑、平板电脑等）委托交易</td></tr>
</table>

交易所成立初期，投资者进行委托交易的手段以现场书面委托交易为主，以电话、传真等非现场委托交易为辅。最初始的现场书面委托交易也称柜台委托交易，需要投资者亲自到证券营业部填写委托单签章后，将委托单、股东卡、身份证交给营业部接单员，再由接单员传递给营业部报单员，报单员通过热线电话将投资者委托指令报给证券公司红马甲，由红马甲将委托交易信息输入场内与交易所主机相连的计算机终端，成交后再沿原路径逆向传给投资者。交易过程烦琐复杂，信息传递链条长，出差错的概率高。后来，随着新技术的应用，现场书面委托逐渐优化，精简了很多人工环节。在以现场委托交易为主的时期，需要容量较大的股票交易大厅。曾几何时，证券营业部为吸引客户对交易大厅做出了巨大投入，尽可能将交易大厅打造得宽敞明亮、富丽堂皇，以显示自身的实力。股票市场的冷热也能够从交易大厅得到反映，行情高涨时期交易大厅就会人头攒动，行情低迷时期就会门可

罗雀。到了 20 世纪 90 年代末期，现场委托交易增加了营业部内磁卡委托和计算机终端界面委托手段。进入 21 世纪，随着互联网的普及，2000 年 3 月 30 日，证监会颁布《网上证券委托暂行管理办法》，推动了互联网线上委托交易的快速发展，通过互联网计算机终端完成委托交易的规模逐渐超过现场委托交易。随着移动通信技术的应用和普及，进入 2010 年以后，移动委托交易终端开始出现，尤其是智能手机的出现，推动线上移动股票委托交易规模爆发式增长。2020 年 2 月，证监会称，目前通过互联网渠道利用网络终端、手机 APP 等方式进行证券交易的比例已超过 95%，若再加上电话等委托交易，非现场委托交易规模占比更高。证券公司营业部物理空间明显缩小（有行情揭示大屏幕的交易大厅基本消失），取而代之的是电子交易系统的不断扩容和升级，证券公司派驻交易所场内的红马甲、券商营业部报单员成为历史，证券公司营业部发展客户的地域限制趋于弱化。

参考文献

[1] 陈岱松．我国多层次资本市场的制度建构——基于国际比较的视角．东北财经大学学报，2008（4）．

[2] 胡海峰，罗惠良．我国多层次资本市场的生成机理与演化路径．中国社会科学院研究生院学报，2011（5）．

[3] 科斯，阿尔钦，诺斯．财产权利与制度变迁——产权学派与新制度学派译文集．刘守英，译．上海：上海三联书店，上海人民出版社，1994．

[4] 李幛喆．终于成功——中国股市发展报告．北京：世界知识出版社，2001．

[5] 卢现祥．西方新制度经济学．北京：中国发展出版社，2003．

[6] 马庆泉．中国证券史．北京：中信出版社，2003．

[7] 孙小凡．改革呼唤一个统一、多层次的资本市场格局．国有资产研究，1996（6）．

[8] 王国刚．创业投资：建立多层次资本市场体系．改革，1998（6）．

[9] 王国刚．建立多层次资本市场体系研究．北京：人民出版社，2006．

[10] 吴晓求，等．中国资本市场：创新与可持续发展．北京：中国人民大学出版社，2001．

第6章

中国资本市场的功能演进：从以融资为主到投融资并重

摘　要：金融功能的优化可以促进金融结构的升级，推动资本市场的发展。从金融功能发挥的角度切入，通过对过去十几年来金融资产结构的动态变化进行分析，可以推演出金融资产结构与金融功能的互进关系。但与西方发达国家相比，我国以市场为主导的金融体系结构存在投融资渠道相对单一、资源配置效率较低、其他衍生功能不足等问题，与我国当前经济转型发展需求、居民财富管理需求不适配。特别是在当前严峻的外部形势下，我国经济下行压力加大，全社会债务水平上升较快，风险不断沉淀和积聚，在推动经济高质量发展的进程中，亟待健全金融体系的高度适应性，迫切需要发挥市场机制的作用，大力发展资本市场，通过资本市场形成合理有效的定价，加速无效资产的出清及低效率机构的淘汰，实现金融资产结构优化与质量提升，最终进一步提高金融配置资源的效率，充分发挥财富管理的基本功能，不断提升金融反映风险、分散和管理风险的作用，并以实现人民币国际化、构建国际金融中心为核心完成金融功能的升级，真正形成支撑高质量发展的金融能力。

1. 我国金融结构的调整与演进

金融发展的一个重要表现是金融结构（即各种金融工具和金融机构的形式、性质及其相对规模）的变化，并集中体现在金融资产结构的变化上。从不同经济体金融体系的发展进程看，金融结构演进可以划分为三个基本的方向：一是“银行化”，即传统银行业务占比日益提高；二是“市场化”，即以资本市场为代表的直接融资所占比重提升；三是“影子化”，即影子银行业务重要性日益凸显。自改革开放以来，我国金融体系长期以银行为主导，分析中国金融资产总量及各类金融资产相对规模的动态变化可知，我国金融结构已经从“银行化”向“市场化”和“影子化”演进。

1.1　我国金融资产结构的动态变化

纵观金融发展与变革的历程可知，实体经济需求与金融制度供给之间存在紧密联系。改革开放之初，我国金融体系组成简单，金融功能单一，为了集中资源高速发展经济，我国形成了以银行为主导的金融体系。随着我国经济发展带来居民收入增长和产业升级加速，我国开始进行市场化改革，以满足社会经济各部门对于金融功能的升级需求，并解决传统金融体系长期运行中不断堆积的问题。资本市场在金融体系中的重要性不断提升，金融功能逐步优化，全社会金融资产结构正在发生变化。

如图 6-1 所示，根据相关部门的数据，在 2001—2018 年这 18 年中，国内经济主体持有的国内金融资产总额增加了 592 万亿元，年均增长 17%，至 2018 年末，余额达到 636.2 万亿元。

其中，存款年均增长 16%，2018 年达到 189 万亿元，存款所占比重最高为 35%（2002 年、2003 年及 2005 年），最低为 25%（2007 年），2018 年为 30%。贷款年均增长 17%，2018 年达到 162 万亿元，贷款所占比重最高为 27%（2002—2004 年），最低为 19%（2007 年），2018 年为 26%。证券（包括债券和股票）年均增长 18%，2018 年达到 125 万亿元。其中，债券年均增长 20%，股票年均增长 14%。证券所占比重最高为 31%（2007 年），最低为 14%（2004—2005 年），2018 年为 20%（见图 6-2）。

从 18 年的时间跨度看，国内经济主体持有的国内金融资产的变动状况呈现以下特点：

（1）总量稳步增长，金融深化持续推进。2018 年国内经济主体持有的国

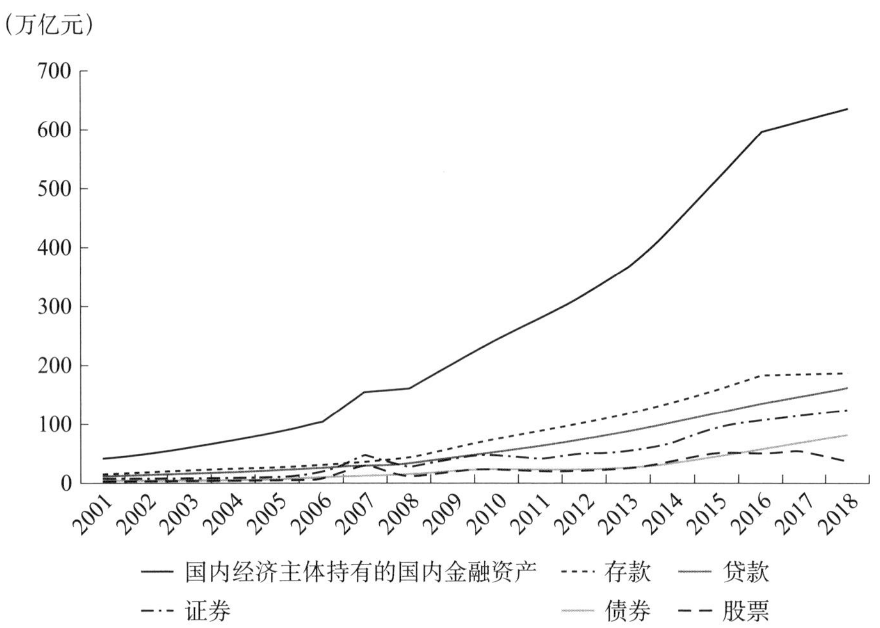

图 6－1　国内经济主体持有的国内金融资产总额及各类主要金融资产（2001—2018 年）

内金融资产总额 636.2 万亿元，是当年 GDP 的 7 倍，较 2001 年的 43.82 万亿元增加了 13.5 倍。

（2）就直接融资所占比重而言，受股票市场发展影响，证券资产年均增速较快，但是占比存在提升空间。2001 年，证券资产占比 18%，其中债券占比 8%，股票占比 10%。2001 年后，债券占比相对平稳，2014 年后呈现持续增长态势；2001 年后，股票占比有所回落，2006 年快速增长，2007 年达到 21%的峰值，此后有所回落。至 2018 年，证券资产总体占比 20%，较 2001 年上升 11 个百分点，较上一年上升 5 个百分点。

（3）间接融资比重过高，宏观杠杆率近年来上升较快。相对于 20 世纪 90 年代中期，我国的直接融资已获得长足发展，但与发达国家相比我国的直接融资水平还较低（易纲，2008）。国际金融危机爆发后，在对冲经济下行压力、扩大内需过程中，银行债务融资快速增长。债务融资显著上升，加之名义 GDP 增速下降，导致宏观杠杆率大幅上升（易纲，2020）。

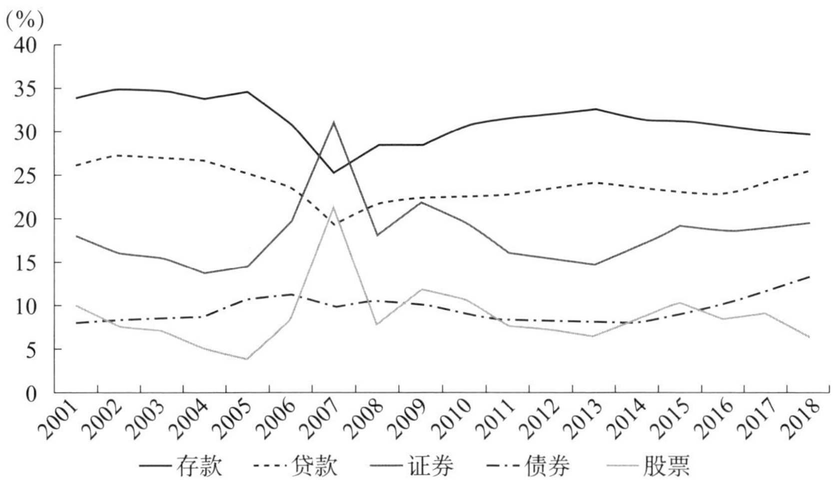

图 6－2　国内经济主体持有的国内各类主要金融资产占比（2001—2018 年）

说明：(1) 证券中包括债券和股票；(2) 金融资产总额中仅包括股票数据，按照深交所和上交所股票市值统计。

资料来源：2001—2016 年数据来源于 WIND 数据库；2017 年为估算值；2018 年数据来源于易纲（2020）。

由此可见，进入 21 世纪后，随着经济社会的发展，国内经济主体持有的国内金融资产呈现稳步增长态势。根据国家统计局的数据，2019 年，全国居民人均可支配收入达 30 733 元，首次突破 3 万元大关，比 2000 年实际增长 4.4 倍，年均实际增长 9.2%。随着居民财富的积累和人口老龄化速度的加快，居民家庭快速扩张的财富管理需求与资本市场整体的低投资回报率之间的矛盾日益突出。资本市场迫切需要满足居民日益增长的家庭财富管理需求（中国人民大学课题组，2020）。

同时，在当前严峻的外部形势下，我国经济下行压力加大，全社会债务水平上升较快，风险不断沉淀和积聚，在推动经济高质量发展的进程中，亟待健全金融体系的高度适应性，迫切需要发挥市场机制的作用；大力发展资本市场，通过资本市场形成合理有效的定价，加速无效资产的出清及低效率机构的淘汰，实现金融资产结构优化与质量提升，最终进一步提高金融配置资源的效率，充分发挥财富管理的基本功能，不断提升金融反映风险、分散和管理风险的作用。

1.2 金融资产结构与金融功能的互进关系

为了更清晰地观察金融资产结构变化与金融功能演进之间的关系，本节从各部门视角切入，进一步对居民、企业、政府、金融机构和国外部门的金融资产结构进行分析，拟从金融资产结构看金融功能的变化。图 6－3 至图 6－5 分别给出了上述五部门 2001—2018 年金融资金（资产）运用和金融资金净融入的测算结果，从中可以明显观察到以下变化。

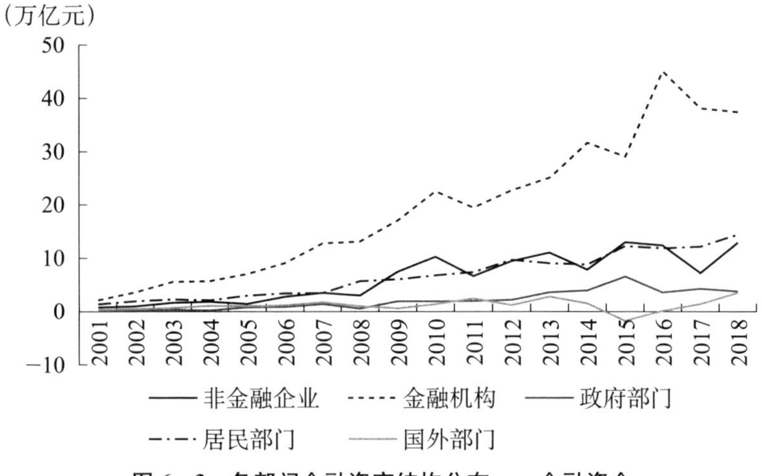

图 6－3 各部门金融资产结构分布——金融资金

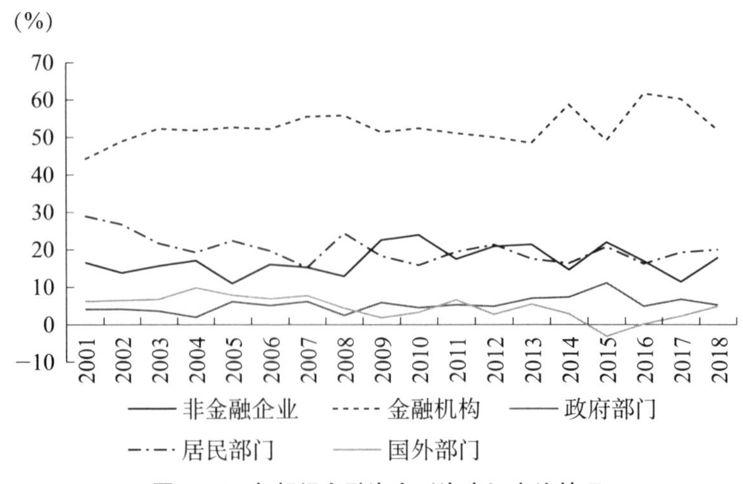

图 6－4 各部门金融资金（资产）占比情况

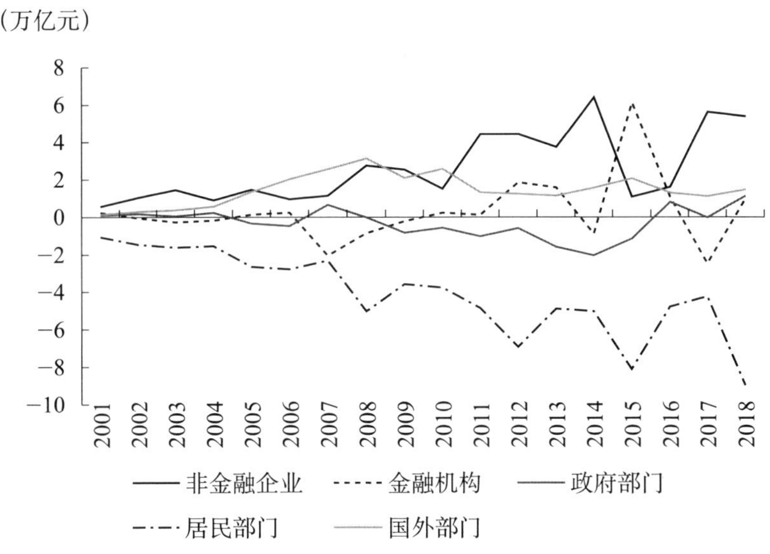

图6－5　各部门金融资金净融入情况

资料来源：中国人民银行资金流量表。

1.2.1　居民部门的金融资金稳步增加，资产结构更加多元

随着居民家庭财富的增加和资管业务的迅速发展，居民部门的金融资产（尤其是理财、信托、基金等资产）规模快速增长，2018年末居民部门金融资金运用总额达14.5万亿元，较2007年增长了3倍多，年复合增长率为13.76%。

从资金运用分项看，2018年末居民部门特定目的载体总额自2007年以来复合增长26.35%，占资金运用总额的比重达17.2%，相比2007年末的占比5.3%上升了11.9个百分点（见表6－1）。居民资产配置不再局限于银行存款，投资渠道的多元化丰富了居民财富管理的选择。

表6－1　居民部门金融资金来源和运用

	1995年				2007年				2018年			
	资金运用（万亿元）	占比（%）	资金来源（万亿元）	占比（%）	资金运用（万亿元）	占比（%）	资金来源（万亿元）	占比（%）	资金运用（万亿元）	占比（%）	资金来源（万亿元）	占比（%）
合计	0.89	100.0	0.036	100.0	3.51	100.0	1.20	100.0	14.5	100.0	5.47	100.0

续表

	1995年				2007年				2018年			
	资金运用（万亿元）	占比（%）	资金来源（万亿元）	占比（%）	资金运用（万亿元）	占比（%）	资金来源（万亿元）	占比（%）	资金运用（万亿元）	占比（%）	资金来源（万亿元）	占比（%）
通货	0.14	16.3			0.25	7.08			0.64	4.4		
存款	0.67	75.5			2.11	60.2			7.86	54.4		
贷款			0.036	100			1.20	100			5.36	98.0
保险准备金	0.01	1.2			0.30	8.5			1.80	12.5		
准备金												
证券	0.06	7.0			0.60	17.2			1.45	10.0		
债券	0.05	5.2			0.08	2.2			0.14	1.0		
股票	0.02	1.8			0.53	15.0			1.31	9.1		
特定目的载体					0.19	5.3			2.49	17.2		
中央银行贷款												
其他					0.03	0.9			0.21	1.5	0.10	1.9
直接投资												
其他对外债权债务												
国际储备资产												

说明：表6-1至表6-5的部分数据引自易纲（2020）的工作论文；表中“证券”这一栏的数据是“债券”栏和“股票”栏的合计数；由于数据四舍五入、保留的小数位数有限以及部分数据缺失，表6-1至表6-5中的合计数并不严格等于各项的加总数；各项占比的数值也不严格等于根据表中所显示的数据计算的结果。

资料来源：表6-1至表6-5的资料来源均为中国人民银行流量核算、金融账户资产负债核算。

1.2.2 企业部门是金融资金的最大净融入部门，股票融资占比下降，跨境投融资稳步增长

2018年末，企业部门资金运用和来源总额分别为12.95万亿元和18.33

万亿元，分别较 2007 年复合增长 12.60%、13.24%，资金净融入 5.3 万亿元，较 2007 年增长了近 4 倍，占 2018 年总净融入资金的 59.84%。从资金来源结构分析，贷款是企业的主要资金来源，2018 年占比 54.2%，长期保持较高速增长（见表 6－2）。随着债券市场的不断发展和完善，企业部门对于债券融资的依赖度不断提高，2007—2018 年间，债券融资占比累计提高 9.4 个百分点。企业部门股票融资增长放缓，2018 年末股票市值占比较 2007 年下降 28 个百分点。

随着金融市场的双向开放不断推进，企业部门运用外资的水平和能力不断提升，企业充分利用境内、境外两个市场及两种资源满足自身的资金需求，企业部门投融资规模稳步增长。2018 年末，企业部门国外金融资产和负债（含直接投资和其他对外债权债务）总额分别达 1.71 万亿元、2.19 万亿元，分别是 2007 年的 9 倍、3.91 倍。

表 6－2　企业部门金融资金来源和运用

	1995 年				2007 年				2018 年			
	资金运用（万亿元）	占比（%）	资金来源（万亿元）	占比（%）	资金运用（万亿元）	占比（%）	资金来源（万亿元）	占比（%）	资金运用（万亿元）	占比（%）	资金来源（万亿元）	占比（%）
合计	0.88	100.00	1.29	100.0	3.52	100.0	4.67	100.0	12.95	100.0	18.33	100.0
通货	0.01	1.14			0.03	0.9			0.07	0.5		
存款	0.74	84.09			1.69	47.9			6.53	50.4		
贷款			1.02	78.8	0.01	0.3	1.85	39.6			9.94	54.2
保险准备金	0.01	1.14			0.02	0.6			0.11	0.9		
准备金												
证券			0.01	1.1	1.43	40.6	2.26	48.4	2.12	16.4	5.45	29.7
债券							0.07	1.4	0.05	0.4	1.97	10.8
股票			0.01	1.1	1.43	40.6	2.19	47.0	2.07	16.0	3.48	19.0

续表

	1995年				2007年				2018年			
	资金运用（万亿元）	占比（%）	资金来源（万亿元）	占比（%）	资金运用（万亿元）	占比（%）	资金来源（万亿元）	占比（%）	资金运用（万亿元）	占比（%）	资金来源（万亿元）	占比（%）
特定目的载体					0.04	1.2			1.62	12.5		
中央银行贷款												
其他					0.11	3.2			0.79	6.1	0.76	4.2
直接投资	0.05	5.68	0.20	15.6	0.08	2.3	0.44	9.4	1.30	10.1	1.90	10.3
其他对外债权债务	0.07	7.95	0.06	4.5	0.11	3.0	0.12	2.6	0.41	3.2	0.29	1.6
国际储备资产												

1.2.3 政府部门的股票资产减少、贷款显著增加，由金融资金的净供给者变为净需求者

2018年末，政府部门金融资金运用和来源总额分别为3.8万亿元和4.94万亿元（见表6-3），较2007年末复合增长9.36%和8.23%，资产增长速度略快于负债增长速度。政府部门资金运用和来源之差由2007年末的0.65万亿元提升至2018年末的1.14万亿元。

从资金来源看，政府债务和保险收入快速增加，2018年末债券、保险准备金和贷款分别占政府部门资金来源总额的67.6%、18.1%和13.7%，较2007年末年均增长6.81%、8.31%、20.18%。从资金运用看，政府部门直接持有的股权锐减，持有的股票从2007年末的0.93万亿元下降至2018年的0.2万亿元，主要是由于股权分置改革后，限售法人股陆续解禁，将手持股权通过市场出售、转给国有企业或融资平台。

表6-3　政府部门金融资金来源和运用

	1995年				2007年				2018年			
	资金运用（万亿元）	占比（%）	资金来源（万亿元）	占比（%）	资金运用（万亿元）	占比（%）	资金来源（万亿元）	占比（%）	资金运用（万亿元）	占比（%）	资金来源（万亿元）	占比（%）
合计	0.13	100.0	0.14	100.0	1.42	100.0	2.07	100.0	3.80	100.0	4.94	100.0
通货	0.01	4.4			0.00	0.3			0.01	0.4		
存款	0.12	91.4			0.45	31.4			3.36	88.3		
贷款			0.04	28.2			0.09	4.2			0.68	13.7
保险准备金							0.37	17.8			0.89	18.1
准备金												
证券			0.09	66.4	0.93	65.8	1.62	78.0	0.27	7.0	3.34	67.6
债券			0.09	66.4	0.00	0.3	1.62	78.0	0.06	1.7	3.34	67.6
股票					0.93	65.5			0.20	5.3		
特定目的载体					0.02	1.4			0.07	1.8		
中央银行贷款												
其他					0.01	1.0			0.10	2.6	0.01	0.3
直接投资												
其他对外债权债务		4.2		5.5							0.02	0.3
国际储备资产												

1.2.4　金融机构资产在资产结构中的占比进一步提高，贷款和债券投资规模明显上升

2018年金融机构资金运用和来源总额分别为37.4万亿元、38.4万亿元，较2007年末分别年均增长10.25%、12.29%。从资金来源结构看，2018年末存款占资金来源总额的49.8%，较2007年下降6.1个百分点。从

资金运用结构看，2018 年末贷款达 16.6 万亿元，较 2007 年末年均增长 10.79%，占资金运用总额的比重为 44.2%。

债券投融资规模显著上升，2018 年债券投、融资额分别为 8.25 万亿元、3.21 万亿元，较 2007 年分别年均增长 12.26%、11.20%，分别占资金来源和运用总额的 22%、8.4%（见表 6-4）。

表 6-4　金融机构金融资金来源和运用

	1995 年				2007 年				2018 年			
	资金运用（万亿元）	占比（%）	资金来源（万亿元）	占比（%）	资金运用（万亿元）	占比（%）	资金来源（万亿元）	占比（%）	资金运用（万亿元）	占比（%）	资金来源（万亿元）	占比（%）
合计	1.72	100.0	1.74	100.0	12.8	100.0	10.73	100.0	37.4	100.0	38.4	100.0
通货			0.13	7.5			0.43	4.0			0.73	1.9
存款	0.01	0.8	1.00	57.3	0.09	0.7	6.00	55.9	1.32	3.5	19.1	49.8
贷款	0.96	56.1			5.38	42.1	0.06	0.6	16.6	44.2	0.38	1.0
保险准备金			0.01	0.8			0.26	2.4			1.02	2.7
准备金	0.19	10.8	0.19	10.7	1.18	9.2	0.87	8.1	2.38	6.4	2.39	6.2
证券	0.05	3.1	0.00	1.7	2.77	21.7	2.01	18.7	8.96	23.9	4.31	11.2
债券	0.05	3.1	0.00	1.7	2.31	18.1	1.00	9.3	8.25	22.0	3.21	8.4
股票					0.46	3.6	1.00	9.3	0.71	1.9	1.1	2.9
特定目的载体					0.17	1.3	0.47	4.4	1.18	3.1	5.41	14.1
中央银行贷款	0.19	11.1	0.19	11.1		1.1	0.11	1.0	1.04	2.8	1.04	2.7
其他	0.19	10.8	0.18	10.6	0.37	2.9	0.50	4.7	3.74	10	3.91	10.2
直接投资												
其他对外债权债务	0.01	0.8	0.01	0.3		3.8	0.04	0.4	0.08	0.2	0.1	0.3
国际储备资产	0.11	6.4				17.0			2.17	5.8		

1.2.5 国外部门金融市场投资占比提高

2018年末，国外部门金融资金运用和来源总和分别为3.56万亿元和5.03万亿元（见表6-5），分别较2007年末年均增长6.48%和1.35%。国外部门资金主要运用于直接投资，但2018年相比2007年占比有所下降。2018年末，直接投资占资金运用总额的比重为53.2%，较2007年末下降0.9个百分点。

随着我国金融市场对外开放的程度不断提升，国外部门在我国金融市场上的重点参与度提升。2018年末，债券和股票投资占资金运用总额的比重分别为4.8%和13.2%，较2007年末分别上升4.8和3.8个百分点。

表6-5 国外部门金融资金来源和运用

	1995年				2007年				2018年			
	资金运用（万亿元）	占比（%）	资金来源（万亿元）	占比（%）	资金运用（万亿元）	占比（%）	资金来源（万亿元）	占比（%）	资金运用（万亿元）	占比（%）	资金来源（万亿元）	占比（%）
合计	0.42	100.0	0.43	100.0	1.78	100.0	4.34	100.0	3.56	100.0	5.03	100.0
通货					0.03	1.9			0.01	0.2		
存款					0.13	7.5	0.09	2.0	0.23	6.4	0.16	3.1
贷款					0.15	8.4	0.17	3.9	0.12	3.5	0.32	6.4
保险准备金												
准备金									0.01	0.3		
证券					0.17	9.4	0.03	0.8	0.64	17.9	0.34	6.8
债券									0.17	4.8	0.16	3.1
股票					0.17	9.4	0.03	0.8	0.47	13.2	0.19	3.7
特定目的载体					0.13	1.0			0.06	1.5		
中央银行贷款												

续表

	1995年				2007年				2018年			
	资金运用（万亿元）	占比（%）	资金来源（万亿元）	占比（%）	资金运用（万亿元）	占比（%）	资金来源（万亿元）	占比（%）	资金运用（万亿元）	占比（%）	资金来源（万亿元）	占比（%）
其他				1.0					0.20	5.5	0.24	4.8
直接投资	0.31	74.5	0.06	12.8	0.97	54.10	0.20	4.7	1.90	53.2	1.3	25.9
其他对外债权债务	0.11	25.5	0.12	28.2	2.27	17.8	0.93	21.4	0.40	11.3	0.49	9.7
国际储备资产			0.25	58.0			2.92	67.3			2.17	43.4

通过对不同时期居民部门、企业部门、政府部门、金融机构和国外部门的金融资产比重变化的分析，我们可以看出我国金融交易市场的市场性增强，政府部门角色改变，不再是单一的资金供应者。我国金融功能从以融资为主演变为投融资并重、多功能（清算和支付、价格发现、财富管理）协同。居民部门和国外部门的资金增长较快，银行存贷款、股票资产不再是单一的投融资选择，债券、境外资产比重提升，各部门金融资产逐渐多元化分布。

1.2.6 全球主要国家的金融结构现状比较

前文提到，金融体系结构主要分为市场主导型和银行主导型，在银行导向型金融体系中，跨期配置资源主要依靠银行——其典型案例是德国和日本，而在市场导向型金融体系中，资本市场（尤其是股票市场）扮演着更加重要的角色——其典型案例是美国和英国。本节将分析全球主要国家的金融结构现状，分析各国不同的金融体系在发挥金融功能，进而促进经济稳定高效发展方面究竟存在何种差别，为中国现代金融体系构建提供参考依据。

银行导向型金融体系和市场导向型金融体系的区别主要表现为一国银行和资本市场的力量强弱对比。图6-6显示了全球主要发达经济体和新兴经济体银行部门提供的国内信用与年末上市公司总市值的比值。在英国、美国等采用市场主导型金融体系的国家，银行信用只相当于股市的 1.6 倍左右，远远低于采用银行主导型金融体系的德国和日本，后两者银行信用和股市市值的比值在 3 倍左右。在新兴经济体中，中国采用的是典型的银行主导型金融体系，中国的银行提供的信用和股市市值之比在 2018 年达到 4.8，远远高于印度尼西亚、印度、马来西亚、墨西哥等新兴经济体。图 6－7 比较了 1992—2018 年中美两国银行部门提供的国内信用/股市市值。

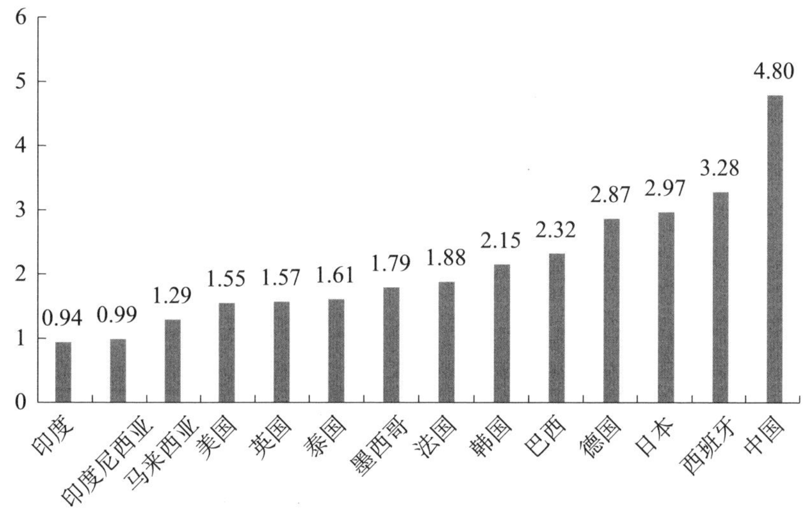

图 6－6　全球主要发达经济体和新兴经济体银行部门提供的国内信用/股市市值（2018—2019 年）

资料来源：2018—2019 年世界银行披露的各经济体的最新数据，其中英国、加拿大的数据来源于殷剑峰（2018）。

考虑这一指标与一国经济发展之间的关系，在新兴经济体中，采用银行主导型金融体系的中国在经济发展速度上已经远超过采用市场主导型金融体系的印度等国；而在全球四大经济体中只有美国是采用市场主导型金融体系，那么银行主导型金融体系是不是一国经济的最优选择？本章进一步比较了中国与其他四个发达经济体的资本市场（股市）指标。如图 6－8 所示，日本和德国的资本化率水平远低于英国和美国，但前两者的市场波动性也显著高于英国和美国。中国的资本化率水平最低，比德国低 5 个百分点左右，

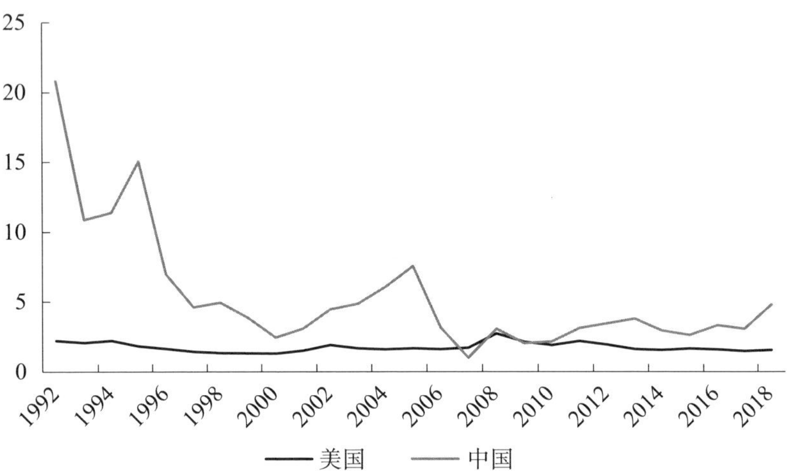

图 6-7　银行部门提供的国内信用/股市市值（中美对比）

资料来源：世界银行。

比美国低 82 个百分点左右。但同时，中国股市的波动性排在中间位置。换言之，中国股市发展水平低，但风险居中。

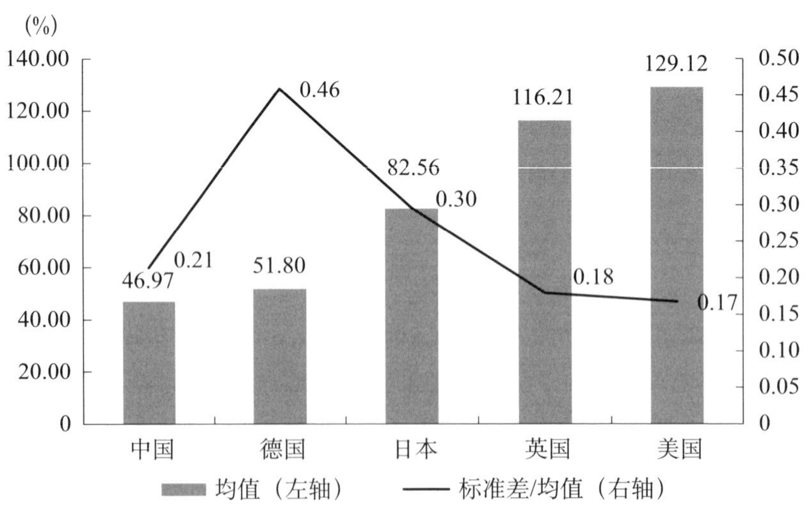

图 6-8　2000—2019 年资本化率均值和波动性

说明：英国计算数据为 2000—2016 年，美国计算数据为 2000—2018 年。

资料来源：世界银行。

从金融机构的相对规模看，在银行主导型金融体系中，存款性金融机构占据主导地位；在市场主导型金融体系中，资本市场占据重要位置，包括共同基金、证券公司、信托公司等在内的其他金融机构占比远高于银行主导型金融体系（见图6-9）。

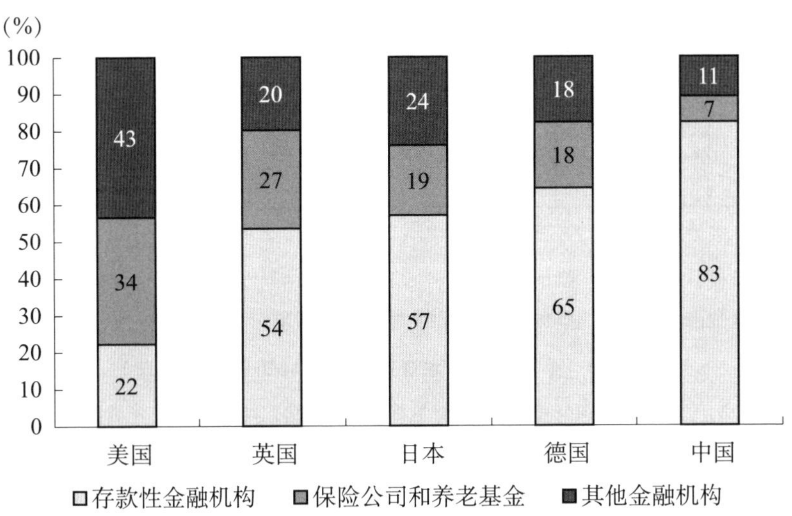

图6-9　2017年金融机构的结构

说明：由于数据四舍五入的关系，图中各国三项数据加总并不严格等于100%。

从居民的金融资产结构看，在市场主导型金融体系中，居民持有的存款占比远远低于银行主导型金融体系。例如，美国居民存款只占全部金融资产的14.13%，而德国、日本的这一数值分别为36.1%、48.1%。此外，在采用市场主导型金融体系的美国，居民直接持有的股权及债券金融工具（占比54.17%）也远远高于采用银行主导型金融体系的日本和德国。不过，市场主导型金融体系和银行主导型金融体系也存在共同点：保险和养老金在居民资产组合中都是最重要的资产（见图6-10）。

与四个发达经济体相比，中国居民资产组合表现出几个不同特点：其一，存款的比重非常高；其二，保险和养老金的份额异常低；其三，“其他”的份额非常高，而“其他”中主要是以银行理财为代表的各种理财产品，这

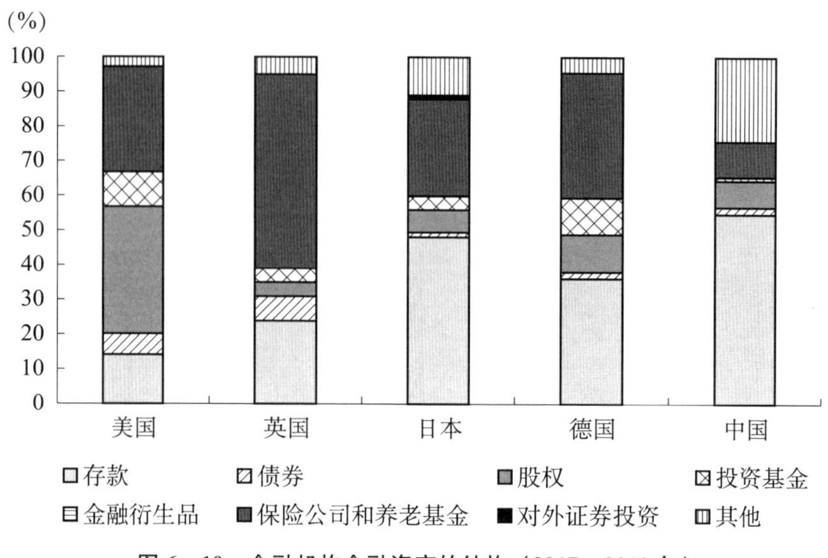

图 6－10　金融机构金融资产的结构（2017—2019 年）

说明：以上数据均为各国公开的最新统计数据，其中美国、英国为 2017 年数据，德国、日本、中国为 2019 年数据。

资料来源：CEIC、WIND 数据库。

反映了中国资本市场的落后。

由于保险和养老金在银行主导型金融体系和市场主导型金融体系的居民资产组合中都占有重要地位，可进一步观察一下保险和养老金的资产组合。银行主导型金融体系和市场主导型金融体系的共同点远多于不同点：无论是采用银行主导型金融体系的日本和德国，还是采用市场主导型金融体系的美国和英国，股权和基金、债券都占到全部资产组合的 60%左右。也就是说，保险公司和养老基金是各国资本市场的主要投资者。在日本，如果将境外证券算上，则保险和养老金的资产组合中接近 80%投向了境内外资本市场。与四个发达经济体相比，中国保险和养老金投资于股权和基金、债券的比重不到 50%，其中投资于股权和基金的份额（12%）更是远低于日本之外的其他三个发达经济体，而“其他”占比高达 40%——由于中国缺乏发达的资本市场，这部分当中投资于同业和非标资产的比重非常高。

比较各国金融体系可以发现，银行主导型金融体系通常具有更加强烈的政府干预倾向，而在（资本）市场主导型金融体系中金融资源的配置主要依靠市场机制。前者通常是后发国家实现赶超的工具，而后者则是全球领先国家的根本特征。在人口红利和经济赶超时期，我国长期以来使用以银行为主导的封闭金融体系，当前我国正在从中等收入国家向高收入国家迈进，产业结构转型升级，居民生活水平提高。从企业角度看，高新技术行业、互联网行业等在经济中的占比提升，企业从传统劳动密集企业、重资产企业向资本密集企业转型，企业的融资需求大，项目风险高、投入期长，对于市场资本的需求改变；从居民角度看，居民对于个人财富管理的需求提升，期待金融市场能提供更多不同风险类型的金融投资工具；从政府角度看，政府转型提效，不再扮演单一的国有企业背书人的角色，以提高国有企业运营效率和市场竞争力。基于对多元金融市场的需求，中国需要建设开放的市场主导型金融体系，以适应未来中国经济发展的需求。“开放”，即同时开放对内对外的金融业准入限制，逐步开放资本金融账户的管制，引入境外资金，提高人民币的国际地位；“市场主导”，即发挥市场在金融资源配置中的决定性作用，使市场存在更多收益与风险更为匹配的金融产品，以满足市场各类投资者的需求。

1.3　国际金融市场的发展趋势和特点分析

国际金融市场是实现跨境贸易和投资交易的重要载体，对世界经济的影响巨大。国际金融市场除了具有转移国际资本、输送国际劳务和买卖国际商品的功能外，还能够为黄金、外汇的买卖和国际资金货币的运转等提供交易的平台，以推动国际经济的发展。就国际金融市场来讲，国际金融市场上的融资手段、投资机会以及投资方式更新的速度非常快，这些金融活动已经远远超出了传统实体经济的范畴，并且逐渐占据了推动世界经济向前发展的主导地位，所以国际金融市场当中的金融活动既是推动世界经济快速向前发展的主导因素，也是推动世界经济快速向前发展的动力。只有清楚了解国际金融市场的特点和发展趋势才能不断实现持续性发展理念，与此同时还可以解决现阶段经济金融市场中存在的问题。

国际金融市场资产（金融中介资产）总额在经历 7～8 年的波动增长后，进入下行通道。2018 年，全球金融中介机构资产总额达到 377.93 万亿美元，同比增速仅为 1.35%，创下近 10 年来新低（见图 6-11）。这说明，一方面，国际金融市场资产总额或净额已达到相当可观的规模；另一方面，全球经济不确定性提升在一定程度上抑制了金融投融资行为。

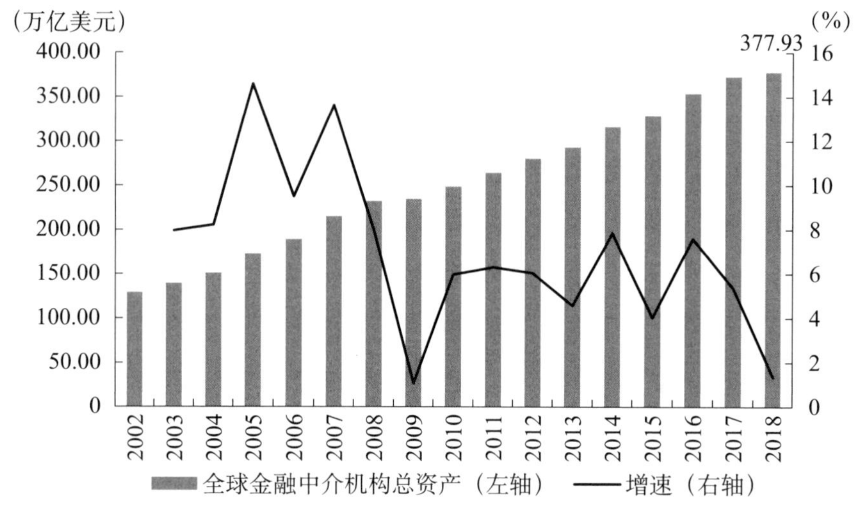

图 6-11　全球金融中介机构总资产及其增速

资料来源：WIND 数据库。

从国际金融中介机构总资产结构的变化切入，我们可以看到：(1) 商业银行总资产在金融中介机构中占比下降。2018 年全球银行总资产为 147.86 万亿元，较 2002 年的 56.96 万亿元增长了 1.6 倍，但在总资产中的占比较 2002 年降低了 5 个百分点。(2) 中央银行资产和其他金融中介机构（影子银行）的总资产占比提升。2018 年中央银行和其他金融中介机构的总资产分别达 30.06 万亿元、114.30 万亿元，在总资产中的占比较 2002 年分别提升了 4.0 个百分点、8.4 个百分点（见图 6-12 和图 6-13）。这一方面预示着中央银行对于金融市场监管的参与力度提升，另一方面也预示着全球金融市场正在市场化、影子化。(3) 保险公司和养老基金的占比在 2008 年触底后，长期保持稳定。这意味着全球居民对于保险、养老产品的需求已经饱和，市场较难出现明显的需求增加，也可以解读为全球资产更多地被用于财富创造（投资收益）而非保值（保险）。

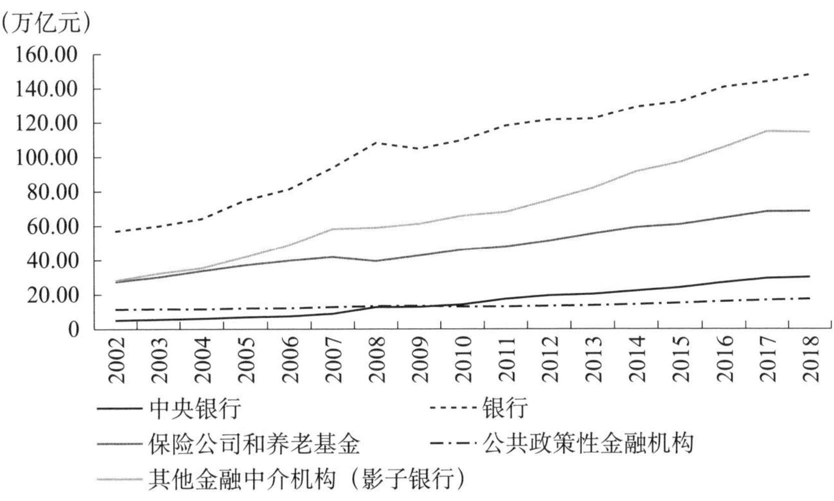

图 6－12　全球金融中介机构总资产分布

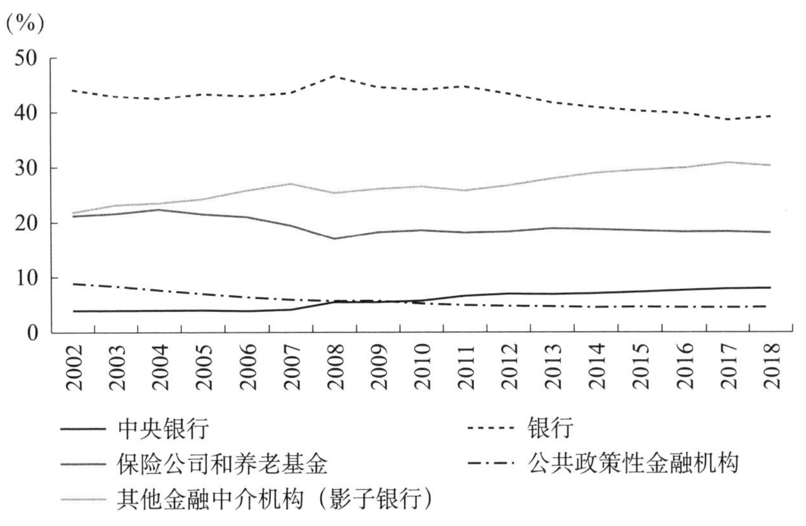

图 6－13　全球金融中介机构总资产分类占比

资料来源：WIND 数据库。

2. 我国金融功能的拓展与提升

20 世纪 90 年代初，Merton（1995）提出了金融功能理论，认为金融发展表现为金融功能的扩大、增强与提升。金融功能可划分为在时间和空间上转移资源、储备资源和分割股份、解决信息不对称带来的问题、管理风险、清算和支付结算、提供信息六大核心功能。白钦先和谭庆华（2006）将金融功能归纳为基础功能、核心功能、扩展功能和衍生功能四个层次，以体现逐层递进关系，这种功能层次的划分一直被学术界认可。

2.1 基础功能

金融的基础功能是服务功能和中介功能，即为经济社会活动提供交易、兑换、结算、保管等服务的功能以及进行简单的资金融通的中介功能，最终都是为了便利与促进价值的运动。

（1）服务功能，包括：为现实经济活动甚至社会活动提供一个统一的度量标准（货币），为拥有剩余物质财富的人提供跨时消费的可能途径（例如通过贮藏货币或其他金融工具），解决物物交换的需求双重巧合困境从而便利交易（一般等价物、提供流动性），为大宗跨地交易提供汇兑结算服务，为富有者提供财富保管服务，等等。其核心落点在支付结算上，即银行、证券交易所中的清算所、非金融支付机构等通过票据、汇款、托收、信用证、信用卡、手机支付、网络支付系统等方式为单位客户和个人客户提供货币支付及资金的清算和结算服务。

2013 年 10 月 8 日，第二代支付系统成功在新建支付系统国家处理中心上线运行，清算总中心完全掌握第二代支付系统的开发技术，拥有第二代支付系统应用软件产品自主知识产权，具备了从基本建设到系统集成、从应用开发到工程实施管理的自主建设能力。2017 年，移动支付功能上线，新增借记业务二维码扫码支付，增加借记业务、第三方贷记业务、签约管理业务短信验证码认证，提供实时账户信息查询等服务。2019年，手机号码支付业务上线，支持通过手机号码实现快速支付，进一步简化银行转账流程，提升用户支付体验。人民币跨境支付系统（CIPS）是为境内外机构之间人民币跨境支付业务提供资金结算服务的应用系统。CIPS（一期）和CIPS（二期）分别于2015年10月和2018年5月投产，构建了推进人民币国际化的“高速公路”，为进一步完善我国支付清算网络、服务国家“一带一路”倡议、支持人民币全球化发展发挥了积极的作用。

当前我国已经建成银行与非银行支付机构统筹兼顾，传统支付方式与互联网支付、移动支付等新兴支付方式统筹兼顾，国内与国外统筹兼顾，本币与外币统筹兼顾的支付清算体系，清算系统的功能不断完善、业务种类更加丰富、应用场景不断增加。

(2) 中介功能，主要是指金融作为中介机构实现的简单的资金融通，即在资金赤字者和资金盈余者之间进行调剂。自1993年起至2008年，我国国内信贷稳步扩张，15年扩张了13倍；随着全球金融危机后，政府量化宽松，刺激投资，放宽信贷，我国国内信贷进入新的扩张期，10年扩张了6.54倍。截至2020年8月，我国国内信贷总额达237.69万亿元，同比增长13%。其中，对政府债权（净）31.80亿元，同比增长17.2%；对非金融部门债权180.90万亿元，同比增长14.3%；对其他金融部门债权24.98万亿元，同比增长0.3%（见图6-14）。图6-15展示了我国国内信贷各类别占比。

2.2　核心功能

金融的核心功能是资源配置和风险定价。其中，资源配置功能是金融中介功能的复杂化和主动化，中介功能只是便利价值运动，而资源配置功能则是直接引导价值运动，实现资源有效配置（白钦先和谭庆华，2006）。风险定价是指对风险资产的价格确定，本质上是对资源配置过程中存在的不确定性进行预估并转化为可能的经济价值或成本。由于承担资源配置功

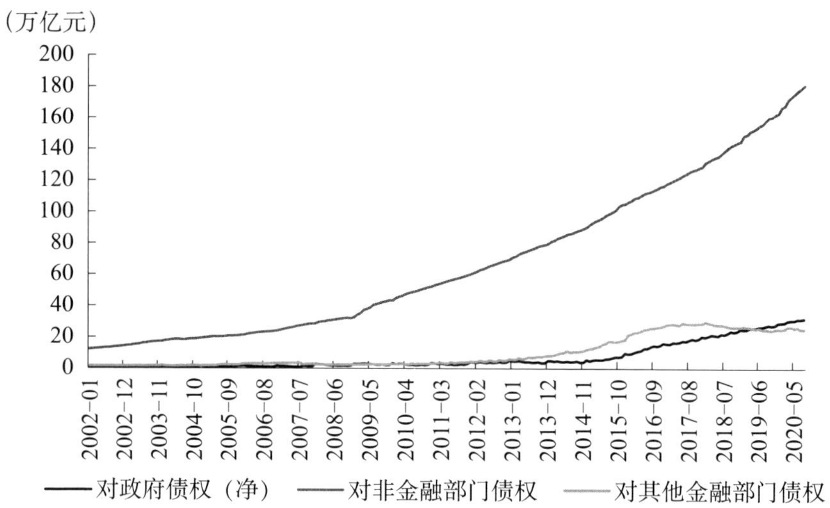

图 6-14　我国国内信贷各类别金额

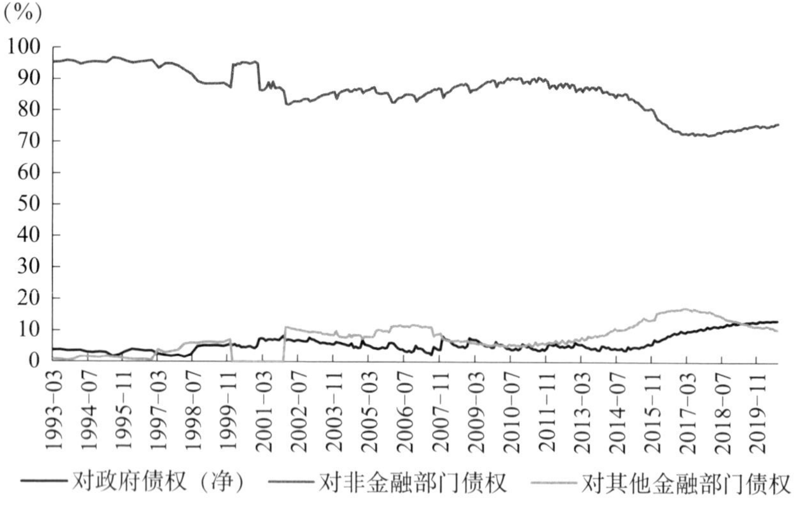

图 6-15　我国国内信贷各类别占比

资料来源：中国人民银行。

能的各项金融活动普遍存在跨期性和竞争性的特点，这些活动的预期结果会呈现概率分布，即出现不确定性，这种不确定性被看成金融活动的风险。在微观层面，风险定价所反映的是每一种资产所带来的未来收益与风险的函数关系；在宏观层面，则表现为金融资产价格的决定机制和价格体系的合理性。

在资源配置方面，自改革开放以来，我国政府出台了一系列产业引导政策，并通过市场化改革提升市场效率，但我国金融资源配置仍然存在粗放经营、服务实体经济的效率较低、配置不平衡、融资结构不合理等问题。

从金融资源存量上看，2001—2019年我国金融相关比率（M2/GDP）由1.46上升至2.23，其中，2016年的极大值为2.31，远远高于同期美国水平（见图6-16）。金融相关比率走高，在一定程度上表明我国金融资源产出率走低，单位GDP增长所投入的货币量增多。

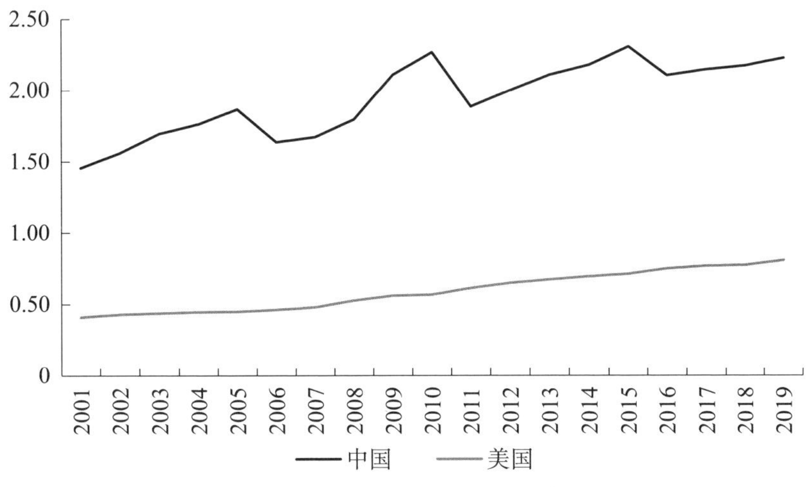

图6-16　中美金融相关比率对比

资料来源：中国人民银行。

从金融资源增量上看，单位社会融资规模（贷款增量）的GDP产出水平下降。2002—2019年，GDP/社会融资规模由6.05降至3.87，2009年极小值为2.51，表明整个金融体系的资金使用效率趋于下滑。

与新兴市场国家相比，2019年中国的储蓄率是印度同期储蓄率的1.5倍（见图6-17），但中国的GDP增长率却是印度同期水平的1.2倍（见图6-18），从投入和产出之比来看，中国的资源浪费较为严重。

从融资结构看，贷款占据绝对比重，债券融资受到青睐，股票、信托等

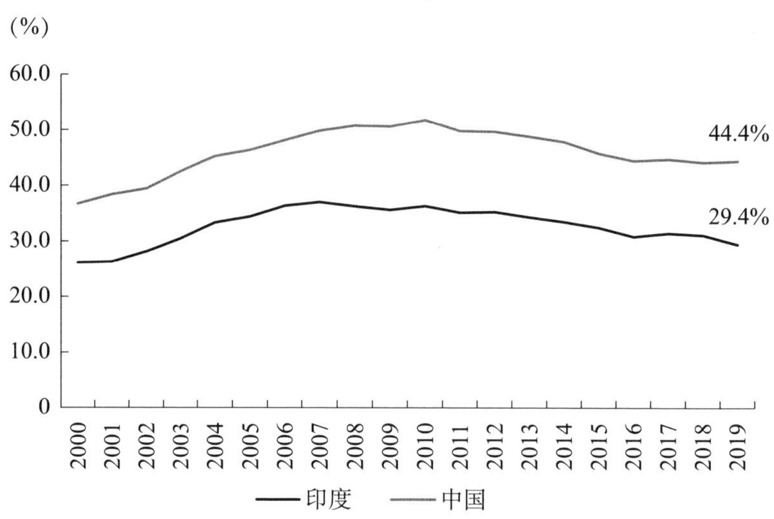

图 6－17　中国与印度的国民总储蓄率对比

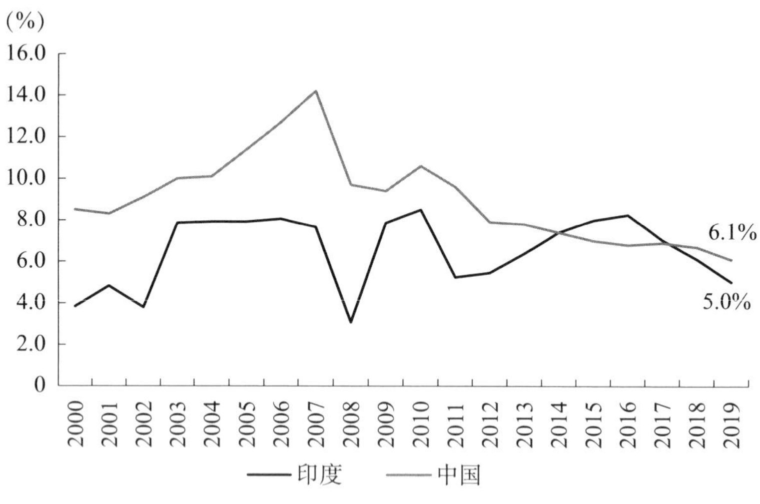

图 6－18　GDP 增长速度

资料来源：国家统计局、世界银行。

融资方式的比重下滑。自 2017 年 1 月至 2020 年 8 月，贷款融资比重长期处于 58％～60％的区间，是社会融资的主要来源。政府债券融资在社会总融资中的占比从 12.3％提升至 15.7％，企业债券融资在 2020 年 8 月占比 9.9％，较2017年初上升0.2个百分点。非金融企业境内股票融资仅占到2.8%，可见资本市场在社会融资中发挥的功能有限（见图6-19）。

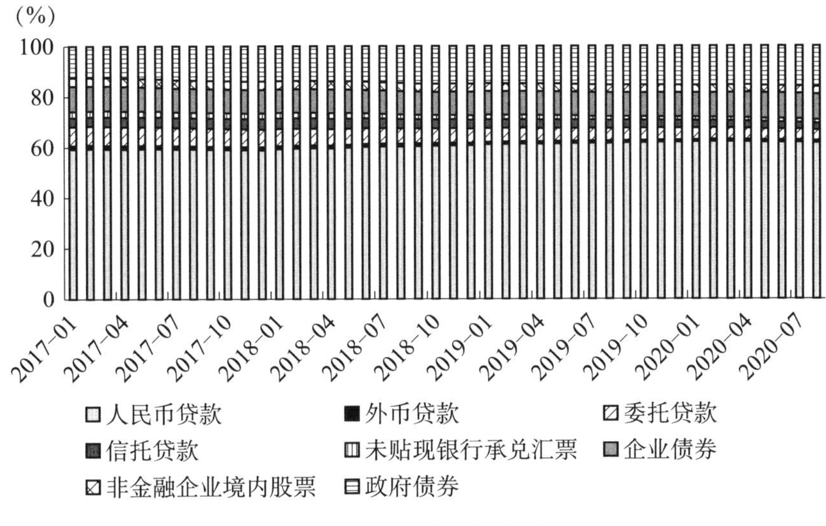

图6-19 社会融资结构

资料来源：中国人民银行。

依托目前社会金融发展数据分析，金融资源的配置仍然存在比较突出的结构性问题，资源分布不合理的问题并未得到大幅改善。为了保持金融行业的健康可持续发展，构建与经济结构转型相契合的金融市场体系，提高金融资源配置效率迫在眉睫。要依托金融改革来改善当前不合理的情况，必须进一步完善宏观调控，盘活市场投融资活动，在市场的投融资工作运行不顺的情况下，根据市场的运行规律，从投融资双方的利益出发，使用折中的方法化解双方的矛盾，寻找新的合作方法。在加强金融机构建设的过程中，为企业提供更加便捷的融资办法，在范围可控的前提下降低融资的成本，通过降息等为企业提供获取资金的渠道。

在风险定价方面，受体制转轨过程中市场主体边界不清、金融市场发展不完善等的影响，我国的风险评估及定价机制还不成熟，集中体现在以下方面：(1) 风险定价依赖土地等抵押品和政府信用；(2) 长期资金的市场化定价缺乏权威基准信贷；(3) 债券及其他金融产品定价机制尚不统一（纪志宏，2019），尤其是存在无风险收益率曲线缺失问题。目前我国银行5年期以上甚至30年期贷款定价仍主要参考中央银行5年期贷款基准利率，该利率并非固定利率，而是随政策调整而调整的；债券市场10年期国债和国开债等长期利率产品在实践中尚未作为基准使用，部分期限较长的债券或证券化产品仍以5年期贷款基准利率作为定价参考。

2.3 扩展功能及衍生功能

衍生功能是金融体系为了进一步提高资源配置效率而在微观与宏观两个层面的“衍生”，包括风险管理（含风险交易、信息传递、公司治理等）和宏观调节（财富再分配、引导消费、区域协调等）。本小节将从信息服务功能、风险管理功能、衍生品投资功能、金融中心功能四个维度展开，描述中长期内我国金融功能的构建方向。

2.3.1 信息服务功能

金融体系通过提供价格信号，帮助协调不同经济部门的非集中化决策，金融信息服务业也因此应运而生。其底层逻辑是金融信息的采集、分析、存储与传递，包含的内容主要有：宏观层面的经济大势、国内外环境、政府管理；中观行业层面的行业发展、金融产品波动情况；微观层面的企业经营情况、企业金融产品情况等，主要呈现形式有财经新闻、企业报告、研报等。金融信息服务业是高市场敏感度、高政策敏感度的行业。经济形势的好坏、市场的震荡、投资市场的活跃程度、投资者的情绪波动都直接影响对金融信息服务的需求。

目前，行业内有四家主要的金融信息服务上市公司——金融界、同花顺、东方财富、大智慧。同时，业内存在不规范操作案例，如杭州重塑、上海夸客信息服务公司相继爆雷。国家在2009年、2018年相继出台《外国机构在中国境内提供金融信息服务管理规定》《金融信息服务管理规定》，作为行业的许可规范和监管参考，后期有待对行业进行进一步的规范化管理。

同时，金融信息行业处于发展初期，行业架构正在加速形成。放眼整个金融信息服务业，已经有麟龙股份、益盟股份、指南针、通达信等中坚力量，以及雪球、每市、财说、慧博、萝卜投研等在垂直细分领域深耕的后起之秀。随着互联网创新与金融创新的推进，新的市场参与者不断进入行业，探索新的业态。

2.3.2　风险管理功能

17 世纪初，有组织且具有流动性的金融市场的出现与发展，对金融领域的风险管理方式变化及其效率改进产生了极为深远的影响。首先，有组织的金融市场的存在和发展为股票、债券等有价证券提供了流动性。股票、债券等证券流动性不仅使投资者获得了与资产的“可交易性”直接相关的“变现能力”，进而使其得以规避被迫长期持有或低价出售相关证券（流动性）的风险，而且提供了一个非常直接与便利的风险分散化与对冲的平台。其次，金融市场以及伴随的证券流动性改变了证券原有的“风险收益”特征，激发了更多投资者参与证券投资的兴趣，从而进一步拓展了金融风险承担主体的范围及实体经济对金融风险的承受能力。再次，与金融市场运行伴生的资产价格信息显示功能极大地强化了风险管理的有效性。现实中，金融市场中的各种金融工具（如股票、债券等）不仅充当了金融交易的载体，而且它们的价格还起到了揭示并传递代理人私人信息的作用。显然，一旦私人信息被集成在价格中，成为公开可用的信息，那么对经济主体而言，就拥有了一个前所未有的可用于风险管理（特别是风险测度）的信息源，极大地改进了风险管理的有效性。最后，金融市场形成之后成为金融创新的“土壤”，在股票、债券等基础证券之外不断催生出旨在实现不同主体风险优化配置的金融产品、交易策略和风险管理技术，推动金融风险管理活动不断完善。

2.3.3　衍生品投资功能

金融衍生品主要是为了规避金融风险而设计的。随着金融衍生品的发展，其功能也越来越全面，从微观层面看，金融衍生品的价格变动取决于标的金融资产的价格变动，所以金融衍生品市场上的供给和需求可以反映现货市场的均衡价格，具有价格发现的作用。从宏观层面看，金融衍生品具有优化资源配置、降低国家风险、调节经济等功能。

我国衍生品谱系健全，但与境外发达市场相比，我国衍生品种类仍然不够丰富。目前，我国上市了贵金属、有色金属、主要农产品、化工系列等超过 55 个品种，但远远落后于美国、德国等发达经济体，甚至落后于南非、印度等发展中国家。根据美国期货业协会统计，目前全球上市的场内衍生品合约共计 2 822 种，其中美国市场合约种类最丰富，合约总数占到全球的四成以上，而我国的合约不仅形式单一——一般一种商品只上市一种期货合约，而且合约总量少，占比不到全球的 2%（见图 6－20）。

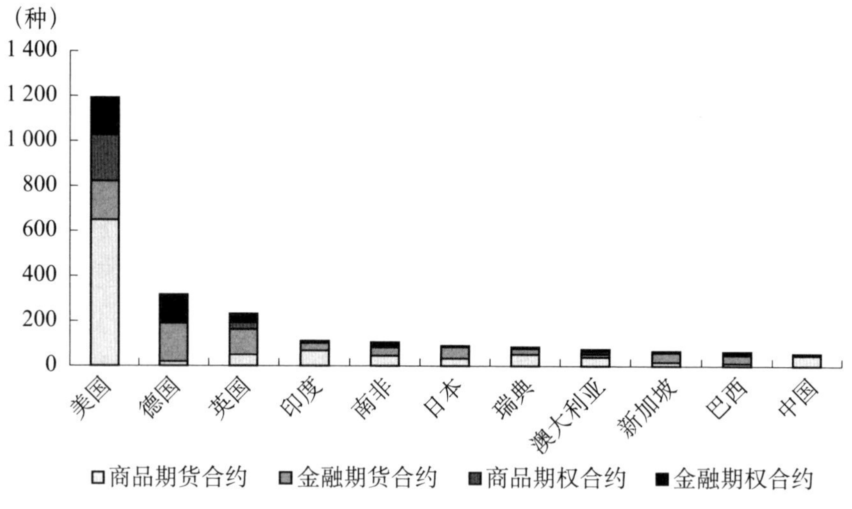

图 6－20　不同国家不同类型衍生品合约品种数

资料来源：美国期货业协会（FIA）及各交易所官网。

总的来说，我国现货市场规模过小，供求矛盾突出。西方国家的衍生金融工具无一不是外汇现货、股票、债券等基本金融工具的产物。因此，期货市场的发展需要一个成熟完善的现货市场作为保证。而成熟完善的现货市场的特点就是规模大、金融商品数目繁多、成交量大。只有这样，才可能产生对衍生金融工具的需求以及由市场机制决定的衍生金融产品的价格。此外，我国金融监管体系不太完善，违规事件频出且屡禁不止。我国在进行各类试点之初往往侧重发展，而忽略了监管的重要性。事实上，完善的金融监管不仅是衍生金融工具发展壮大的需要，也是我国经济稳健发展的需要。我国的金融监管体系滞后，监管力度弱，且常出现监管较松导致的道德风险。相关法律、法规滞后也使得衍生金融工具在发展之初就缺乏安全保障。投资者过度投机成了投机者，违规行为屡屡发生。因此，在加快发展和完善现货市场及已有衍生市场，科学地选择并推广衍生金融工具方面，我国仍然任重道远。

2.3.4　金融中心功能

金融中心本质上是金融资源的聚集，金融中心的建设与形成就是金融资源聚集的过程。谢太峰（2006）认为，金融中心具有货币结算功能、筹资功能、投资功能、资产重组功能以及信息传递功能等。潘英丽（2006）认为，金融中心的基本职能就是平衡地区资金和金融服务的供给和需求，核心职能是实现金融聚集和辐射。

国际金融中心是在国际区域内或世界范围内发挥金融资源聚集和辐射功能的中心城市。曾康霖（2003）概括了国际金融中心的六大功能，即融资功能、筹资功能、投资功能、交易功能、创新功能、综合服务功能。国际金融中心是区域经济相互影响的特殊表现，是所在城市通过聚集全球金融资源，形成蕴含一定经济能量的金融辐射源，通过金融辐射媒介，向其他地区传递经济能量，从而对其经济金融活动产生强大的渗透力和影响力。国际金融中心通过金融资产的定价权，成为国际风险分配和再分配的中心、国际财富的再分配中心，以及全球资源配置的枢纽。金融辐射功能主要表现为金融资产的定价功能、风险管理功能、财富再分配功能以及跨国资源配置功能，其中金融资产的定价功能是核心。打造国际金融中心，本身就是对国内资源配置的不断优化，是对国内金融行业及需要金融支持的行业的产业升级，通过与国际最高标准接轨，改善落后产业的生产经营效率，淘汰低能产业。同时，成为国际金融中心意味着国内储蓄将以更低的成本投资于国际市场，改善国内资本市场的流动性；同时有效减轻资金投资的信息不对称，提升信息的有效性；使居民储蓄能够获得丰富的投资渠道，形成资源高效配置的微观基础。

3. 我国现代金融体系的形成与发展

现代金融体系是有关资金集中、流动、分配和再分配的一个循环系统，由资金的流出方和流入方（资金盈余、短缺单位）、连接这两者的金融中介机构和金融市场，以及对系统进行监督管理的中央银行和其他有关金融监管机构共同构成。现代金融体系大致可以分为两种基本形态：一种是市场主导型金融体系；另一种是银行主导型金融体系。关于我国应该构建什么样的现代金融体系，如何构建现代金融体系，都应从我国当前经济社会发展和实际国情出发，考虑到产业技术进步、经济社会转型等实际需求，让现代金融体系能适应新时代高质量的经济社会发展，为微观主体在自我成长中服务实体经济发展构建良好的金融生态。

3.1 现代金融体系的基本特征

3.1.1 构建方向：以市场为主导

从全球金融体系的视角切入，经济发展水平决定了金融体系的规模和结构：随着经济增长到更高的阶段，股票市场活跃度提升，金融体系会更倾向于“市场主导型”。图 6－21 反映了全球各国股票市场在 2018 年、2019 年的发展情况。参照吴晓求等（2020）的方法，图 6－21 按照居民收入水平将不同国家分为三个层次：高收入国家、中高收入国家、中低收入国家，分别比较了不同富裕程度的国家的股票市场规模、活跃度和效率的差异。结果发现：居民收入越高，股票市场的规模越大；居民收入越高，股票市场表现越活跃；居民收入与股票市场效率不存在明确的相关关系。同时，对比属于不同收入层次的国家的银行和股票市场活跃度可以发现，一国经济越发展，股票市场在其金融体系中的相对作用越大。

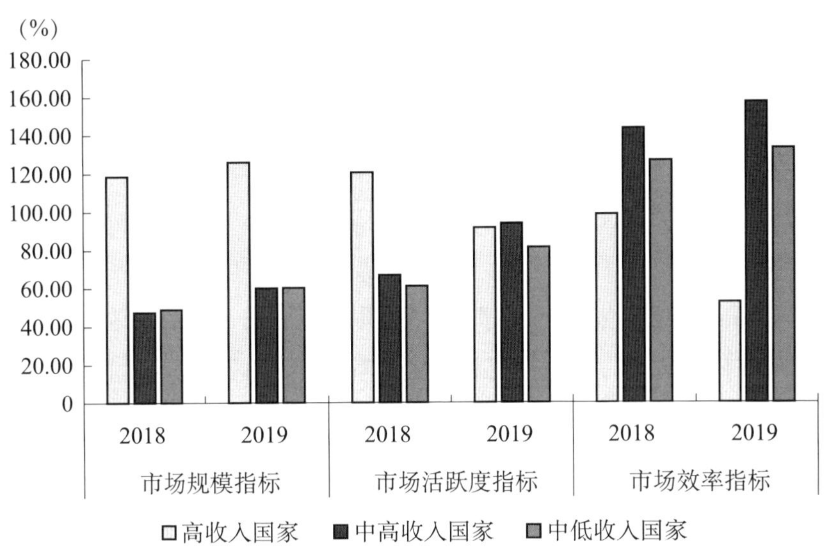

图 6-21　股票市场在不同收入国家的比较

说明：高收入国家 2019 年市场规模指标根据 2016—2018 年的均值计算得出。

资料来源：世界银行。

从当前我国国情的视角切入，我国产业结构处于转型升级期，经济持续向好发展，居民家庭的财富日益增加，民众金融素养提升，要支撑大国经济，金融市场化势必要加快进程。从企业部门看，我国经济正在从传统的资本密集型转向科技主导型，“工业 4.0”和“互联网+”等一系列战略部署表明，我国正积极参与以智能化为核心的第三次工业革命，并着力抢占先机、弯道超车。云计算、大数据、工业互联网等新兴行业不同于传统行业，这类行业在发展成熟过程中对外部金融和权益融资的依赖程度高，但其初始投资额大，需要较长时间的持续投入，投资风险大，因此对于风险容忍度更高的市场主导型金融体系更适合这类高研发投入、高技术创新的企业。从居民部门看，国民实现家庭财富积累、财富管理的意识提升，对风险资产的配置需求扩大。根据中国首席经济学家论坛（CCEF）研究院的数据，2018 年中国居民可投资资产规模达 195.95 万亿元，为中国当年 GDP 的 2.13 倍，预计 2019 年居民可投资资产规模达 215.91 万亿元，其中金融资产的规模是

129.54 万亿元，同比增速约为 10%。财富管理需求推动了市场进行金融产品和工具的创新，推动了中国金融体系的市场化。

从已有实践经验的角度分析，我国当前的金融体系呈现出内生性不足的问题，突出金融体系的市场化特性，有利于发挥金融价格发现、风险管理等资源优化配置功能，使金融体系适配大国经济发展。经过 40 多年的改革和发展，我国初步建立了一套较为完整的金融体系。但在服务于当前社会转型的需求和高质量经济发展的需求时，我国现有金融体系仍然存在“短板”，具体表现在以下方面：（1）在资源配置上存在不匹配领域，尤其是中长期资金和政策性资金相对短缺；（2）价值发现效率低，市场一度存在“劣币驱逐良币”现象；（3）缺乏风险承担的意愿和制度，银行在我国金融体系中占据主导地位，金融体系内的中介和市场不同程度地受到国家的管理（保护），国家通过宏观管理、风险监管和价格调控，尤其是隐形担保和刚性兑付等方式，在一定程度上稀释了微观主体面临的风险；（4）金融体系在跨境资金监管、跨境支付体系、国际业务扩展等方面还存在一定的不足。① 我国金融体系的国际化程度和开放水平难以适应经济全球化的内在要求，突出地表现为“资本和金融”账户中的许多项目尚未充分对外开放，而且中国缺乏在国际金融市场上运作的各类团队，中资实体企业“走出去”过程中依然主要由非中资金融机构提供相关服务。

无论从客观规律出发还是顺应国情分析，市场主导型金融体系都是更适合我国当前的经济发展进程的选择，只有适应我国经济发展方式转变、产业结构升级、增长动力转换的现代金融体系，才能为我国经济社会向高质量发展提供有力的支撑。

3.1.2 核心元素：高度市场化、风险分散、高科技化、开放和高效

（1）高度市场化。在高度市场化的金融体系内，市场机制在金融资源配置方面发挥决定性作用，利率、汇率和其他金融价格能够充分反映相关信息

---

① 陈道富. 构建我国的现代金融体系. 北方金融，2020（2）.

且形成具有很强的内在关联性的价格体系。只有从机制和体制出发，推动以资本市场为中心的金融市场发展，才能实现证券化资产在金融资产结构中的占比攀升、规模扩大，进而推动金融功能从以融资为主过渡到投融资并重，让资本市场为各类市场参与者服务。

（2）风险分散。在高度市场化的现代金融体系中，金融市场可以为参与者提供分散、降低风险的机会，利用组合投资、金融衍生工具等分散投资于单一金融资产面临的非系统风险。

（3）高科技化。科技正在加速对金融的渗透，现代金融体系一定是充分体现科技的影响力的。大数据、区块链、云计算、人工智能等前沿新兴技术的发展为金融科技的兴起奠定了基础，金融体系自身的漏洞为金融科技的稳步发展创造了条件。科技与金融融合形成了第三种业态，对比传统金融业态，新业态“脱媒化”“去中心化”等属性也会使金融系统面临更为复杂多变的风险，但新业态在信息传递、数据分析、风险识别、长尾客户覆盖服务等方面更有效率。

（4）开放。金融封闭会导致金融惰性、抑制金融活力，所以现代金融体系一定是开放的体系。因此，一方面要扩大人民币跨境使用范围，创新跨境人民币金融产品和服务方式，建立人民币在全球范围内流通的良性循环机制，帮助企业降低汇兑成本、规避汇率风险，提高人民币的国际地位；另一方面要加快推动资本市场双向有序开放，提高跨境资本和金融交易可兑换程度，便利境内外主体跨境投融资，降低跨境融资成本，充分促进境内外资源融通，引入更多金融市场主体，激发金融体系活力。

（5）高效。金融体系效率以微观金融效率为基础，由金融框架结构、金融运行机制与金融环境共同决定，体现了金融功能的演进与实现程度，包括资源配置效率、价格发现效率等。现代金融体系的核心是实现资源有效配置，将有限的资金在不同的行业或企业间进行配置，使金融体系最终服务于实体经济。

3.2　现代金融体系的功能结构

3.2.1　从单一融资功能过渡到融资和财务管理功能并重

一般而论，金融体系主要有六个核心功能：（1）提供清算和支付结算的功能，即金融体系为交易提供清算和支付条件；（2）提供集聚资源的机制和分割企业股份的服务的功能，即从社会吸纳零星资金并向企业贷放长期资金，以及为企业发行股权和其他证券进行直接融资提供服务；（3）提供跨时、跨地区、跨行业转移资源的服务的功能；（4）金融部门提供管理风险的服务的功能；（5）提供价格信息，为经济部门分散的决策者提供信息服务的功能；（6）提供解决激励的方式和方法的功能。

改革开放之初，金融体系内由银行系统完成大部分清算支付和资源配置的工作，在这一阶段，储蓄-投资转化主要由银行完成，储蓄资金流向以银行为主的金融机构。1992 年以前，我国证券市场（股票和债券市场）总市值占全部金融资产的比重不足 10%（CS 口径①）。近年来，一些以往主要依靠银行融资的企业变为主要依靠发行债券、股票等证券来筹资，居民储蓄资金的流向逐渐以金融市场为主。截至 2018 年 9 月，在 CS 口径下中国金融资产规模为 264.56 万亿元，其中证券化资金占比达 49.63%；MS 口径②下占比达 42.15%，说明我国金融体系的功能正在从单一的融资过渡到融资和财富管理。

随着家庭财富的增长，人们对于家庭财富管理的需求扩大，对于风险资产的偏好增强，以追求更高的投资回报。同时，企业也需要特定的金融工具来应对复杂的经济环境中的风险，中国的财富管理市场正在大规模兴起和快速发展，证券业和资本市场的财富管理功能不断被强化。

---

① 参照吴晓求（2018），CS 口径是指从商业银行（及类银行）信贷资产（C）和证券化金融资产（S）的角度统计金融资产规模的方法。

② 参照吴晓求（2018），MS 口径是指从货币性金融资产（M2）和证券化金融资产的角度统计金融资产规模的方法。

3.2.2　已有功能的优化升级

支付清算功能，即为商品、服务、资本交换提供支付和清算系统。安全、便捷、高效的支付和清算系统有利于降低整个经济系统的交易成本，提高运行效率。在传统的金融架构下主要由商业银行来承担全社会的支付清算功能，第三方支付的出现极大地颠覆了传统金融工具。区块链技术、数字货币产品等或将进一步丰富清算渠道。

金融资产的跨时空配置能够有效分散、转移金融风险。市场参与者增加，资金供给方对于投资收益有更高的要求，对于分散风险的金融服务有更高的需求；而资金需求方同样需要多样化的金融产品和工具以匹配自己的资金需求。跨时空的风险转移、流动机制为实体经济创造了一种风险动态传递的方式。

3.3　现代金融体系中的微观主体

3.3.1　资本市场

资本市场具有存量资源调整、风险分散与转移以及经济增长等重要功能。现代金融体系中的资本市场将从传统金融体系的“组成部分”逐渐变成“核心部分”，在现有功能的基础上升级，最终形成多层次的资本市场架构。一方面，虽然资本市场的增量融资规模劣于商业银行，但在存量资产上，资本市场在交易重组上具备绝对的优势。当实体经济达到一定数量级后，资源配置的重心将落在存量资产的流动和重新配置上。因此，随着经济高质量发展，资本市场最终会成为现代金融体系的核心一环。另一方面，资本市场具备风险分散的功能，市场参与者可以通过资产交易和定价使风险充分流动，降低金融系统的整体风险水平，提高金融结构的适应性，增强金融体系的弹性。

3.3.2　商业银行

在传统的金融体系中，商业银行占据绝对主导地位。但是在现代金融体系中，资本市场的地位上升，商业银行一元主导的情况会发生根本性改变。在市场化改革中，商业银行在资源配置、提供市场流动性方面的功能弱化，相应地在财富管理方面的功能会强化。这一趋势直观表现为银行表外业务规模扩大，表外业务能力和水平将集中体现未来商业银行的核心竞争力。当前，我国商业银行表外业务收入约占总收入的8%，中央银行的这一占比最高，为17%。但与西方国家相比，我国表外业务起步晚、发展慢、经营水平亟待提高。

此外，随着大数据、云计算、区块链、人工智能等新兴技术的发展，商业银行未来将进一步拥抱金融科技，优化金融基础设施建设，调整体系内部的资产管理、风险管理及经营管理模式。商业银行的客户群体下移，直面中小企业融资难问题，通过技术完善信用风险的控制和管理，为长尾客户提供更好的金融服务。

3.3.3 货币市场、衍生品市场和外汇市场

货币市场为实体经济及金融体系提供流动性。我国货币市场经过30多年的发展，交易量不断攀升，交易主体类型不断增加，交易产品种类不断丰富，总体取得了长足的进步。但我们也应看到，我国货币市场与发达国家相比，信用工具种类较为单一，金融创新不足，各类工具不能有效转换，短期工具承担长期管理的职能，风险防范制度不完善。在现代金融体系中，货币市场应该是一个有助于央行进行宏观调控的、具备高度流动性的货币市场。

当前，我国的衍生品市场尚不发达，衍生工具不足，随着衍生品市场的发展，市场参与者增加，衍生品不失为一种进行财富管理的金融工具。此外，在现代金融体系中，衍生品市场还发挥着风险分散和价格发现等一系列功能。一方面，衍生品市场能够剥离出一些其他金融市场中的风险，将其转化为可以交易的产品，通过产品创新将收益和风险在市场上重新分配。另一方面，衍生品市场的价格发现功能能够在一定程度上影响原生产品的市场价格走向，引导资本的合理流向，提升资源配置的效率。

外汇市场的制度建设和产品创新受益于金融体系开放和人民币国际化，

且作用于金融体系开放和人民币国际化。外汇市场的核心功能是为市场主体提供本外币兑换和风险管理渠道。在现代化金融体系中，外汇市场将进一步拓展交易范围、丰富交易工具、扩大参与主体、推动市场开放。因此，我国外汇市场也将在对外贸易和投资的增长、人民币汇率弹性的增强、资本市场双向开放措施的推进这三股力量的推动下快速发展，有效服务和支持实体经济运行和金融市场的改革开放。

3.3.4　金融监管机构

在监管架构上，当前我国实行“一委一行一会架构”，一行（中国人民银行）一会（银保监会）分别监管宏观审慎政策和微观主体，并由一委（国务院金融稳定发展委员会）进行统筹协调。在现代金融体系中，金融监管在监管重点、监管模式和监管架构方面都有不同程度的变更，因此，金融监管机构也应与时俱进，具体来说：在监管重点上，随着证券化金融资产比重上升，资本市场成为系统微观结构的核心，金融监管将更加关注透明度风险（包括信息披露、信用评级、证券定价等）在整个监管过程中的核心位置；在监管模式上，当前我国金融风险呈现出较强的层次性、复杂性和传染性，为应对市场风险的传染、扩散、交织、积聚，金融监管应注重微观审慎监管和宏观审慎政策的协调。

3.4　现代金融体系的两大核心

3.4.1　实现人民币国际化

人民币国际化是指人民币能够跨越国界，在境外流通，成为国际上普遍认可的计价、结算及储备货币的过程。根据中国人民银行的数据，截至 2020 年 6 月底，人民币为全球第三大贸易融资货币、第四大支付货币、第五大储备货币。然而，2015—2016 年，由于人民币的单边持续贬值，人民币境外流通数量一度下滑，人民币国际化的深度尚不够。

人民币国际化在中国金融的未来发展中占据着核心地位。中国的目标是成为一个开放的、全球性的大国，如果人民币是一种相对封闭、不可自由交易的货币，那么就与中国改革开放的战略目标不匹配，而且国际货币体系的结构调整和改革也需要注入新的货币元素。2020 年 5 月发布的《中共中央国务院关于新时代加快完善社会主义市场经济体制的意见》提出，完善宏观经济治理体制，要有序实现人民币资本项目可兑换，稳步推进人民币国际化。所以，人民币国际化是中国金融未来的一个基本趋势。

3.4.2 构建国际金融中心

在人民币国际化的进程中，人民币的广泛使用将促进全球人民币外汇交易，推动离岸与在岸市场的融合发展。中国经济和金融市场发展将推动上海国际金融中心的建设，使上海形成与纽约、伦敦并列的全球外汇交易中心。国际金融中心是一个国家或者一个地域金融体系发展的成果，同时也支撑着其国家或地域金融体系的发展。

2019 年 1 月，经国务院同意，中国人民银行等八部门联合印发《上海国际金融中心建设行动计划（2018—2020 年）》，上海国际金融中心建设进入快车道，将以人民币资产为基础，围绕五个中心（人民币金融资产配置中心、人民币金融资产风险管理中心、金融科技中心、优质营商环境中心、金融人才中心）展开。

参考文献

[1] 陈鸿祥. 中国金融开放的现实逻辑与演进安排. 北方金融，2020（7）：45－52.

[2] 国务院发展研究中心“高质量发展的目标要求和战略重点”课题组. 完善多层次资本市场融资功能　服务经济高质量发展. 发展研究，2019（3）：4－13.

[3] 纪志宏. 完善金融市场定价功能　提升金融服务能力. 清华金融评论，2019（1）：61－64.

[4] 盛斌，马斌. 全球金融治理改革与中国的角色. 社会科学，2018（8）：13－26.

[5] 谭小芬，王睿贤. 人民币国际化的进程、经验借鉴与路径选择. 新视野，2020（5）：42－48.

[6] 陶昌盛. 次贷危机下的国际金融体系改革及中国的角色. 经济与管理研究，2009（4）：60－65.

[7] 天大研究院课题组. 后金融危机时代国际金融体系改革：中国的战略与抉择. 经济研究参考，2010 (9)：4-34.

[8] 吴晓求，许荣，孙思栋. 现代金融体系：基本特征与功能结构. 中国人民大学学报，2020，34 (1)：60-73.

[9] 许清林，张伟荣，李雁. 我国资本市场的金融功能简析. 商场现代化，2016 (23)：244-245.

[10] 易纲. 再论中国金融资产结构及政策含义. 经济研究，2020，55 (3)：4-17.

[11] 易纲，宋旺. 中国金融资产结构演进：1991—2007. 经济研究，2008 (8)：4-15.

[12] 殷剑峰. 比较金融体系与中国现代金融体系建设. 金融评论，2018，10 (5)：1-15.

[13] Booth，L.，Aivazian，V.，Demirgüç-Kunt，A.，and Maksimovic，V. Capital Structure in Developing Countries. *Journal of Finance*，2001，56 (1)：87-130.

[14] McKinnon，R. I. *The Order of Economic Liberalization：Financial Control in the Transition to a Market Economy*. Johns Hopkins University Press，1993.

第7章

中国资本市场第三方：证券公司与市场中介

摘　要：证券公司与律师事务所、会计师事务所、资产评估机构、资信评级机构等其他中介机构是资本市场的重要组成部分。证券公司既是投融资活动的参与主体，也是重要的中介，其他中介机构为资本市场主体交易活动的正常运行提供法律、财务、咨询、评估、评级等方面的专业服务。

本章首先回顾了中国证券公司30年的发展历程，将中国证券公司的产生和发展分为萌芽和快速起步、快速发展和规范发展、规范发展和创新发展并行、创新发展和扩大开放并行四个重要阶段。其次，通过中信证券与东方财富的案例分析、国际比较，展示了中国证券公司业务结构、特征、优势与转型发展趋势。再次，介绍了中国资本市场中律师事务所、会计师事务所、资产评估机构和资信评级机构从无到有的改革发展路径，在肯定成绩与总结经验的同时，也挖掘了中国资本市场中介服务机构功能缺失的难点痛点。最后，全方位考察了中国资本市场中介在资源配置优化、风险过滤、产品创新、财富管理、组织效率等方面的功能，并提出了培育券商国际竞争优势、打造全面风险管理体系、加强法制建设与规范、推动中介机构对外开放、积极运用金融科技强化财富管理等建议。

1. 中国证券公司的产生与发展：30年改革与发展回顾

证券公司作为资本市场的重要中介和参与主体，其产生和发展与资本市场息息相关。回顾中国证券公司30年的发展历程，综合考虑证券公司发展、证券市场发展、证券业的监管体制变革、对外开放等各个方面，可以将中国证券公司的产生和发展分为四个重要阶段。

1.1　1979—1995 年为中国证券公司的萌芽和快速起步阶段

如果以上海、深圳股票交易所的成立为标志性节点，那么这一阶段可以细分为两个明显的发展子阶段，即 1979—1989 年的萌芽阶段和 1990—1995 年的快速起步阶段。

1.1.1　1979—1989 年的萌芽阶段

就产生和发展的时间顺序而言，证券公司并非从一开始就是以证券公司的形式出现，而是先有证券兼营机构（即信托投资公司），后有证券专营机构（即证券公司），再有证券公司的规范化发展。

1979 年 10 月，我国第一家信托投资公司中国国际信托投资公司成立，标志着我国投资银行进入了萌芽阶段。此后信托投资公司如雨后春笋般出现。彼时信托投资公司的经营范围包括银行业、证券业和信托业的所有业务。在证券市场上，信托投资公司主要从事股票和债券的发行代理业务、证券的经纪业务等。

1981 年财政部恢复发行国债，拉开了中国证券市场发展的序幕。1984 年 11 月，中国工商银行上海信托投资公司代理发行了中国第一股——飞乐音响。1985 年 1 月，上海延中实业有限公司成为第一家全部以股票形式公开向社会发行股票的公司。1985 年 9 月，我国第一家专业性证券公司——深圳特区证券公司——经中国人民银行批准试办。1986 年 9 月 26 日，飞乐音响、延中实业两只股票开始交易，标志着股票二级市场的初步形成。

1986 年，国务院颁发了《中华人民共和国银行管理暂行条例》，明确了中国人民银行是管理包括证券市场在内的金融市场的主管机关。1987 年 9 月，深圳特区证券公司正式成立，开始进行深圳股票的柜台交易。1988 年，国债柜台交易正式启动。随后，全国 20 多个省、自治区和直辖市都纷纷成立了证券公司，较为著名的是上海的三家券商——申银证券、万国证券和海通证券。这些证券公司大多是由中国人民银行各地分行独资成立的。另外，各地财政局也相继成立了自己的证券公司，如上海财政证券、哈尔滨财政证券，主要经营国债业务。除了专业的证券经营机构外，信托投资公司、综合性银行也设立了证券部兼营证券业务。此外，还有财政部门设置的国债专营机构。这些机构的出现形成了证券业的雏形。

1988 年 9 月 8 日，“金融体制改革和北京证券交易所筹备研讨会”在北京举行，与会的人员包括时任中国人民银行副行长刘鸿儒、中创公司总经理张晓彬、中农信公司总经理王岐山，以及时任外贸部部长助理周小川等。这次会议确定组建证券交易所研究设计联合办公室（简称“联办”），张晓彬、高西庆、陈大刚和王波明等人共同编写了《关于中国证券市场创办与管理的设想》，搭建起了中国证券市场的一个基本框架。1989 年 3 月，联办正式成立。此后，联办分别主持参与了深圳证券交易所、上海证券交易所、全国证券交易自动报价系统（STAQ 系统）和中国证券监督管理委员会的设计、创办和组建。

1.1.2 1990—1995 年为快速起步阶段

经中国人民银行批准，1990 年 12 月 19 日上海证券交易所正式开业。1991 年 7 月 3 日，深圳证券交易所正式开业。这标志着中国证券市场的正式形成。1990 年 12 月 5 日，全国证券交易自动报价系统正式开始运行，各证券经营机构开始转入集中交易市场。

（1）证券公司规模不断扩大。

1990 年底，我国共有证券公司 44 家、信托投资公司 339 家。1991 年 8 月，中国证券业协会成立。在此期间，证券公司和信托公司家数、资产规模不断增加（见表 7－1）。

表 7－1 1990—1995 年我国证券经营机构数量及资产变化情况

年份	总计		证券公司		信托投资公司	
	数量（家）	资产（亿元）	数量（家）	资产（亿元）	数量（家）	资产（亿元）
1990	383	1 296	44	72	339	1 224
1991	442	1 918	66	189	376	1 729

续表

年份	总计		证券公司		信托投资公司	
	数量（家）	资产（亿元）	数量（家）	资产（亿元）	数量（家）	资产（亿元）
1992	473	3 002	87	489	386	2 513
1993	480	4 893	91	564	389	4 329
1994	482	6 164	91	630	391	5 534
1995	489	6 539	97	831	392	5 708

资料来源：姜洋. 中国证券商监管制度研究. 北京：中国金融出版社，2001.

在此期间，一批大型专业证券公司相继组建。例如：1992 年 8 月，君安证券股份有限公司在深圳注册成立；1992 年 10 月，在政府的主导下，分别以中国工商银行、中国建设银行、中国农业银行为背景的华夏、国泰、南方三家券商相继诞生，注册资本均达 10 亿元。1994 年，宏源证券正式上市，成为第一家上市券商。1995 年，中国第一家中外合资投资银行——中金公司——正式成立。此外，光大、中信等实力雄厚的信托投资公司组建的证券公司也相继问世。

证券公司的业务范围开始由单一的以经纪业务为主转化为经纪、承销和自营业务三大业务并重。

（2）证券行业分业监管模式初步形成。

1992 年 10 月，国务院证券委员会和中国证券监督管理委员会成立，标志着证券市场监管体系确立。12 月，国务院发布《关于进一步加强证券市场宏观管理的通知》，明确了中央政府对证券市场的统一管理体制。在对证券经营机构的具体监管职责上，中国人民银行与中国证监会有明确的分工：由中国人民银行负责审批和归口管理证券经营机构；中国证监会负责对证券经营机构从事证券业务，特别是股票自营业务进行监管。

1995 年《中华人民共和国商业银行法》和《中华人民共和国保险法》正式实施，开启了中国银行业、保险业、信托业、证券业分业经营的金融监管模式。中国证监会成立后，加强了国家对证券市场和证券经营机构的管理，中国证券行业开始在规范中发展（见表 7－2）。

表 7－2 证券行业主要法规及管理措施

年份	主要规定及措施
1990	10 月，《证券公司管理暂行办法》颁布实施。 11 月，上海市发布《上海市证券交易管理办法》。
1991	6 月，中国人民银行深圳分行颁布《深圳市证券机构管理暂行规定》。 8 月，中国证券业协会在北京成立。 11 月，《上海市人民币特种股票管理办法》正式公布。 12 月，中国人民银行和深圳市政府颁布《深圳市人民币特种股票管理暂行办法》，并同时推出该办法的实施细则。
1992	10 月，国务院证券委员会和中国证券监督管理委员会成立。 11 月，深圳市人民政府颁布《深圳市证券业电话自动委托交易业务管理暂行规定》和《深圳上市 A 股股份登记清算暂行办法》。12 月，国务院发布《关于进一步加强证券市场宏观管理的通知》。
1993	1 月，司法部、中国证监会联合发布《关于从事证券法律业务律师及律师事务所资格确认的暂行规定》。 4 月，国务院正式颁布实施《股票发行与交易管理暂行条例》。 7 月，国务院证券委员会发布《证券交易所管理暂行办法》。 8 月，国务院发布《企业债券管理条例》。 9 月，经国务院批准，国务院证券委员会发布《禁止证券欺诈行为暂行办法》。 12 月，《中华人民共和国公司法》获得全国人大常委会通过。
1994	1 月，深圳证券登记公司发布《深圳上市证券转托管暂行办法》。 7 月，中国证监会和国务院有关部门出台"三大救市政策"。 8 月，《国务院关于股份有限公司境外募集股份及上市的特别规定》和《到境外上市公司章程必备条款》出台。 11 月，深圳证券登记公司推出 B 股开户业务。 12 月，深圳中央结算数据通信系统正式运行。
1995	5 月，国务院证券委员会颁布《证券从业人员资格管理暂行规定》。 9 月，中国证监会发布《关于对公开发行股票公司进行辅导的通知》；中国人民银行发布《设立境外中国产业投资基金管理办法》。 11 月，上海证券交易所公布《上海证券交易所交易员管理细则（暂行）》。

1.2 1996—2007 年为中国证券公司的快速发展和规范发展阶段

1.2.1 1996—2000 年为中国证券公司的快速发展阶段

在此阶段，有许多因素促成了中国证券公司的快速发展：一是中共十五届四中全会通过了《关于国有企业改革和发展若干重大问题的决定》，进一步对国有经济的战略调整和国有企业的战略性改组做出了具体部署，为中国证券业的发展提供了机遇。二是1996年初开始的恢复性价值回归行情和1999年“5·19”井喷式行情的出现，标志着我国证券市场发展过程中拐点的形成。随后，我国股市进入了持续的大牛市时期。

（1）证券公司实力普遍增强。

从1996年下半年开始，随着整个证券行业经营环境的改善，证券公司的业务增长迅速，经济效益普遍好转。截至1996年底，全国96家证券公司的总资产达到1 590.53亿元，实收资本168.9亿元，股民交易保证金391.2亿元，自营证券193.69亿元，全年代理证券交易18 965.2亿元，实现利润总额4.62亿元，扭转了1995年总体亏损5.85亿元的局面。

这一阶段，证券公司的业务规模也在迅速扩张，它们开始积极拓展业务领域，比如发行承销业务和委托理财业务等，盈利能力明显增强。2000年，利润排名第一的海通证券利润额达到了15.21亿元，利润最高的前20家证券公司的合计利润达154亿元左右，同比增幅分别高达106%和187%（谢太峰等，2004）。

同时，证券公司的业务竞争也日趋激烈，证券公司纷纷通过兼并重组和系统内的整合来增强实力，特别是通过1999年的增资扩股，一批资本实力雄厚的大型证券公司迅速崛起。

（2）证券行业监管体制进一步理顺。

1996年7月2日，中国人民银行发布了《关于人民银行各级分行与所办证券公司脱钩的通知》，要求63家与中国人民银行有股权关系的证券公司在规定期限内与中国人民银行脱钩。同年10月，为贯彻分业经营的原则，中国人民银行限期撤销和转让了商业银行、保险公司、城市信用社、企业集团财务公司、租赁公司、典当行等金融机构下设的763家证券交易营业部，积极推动了银行业、保险业与证券业的分业经营。与此同时，中国人民银行开始对证券公司的经营范围、内控制度建设、网点分布、风险防范等进行了清理和规范：明确提出了证券营业部“三不准”（不准自营、不准拆借、不准挪用股民保证金），要求证券公司建立完善有效的内部控制制度，同时还采取了其他积极的监管措施。

1997 年 11 月，党中央和国务院决定：中国人民银行对证券经营机构的监管职责移交中国证监会，中国证监会统一负责对证券市场和证券经营机构的监管。这个重大举措理顺了我国证券经营机构的监管体制，有力推动了我国证券市场和证券经营机构的发展。

1998 年 12 月《证券法》的实施奠定了我国证券市场和行业的法制体系框架，进一步确立了证券业、银行业、信托业和保险业“分业经营、分业管理”的体制。此后，大量证券经营机构从商业银行和信托公司旗下剥离出来，成为独立的证券公司。同时，证券公司实行分类管理，分为经纪类和综合类证券公司。根据《证券法》的规定，综合类证券公司注册资本金最低限额为 5 亿元，净资本不少于 2 亿元，为此，大量证券公司增资扩股，行业的注册资本规模大幅增加。

1.2.2　2001—2007 年为中国证券公司的规范发展阶段

2001 年 6 月 14 日，上证指数创出 2 245 点的历史新高，同日，国务院发布《减持国有股筹集社会保障基金管理暂行办法》。此后，中国证券市场的结构性调整导致了连续 4 年的股市下跌。2001—2005 年，上证指数从 2 245 点一路下跌到 998 点。受此影响，中国证券公司的经营日益艰难，到 2005 年全行业连续四年总体亏损，许多证券公司面临生存危机，证券公司的风险集中爆发。鞍山证券、大鹏证券、新华证券、佳木斯证券等一批证券公司相继关闭或撤销。南方证券 2004 年被政府接管，2005 年破产清算。2005 年 8 月 1 日，建银投资宣布以 3.5 亿元接手南方证券 74 家营业部和投资业务。9 月 28 日，在此基础上诞生的中投证券宣告成立。

在此期间，中国证监会出台了一系列防范风险的法律法规，从市场进入、公司治理、分类管理、资金第三方存管、信息披露等方面陆续调整优化相关制度，形成了证券公司综合管理的全新架构。2001 年 11 月，出台了

《关于证券公司增资扩股有关问题的通知》，在资金用途上明确规定证券公司增资扩股募集资金应优先用于归还被挪用的客户交易结算资金和处理不良资产。2002 年 3 月《证券公司管理办法》出台，对证券公司的设立、从业人员的管理、内部控制及风险管理等做出了原则性的要求。2002 年开始实施的《客户交易结算资金管理办法》规定客户交易结算资金必须存放于独立的第三方，从制度上避免了证券公司挪用客户交易结算资金。

为了积极推进证券市场改革开放和稳定发展，国务院于 2004 年 1 月发布了《关于推进资本市场改革开放和稳定发展的若干意见》。2005 年 4 月，中国资本市场正式启动上市公司股权分置改革试点工作。股权分置改革是中国证券市场的一个里程碑，这项改革为资本市场其他各项改革和制度创新创造了条件，同时也改善了证券公司的发展环境。

2005 年 8 月，中国证券投资者保护基金有限责任公司成立，注册资本为 63 亿元，其主要职责包括：在证券公司被撤销、关闭和破产或被中国证监会采取行政接管、托管经营等强制性监管措施时，按照国家有关政策对债权人予以偿付。

2006 年 1 月 1 日实施的《证券法》规定，对证券公司实行按业务分类监管，不再将证券公司分为综合类和经纪类，建立了以净资本为核心的监管指标体系。

2007 年 7 月，中国证监会下发了《证券公司分类监管工作指引（试行）》，以证券公司风险管理能力为基础，结合公司市场影响力对证券公司进行了重新分类。根据证券公司风险管理能力评分的高低，中国证监会将证券公司分为 A（AAA、AA、A）、B（BBB、BB、B）、C（CCC、CC、C）、D 和 E 五大类 11 个级别。中国证监会支持优质证券公司做大做强。

2007 年 8 月底，证券公司综合治理工作成功结束，实现了各项主要治理目标。经过综合治理，证券公司长期积累的风险和历史遗留问题平稳化解，曾严重困扰证券行业健康发展的财务信息虚假、账外经营、挪用客户资产、股东及关联方占用等问题基本解决，初步建立了风险防范的长效机制，各项基础制度得到了改革和完善（中国证监会，2008）。证券公司合规经营意识和风险管理能力显著增强，资本实力明显增厚。同时，证券公司监管法规制度逐步完善，投资者保护的长效机制初步形成。

在这一时期我国加入了 WTO，中国证券公司开启了对外开放的步伐。2002 年 6 月，中国证监会颁布了《外资参股证券公司设立规则》，规定境外机构参股证券公司的比例不得超过三分之一。根据这一规定，华欧国际、长江巴黎百富勤与海际大和三家中外合资公司得以成立。

1.3 证券公司的规范发展和创新发展并行阶段（2008—2017 年）

（1）多层次资本市场的构建取得成果。

2009 年 10 月 23 日，中国创业板举行开板启动仪式。2012 年 9 月，全国中小企业股份转让系统建立，这是继上海证券交易所、深圳证券交易所之后的第三家全国性证券交易场所，主要服务于中小微企业。在此期间，除股票市场外，债券市场也得到了迅速发展，继 2005 年推出的短期融资券之后，2008 年 4 月，中期票据问世；2009 年，企业信用债券进一步扩容。

（2）证券公司业务创新不断加强。

在此阶段，证券公司在股票承销、股票经纪和证券自营等传统业务的基础上又增加了资产管理和基金、私募股权投资、融资融券、转融通、约定购回式证券交易、债券质押式报价回购交易、股票质押式回购交易、现金管理和“新三板”主办券商等业务。

2008 年 10 月 5 日，中国证监会宣布启动融资融券试点。2008 年 10 月 31 日，中国证监会发布《证券公司业务范围审批暂行规定》，自 12 月 1 日开始实施；2010 年 1 月 8 日，国务院原则上同意了开设融资融券业务试点。

2010 年 2 月 20 日，中国证监会正式批复中国金融期货交易所沪深 300 股指期货合约和业务规则。2010 年 4 月 16 日，沪深 300 股指期货合约正式上市交易，由此开启了中国证券市场的股票指数类衍生工具的交易。

2012 年 5 月 7 日至 8 日，证券公司创新发展研讨会（即业界所称的券商创新大会）在京召开。各证券公司主要负责人共聚一堂，商讨证券公司创新发展大计。此后，证券行业加快业务创新步伐，行业发展得到了创新驱动赋能。

中国证监会 2012 年发布了《证券公司定向资产管理业务实施细则》，2013 年修订了《证券公司客户资产管理业务管理办法》和《证券公司集合资产管理业务实施细则》，对证券公司的资产管理业务进行了具体的规范。2012 年 11 月 2 日，中国证券业协会正式发布了《证券公司直接投资业务规范》，规定证券直投业务只需在中国证券业协会备案。

2014 年 5 月，中国证监会印发了《关于进一步推进证券经营机构创新发展的意见》，从建设现代投资银行、支持业务产品创新、推进监管转型三个方面提出了 15 条意见。

2015 年 7 月 1 日，中国证监会颁布了《证券公司融资融券业务管理办法》。这些法律法规的出台推动了证券公司在合规的基础上创新发展。

随着业务的创新以及证券市场的发展，证券公司实力不断增强。截至 2017 年 12 月 31 日，131 家证券公司总资产为 6.14 万亿元，净资产为 1.85 万亿元，净资本为 1.58 万亿元，托管证券市值为 40.33 万亿元，受托管理资本金总额为 17.26 万亿元。

（3）证券公司监管进一步加强。

为了进一步推动证券行业的规范发展，2008 年 4 月，国务院颁布了《证券公司监督管理条例》，以法规的形式明确了证券监管机构依法强化对证券公司以防范风险为根本内容的严格监管框架。2008 年 7 月，中国证监会颁布实施《证券公司合规管理试行规定》。

2008 年 4 月，证监会发布《上市公司重大资产重组管理办法》《证券公司监督管理条例》《证券公司风险处置条例》；同年 10 月，发布《证券发行上市保荐业务管理办法》。

2009 年 3 月，证监会发布《首次公开发行股票并在创业板上市管理暂行办法》；11 月，发布《关于修改〈证券登记结算管理办法〉的决定》。

在此期间，证监会针对证券公司的证券承销、资产重组、证券登记结算、基金销售、转融通、资产管理等业务发布了一系列管理办法和条例。2017 年 10 月 1 日，证监会开始实行《证券公司和证券投资基金管理公司合规管理办法》。这一系列监管规定推动证券公司的合规管理工作取得了初步成效。

（4）资本市场开放迈出新的步伐。

2014 年 11 月沪港通的正式开通标志着海内外资本市场的互联互通进入 1.0 时代；2016 年 12 月深港通的开通标志着资本市场的互联互通进入 2.0 时代；2017 年 7 月内地和香港之间的“债券通”的开启标志着资本市场的互联互通进入 3.0 时代。

1.4　证券公司的创新发展和扩大开放并行阶段（2018 年至今）

（1）注册制开始实施。

2018 年 11 月 5 日，国家主席习近平宣布设立科创板，并在科创板内进行注册制试点；2019 年 6 月 13 日，科创板正式开板。2020 年 3 月 1 日生效的新《证券法》规定，全面推行证券发行注册制。

在科创板试点注册制的经验的基础上，创业板试点注册制方案也于 2020 年 4 月获批。2020 年 6 月 12 日，证监会发布了《创业板首次公开发行股票注册管理办法（试行）》、《创业板上市公司证券发行注册管理办法（试行）》、《创业板上市公司持续监管办法（试行）》和《证券发行上市保荐业务管理办法》，与此同时，证监会、深交所、中国证券登记结算有限责任公司、中国证券业协会等发布了相关配套规则。

（2）证券公司实力不断增强。

根据中国证券业协会的统计，截至 2019 年 12 月 31 日，133 家证券公司总资产为 7.26 万亿元，净资产为 2.02 万亿元，净资本为 1.62 万亿元，客户交易结算资金余额（含信用交易资金）为 1.30 万亿元，受托管理资金本金总额为 12.29 万亿元。2019 年度 133 家证券公司实现营业收入 3 604.83

亿元，各主营业务收入分别为代理买卖证券业务净收入（含席位租赁）787.63 亿元、证券承销与保荐业务净收入 377.44 亿元、财务顾问业务净收入 105.21 亿元、投资咨询业务净收入 37.84 亿元、资产管理业务净收入 275.16 亿元、证券投资收益（含公允价值变动）1 221.60 亿元、利息净收入 463.66 亿元。2019 年度实现净利润 1 230.95 亿元，120 家证券公司实现盈利。

（3）证券监管进入新的阶段。

2018 年 4 月 27 日，中国人民银行、中国银行保险监督管理委员会、中国证券监督管理委员会和国家外汇管理局联合发布《关于规范金融机构资产管理业务的指导意见》。备受业界瞩目的资管新规的出台，开启了对资管行业的强监管时代。

2019 年 7 月，为了加强对证券公司股权的监管，规范证券公司股东行为，中国证监会发布了《证券公司股权管理规定》。

2020 年 2 月，证监会发布再融资新规，内容主要包括：取消创业板公开发行资产负债率和连续盈利的条件，放宽非公开发行价格、规模和锁定期的要求，延长再融资批文有效期等。

2020 年 6 月，证监会发布了《证券发行上市保荐业务管理办法》；2019 年 8 月，中国人民银行发布《金融科技（Fin Tech）发展规划（2019—2021 年）》，明确要求金融机构加强金融科技战略部署，强化金融科技合理应用，赋能金融服务提质增效，增强金融风险技防能力。

2020 年 9 月 17 日，证监会修改了《关于加强上市证券公司监管的规定》，与 2020 年实施的新《证券法》等法规衔接，完善了相关条款及表述；要求证券公司强化内部控制和内幕信息管理；取消了月度经营数据的披露要求，取消了中期报告关于证券公司分类结果的披露要求。

（4）对外开放迈上新的台阶。

2018 年 4 月 28 日，中国证监会发布了《外商投资证券公司管理办法》，允许外资控股合资证券公司，逐步放开合资证券公司业务范围等。《外商投资证券公司管理办法》的出台标志着中国证券业开放进入新的历史阶段。

全球最大的指数编制公司明晟（MSCI）在 2018 年 6 月正式将中国 A 股纳入 MSCI 新兴市场指数；同年 9 月，全球第二大指数公司富时罗素（FTSE Russell）也宣布将中国 A 股纳入其指数体系。

2018 年 12 月 14 日，沪伦通启动。2019 年 10 月，证监会发布公告，自 2020 年 1 月 1 日起取消期货公司外资股比限制；自 2020 年 4 月 1 日起，在全国范围内取消基金管理公司外资股比限制；自 2020 年 12 月 1 日起，在全国范围内取消证券公司外资股比限制。2020 年 3 月又宣布，自 2020 年 4 月 1 日起取消证券公司外资股比限制，符合条件的境外投资者可依法提交设立证券公司或变更公司实际控制人的申请。

2020 年以来，继汇丰前海证券、瑞银证券、野村东方国际证券和摩根大通证券之后，摩根士丹利华鑫证券、高盛高华证券、瑞信方正证券外方股东增持相继获批，成为外资控股证券公司。同时，基金行业继贝莱德、路博迈之后，富达国际也正式递交公募牌照申请。渣打银行等 4 家外资行申请基金托管资格。

2020 年 5 月，证监会发布《境外机构投资者境内证券期货投资资金管理规定》，合格境外机构投资者（QFII）和人民币合格境外机构投资者（RQFII）投资额度限制被取消。

2. 中国证券公司发展：典型案例

2.1 中信证券：与资本市场共同发展的领先券商

2.1.1 中信证券的历史沿革

中信证券股份有限公司于 1995 年 10 月 25 日正式成立，于 2003 年 1 月 6 日在上交所上市交易。中信证券是一家全牌照综合券商，业务范围涵盖证券、基金、期货、直接投资、产业基金和大宗商品等多个领域，为境内外超过4万个企业客户与1 030余万个个人客户提供各类金融服务解决方案，分支机构遍布全球13个国家和地区，华夏基金、中信期货、金石投资等主要子公司都在各自行业中保持领先地位。

中信证券通过一系列收购行动，一举确立了其行业龙头地位。从2006年开始，中信证券超越中金公司成为券商净利润第一名以来，一直保留着这一桂冠。截至2019年12月31日，中信证券拥有207家批准设立并已开业的证券营业部及33家分公司，拥有一级全资子公司13家，拥有纳入一级合并范围内的结构化主体共计4只。截至2019年12月31日，公司共有员工9 135人。

2.1.2　中信证券业务结构的演进

中信证券作为国内头部券商，业务覆盖面广，经营业务种类较为齐全。各类业务之间发展较为均衡。由于证券经纪业务随着证券市场佣金手续费的下降进入薄利多销的发展阶段并逐渐趋于稳定，加之受市场活跃度影响，2015—2019年，中信证券传统的证券经纪业务占比下降，由原来的接近40%下降到20%左右。公司积极寻求新的利润来源，自营业务和其他创新型业务占比有所提升，成为重要的收入组成部分。2019年，证券投资业务、证券经纪业务、资产管理业务、投资银行业务、其他业务收入占比分别为28.38%、22.15%、17.10%、9.99%、22.39%。业务结构分散，自营业务收入占比大，对业绩增量的贡献较大，投资银行等业务表现较为稳定（见表7-3）。

表7-3　2015—2019年中信证券收入结构

收入结构	2015年		2016年		2017年		2018年		2019年	
	金额（亿元）	占比（%）	金额（亿元）	占比（%）	金额（亿元）	占比（%）	金额（亿元）	占比（%）	金额（亿元）	占比（%）
证券投资业务	176.35	31.48	48.86	12.86	77.29	17.85	91.61	24.61	122.41	28.38
证券经纪业务	217.12	38.76	121.12	31.87	108.15	24.98	98.94	26.58	95.54	22.15
资产管理业务	77.24	13.79	71.61	18.84	75.75	17.50	64.68	17.38	73.75	17.10
投资银行业务	45.22	8.07	52.54	13.83	40.02	9.24	27.88	7.49	43.08	9.99
其他业务	44.20	7.89	85.90	22.60	131.70	30.42	89.10	23.94	96.61	22.39

资料来源：WIND数据库。

（1）股权承销业务。

股权承销业务是中信证券成熟度较高的业务。近五年中信证券股权承销业务规模和市场份额均居市场首位，尤其是市场份额稳步提升，由 2015 年的 11%逐渐上升到 2019 年的 18.20%（见图 7-1），发展态势良好，行业覆盖面广，龙头地位稳固。

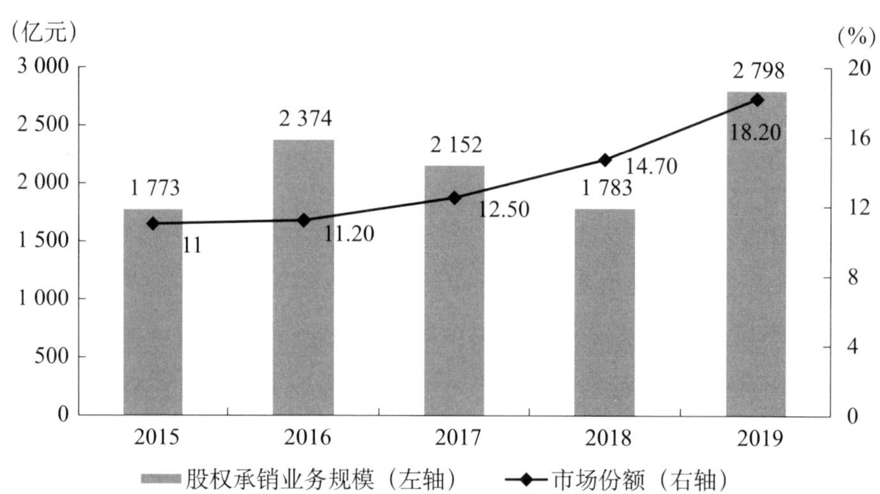

图 7-1　2015—2019 年中信证券股权承销业务规模及其市场份额

资料来源：WIND 数据库。

（2）债券及资产证券化业务。

债券及资产证券化业务是中信证券近几年增长较快的业务部分，2019 年，中信证券债券及资产证券化业务承销金额为 10 015.30 亿元，较上年同期增长 31.03%，承销金额占证券公司同业承销总金额的 13.18%，位居同业第一；承销数量为 1 981 只，位居证券同业第一。

（3）资产管理业务。

中信证券自 1998 年开始经营资产管理业务，有 20 余年的投资管理经验，是业内唯一同时具有企业年金投资管理人、社保基金境内投资管理人、保险资金受托投资管理人、基本养老保险基金投资管理人资格的券商资管机构，受托管理资金总规模连续 11 年稳居同业首位。

2019 年，中信证券资产管理规模如表 7－4 所示。

表 7－4　中信证券 2019 年资产管理规模　　单位：百万元

类别	资产管理规模	管理费收入
集合资管计划	129 174	497.34
单一资管计划	1 265 213	1 093.72
专项资管计划	371	27.58
合计	1 394 758	1 618.64

说明：(1) 集合资管计划包括大集合产品，不包括养老金集合产品；单一资管计划包括社保基金、基本养老、企业年金和职业年金业务；专项资管计划不包括资产证券化产品。(2) 资产管理规模合计数因四舍五入的原因与各类别理财规模加总数略有出入。

资料来源：公司年报。

(4) 经纪业务。

经纪业务是券商重要的传统项目之一。目前，中信证券在全国范围内有证券经纪业务分支机构超过 300 家，覆盖全国 27 个省及直辖市。2019 年，境内机构股票经纪业务主要覆盖服务境内的公募基金、保险公司、私募基金、银行理财子公司等国内专业机构投资者，以及 QFII、RQFII、外商独资企业（WFOE）等外资专业机构投资者。

2019 年公司保持了在境内机构经纪业务中的整体领先地位，其中，公募基金佣金分仓 2019 年上半年排名市场第一；QFII/RQFII 交易客户数量增长到 203 家，位居市场前列；重点私募基金覆盖率提升到 75%；银行理财子公司中已落实的券商结算模式业务招标全部中标。

(5) 自营业务。

2010—2019 年，中信证券自营规模均居行业首位，稳坐行业头把交椅。中信证券 2019 年度取得 158.92 亿元自营收入，同比增长 97.54%，增幅明显。其中，风险相对较低、收入更加稳定的固收类证券远高于收益类证券，固收类收入占据了近半壁江山。

2.1.3　中信证券与高盛集团的比较

(1) 高盛集团基本情况。

高盛集团是全球顶级的券商，其业务主要划分为投资银行、机构客户服务、投资与借贷、投资管理四大板块。投资银行业务涵盖财务顾问、股票承销、债券承销三类，具体包括兼并收购、风险管理、公开发售等服务。机构客户服务业务板块分为股权业务和FICC① 两大类：股权业务包括经纪业务、股票及衍生品做市、融资融券等业务，FICC业务包括利率、汇率、大宗商品等的交易和做市。投资与借贷板块涵盖自营及贷款业务，具体包括通过投资贷款向客户提供长期融资，通过管理的基金直接或间接投资债券、上市公司、房地产等。投资管理业务主要通过独立管理账户，向机构或高净值客户提供理财服务，包括投资组合管理和财务顾问等业务。

2019年，高盛集团实现收入365.46亿美元。其中，做市业务收入为101.57亿美元，投资银行业务收入为67.98亿美元，投资管理服务业务收入为61.89亿美元，佣金及费用为29.88亿美元，利息净收入为43.62亿美元（见表7-5）。

表7-5　2015—2019年高盛集团收入结构

收入结构	2015年		2016年		2017年		2018年		2019年	
	金额（亿美元）	占比（%）	金额（亿美元）	占比（%）	金额（亿美元）	占比（%）	金额（亿美元）	占比（%）	金额（亿美元）	占比（%）
做市业务收入	95.23	28.16	99.33	32.45	76.60	23.88	94.51	25.81	101.57	27.79
投资银行业务收入	70.27	20.78	62.73	20.49	73.71	22.98	78.62	21.47	67.98	18.60
投资管理服务业务收入	58.68	17.35	54.07	17.67	58.03	18.09	65.14	17.79	61.89	16.93
佣金及费用	33.20	9.82	32.08	10.48	30.51	9.51	31.99	8.74	29.88	8.18
利息净收入	30.64	9.06	25.87	8.45	29.32	9.14	37.67	10.29	43.62	11.94
其他业务收入	50.18	14.84	32.00	10.45	52.56	16.39	58.23	15.90	60.52	16.56

资料来源：WIND数据库。

（2）收入结构对比。

2019年，中信证券总收入为431.4亿元，净资产收益率为7.76%；而

① 对固定收益、外汇及大宗商品业务的统称。

高盛集团的净收入为 365.46 亿美元（按期末汇率折合人民币约 2 549.5 亿元），普通股股东平均股本收益率为 10%。无论是营收规模还是盈利能力，中信证券与高盛集团均有较大的差距。

2019 年，中信证券和高盛集团收入结构对比如图 7-2 所示。高盛集团最主要的收入来源是做市业务，中信证券主要的收入来源是证券投资业务。相较而言，中信证券传统证券经纪业务的收入占比较高，而高盛集团投资银行业务收入占比较高。高盛集团是全球顶级的投资银行，其投资银行业务收入占比也仅为 18.60%，中信证券是国内顶级的投资银行，其投资银行业务收入占比仅为 9.99%。中信证券的资产管理业务收入占比与高盛集团相比大体相当，但二者资产管理的规模仍有较大的差距。高盛集团管理的资产达 1.86 万亿美元（按期末汇率折合人民币约 12.98 万亿元），中信证券资产管理业务受托管理资金总规模为 1.39 万亿元，但中信证券资产管理规模连续 11 年稳居同业首位，这也从一个侧面说明了整个中国证券行业资产管理规模仍较小。

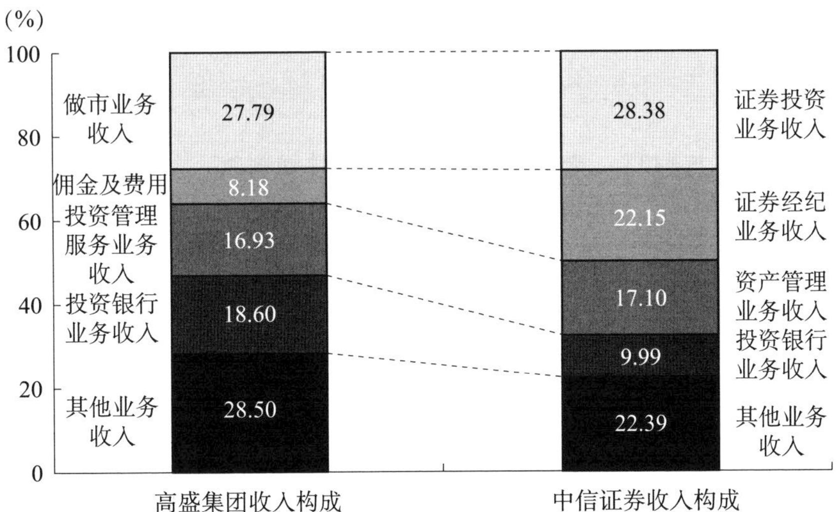

图 7-2　2019 年高盛集团和中信证券收入结构对比

资料来源：WIND 数据库。

（3）总资产对比。

从资产规模看，中信证券与高盛集团体量相差较大。2015 年末，高盛集团资产规模约是中信证券的 9 倍。经过五年的发展，2019 年末，中信证券资产规模达到 7 917.22 亿元，而高盛集团资产规模为 9 929.68 亿美元（按期末汇率折合人民币约 69 271.43 亿元），是中信证券的约 8.75 倍。二者差距虽有所缩小，但仍然较大（见表 7－6）。

表 7－6　2015—2019 年中信证券与高盛集团总资产对比　　单位：亿元

公司	2015 年	2016 年	2017 年	2018 年	2019 年
中信证券	6 161.08	5 974.39	6 255.75	6 531.33	7 917.22
高盛集团	55 935.55	59 669.64	59 903.98	64 065.63	69 271.43

中信证券不仅在资金实力、盈利能力等方面与高盛集团存在较大的差距，而且在国际化方面，中信证券尚难以望其项背。如高盛集团在美国以外的净收入自 1990 年以来增长了 22 倍，约占全公司净收入的 40%，而中信证券境外业务收入为 49.9 亿元，约占全公司总收入的 11.57%。在为客户提供服务、产品设计及风险管理等方面，中信证券仍然要与其对标，提高自身的竞争力。

2.2　东方财富：专注财富管理的互联网券商

东方财富是区别于传统券商的互联网券商，其成长的路径与传统券商相比独具特色。在中国互联网已经得到广泛应用的背景下，东方财富的经验值得借鉴。

2.2.1　东方财富的历史沿革：从门户网站到零售经纪，再到财富管理平台

东方财富信息股份有限公司（简称东方财富）前身系上海东财信息技术有限公司，于 2005 年 1 月成立，2008 年 1 月更名为东方财富信息股份有限公司。2010 年 3 月，东方财富成功在深圳证券交易所创业板上市。

东方财富作为一站式互联网服务平台，旗下拥有证券、基金销售、金融

数据、互联网广告、期货经纪、公募基金、私募基金、证券投顾及小额贷款等业务板块，向海量用户提供金融交易、行情查询、资讯浏览、社区交流、数据支持等全方位、一站式的金融服务。

东方财富的发展按照其业务扩展和转型情况可以划分成三个阶段。

（1）2005—2012年，互联网平台服务奠定流量基础。

公司于2005年1月成立，成立初期以金融数据服务与广告业务为主，子网站“股吧”于2006年上线，“天天基金网”于2010年上线，与“东方财富网”互通，为网站用户提供海量财经资讯和证券信息。2008年，公司在国内财经网站中凭借优异表现脱颖而出，之后东方财富网站访问量持续提升，用户黏性持续加强，为公司转型发展打下了坚实的基础。目前，从平台流量来看，东方财富虽然与综合性门户网站如网易、新浪等还存在差距，但是已经远胜于我国其他垂直财经门户网站。

（2）2012—2015年，从基金到证券，互联网券商之路进入新阶段。

2012年，公司在积累了一定流量基础的背景下，开始积极寻找流量变现途径。子公司上海天天基金销售有限公司于2012年取得了基金销售业务资格，从而带动了东方财富的基金业务发展，基金业务也迅速成为其主要利润来源。2015年，东方财富收购了香港宝华世纪证券和西藏同信证券，从而获得了证券业务全牌照。流量的积累和牌照的健全共同助力东方财富开启互联网券商之旅，东方财富也由此进入了新阶段。

（3）2015年至今，业务多元化发展，转型财富管理。

2015年，东方财富通过收购获得证券业务经营资格后，公司证券业务营收突飞猛进，超越原本的主要利润来源基金业务，成为公司第一大收入来源。2016年，证券业务收入占比达48.45%，并在接下来的几年内稳中有升。2019年，东方财富实现营收26.34亿元，其中证券业务收入占比达到65%，基金业务占比达29.2%。东方财富的业务也在向多元化方向发展，2018年，公司拿下公募基金牌照。2019年，公司取得保险经纪业务牌照，依托互联网发展，公司目前已经成为初具规模的财富管理型互联网券商。

2.2.2 东方财富的业务特征：流量优势助力财富管理转型

（1）在用户数量和黏性方面保持优势。

东方财富是国内领先的互联网金融服务平台综合运营商，以“东方财富网”为核心，实现互联网财经门户平台、金融电子商务平台、金融终端平台及移动端平台的集合，建立一体化互联网金融服务综合平台，向海量用户提供产品和服务。目前，公司运营的互联网金融服务综合平台已成为我国用户访问量最大、用户黏性最高的互联网金融服务平台之一，“天天基金网”和“股吧”在各自细分领域中均具有市场领先地位，在用户数量和用户黏性方面长期保持竞争优势，形成了公司的核心竞争力。

公司主要业务发展及整体财务状况良好。截至2019年12月31日，公司资产总额618.31亿元，同比增长55.31%；实现营业总收入42.32亿元，同比增长35.51%；公司实现归属于上市公司股东的净利润18.31亿元，同比增长90.93%；归属于上市公司股东的扣除非经常性损益的净利润为17.85亿元，同比增长88.47%（见表7-7）。

表7-7 东方财富近年主要财务指标 单位：亿元

	2017年	2018年	2019年
资产总额	418.45	398.11	618.31
营业总收入	25.47	31.23	42.32
归属于上市公司股东的净利润	6.37	9.59	18.31
归属于上市公司股东的扣除非经常性损益的净利润	6.16	9.47	17.85

（2）证券经纪业务市场占有率稳步上升。

东方财富的证券业务主要依托互联网服务平台及全国主要中心城市的分支机构，通过拥有相关业务牌照的东方财富证券、东方财富期货、东方财富国际证券等公司，为海量用户提供证券、期货经纪等服务。

东方财富的证券经纪业务市场占有率落后于头部券商，但近年来处于稳步上升状态。2018年开始，部分头部券商证券经纪业务的市场占有率涨势疲软，甚至开始下降，而东方财富的增幅依旧突出，证券经纪业务穿越市场周期，表现强劲。2015年时，东方财富还明显落后于西部证券、国元证券、国金证券等券商，而近几年东方财富已经超过这几家公司，排名不断前移。究其原因，依托其网络综合平台、交易成本低是其发展的主要优势所在。此外，东方财富的佣金率低于行业平均水平。2019年，行业平均佣金率为万分之2.79，而东方财富将佣金率控制在万分之2.5左右，对中小型客户有更强的吸引力，促进了客户规模的提升，进而导致整体业务表现向好。同时，东方财富的融资融券业务发展迅速，增速高于同期市场整体情况，市场份额也稳步上升。

(3) 互联网自助基金交易一站式服务优势显著。

东方财富通过天天基金为用户提供基金第三方销售服务，依托以“东方财富网”为核心的互联网服务综合平台积累的用户资源和品牌形象，为用户提供一站式互联网自助基金交易服务。第三方基金代销机构的基金销售收入分为两大块：前端销售收入与尾随佣金分成。目前东方财富的基金销售收入大头在尾随佣金分成部分。

(4) 金融数据服务业务满足中小消费者需要，互联网广告业务受众精确。

东方财富的数据服务业务主要以金融数据终端服务平台为载体，通过PC端、移动端平台，向海量用户提供专业化金融数据服务。金融数据服务吸引了众多中小型客户，相比收费昂贵、设备复杂的彭博和WIND，东方财富虽然在数据的完整性和使用体验上占据劣势，但是明显更适合中小消费者进行金融投资的日常需要。

互联网广告服务业务主要是为客户在“东方财富网”及各专业频道、互动社区等页面上通过文字链、图片、富媒体等表现形式，提供互联网广告服务，东方财富平台的受众精确，更适合需要进行定向宣传的客户。

(5) 财富管理转型成为未来收入增长点。

当前我国证券市场正逐步走向成熟，低增长率、高占有率的特征也进一步显现，传统业务同质化竞争激烈，经纪业务逐渐接近盈亏平衡点，对于券商来说，转型是必然趋势。东方财富从门户网站起家，经零售经纪，转型至财富管理领域，依赖其原有的庞大客户基础，不断提升客户黏性。2018年其公募基金牌照的获取更是其转型过程中的一大里程碑事件，未来东方财富有望在基金领域实现快速增长，在互联网模式加持的作用下，进一步开拓财富管理市场。

（6）东方财富以长尾客户、线上渠道为主。

根据《上海证券交易所统计年鉴》（2019卷），2018年末，我国投资者开户总数累计达2.14亿户，其中机构开户总数68.8万户，在自然投资者中，50万元以下的持股账户数共3 355.16万户，占自然投资者账户的比重为86.92％，整个市场呈现明显的长尾特征，低资产、高周转率的客户群体前景广阔。东方财富作为互联网券商，其以客户为中心的互联网思维能够让东方财富成为长尾客户的优质选择。同时，根据艾瑞咨询的相关调研统计，截至2018年上半年，东方财富40岁以下的客户占比达76.31％，客户相对年轻化，对新事物的接受能力强，乐于尝试且思维活跃，这部分客户的加入和东方财富的互联网优势密切相关。

而我国传统的头部券商往往具有完备的线下营业网点系统，提高服务质量的同时会提升其运营成本，因而更多地面向机构客户提供服务，对于个人客户更多是依赖线上App，所以，在移动服务领域，未见传统券商具有显著优势。以国泰君安为例，2019年国泰君安的机构业务收入与个人业务收入分别占营业收入的52％和26％，机构业务仍为其主要收入来源。

从渠道端来看，东方财富主要通过网络渠道进行获客，通过财经资讯网站“东方财富网”、流量最大的专业基金门户“天天基金网”和注重UGC（users generated content）属性的网络社区“股吧”进行引流，其移动端App月活跃用户数量虽整体明显低于同花顺这类股票App，但大幅领先于传统券商。线下渠道对东方财富的获客仅起到辅助作用，东方财富的线下网点大部分属于C类网点，其成本支出较其他线下券商更有优势。

传统券商主要通过线下渠道获客，以国泰君安为例，2019 年末，国泰君安在境内设立了 420 家证券营业部，而东方财富的下设网点仅 166 家。传统券商目前也着力于线上渠道的发展，但收效并不显著，其移动 App 的月活跃用户数量与互联网券商东方财富仍有显著差距。

2.2.3　对标嘉信理财

嘉信理财成立于 1971 年，是全球领先的零售财富管理公司，经历了低佣折扣券商到互联网券商再到综合金融服务平台的转型过程，不断进行业务的拓展和创新。嘉信理财主要向个人投资者和理财顾问提供财富管理、证券经纪、银行、资管、托管和财务咨询等综合性金融服务。嘉信理财将收费模式由收取经纪佣金转向按照客户资产规模来收取财富管理咨询费用，免去了投资者前端的管理费用，有助于客户黏性的强化。

东方财富和嘉信理财在历史沿革、商业模式和发展趋势上存在一定的相似性，均是在经历几次转型后，不断拓展自身业务，向综合服务券商发展。

二者均通过“低佣金＋优质业务”的模式获客，之后在已有的大量客户基础上发展资产管理业务，闭环的服务助力客户资产的长期留存，有助于提高客户黏性，也助力东方财富和嘉信理财应对传统业务的同质化低价竞争。

同时，二者均拥有互联网客群的优势，东方财富通过东方财富网、天天基金网、股吧等平台积累流量，嘉信理财也通过网络平台对投资者进行投资教育，提供金融顾问服务，并于互联网浪潮刚刚兴起之时发展线上交易服务，转型互联网券商。

此外，东方财富和嘉信理财都聚焦于中长尾客户，为对投资感兴趣但可支配资金并不多的客户群体提供更加低价便捷的交易服务，满足普通人的理财和投资需求。

二者也存在差异之处。东方财富的互联网基因更加明显，东方财富的核心业务围绕网站开展，信息展示、投资者沟通、基金代销等业务均借此发展；而嘉信理财相对老牌，更侧重于将顾问、咨询业务融入投资者的决策中，且嘉信理财在美国互联网券商领域并不占据明显优势。

从收入数据来看，东方财富的业务中最主要的部分是其证券服务和金融电子商务服务（第三方基金代销业务），其中，证券服务的比重在2016—2019年有大幅的提升，迅速跃升为其最主要的业务类型，而基金代销业务则一直发展较为稳定。嘉信理财的收入来源主要是息差、资产管理业务和经纪业务，三者加总占据总营收的90%。近几年随着美联储的加息，嘉信理财的银行存款规模增大，息差收入的占比提升，已经成为其最主要的收入来源。根据嘉信理财近年的业务发展，也有理由推断，在获取公募基金牌照之后，东方财富金融电子商务服务发展前景广阔，财富管理或将成为其未来增长点。

从表7-8所示的营收情况来看，2019年嘉信理财总营收达747.9亿元，同比增长5.81%，而东方财富总营收为42.37亿元，同比增长67.09%。究其原因，和二者所处的市场情况不同有关：美国证券市场处于相对成熟的发展阶段，嘉信理财的营收增长情况受整体市场发展的限制，未来的增长空间也比较有限；而我国证券市场尚未成熟，发展前景更加广阔，且东方财富紧抓互联网趋势，相较传统券商更具发展潜力。

表7-8 东方财富、嘉信理财2019年收入结构

东方财富	收入（亿元）	占比（%）	嘉信理财	收入（亿元）	占比（%）
证券服务收入	27.50	65	净利息	454.6	61
金融电子商务服务收入	12.40	29	资产管理收入	224.0	30
金融数据服务收入	1.60	4	交易收入	43.0	6
互联网广告服务收入	0.87	2			
总收入	42.37	100	总收入	747.9	100

2.2.4 东方财富的借鉴意义

（1）互联网模式助力经纪业务发展。

随着互联网领域的发展，证券公司的经营和发展模式面临新的挑战，金融理财类App的使用频率明显提升，互联网券商的发展成为大趋势。在互联网服务领域发展占据优势的东方财富在用户访问量指标和用户黏性指标上都保持显著的领先地位，以“东方财富网”为核心的互联网服务综合平台为其带来并凝聚海量客户资源，为其业务的增长和扩展提供了良好的基础。

（2）经纪业务带动财富管理转型是券商发展的必然趋势。

目前东方财富在资讯、社交、交易和决策需求等领域进行了全方位的业务布局，除了主要的证券业务、经纪业务和基金销售业务之外，公司还于近年开展了保险经纪业务、资管业务、期货经纪业务、企业征信业务、小额贷款业务等业务，大力铺设线下网点，健全金融牌照。从基本的券商业务到财富管理业务，东方财富形成了一个优势业务闭环。

我国券商行业整体佣金率目前呈现明显下行趋势，从 2010 年的万分之 9 已经下降到 2019 年的不足万分之 3，行业内经纪业务带来的收入占比也逐年下降，仅以传统经纪业务为主的公司面临着严峻的挑战，积极向财富管理转型、打造财富管理生态圈、逐步建立提供资产配置和交易服务的全方位资产管理平台是我国券商发展的必然趋势。

（3）聚焦大众市场或成为发展新方向。

随着中国金融市场的发展和国民理财需求的日益增长，大众市场领域的需求愈发旺盛，东方财富这类互联网券商引流方式更加有针对性，客户群体更加年轻。东方财富善用其互联网属性积累的流量基础，以及其成本低、体验好的优势，将线上渠道和线下渠道结合，多路径发力以获得新客户，增强原有客户黏性，提高综合竞争力。我国大众投资理财市场目前尚未发展成熟，潜力巨大，把握住该领域机会的公司将在后续的竞争中更具优势。

3. 其他市场中介的改革与发展

在我国，其他资本市场中介被界定为除商业银行、保险公司之外的中介机构，包括投资银行、会计师事务所、信用评级机构、资产评估机构、律师事务所等。20 世纪 70 年代兴起的金融中介理论用信息不对称来解释中介机构的存在。一般情况下，融资者需要通过第三方中介服务机构如会计师事务所、证券评级机构等向投资者传达完整、客观、及时的信息，包括价值、风险和未来收益等，以减弱双方的信息不对称。在企业股票、债券的发行和上市过程中，会计师事务所主要从事会计报表审计业务；律师事务所主要提供法律咨询、纠纷处理等服务；资产评估机构主要是对各类有形和无形资产进行估值；信用评级机构则为证券发行主体所发行的证券资质和信用能力提供评估。资本市场其他中介机构主要起到“风险过滤”功能：按照诚信原则，在法律、法规和制度的规范下，将资本市场上的错误信息或噪声信息进行风险披露并予以清除，以便投资者掌握有关投资证券的正确信息，从而做出正确的决策。

从 1991 年深圳证券交易所成立起，我国的其他资本市场中介机构就从无到有、从小到大，得到了迅猛的发展。尽管数量不断增加、业务水平不断提高、业务范围不断拓展，但其问题也极为突出，主要表现为功能的缺失和扭曲严重影响了金融体系的健康发展，也制约了其自身的成长壮大。本节重点讨论中国资本市场中介机构中律师事务所、会计师事务所、资产评估机构和资信评级机构的改革与发展历程。

3.1 律师事务所的改革与发展

律师制度是现代国家民主制度和法律制度的重要组成部分，一个国家律师制度的发达与完善程度往往是衡量一个国家民主与法治程度的重要标志。律师事务所作为律师的执业机构，是连接当事人、律师、司法行政机关和律师协会的桥梁。中华人民共和国成立后，随着现代律师制度在我国的逐步建立，律师事务所和律师管理体制也经历了由行政型向企业型的转变。在资本市场上，律师事务所与其他中介机构一道，降低了信息不对称程度，提高了市场透明度、安全性和运行效率，推动了资本市场的有效运行与发展。

3.1.1 律师管理体制的改革与发展历程

1978 年 12 月，中共十一届三中全会确定了“健全社会主义民主，加强社会主义法制建设”的目标，开启了社会主义法制建设的新征程。1980 年 8 月，第五届全国人大常委会第十五次会议通过了《中华人民共和国律师暂行条例》，我国第一部关于律师制度的专门性法律文件诞生。根据规定，当时的律师工作机构“法律顾问处”在性质上是事业单位，受国家司法行政机关的组织领导和业务监管。

随着经济体制改革的深入以及法律服务市场的日益开放，法律服务需求快速增长，律师管理体制也应不断向企业型转变，自主经营、自负盈亏，以提高效率、激发活力、调动各方面积极性，为此司法部始终在积极对律师的管理体制进行市场化改革。1984 年，对法律顾问处进行简政放权，试行全额管理、差额补助、超收提成以及实行自收自支的经费管理体制，法律顾问处逐步改称律师事务所。1988 年左右，司法部提出了建立“合作制律师事务所”的改革措施，一大批律师事务所如北京的君合、康达、金杜、大成等都是在这一期间成立的。1993 年 12 月，国务院正式批准了《司法部关于深化律师工作改革的方案》，明确提出建立司法行政机关行政管理与律师协会行业管理相结合的律师管理体制构想。1996 年 5 月我国发布的第一部《中华人民共和国律师法》中明确提出要大力发展合伙制的律师事务所和律师队伍，从而使律师队伍和律师机构都有了突飞猛进的发展。

在我国证券市场发展初期，国家主要是通过对律师事务所和律师实行资格限制的方式进行管理的。1993 年 1 月，证监会和司法部联合颁布行政法规，创设了证券律师许可证制度。按照规定，如果想从事证券法律服务，那么除取得律师资格外，本人及所在律所还需取得“律师从事证券法律业务资格证书”。随着我国加入世贸组织谈判的不断推进和律师对外业务发展的需要，司法部会同有关部门开展了律师办理专利、证券等法律业务的培训和资格确认工作，并先后成立了柳沈专利律师事务所、海问证券律师事务所等一批律师机构。1998 年 7 月，中国证监会下发《关于加强律师从事证券法律业务管理的通知》，对律师从事证券法律服务进行了一定的规范。2002 年 12 月，中国证监会、司法部根据国务院有关决定发布通知，正式取消证券律师资格制度，此后中国律师从事证券业务将不再受资格限制，具有该领域业务专长和执业能力的任何律师事务所及任何律师，均可以从事证券业务。2007

年 3 月，中国证券监督管理委员会和中国司法部联合发布的《律师事务所从事证券法律业务管理办法》，对于加强对包括律师事务所在内的证券服务机构的监管、全面提高证券经营机构及证券服务机构的规范化运作水平、维护证券市场秩序、保护投资者的合法权益，具有非常重要的意义。

3.1.2 律师事务所发展现状

截至 2019 年，全国共有律师事务所 3.2 万家，执业律师 47.3 万多人，律师人数超过 1 万人的省（区、市）有 18 个，其中超过 3 万人的省（市）有 4 个，分别是北京、广东、江苏、山东。1.5 万多个党政机关、人民团体和 3 000 多家企业开展了公职律师、公司律师工作。从律师事务所规模来看，有律师 10 人（含）以下的律师事务所 2.1 万多家，占 65.57%；有律师11～20 人的律师事务所 6 860 多家，占 21.06%；有律师 21～50 人的律师事务所 3 350 多家，占 10.48%；有律师 51～100 人的律师事务所 620 家，占 1.90%；有律师 100 人（含）以上的律师事务所 320 多家，占 0.99%。由此可见，小规模的律师事务所占绝大多数。2019 年，全国律师办理各类法律事务 1 119 万多件，其中，诉讼案件 610.8 万多件，非诉讼法律事务 133.6 万多件。2019 年，律师共提供各类公益法律服务 134.8 万多件，其中办理法律援助案件 90.4 万多件，参与接待和处理信访案件 25 万多件，律师调解 17.5 万多件，参与处置城管执法事件 1.7 万多件。律师为弱势群体提供免费法律服务 109.6 万多件，为 60 多万个村（居）担任法律顾问，建立村（居）法律顾问微信群 26 万多个。

发展至今，我国律师业务领域大大拓宽，已经介入金融、房地产、知识产权、国际贸易、反倾销、高科技、企业兼并等新兴的法律服务领域，促进了我国市场经济的发展和改革开放的深入。律师业已成为服务支柱产业之一，我国律师业经过曲折的发展，现已从简单经营阶段进入市场化运作的起步阶段。律师队伍和律师事务所逐步向规模化、专业化发展，出现了一批规模较大、素质较高、专业化分工较细、办公条件先进、社会信誉良好的律师事务所。

专业的证券律师广泛参与到资本市场运行与监管的各个环节。依托《证券法》《律师法》等基础性法律，目前我国开展的证券法律服务业务共有 25 项，其中行政许可类 22 项（包括发行上市类 13 项、证券公司类 4 项、基金公司类 5 项），非行政许可类 3 项（上市公司股东大会见证、股权激励计划方案、基金公司相关报告事项）。此外，律师还大量担任了上市公司常年法律顾问、董事（独立董事）、保荐人法律顾问等角色。律师和律师事务所在资本市场上是一种专业服务的提供者，保障着投融资活动的合法性和规范性。证券律师的职责主要体现在以下几个方面：一是为发行人或券商提供法律服务，保证其行为合法以降低法律风险；二是以独立专家身份为发行人提供信誉保障；三是作为资本市场的“看门人”，为投资者提供保护，避免公众利益遭受严重侵害或者诱发系统性风险。证券律师不仅肩负着对客户的忠诚义务，而且承担了某种证券市场“一线监管者”的职责。随着市场不断深化发展，证券律师的社会责任亦越发受到重视，有关部门应该采取有效措施推动各方归位尽责，大力加强资本市场的法制化建设，充分发挥包括律师事务所在内的中介机构在提高上市公司治理水平、优化资本市场运行秩序等方面的作用。

3.2　会计师事务所的改革与发展

会计师事务所是指由具备会计专业水平和操作能力，通过国家相关考试，获取能力水平认证的会计师共同构成的，能够独立进行审计、会计以及税务等方面咨询业务的会计行业中介服务机构。上市公司 IPO 必须披露公司财务和经营状况，已经上市的公司必须定期披露有关财务信息，这些信息是投资者判断投资价值的基础。会计师事务所在各种严格的制度规范下，运用相关会计原理和方法对证券发行主体的经营情况进行如实、认真、详细的反映，力求发布的会计信息真正与客观事实一致。会计师事务所的主要业务有会计服务、审计服务、税务服务、管理咨询、财务顾问等。目前，传统的审计业务仍旧是我国会计师事务所的核心业务，审计业务收入占比超过 70%。

3.2.1　会计师事务所改革发展历程

中国资本市场起步之初，会计师事务所实力薄弱，有关部门抽查结果显示，财务造假、审计报告失实情况较为严重，真正由具有证券从业资格的会计师事务所进行独立审计并承担责任的规范审计很少且并不规范。与全球审计市场的发展不同，我国政府在审计市场发展过程中扮演着重要角色，历次改革与发展无不体现了政府推力。随着相关政策的不断变革，我国会计行业逐渐得到发展与完善，会计从业人员在职能、职称等方面也得到了重新规划，整体上来看综合素质和实际业务能力有效提升，使得我国会计师事务所专业水准全面提高，从而能够更好地与国际接轨。在改革开放 40 多年来经济社会迅猛发展的过程中，我国注册会计师行业逐渐成熟，成为我国公共监督系统的重要力量。注册会计师行业的意义和地位日益显现，服务能力日趋提高，行业自身发展经历了恢复重建、规范发展、体制创新与规模发展、国际发展四个阶段（见图 7－3）。

恢复重建阶段（1980—1991年）	•1980年12月，财政部颁发《关于成立会计顾问处的暂行规定》，正式恢复和重建注册会计师制度
规范发展阶段（1991—1998年）	•1991年12月，首次举办注册会计师全国统一考试
体制创新与规模发展阶段（1998—2005年）	•1998年开始实施会计师事务所的"脱钩改制" •2000年财政部颁布《会计师事务所扩大规模若干问题的指导意见》，意在鼓励和提倡通过合并的方式实现会计师事务所规模扩大 •2003年后，中国注册会计师协会（简称中注协）先后颁布《关于加强行业自律管理体制建设的指导意见》和《会计师事务所执业质量检查制度（试行）》，推动我国注册会计师管理体制的改革创新
国际发展阶段（2005年至今）	•2004年底，中注协召开第四次会员代表大会，明确提出开放国内市场和进军国际市场并举的国际化发展思路 •2009年10月，财政部出台《关于加快发展我国注册会计师行业若干意见》，明确鼓励事务所通过收购、合并等方式提升执业质量和服务能力，增强国际竞争力

图 7－3　中国注册会计师行业发展阶段

资料来源：根据公开资料整理。

3.2.2　会计师事务所发展现状

截至 2001 年底，全国有会计师事务所 6 万余家，注册会计师近 8 万人。自 1998 年开始“脱钩改制”[①] 之后，经过一系列合并、重组，2001 年具有证券从业资格的会计师事务所只剩 70 家。财政部数据显示，2010—2018 年，全国会计师事务所（总所）数量逐年增加，从 6 971 家增长到 7 862 家（见图 7－4），为全国 400 多万家企事业单位和 3 000 多家上市公司提供审计鉴证和其他专业服务。截至 2019 年底，国内有资格从事证券服务业务的会计师事务所（以下简称“证券所”）共 41 家。

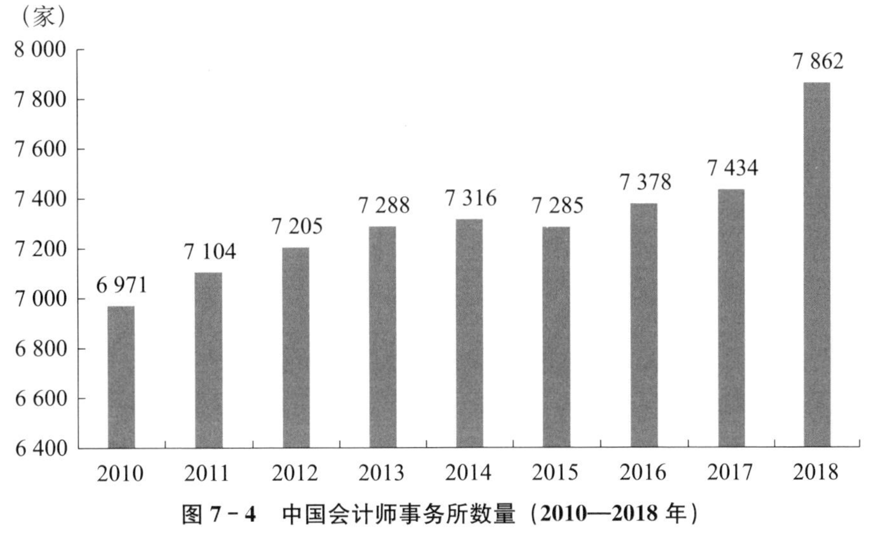

图 7－4　中国会计师事务所数量（2010—2018 年）

资料来源：财政部会计司。

证监会数据显示，自 2014 年以来，证券所收入总额逐年攀升，从 2014 年的 326 亿元增长至 2019 年的 515.3 亿元，年均增长 11.6%；其中，证券服务业务收入从 2014 年的 66 亿元增长至 2019 年的 165.7 亿元，占比从

① 1999 年财政部根据党中央和国务院关于“党政机关与所办经济实体脱钩”的号召，颁布《会计师（审计）事务所脱钩改制实施意见》，规定各级党政机关、政法机关和社会团体、事业单位、企业及其下属单位必须与挂靠本单位或以本单位名义发起兴办的事务所在人员、财务、业务、名称四个方面脱钩，结束了国内会计师事务所“挂靠”党政机关以及事业单位的时代，从此会计师事务所成为独立的法人，走上独立发展的道路。

20.25％提高至 31.16％，实现了跨越式发展（见图 7－5）。

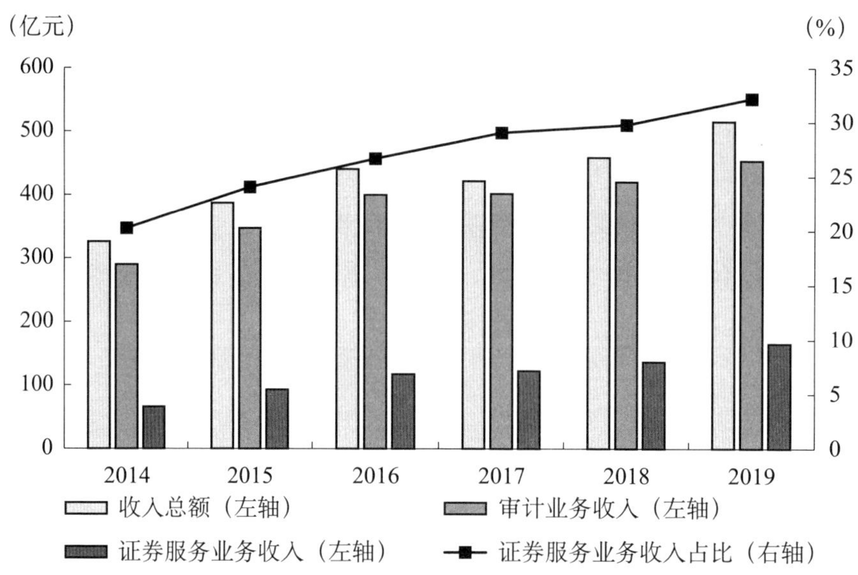

图 7－5　全国证券所收入情况（2014—2019 年）

资料来源：证监会会计部。

经过 30 多年的发展，目前我国会计师事务所数量众多、竞争激烈，执业经验逐渐积累，但是从行业整体来说仍然处于发展起步阶段。与国际四大会计师事务所相比，国内会计师事务所起步较晚，水平参差不齐，数量繁多且规模小。中国注册会计师协会统计数据显示，2018 年营业收入排名前六位的会计师事务所分别为普华永道、德勤、安永、立信、毕马威和瑞华，由此可见，国际会计师事务所在我国注册会计师行业依然占据主要地位。

当前，我国法制环境依旧存在不少缺陷，相关处罚制度不完善，企业财务信息的造假方式越发隐蔽，为会计师事务所的发展带来了极大的挑战。此外，还存在会计师行业的诚信职业道德建设亟待加强、事务所之间执业能力差距悬殊等问题。针对现存问题，财政部门正加紧研究出台政策，以强化法律制度建设，在健全和完善行业规章、强化监管质效、促进会计服务业开放等方面不断取得新的进展。

3.3　资产评估机构的改革与发展

旨在客观评估资产真实价值，为市场各产权主体提供价格尺度和交易标准的资产评估行业，是经济运行中必不可少的社会公正性中介服务行业。

3.3.1　资产评估机构改革与发展历程

我国的资产评估行业从1989年大连炼钢厂中外合资经营资产评估项目开始发展，迄今已有30多年的历史（见表7-9）。目前，我国的资产评估行业初步建立了与国际接轨的行业自律管理框架体系和执业规范，评估服务范围扩展到为所有经济主体的产权变动、抵押担保、投资决策等多种经济行为服务。资产评估行业的法制建设从单一的政府法规发展到政府法规和行业法规相结合的法规体系。

表7-9　我国资产评估行业发展历程大事记

时间	事件
1989年	大连炼钢厂中外合资项目：中方资产价值评估
1990年	国有资产管理局组建资产评估中心
1991年11月	国务院颁布《国有资产评估管理办法》
1993年12月	中国资产评估协会（中评协）成立，标志着资产评估行业逐步由政府直接管理向政府监管下的行业自律性管理过渡
1995年3月	中国资产评估协会加入国际评估标准委员会
1995年5月	开始实行注册评估师考试制度
1996年5月	中国资产评估协会发布《资产评估操作规范意见（试行）》，这是我国制定资产评估行业准则性文件的一次有益探索
2001年7月	财政部发布《资产评估准则——无形资产》
2002年8月	中国注册会计师协会发布《资产评估准则——基本准则（征求意见稿）》和《资产评估职业道德准则——基本准则（征求意见稿）》
2004年2月	财政部发布《资产评估准则——基本准则》和《资产评估职业道德准则——基本准则》
2004年12月	为适应我国证券市场、产权市场的发展，以及社会各界对企业价值评估的需求，中国资产评估协会印发《企业价值评估指导意见（试行）》

续表

时间	事件
2005 年 3 月	中国资产评估协会印发《金融不良资产评估指导意见（试行）》，配合金融体制改革和不良资产处置工作的推进
2008—2010 年	中国资产评估协会发布《资产评估准则——无形资产》、《专利资产评估指导意见》、《企业国有资产评估报告指南》、《资产评估准则——珠宝首饰》、《投资性房地产评估指导意见（试行）》、《评估机构业务质量控制指南》、《著作权资产评估指导意见》和《金融企业国有资产评估报告指南》等资产评估准则性文件
2016 年 7 月	《中华人民共和国资产评估法》经第十二届全国人大常委会第二十一次会议审议通过
2016 年 10 月	首次由中国资产评估协会组织实施的资产评估师资格全国统一考试顺利举行，标志着资产评估师管理改革取得突破性成果
2017 年 6 月	中国资产评估协会印发《“十三五”时期资产评估行业发展规划》

资料来源：根据公开资料整理。

如图 7－6 所示，30 多年来，资产评估行业从无到有、从小到大，积极服务于改革开放和国家社会发展，行业建设取得了巨大成就，走出了一条适合中国经济建设和社会发展的评估服务专业之路，形成了一个种类齐全、覆盖全面的评估市场，培养了一支讲道德、有能力的专业服务队伍，创立了一套服务于中国经济社会发展的评估法律制度、执业准则和理论体系。

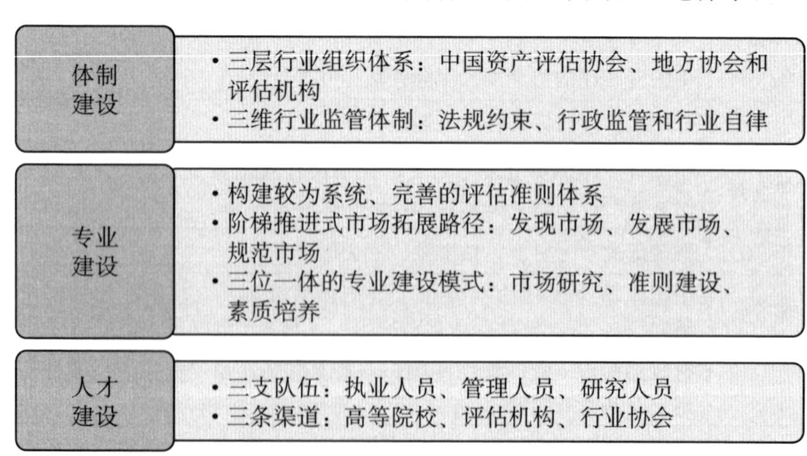

图 7－6　资产评估行业建设体系

资料来源：根据公开资料整理。

3.3.2　资产评估机构发展现状

截至 2018 年底，全国资产评估机构总数为 4 272 家（见图 7－7），主要集中在中东部地区。其中，非证券业评估机构占绝大多数，为 4 203 家，其余 69 家为证券业评估机构，仅占 1.62%。2018 年年末，全行业资产评估师人数为 36 232 人，其中，服务于证券业资产评估机构的有 5 734 人（占比为 15.8%）。

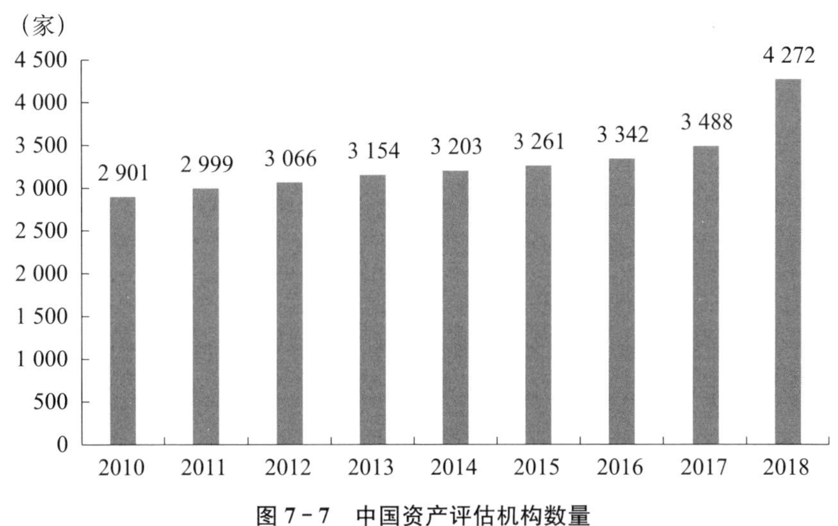

图 7－7　中国资产评估机构数量

资料来源：中国资产评估协会。

2018 年，资产评估行业实现业务收入总额约 181.26 亿元（见图 7－8），较上年增加约 45.03 亿元。2010—2018 年，行业收入总额各年增长率保持在 20%左右。截至 2018 年底，全国证券业评估机构虽然数量上只占全国资产评估机构的 1.62%，但是收入总额达 64.42 亿元，占全行业收入总额的 35.54%。2019 年度，全国从事证券服务业务的资产评估机构共计 70 家，证券业评估机构收入总额 73.63 亿元，较 2018 年度增长 14.3%，其中证券业务收入 12.46 亿元，占证券业评估机构收入总额的 16.92%。

随着我国改革开放的不断深入和市场经济体制的逐步完善，资产评估行业在维护国有资产权益、规范资本市场运作、防范金融风险、维护经济秩序

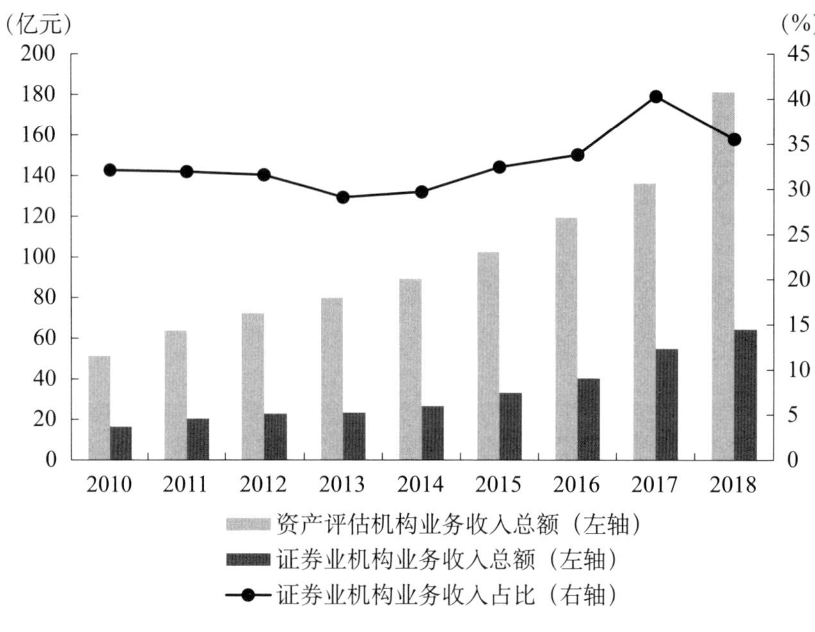

图 7－8　中国资产评估机构收入情况

资料来源：中国资产评估协会。

等方面发挥了至关重要的作用。

第一，资产评估在资本市场投资交易活动中举足轻重。公开、公平、公正是资本市场持续健康发展的重要基础，公允的资产定价关系到投资人和利益相关方的利益。资产评估正是利用专业技术为资本市场提供公允价值，为资本市场的投资、交易定价提供参考。为了维护广大投资者的合法权益，促进资本市场持续健康发展，《公司法》对企业在发行上市阶段的资产评估提出了原则性要求，《证券法》对上市公司并购重组交易中的资产评估提出了具体要求。可以说，资产评估在企业改制发行上市、上市公司并购重组、上市公司资产转让、资产置换交易过程中，为确定资产价值发挥了关键作用。

第二，资产评估在国有资产保值增值过程中发挥着重要作用。在我国资本市场发展初期，证券发行上市的法人主体主要是国有企业。国有企业在股份制改造过程中，往往面临以非货币资产出资作价折股的问题。为了防止国有资产流失，实现国有资产的保值增值，1991 年国务院发布了《国有资产评估管理办法》，规定在国有资产产权或经营主体发生变化时，必须进行资产评估。

第三，资产评估提高了资本市场财务信息质量。2006 年，我国发布了与国际会计准则实质趋同的一系列企业会计准则，自 2007 年 1 月 1 日起在上市公司范围内实施。新的企业会计准则采用了公允价值计量属性，这就需要运用专业估值技术对资产和负债的公允价值进行计量，因此资产评估在计量公允价值方面的作用不断增强。高质量的资产评估不仅有利于准确地计量公允价值，还有利于提高财务会计信息质量，进而有利于提高财务报告的可信度。

第四，资产评估在风险投资过程中也扮演了重要角色。风险资本一般多以参股形式投资到科技创新型初创企业，这类企业资产以知识产权等无形资产为主，投资风险高，因此确定知识产权价值和技术入股的份额十分重要。资产评估机构介入风险投资，进行公平、科学、有效的无形资产和有形资产评估，是发展风险投资的必要环节。此外，风险资本的三种回收方式（首次公开发行、兼并收购、企业回购）也必须依靠资产评估机构对风险企业的评估结果才能有效顺利地进行。

中国证监会历来十分重视评估行业的规范与发展。自我国证券市场建立以来，证监会始终坚持把资产评估报告作为发行上市的法定文件，既肯定了资产评估的作用，也积极推动了资产评估行业的发展。随着评估立法时代的到来，为保护广大投资者的利益，切实提高资本市场评估执业质量，中国证监会依据《证券法》的规定，加大对资产评估机构的监管力度，有力地促进了与资本市场相关的评估业务的发展。2008 年，证监会联合财政部发布了《关于从事证券期货相关业务的资产评估机构有关管理问题的通知》，进一步规范了资产评估机构从事证券、期货相关业务的资格审批、日常监管和退出机制，为提高资产评估机构的执业质量、实现资产评估机构优胜劣汰提供了制度保证。自 2008 年开始，证监会在资产评估行业执业监管方面开展了多项工作，包括组织执业质量自律检查、组织开展职业风险防范机制检查、开展资产评估行业行政监管等。证监会有计划地对具有证券期货相关业务执业资格的资产评估机构开展现场检查，检查不仅关注具体证券期货相关业务的执业质量，而且关注评估机构的内部治理和质量控制制度的建立和有效执行，以督促资产评估机构加强内部治理，改进质量控制制度，提高资本市场资产评估机构的执业质量。

3.4　资信评级机构的改革与发展

证券信用评级业产生于 19 世纪末的美国。工业革命促进了股份制公司的发展，为投资者提供了极大的投资机会。然而，市场缺乏帮助投资决策的有用信息，这使得投资者面临极大的投资风险，从而自然产生了对分析和计量证券投资风险的方法和机构的需求。信用评级机构之所以能够诞生，源于金融市场在不断完善与发展过程中，金融产品本身进行衍生，金融交易变得更加频繁和复杂，投资者已难凭一己之力评估金融市场和金融产品内在的风险和价值。于是，借助专业的信用评级机构，投资者便可提高分析效率。

3.4.1　资信评级机构改革发展历程

自 20 世纪初美国穆迪（Moody's）建立了世界上第一家资信评级机构以来，信用评级行业经过 100 多年的发展，在揭示和防范信用风险、降低交易成本以及协助政府进行金融监管等方面发挥了重要的作用。目前，美国已形成了比较成熟的信用评级制度，评级业务集中于穆迪、标准普尔（Standard & Poor's，简称标普）、惠誉（Fitch-MIBA）这三家行业头部公司，国际和美国市场结构性融资的信用评级几乎由这三大评级机构所垄断。

我国的信用评级业务开始于 20 世纪 80 年代，以上海远东资信评估公司的成立为标志性起点，我国独立于金融机构的社会化信用评级机构顺应债券、信贷市场发展的需求陆续成立。随着市场经济的不断深入和企业改革的逐步深化，我国的信用评级机构经历了“膨胀、清理、整顿、竞争、整合”的发展过程。1997 年，中国人民银行颁布《关于中国诚信证券评估有限公司等机构从事企业债券信用评级业务资格的通知》，认可了 9 家评级机构；2003 年，发改委发布《关于下达国家电网公司等企业债券发行规模及发行审批有关问题的通知》，给 5 家评级机构发放了第一批发改委牌照；2005 年，中国人民银行发布《关于做好银行间债券市场信用评级工作意见》，对银行间债券市场发债的评级机构发放了第一批牌照；2007 年，证监会开始实施《证券市场资信评级业务管理暂行办法》，对信用评级机构在证券市场从事信用评级业务实行许可制管理，针对公司债的评级机构发放了牌照；2003—2014 年，保监会陆续发布《关于增加认可企业债券信用评级公司的通知》《关于认可 7 家信用评级机构能力备案的公告》《关于认可信用评级机构能力备案的公告》等。梳理相关政策脉络可见，国内大型评级机构中拿到全牌照的机构有 5 家，分别是大公国际资信评估有限公司、东方金诚国际信用评估有限公司、上海新世纪资信评估投资服务有限公司、中诚信国际信用评级有限责任公司、联合信用评级有限公司，以这几家公司为代表的极少数国内评级机构奠定了行业领先地位。截至 2019 年，获得中国人民银行信用评级机构备案、中国证监会证券评级业务许可的信用评级机构包括中证鹏元资信、上海新世纪资信、大公国际资信、联合信用评级、东方金诚、远东资信、中诚信国际、上海资信、中证指数、浙江大普、北京中北联共 11 家中资信用评级机构。

3.4.2　资信评级机构发展现状

随着中国资本市场开放步伐的加快，国际著名评级机构开始进入中国评级市场。2017 年 7 月，中国人民银行发布公告，明确了外资信用评级机构在银行间债券市场开展评级业务的相关条件，标志着中国信用评级行业进入全面对外开放新阶段。2019 年 7 月，国务院金融稳定发展委员会发布 11 条金融业对外开放措施，允许外资机构在华开展信用评级业务时对银行间债券市场和交易所债券市场的所有种类债券评级，标志着中国债券评级市场向外资评级机构的开放范围从银行间债券市场扩大至银行间和交易所整个债券市场。而从实际运行来看，标普、穆迪、惠誉（简称三大评级巨头）均已在中国开设全资分支评级公司，尤其是标普信用评级（中国）有限公司（简称标普信评）已在中国人民银行营业管理部（北京）完成信用评级机构备案，并已实质性地开展了对工银租赁、泸州银行等的信用评级业务。2020 年上半年，标普和惠誉已经完成在中国人民银行的备案。

近年来，中资评级机构的业务规模紧随中国债券市场规模的快速增长而增长。如果剔除私募债、定向发行债券等券种，那么中资评级机构开展被动评级的债券的发行额从 2010 年的 1.76 万亿元激增至 2018 年的 11.24 万亿元，累计增长了 5.39 倍，年均复合增长 26.07%。2019 年前三季度，中资评级机构针对债券一级市场开展首次评级的债券合计 11.03 万亿元，同比增长 31.91%。

与此同时，中资评级机构的发展还面临行业监管制度、机构自身能力建设、市场运行环境和成效等诸方面的影响和制约，突出表现为信用评级结果的区分度不高、公信力不强，尤其是在当前中国债券市场和信用评级行业处于全面对外开放新时期以及中国信用债违约形势趋于严峻的背景下，中资信用评级机构面临加快开放发展的紧迫性。在建立和完善信用评级机构时，需要充分了解和学习国际先进经验，为我国信用评级行业的良性发展及其与资本市场的良性互动打下坚实的基础。

4. 投资银行与其他市场中介对资本市场的作用：功能视角的考察

对于投资银行功能的认识，吴晓求等（2001）提出，投资银行是资本供求的媒介者、金融工具的创新者、资产增值的服务者、高效资本市场的构建者、资源配置的优化者以及产业结构升级的推动者。吴晓求等（2005）提出，银行主导型金融体系中的其他金融中介（包括投资银行、会计师事务所、律师事务所、资产评估机构以及信用评级机构等）的主要功能包括风险过滤功能、产品创造与资产定价功能、基于资产增值的风险组合管理功能。

4.1　资本供求的媒介者

投资银行是资金提供者和资金需求者之间的媒介，它帮助资金需求者寻找资金来源，同时帮助资金盈余者寻求投资机会；帮助设计合理的交易结构，促使交易双方达成协议。

投资银行充当直接融资的媒介，并不介入投资者和融资者的权利义务关系（投资者与融资者相互之间拥有权利、承担义务），从而投资银行并不承担资金使用的风险。通过以投资银行为媒介的直接融资，零星、分散的资金被转化为巨额资金，短期资金被转化为长期资金，同时投资风险也被分散给广大投资者，由众多的投资者来承担。

4.1.1　投资银行及其他中介在融资中的功能：看门人与信息披露

在企业、金融机构以及政府的融资活动中，投资银行、审计师、律师、证券分析师、资产评估及信用评级等中介机构按照行业公认的道德标准，凭借自己的职业判断行事，如果发现证券发行人的信息披露存在严重不足，就会通过拒绝与不符合条件的发行者合作的方式将其挡在门外，使得发行人无法进入资本市场。投资银行等中介机构在融资中的作用由此被哈佛大学教授 Reinier H. Kreakman（1986）形象地称为“看门人”（gate keeper）。

在证券发行的过程中，投资者依据发行信息自行对发行公司的价值进行判断，风险自担。由此，发行信息的披露就成为关键环节。发行信息主要是由发行人提供的，由于发行人和投资人拥有的信息不对称，而且发行人有动机去利用信息不对称来获得有利于自身的信息披露，因此投资者就有可能由于信息不对称而遭受损失，这就需要投资银行、审计师、律师、证券分析师、资产评估机构及信用评级机构等中介机构为投资者提供有关发行人的信息收集、加工、传输和验证服务，确保信息披露的真实性、准确性与完整性。

信息披露制度既是资本市场的基本制度，也是推动社会资本高效流动、提高市场约束力的重要保障。中国证监会自 1998 年开始全面接管证券监管事务以来，就着手推进上市公司信息披露制度的建设，在信息披露方面采取了一系列重大举措。特别是 2005 年开始推进股权分置改革后，更是大力加强了上市公司的信息披露制度建设工作，并从保荐与承销、持续监管、信息披露规范性等方面做出了更为严格、细致的规定，逐步形成了当今较为完备的信息披露制度体系。

在股票发行的注册制下，发行人申请发行股票时，证券监管机构不对发行人的资质进行实质性审核和价值判断，而是将对发行人资质的判断交给市场中介机构，由中介机构来决定是否为其承销。投资银行等中介机构的“看门人”作用因而显得更为重要。

4.1.2　投资银行为实体经济提供的融资服务

投资银行通过有价证券发行的保荐和承销职能，帮助企业在首次公开发行、再融资发行以及发行股份购买资产方面获得资金支持。

2004 年，《证券发行上市保荐制度暂行办法》实施，规定上市公司发行新股、可转换债券均需由保荐机构和保荐代表人保荐。投资银行正式完成从通道业务向更具自主性的专业辅导审核业务的过渡。2005 年，保荐制度全面实施，投资银行在发行中的作用大幅提升。在此期间，我国逐步探索新股发行定价机制市场化。2004 年，中小企业板在深交所成立，大量优质中小企业在中小板上市，带来了投资银行承销业务的增长。2006 年，伴随股权分置改革工作的完成，新股发行募资金额显著提升，投资银行承销业务也随之显著增加。

2009 年，深交所成立创业板，募集资金额的快速增长推动了投资银行新股融资业务规模大幅提升，但“超募”和“破发”现象随之出现。直到 2014 年发行定价方式转为“市场化询价+23 倍 PE 隐性红线”后，超募现象才得到有效遏制，但这也导致了市场化定价受到影响，投资银行的定价功能无法有效发挥。

在政策引导、股市扩容和市场化机制深化的背景下，自 2013 年以来，投行业务中再融资、债券承销和并购重组的占比逐渐增大，逐渐形成了 IPO、再融资、债券承销和并购重组均衡发展的多元化投行业务。

2019 年，科创板开市以及注册制试点，开启了资本市场市场化的新阶段，将推动证券公司开启新一轮战略转型。其中，投行业务有望成为券商全面升级的突破口。

截至 2019 年底，我国证券公司数量达到 131 家，其中，94 家机构拥有保荐资格。从 1991 年到 2019 年底，投资银行共帮助 3 746 家企业通过首发募集资金 3.2 万亿元，通过增发、配股、优先股、可转债和可交换债等方式实现再融资共计 14.4 万亿元，其中，通过增发募集资金 8.7 万亿元（见图 7－9）。投资银行通过股票发行的保荐与承销，有效地帮助了实体经济拓宽融资渠道、推动企业规模化发展。随着越来越多的企业及项目获得资本市场的支持，社会资金逐步向具有发展潜力和优势的实体企业和行业聚集，为国家经济的发展提供了重要的资本助力。

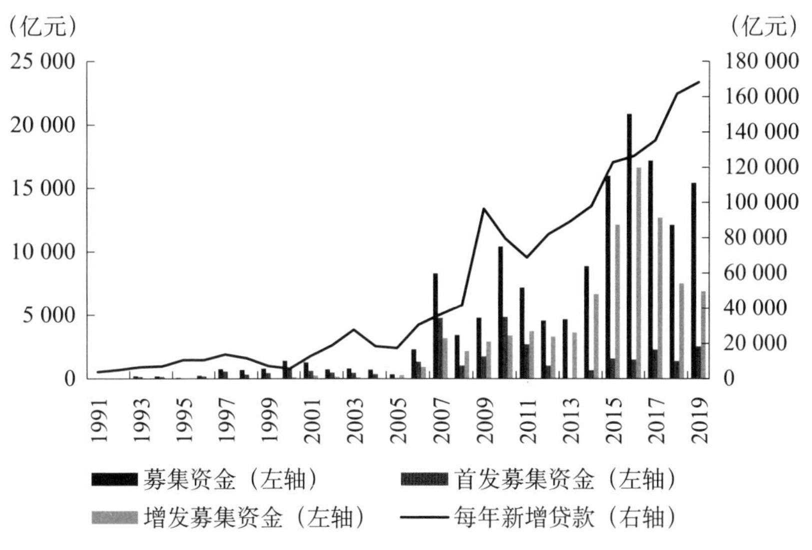

图 7－9　1990—2019 年募集资金和新增贷款

资料来源：WIND 数据库。

尽管我国证券公司在通过资本市场为经济活动提供融资方面做出了很大努力，但是与发达的经济体相比还存在较大的差距。除通过股票市场融资外，1990—2019 年间，通过债券市场发行的企业债、公司债、中期票据、短期融资票据和定向工具融资额共为 567 278.90 亿元，同期通过银行贷款融资额则为 1 513 612 亿元。股权融资额仅为银行贷款的 9.537%，占整个融资额的 6.5%。非金融企业来自股票市场和债券市场的融资额合计为 711 632.69 亿元，为银行贷款的 47%，占整个融资额的近 32%。①

在美国的金融体系中，资本市场是美国经济的关键推动力，资本市场为经济活动提供了 67%的资金。② 由此可以看出，国内发展资本市场融资特别是股权融资的空间还很大。

4.2 资源配置的优化者

投资银行通过帮助政府债券的发行，使政府可以获得足够的资金用于提供公共产品，加强基础设施建设，从而为经济的长远发展奠定基础，同时，投资银行还帮助政府发行和买卖政府债券等，从而调节货币供应量，保障经济的稳定发展。1990—2019 年，我国共发行国债 366 236.74 亿元，发行地方政府债券 243 665.91 亿元。

投资银行通过帮助经营业绩优良、具有发展潜力的企业发行股票和债券，不仅解决了企业资本短缺的问题，同时使资本流向了使用效率高的企业，为资金盈余者提供了获取更高收益的渠道，从而使国家整体的经济效益和福利得到提高，而且使发行企业的经营管理处于广大股东和债权人的监督之下，有利于企业建立科学的激励机制与约束机制，推动企业的发展。

投资银行通过兼并和收购业务，促进了经营管理不善的企业被并购，绩优企业得以迅速发展壮大，实现规模经济，从而促进了产业结构的调整，推动了产业的升级。

1990—2019 年，共发生并购 76 086 起，并购金额达 663 255.5 亿元（见图 7－10）。

投资银行适应资本市场中投资者的评价标准，通过把控募集资本的投

① 根据 WIND 数据库数据统计。

② 根据美国证券业与金融市场协会（SIFMA）数据计算得出。

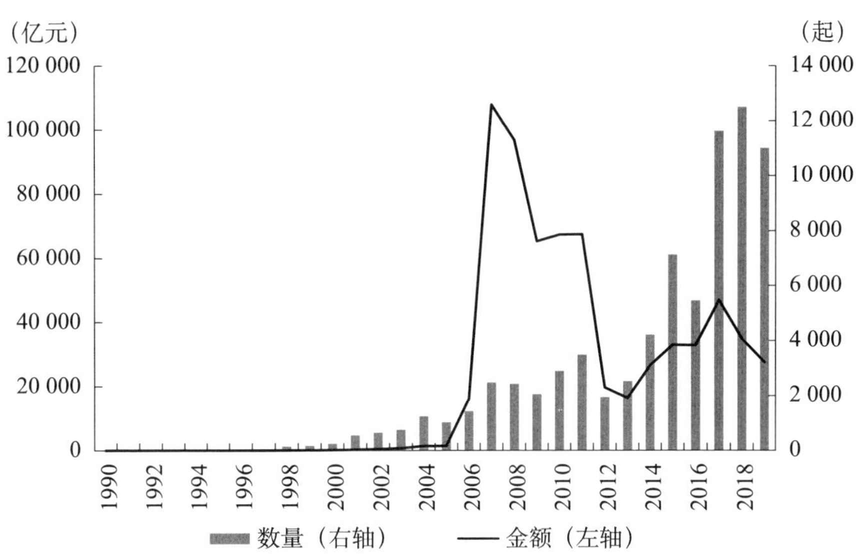

图 7－10　1990—2019 年中国证券市场发生的并购数量及金额

资料来源：WIND 数据库。

向、并购方案的设计，引导资金流向成长预期好的高科技产业，从而实现产业结构的优化，这大大加快了产业结构升级的进程。在产业组织方式升级的过程中，企业并购起着非常重要的推动作用，而企业并购是一项专业技术性很强的工作，没有投资银行作为财务顾问和代理人，并购业务几乎无法进行。从这一意义来说，投资银行成为产业集中过程中不可替代的重要力量。

投资银行在培育新产业方面亦起着十分关键的作用。投资银行配合设立科创板并试点注册制落地，直接为新兴产业的发展提供了资金支持，促进了治理结构的改善。

不仅如此，投资银行还通过代理发行股票或债券方式为许多尚处于新生阶段、经营风险较大的朝阳产业的企业提供筹资机会，支持其发展，因而促进了产业的升级换代和经济结构的调整。

4.3　产品创新者和财富管理者

随着经济的发展和收入水平的提高，居民和家庭的财富不断积累，财富管理需求也随之增加。管理好财产性收入的重要途径就是大力发展资本市场，打造一个有规模、专业化、能够管理风险、有定价效率的市场。在资本市场上，资本的需求者一般借助一定形式的金融工具进行融资，而资本的供给者通过购买金融工具，使得以货币计价的资本在市场上完成交换。随着经济的发展，传统的融资与投资活动已无法完全满足资本市场参与者的需求，资本市场在融资和投资的功能上分别衍生出资产定价功能与财富管理功能，此过程伴生了风险的流动与转移。资本市场中介机构的发展与资本市场功能的发挥是相互促进的：一方面，现代金融中介理论强调，价值增值是现代金融中介发展的主要驱动力，投资银行、资产管理公司等其他中介的价值增值是通过创造金融产品、提供金融服务以及通过对金融资产风险收益的组合管理实现的；另一方面，投资银行、会计师事务所、资信评级机构等资本市场中介机构具备风险过滤、产品创造及价格发现、风险组合与资产管理等功能，中介的发展有利于强化资本市场的财富管理与资产定价功能。

4.3.1 风险过滤

资本市场中介是专门经营风险资产业务的专业化经济组织，是经济系统中内生的具有过滤风险机制的金融机构。投资者是资本市场的风险承担主体，是基于对企业未来收益的预期来定价的，其定价机制的基础是信息。这些信息必须具有真实性、充分性与及时性，从而保障投资主体能准确、及时地获得有关证券发行主体经营管理和未来发展的趋势，帮助投资者正确分析投资对象的投资价值，分析投资者获取预期的投资收益所要承担的风险，进而采取有利于投资者的投资行为。会计师事务所、资产评估事务所等中介机构侧重于财务风险、盈利能力的评价和信息真实性的审查；律师事务所保障投融资活动的合法性和规范性；信用评级机构根据证券发行主体的有关财务信息等对其信用风险做出客观的评价。各类中介之间的联系也非常紧密，会计师事务所生产的财务信息的客观性是信用评级机构生产信息的基础，更是投资者投资分析和决策的重要依据，它们共同构成资本市场风险过滤的屏障。

资本市场中介机构可以通过专业化优势、规模经济以及自身的声誉机制降低信息成本，从而更好地发挥其风险过滤功能。以信用评级机构为例，信用评级这种专业业务不是一般投资者所能完成的。例如，在进行证券化资产的信用评估时，不同资产的现金流构成、信用风险特征等往往不同，信用风险评估的程序和模式均不相同，但单个投资者由于受自身知识的限制，难以对其进行正确的评估，而专业评级机构可通过专业渠道获取信息，利用自身的专业知识和经验进行评估，并通过专业优势和规模经济来降低信息成本。对投资者来说，这些专业的中介机构披露的信息是可靠度极高的客观、公正、权威的信息，能明显地减少证券发行者与投资者之间的这种信息不对称，能有效地揭示、过滤资本市场的风险，强化投资者对风险的重视和衡量，降低投资风险；对证券发行主体来说，信息披露和信用评级的结果既是对他们的一种约束，也有利于他们根据自身的实际状况确定融资的数量和成本，从而提高市场的效率；不仅如此，信息披露的数量和质量的上升还能明显改善市场的透明度，这不仅有利于机构投资者的资产管理，也会扩大投资主体的范围，拓宽资金来源的渠道。

4.3.2　产品创造与价格发现

在金融体系中，投资者是通过金融产品来实现风险分散和价值增值的。不同的金融产品具有不同的风险收益水平，能满足不同投资者的需要。投资银行等资本市场中介机构在金融产品的创造和发展中发挥了无可替代的作用。无论是资本市场发展早期摩根公司为整合美国铁路而发行的债券，还是20世纪丰富的股票产品，以及20世纪80年代之后的衍生金融工具，都是由投资银行等金融中介创造的。金融中介可以为具有特殊金融需求的消费者量身定制新产品，这些金融产品一旦变成标准化产品，就可以在金融市场上交易，并服务于大量的消费者。随着20世纪80年代衍生避险工具的出现，投资银行开始设计和创新自己和客户所需的金融产品。例如，美林公司1985年创造了流动收益期权票据（liquid yield option note，LYON），该债券同时具有零息债券、可转换债券、可赎回债券的属性，流动性很强，而且该票据在降低风险的同时还可以保证投资者的最低收益。针对客户需求提供一站式服务是国外证券公司近年来的主要措施，如摩根士丹利能根据客户需求提供上千种不同产品和服务。

金融工具成为融资活动中资本转移的媒介，就如产品市场具有产品定价功能一样，资本市场也具有资产定价功能。当前，资本市场的定价机制主要集中在证券发行定价机制、二级市场金融产品定价机制和金融衍生品定价机制上，对全球范围内的资源配置、风险配置及财富管理具有重要作用。在资本市场中，投资者根据对投资对象价值的判断来进行投资活动，但是除了机构投资者等有研究实力的机构外，单个投资者要对金融市场上的每个投资工具、投资对象进行分析既不经济又不可能，因此需要有基于市场的资产定价功能，而投资银行等金融中介就承担着这一功能，它是资本市场实现资源合理配置和有效流动的前提。

投资银行的资产定价功能可以从静态和动态两个角度来考察。从静态角度来看，基于市场的资产定价功能是通过投资银行的证券承销业务及相关的融资服务、并购重组服务来实现的。证券承销是投资银行的本原业务，在企业的债券融资和 IPO 融资过程中投资银行的定价功能都能明显体现。投资银行的价值发现功能还体现在企业并购中：一方面，通过发现价值被低估的企业并对其进行收购，还其本来的价值面目；另一方面，寻找通过合并、整合可以实现价值增值的企业，并促成其并购。在企业并购活动中，从并购目标企业的选择到并购方案的设计，再到并购过程中的融资服务等，都需要专业性的技术手段，都离不开拥有专业化人才和先进技术的投资银行的参与和支持。

从动态的角度来看，在交易市场上，由于政策面、基本面的变动，价格、税收、市场、技术、资源供给等因素的变化会使某些证券的价值发生变化，公司价值可能处在相对低估的状态。从微观角度来说，股价被低估的公司不能顺利融资或开展并购活动，这对公司的发展不利，也是对公司经营管理绩效的忽视或否定；从宏观角度来看，价值低估意味着资本市场的价值结构不合理，有某种或某些因素干扰了资本市场的运行机制，扭曲了资本市场的价格，不利于资金的合理流动和资源的最优配置，最终将会降低资本市场的效率。投资银行不仅可以利用其定价优势及时发现价值低估的现象，而且可以采取有效措施实现股票价值的回归。

4.3.3　财富管理与资产增值

从各国资本市场建立的经验来看，投融资功能是各国资本市场设立初期的核心功能。然而，随着经济的发展和人民生活水平的提升，资本市场的功能也应该逐渐由过度强调投融资功能向财富管理的方向过渡。瑞士信贷研究所于 2019 年 10 月发表的《2019 年全球财富报告》指出，从 2018 年中期到 2019 年中期的 12 个月里，全球总财富增加了 9.1 万亿美元，达到了 360.6 万亿美元，增长率为 2.6%；每位成年人的财富增长了 1.2%，达到 70 850 美元。随着资本市场的发展和日趋完善，将财富用于投资并从中获得收益将逐渐成为财富保值甚至增值的手段。而且，我国股市的投资者以中小散户为主，实现财富的保值增值是我国资本市场上大多数投资者的正当诉求。个人与家庭投资者能够直接参与的金融投资是相当有限的，越来越多的投资者通过投资银行、基金、保险公司等金融中介间接地参与金融市场投资。

资产管理的核心任务是实现风险与收益的匹配。无论是委托人还是受托人都希望通过资产管理业务来使自己获得尽可能多的回报和收益。市场环境的变化将会不断带来新的机会和挑战，使资产的收益和风险特征随时发生变化，从而需要不断对其资产组合进行调整，以保持其资产有一个合理的风险收益结构。在现代金融体系中，基于资产增值的风险组合功能是通过全能银行（也包括投资银行、共同基金、资产管理公司等金融中介）来实现的。我国投资银行的发展较落后，目前还只是证券机构的一个部门，因此我国资本市场上进行资产管理的金融中介代表为证券机构。投资银行等金融中介机构运用专业知识和技术手段确定资产的风险收益水平，并在此基础上建立起有效的投资组合，选择优质资产，然后根据组合证券的收益、风险及其相关关系确定和调整投资组合。另外，随着金融创新的不断深化，金融工具会越来越复杂，从而大大增加了一般投资者了解金融风险交易和风险管理的难度。

而资本市场中介作为专业机构，可以利用其专业优势，代理进行风险交易和风险管理，从而大大减少参与成本。

4.3.4 中国财富管理市场的发展

2012 年以前，我国财富管理行业发展相对滞后，监管部门还未大规模放开金融机构的财富管理业务，与信托、保险、基金、银行等行业相比，证券业的资产管理规模相对较低。2012 年 10 月 18 日，中国证监会正式发布修订后的《证券公司客户资产管理业务管理办法》《证券公司集合资产管理业务实施细则》《证券公司定向资产管理业务实施细则》（简称“一法两则”）。根据“一法两则”的相关规定，产品由行政审批制改为报备制、投资范围扩大、允许产品分级、允许集合计划份额转让等，证券公司资产管理业务全面驶入快车道。特别是券商通道类资管业务的放开使之逐渐成为该类业务的重头戏，成为推动券商资管业务发展的主要动力。

2013 年，在“放松管制、放宽限制、防控风险”的政策环境下，传统资管的分业经营壁垒逐渐被打破，银行、券商、保险公司、基金、信托公司等各类资产管理机构之间的竞争加剧，我国财富管理行业也开始进入快速发展的新阶段，这一年也因此被称作“中国大资管元年”。2013 年，证券业财富管理业务充分利用制度红利迅猛发展，同业竞争环境明显改善，券商资管规模当年年末就达到 5.21 万亿元，同比增长 175%。随后三年，虽然证券业财富管理规模增速逐渐放缓，但依靠政策红利的余温，增长率依旧保持较高水平。

近年来，在经历了财富管理模式的蓬勃发展之后，“转型”成为行业近几年最为重要的主题。2017 年，监管开始严控券商通道，由于券商资管对通道的依赖过于严重，资管业务受到极大影响，资管规模较 2016 年有所下降。2018 年，《关于规范金融机构资产管理业务的指导意见》、《商业银行理财业务监督管理办法》和《商业银行理财子公司管理办法》等监管文件陆续出台，监管规则和监管框架随之发生变化，市场有了新的政策导向和游戏规则。与此同时，金融业对外开放步伐进一步加速，内资资管正式与国际接轨，资管行业面临全新的发展机遇与挑战，这些变化将推动中国财富管理行业进入新一轮洗牌与转型。2018年，在资管新规去通道、降杠杆和消除层层嵌套政策的指引下，券商资管的发展重心从过去的“以规模论英雄”主动向“优质发展”转型、提升主动管理能力、回归资管业务本原既是监管的要求，也是券商资管的主攻方向。

波士顿咨询公司（BCG）与中国光大银行联合发布的《中国资产管理市场2019》报告指出：2019年中国资管市场从转型阵痛中涅槃，在去通道和主动管理此消彼长的作用下，市场结构得到进一步优化，规模增长3%，达到110万亿元，涨幅虽小但止跌意义重大；银行理财、保险资管、公募、私募机构等发挥主动管理优势，寻求产品创新，分别增长6%、16%、13%、8%，合计增加约7.3万亿元。另外，资管市场正在呈现数字化发展的特点，即“信息化”、“移动化”、“开放化”与“智能化”。在政策、客户与资金、技术、人才、市场竞争的五重推力下，中国资管行业正处于信息化二次升级期、移动化成长期、智能化发力期和开放化开启期。

4.4　资本市场的组织者

投资银行作为资本市场的组织者，在资本市场中起着穿针引线、联系不同主体、构建证券市场的重要作用，具体表现在以下几个方面：

第一，在一级市场上，投资银行通过咨询、承销、分销、代销等方式辅助构建证券发行市场。没有投资银行，就不可能有高效率、低成本、规范化的证券一级市场。

第二，在二级市场上，投资银行分别以自营商、经纪商和做市商的身份参与交易市场，维持价格的稳定性和连续性，提高交易效率，维持市场秩序，搜集市场信息，进行市场预测，吞吐大量证券，发挥价格发现的职能，从而起到了活跃并稳定市场的作用。

随着居民财富的增加，机构投资者的作用凸显，投资银行为机构投资者提供交易服务就成为其重要的业务。证券公司通过建立安全、高效、多样、稳定的交易平台和交易机制，在权益、FICC和衍生品市场中，为各类投资者提供先进的交易执行及做市服务，有效增强了市场流动性。全球九大顶级投资银行的交易业务收入都远高于投资银行业务收入或资产管理业务收入。以高盛集团为例，其为客户执行高效率的做市服务和交易服务，凭借较强的定价能力为交易双方提供有竞争力的价格，帮助客户实现项目收益的最大化和对风险的有效把控，并能够为客户打造多元化、定制化的流动性和风险管理以及证券服务方案。

在我国，投资银行在二级市场上所提供的交易服务还相对比较初级。在债券市场上，商业银行扮演着极为重要的做市商角色，投资银行在资金实力上很难与其匹敌，只有中信证券等少数投资银行能从债券市场的做市业务中分一杯羹。在股票市场上，投资银行扮演着经纪商的角色，但随着佣金率的下调，经纪业务的收入占比也在逐年下降，所以投资银行近年来只能大力开展自营业务，自营业务的收入占比在不断提高。

第三，投资银行作为金融行业传统的“卖方”，是金融产品创新最活跃、最积极的力量。投资银行源源不断地创造出满足资本需求者和投资者的金融产品，使资本需求者得以募集资金、控制风险，同时使有不同风险收益偏好的投资者可以选择适合自身的产品，有效地进行投资组合。由此，由于金融产品的极大丰富，金融市场更为活跃。仍以高盛集团为例，它可以凭借其强大的产品创设能力，及时研发出符合客户需求的服务产品。

第四，投资银行还是一个信息中介，通过提供各项信息服务，使信息更迅捷、更客观地反映在交易过程中，保障了证券市场参与主体在信息享有上的效率与公平。投资银行的研究力量在所有金融机构中是最强大的，投资银行通过大量的宏观研究报告、策略研究报告、行业及公司研究报告，可以使投资者依据这些信息做出投资决策，从而使交易更加活跃。大量的交易会导致价格更为合理有效。

第五，投资银行通过融资融券、代理债券还本付息、股息红利的发放等业务，便利了投资者获取投资收益，降低了运作成本，提高了证券市场整体的运营效率。

5. 投资银行与其他市场中介：未来发展趋势与建议

5.1　成长与演进趋势

吴晓求等（2015）提出了投资银行成长的二维结构模型。投资银行的二维结构模型是指投资银行的成长有两个维度：一是业务维度的成长，二是空间维度的成长。这一模型具有三个方面的含义：其一，业务维度的成长会伴随着业务结构的演进，并形成自身的优势；其二，空间维度的成长会伴随着投资银行从区域性走向国际化；其三，业务维度的成长所带来的竞争优势会随着企业空间维度的成长而延伸。这一模型可用来分析投资银行的国际化趋势。

5.1.1　投资银行业务结构的演进趋势

从业务结构的维度看，投资银行的演进经历了从传统的卖方业务向卖方业务与买方业务相互融合的转变。

（1）投资银行业务结构演变的主要动因。

一是监管的变化。20 世纪 70 年代以前，在投资银行的业务中，传统的投资银行业务一直占据着主导地位，特别是承销业务一直被认为是衡量投资银行实力的主要指标。承销业务和经纪业务一直占据着投资银行业务收入的半壁江山。

1975 年，美国证券交易委员会（SEC）放弃了对股票交易手续费的限制，实行手续费的完全自由化。由此引发了对手续费的竞争，使得佣金收入减少，从而使美国投资银行的收入结构发生了根本的变化，促使美国投资银行不得不寻求新的利润来源。

20 世纪 80 年代以后，在银行业不断放松管制的背景下，投资银行不断推出新的业务，开始呈现出多元化的发展趋势。

1999年，美国通过《金融服务现代化法案》，放开了商业银行、投资银行和保险公司之间的混业经营，实行全能银行模式，并构建了与此相适应的金融监管体制，把规范的重点从金融活动转变到管理和防范金融风险、促进金融市场主体的联合和竞争上。

二是投资银行所服务的对象的力量发生了变化。传统的投资银行所服务的对象主要是企业，投资银行与企业客户长期保持着密切的联系。但随着整个社会财富的增长，资本的稀缺程度开始下降，投资银行与客户之间传统的纽带作用开始减弱，与此同时，居民财富的增加催生出财富管理的需求，共同基金、养老基金等应运而生并获得了长足的发展，开始作为机构投资者在资本市场上占据主导地位，力量的天平开始向资本的提供者倾斜。

机构投资者的发展带来了对交易的需求。传统上，投资银行属于金融业的“卖方”，即主要帮助企业出售证券或其他金融资产，从投资者手中募集资金；在投资银行纷纷向公众发行股票之后，资本金普遍大幅提高，且随着财富管理需求的出现，自营交易与投资业务等“买方”业务就变得日益重要，而且这些业务已经成为大部分投资银行的核心业务。

三是金融创新所带来的产品多元化。20世纪70年代以来，以美国为首的西方国家出现了金融创新浪潮，出现了大量与市场利率、汇率及其他金融工具挂钩的金融工具。到了20世纪90年代，市场竞争的日益激烈以及金融创新工具的不断发展和完善，使得投资银行既可以为顾客提供更多的产品，又可以通过这些金融工具为顾客及自身的经营规避风险，同时还可以通过增加交易量来赢得更多的利润。

(2) 投资银行业务收入结构演变的趋势。

从美国投资银行业务收入结构演变的趋势看，由于对佣金的监管政策的变化，在1975—1996年的20多年间，投资银行的业务收入从以承销业务收入和经纪业务收入为主转变为以其他业务收入为主。1975年，承销业务收入和佣金业务收入占总收入的比例分别为13.3%和49.9%，其他收入仅占9.9%；到1996年，承销收入和佣金收入占总收入的比例分别为9%和

15.4%，而其他收入则上升到 47.6%。

进入 20 世纪 90 年代后，一方面，居民财富大幅增长，随着美国经济持续向好，居民积累了大量金融资产，这就产生了对资产管理的需求；另一方面，机构投资者不断发展，货币基金、共同基金、养老基金、保险公司等管理的资产规模不断扩大。对冲基金也获得了惊人的增长，从 1990 年的 530 只基金、资产管理规模不超过 390 亿美元发展到 2016 年的 8 000 多只基金、资产管理规模接近 3 万亿美元（斯托厄尔，2019）。

随着机构投资者的发展壮大，机构业务需求爆发。机构交易呈现大宗化的趋势，佣金率则在竞争中逐渐下降。同时，由于机构客户订单规模较大，在市场没有充足流动性的情况下，投资银行使用自有资本作为客户的对手方完成交易，由此开启了投资银行向做市商模式的转型之路。在做市商模式下，投资银行不仅赚取客户交易手续费，还赚取买卖证券的价差。由于从事做市商业务需要强大的资本实力，所以一般只有大型投资银行为机构客户提供服务。

大型投资银行的交易业务已经成为其收入占比最高的业务。交易业务包括 FICC 交易业务和权益交易业务，其中 FICC 交易业务收入占据了交易收入的大部分。从高盛集团近年来的收入结构也可以看出，在所有的业务收入中，高盛的做市业务收入占比居于首位。虽然高盛的投资银行业务在全球颇负盛名，但业务收入占比屈居第二。

随着综合经营的放开，银行、信托、投资银行不同类型主体之间开始了并购，投资银行之间也开始了并购之旅，美国数千家券商不断整合，数量不断减少。通过横向并购，扩大了用户规模，增强了规模效应，促进了产业集中度的提高；通过纵向并购和混业并购，提升了综合服务能力，加强了用户黏性。通过并购，市场高度集中，前十大券商占据的市场份额已经超过 70%。

借助投资银行业的竞争，美国逐步形成了全能投行、精品投行、财富管理、特色券商、交易做市商等多种模式。以高盛、摩根士丹利为代表的综合投行专注于机构与企业服务，它们布局全产品线，为客户提供全周期综合服务。

中国投资银行业业务结构演进的趋势与美国投资银行业大体一致。在中国投资银行业发展的早期，经纪业务的收入一直是其主要的收入来源。随着对佣金的竞争不断加剧，佣金率持续下降（见图 7－11）。2019 年我国证券行业平均佣金率为 0.027 9%，佣金率的下降直接导致了投资银行业的经纪业务收入占比逐渐降低，从 2012 年起就低于 50%，近三年（2017—2019 年）持续低于 30%；投资银行业务收入占比保持稳定增长，2017—2019 年连续保持在 15%左右；资产管理业务收入虽然占比不高，但总体上保持着稳定增长的态势，近三年占比为 10%左右；而增长最快的则是自营及其他投资业务收入，2016—2019 年二者在总业务收入中的占比分别为 32%、36%和 39%。

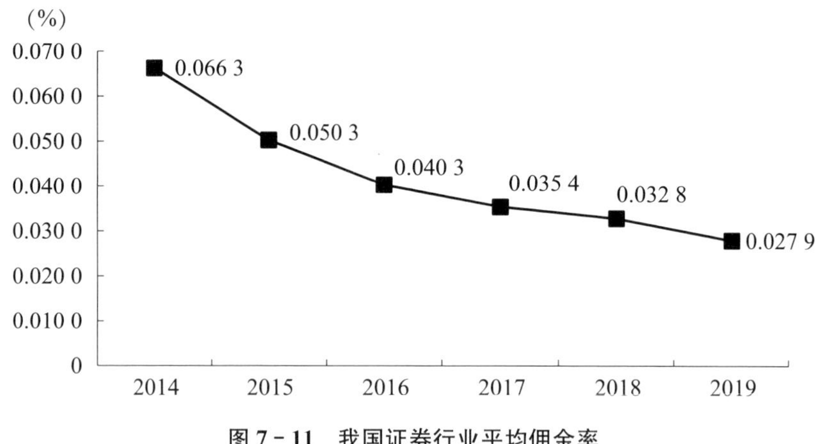

图 7－11　我国证券行业平均佣金率

资料来源：WIND 数据库。

从 2019 年各项主要业务收入占总营业收入的比重来看，投资银行业务变化不大，占比为 13%；自营及其他投资业务受行情回升影响，净收入大幅增加，占比增至 39%，仍为证券公司的第一大收入来源；受资管新规的影响，资产管理业务收入减少，2019 年资产管理业务收入占总营业收入的比例仅为 8%，较上年减少 3 个百分点；由于行业佣金率持续下滑，经纪业务收入占总营业收入的比例进一步减少至 23%（见图 7－12）。

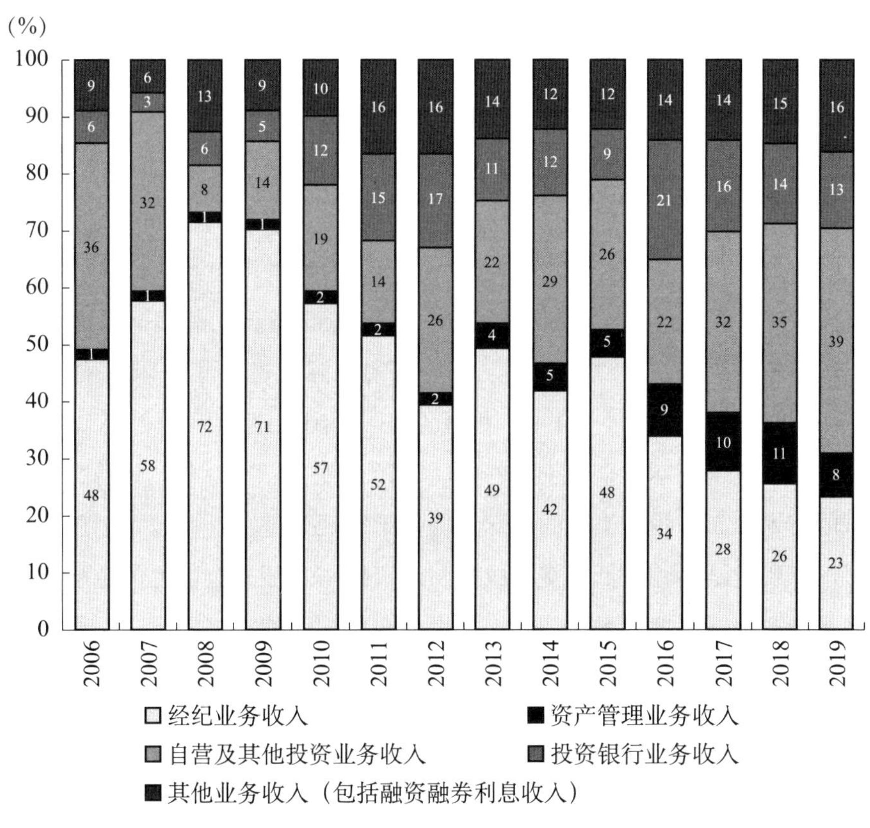

图 7-12　2006—2019 年中国证券行业的业务收入结构

5.1.2　投资银行空间结构的演进趋势

投资银行在空间维度上的成长既有各国对外资金融机构管制放松这一外在动因，也有技术创新、金融创新所带来的跨国交易可能性这一内在动因，最为重要的是缘于投资银行本身实力的增强、规模经济和风险分散的内在要求，以及投资银行所服务客户的国际化。

（1）投资银行空间结构的演进动因。

首先，投资银行所在国家的实力增强。投资银行的国际化是其所在国家实力增强的结果。我们鲜有看到在一个经济实力弱小的国家会诞生资金实力强大的投资银行。我们从国际化程度排名靠前的高盛集团、摩根士丹利、德意志银行、瑞士银行（UBS）、野村证券等就可以看出这一逻辑。一个国家经济实力的增强产生了转移国内剩余资金的需求。

其次，投资银行所服务客户的国际化。根据客户追随理论，投资银行进入海外市场是为了追随其原有客户资源：随着所服务客户的国际化，投资银行开始在海外设立分支机构，这一方面可以继续满足客户在海外的投融资需求，另一方面可以避免其客户转向国外投资银行或者国内其他竞争对手。

再次，各国对外资金融机构管制的放松。随着全球经济一体化程度的加深，国际资本跨国转移愈加频繁，对投行的国际化产生了需求。同时自20世纪70年代开始，英国、日本、德国、美国等国家逐渐开始放松资本管制。

最后，技术创新和金融创新的推动。20世纪七八十年代，计算机、通信领域的技术创新为投资银行的国际化提供了客观条件。这些技术创新不仅简化了国际资金结算，降低了交易成本和筹资成本，还将全世界的金融中心和金融机构更加紧密地联系在一起，使得金融机构间的交易国际化。金融创新推动了投行业务的多元化，为投资银行的国际化提供了内在动力。金融衍生工具降低了跨国交易的成本及风险，拓展了投资银行在全球范围内的业务。

（2）投资银行在空间结构上的演进趋势。

关于投资银行在空间结构上的演进趋势，吴晓求等（2015）在研究世界顶级投资银行的国际化路径后得出了如下结论：

首先，国际投行的组织路径都是先从办事处开始，逐渐发展成为可以独立经营的子公司，进而采取并购的方式深入当地业务，最终形成全球化的控股集团。

其次，从区域路径来看，美国大投行都是先将欧洲作为国际化的第一站，野村证券则是以中国香港为中心先发展亚太地区。尽管具体区域不同，但都是从最发达的国外经济体扩展到不发达的经济体。文化背景、社会制度在路径选择中起到了很大的作用。国际化路径也基本遵循了经济发展态势和金融监管放松的次序。同时，选择的区域也考虑了业务规模和容量、对证券经营机构的准入限制、东道国或地区金融体系的发达程度等因素。

最后，从业务路径来看。国际投行的业务国际化大体经历了“国内业务海外化—海外业务本土化—业务全球化”这样一个发展过程，即先追随客户设立海外分支机构，满足客户的跨境证券融资、产业并购和交易需求，同时为小部分海外客户提供境内资本市场的投行服务；之后借助自身资本、技术、制度和经验方面的比较优势，将分支机构的经营理念、分销网络、人力资源等全方位融入东道国；最后形成覆盖全球主要市场的业务版图。目前，高盛集团的业务覆盖全球，在英国伦敦、德国法兰克福、日本东京、中国香港和世界其他主要金融中心都设有分支机构。在美国以外的净收入自 1990 年以来增长了 22 倍，约占全公司净收入的 40%。

另外，在国际化过程中，投资银行一般先利用传统优势业务开拓新市场，然后针对不同区域提供差异化服务。

中国投资银行的国际化是从 20 世纪 90 年代开始的，中国投资银行的国际化既体现了其成长的内在要求，又体现了人民币国际化、中国企业走向海外市场、中国经济增长进入新阶段的外部机遇；既是大势所趋，又是必由之路。

中国投资银行通常将香港子公司作为国际化的起点，再通过设立办事处或者收购兼并的方式扩展到新加坡、美国、欧洲、印度等多个市场，涉足的品种也逐渐扩展至外汇期货和场外衍生品等。

从投资银行业务看，中资机构的投资银行业务进入了高速发展的阶段。2019 年，香港股票承销和再融资业务的龙头地位仍属外资大行。承销金额排在前 10 位的承销商中，摩根士丹利、高盛集团和美林占据前 3 位，中资机构中仅海通国际、招商银行和建设银行入围前 10 位。随着中国企业进行境外融资，中资机构在亚洲（除日本外）高收益债券承销领域的市场份额逐步提升。

从经纪业务看，中资证券公司在境外经纪业务中提供的产品线已经逐步完善，除了传统的证券投资、融资融券、新股认购和基金选购外，还包括期权期货、外汇、贵金属以及场外产品投资。但在金融产品、做市和投资业务领域，中资证券公司的产品深度和广度仍显不足，主要品种限于信用债做市。

5.2 未来发展建议

5.2.1 培育一批在国际上有竞争力的龙头券商

随着对外开放政策相继落地，金融行业新一轮对外开放进程加速，外资投资银行的加入将会给国内证券业带来差异化的战略风格和投资理念，但也会给中国本土投资银行带来压力。1999 年美国颁布的《金融服务现代化法案》推动了美国综合型投资银行的形成。在全球范围内同时经营投资银行业务和吸收存款业务的 9 大全球性机构中，美国占据 5 席，分别是：摩根大通、美国银行、花旗集团、摩根士丹利和高盛集团。欧洲的全能银行巴克莱、瑞信、瑞银、德意志银行等外资机构不仅经营历史悠久、全球化经营经验丰富，而且资本实力极为强大，业务的深度和广度也是国内证券公司暂时难以企及的。2019 年底中国整个证券行业总资产为 7.26 万亿元，而高盛集团一家的总资产规模就达 9 929.68 亿美元（按期末汇率折合人民币约 69 271.43 亿元）；2019 年度我国 133 家证券公司实现营业收入 3 604.83 亿元，年度实现净利润 1 230.95 亿元，而高盛集团的全年净收入为 365.46 亿美元（按期末汇率折合人民币约 2 549.5 亿元），年度实现净利润 78.97 亿美元（按期末汇率折合人民币约 550.91 亿元）。差距由此可见一斑。今后国内证券公司将会在本土与外资投资银行直接相互博弈，竞争将会进一步加剧。

另外，2019 年银行理财子公司相继开业，依托商业银行的零售客户和企业客户资源，以及在固定收益产品领域具有的较强优势，将对券商资管、公募基金等形成冲击。

作为一个经济大国，中国必须有自己强大的投资银行，不仅为国内客户提供服务，还应该为走上世界舞台的客户提供服务。为此，中国必须培育出一批在国际上有竞争力的龙头券商。在目前分业经营的模式下，中国本土券商的资本实力与外资投资银行并不在同一数量级上。随着投资银行业务对资本实力要求的提高，中国券商通过并购重组做大做强就成为必然的选择。

5.2.2　形成独具竞争力的特色券商

随着证券行业的竞争日趋激烈，证券机构的发展越来越倚重综合实力的提升。在此背景下，大型投行凭借其较强的资本实力、综合的业务布局、领先的创新能力和全面的风控能力将会获得更大的竞争优势，中小券商的生存压力将持续加大，行业集中度加速提高，前十大券商头部效应日益显著，营业收入、净利润等占市场的比例将进一步提升。近三年来，大券商的营业收入占全行业营业收入的比例稳定在40%以上，行业呈现头部券商集中化的趋势。这种趋势会进一步加强，很有可能向成熟市场集中度（CR10）大于70%的趋势发展。

目前证券业同质化经营较为明显，头部券商和区域券商的分层格局初步形成，存在一定的差异化特色。但头部券商业务牌照基本一致，创新业务能力和体系差异不大；区域券商虽有一定的区域特色，但经营特色尚待继续探索。综观美国投行，其行业分类竞争格局鲜明，形成了全能投行、精品投行、财富管理、低折扣经纪等多种模式。即使是全能投行，侧重点也不尽相同，各具特色。国内券商应该借鉴美国投行的发展模式，尽快对自身进行战略定位，形成自身的特色以及在所选择领域的竞争力。国内综合券商要对标顶级投行的业务标准，丰富业务板块、提升业务能力、提高创新能力，实现规模化发展。中小券商应明确并专注在特定的行业、区域或领域，通过专业化来实现差异化发展，加快形成比较优势。

5.2.3　打造全面的风险管理体系

为了实现稳健增长，投资银行需要打造全面的风险管理体系，全面提升风险防范能力和管理水平。要明确自身的风险与战略，将自身的风险偏好与战略相匹配；建立风险治理与组织架构，完善以净资本和流动性为核心的风险控制指标体系，建立健全以全面风险管理为核心的风控流程体系；建立风险文化，建设风险人才队伍；构建风险管理所需的工具和模型，开发各类风险的监控、识别、预警、检查和评估等模型，持续构建风险管理全覆盖、可监测、能计量、有分析、能应对的全面风险管理体系。

5.2.4 加强法制化建设，规范中介机构行为

在经济迈入高质量发展的今天，财务造假、信用违约等恶性事件依然频频发生，资本市场的诚信体系一再遭到挑战，充当资本市场“看门人”的资本市场中介机构频繁失守，证券行业监管暴露出种种危机。究其原因，一方面，公司治理机制存在缺陷，权力制衡、利益协调过于薄弱；另一方面，某些律师事务所、会计师事务所、资产评估机构、资信评级机构等中介机构因缺乏对执业道德的坚守而出现失职行为，加上监管不力、处罚不严，以及我国资本市场投资主体的盲目性和非理性，直接损害了资本市场各项活动的合法与健康运行。因此，必须加强资本市场法制建设，改革资本市场中介的制度规范，提升信息生产者的独立性和执业质量；提高政府部门监管力度和效率，要建立信息生产的复核、评价制度，并建立相应的“退市”制度，同时充分发挥行业协会等自律机制的协同效应，加强中介机构的外部约束机制，多措并举促进资本市场“看门人”履职尽责，防范和化解系统性风险，引导全行业有序、稳定地发展。

5.2.5 以开放促发展，推动本土资信评级行业成长

中国资信评级行业与债券市场的发展相伴相生。然而，我国债券市场仍然处于发展起步阶段，从管理到技术都显得较为稚嫩，仍然存在评级方法粗糙、公信力不足等问题。目前，我国资信评级行业国际竞争力较弱，主要表现在监管框架不完善、缺乏核心竞争力、外资机构不断渗透、受制于国际三大评级机构等方面。2019 年 7 月，中国人民银行宣布 11 项扩大金融业对外开放举措，其中一条为允许外资机构在华开展信用评级业务，允许外资评级机构对银行间债券市场和交易所债券市场的债券评级。此前，国内几大主流评级机构占据国内市场，外资评级机构只能采取合资和入股的方式进入国内评级市场，现在资信评级行业的对外开放将对我国本土评级机构产生一定的冲击和影响，也对监管提出了要求和考验。对此，评级机构自身应提升评级技术水平，培养高水平的从业人员队伍，监管机构应加强对资信评级行业的

指导与监管，加强资信评级行业的国际交流与合作，以开放促改革、促发展，推动本土资信评级机构进一步成长，进而提升我国资信评级行业的市场公信力和国际话语权。

5.2.6　积极运用金融科技，强化财富管理功能

近年大数据、云计算、区块链、人工智能等金融科技新技术的应用对整个金融行业的生态模式产生了重要影响，金融科技与证券业正在加速融合。互联网巨头不断调整布局，进军智能投顾、资产管理等领域，凭借数字化和科技能力优势对券商形成新的挑战。科技正在逐步催生金融领域的商业模式变革。

证券业应持续加大科技投入，与科技公司开展实质性合作，在区块链、金融云服务、大数据风控、智能投顾、身份识别、智能客服、智能获客等领域积极运用金融科技。

在中国的资本市场上，零售投资者占主导地位，因此，零售渠道与生态建设对中国资管机构而言至关重要。在数字经济时代，资管机构与零售客户之间的交互以及整个零售生态都在发生翻天覆地的变化，这对资管机构提出了新的要求，也带来了新的机会，例如利用数字化手段降本增效，利用智能投顾覆盖更广客群，通过线上平台开展个性化客户运营，树立品牌形象，加强投资者教育等。我国资本市场提供的财富管理服务无论是覆盖的广度和均衡度，还是服务的深度都仍处在比较初级的阶段。许多金融机构及从业人员对财富管理的理解还仅限于为客户配置理财产品，而投资者资产的总体风险敞口控制、投资产品和地域多样化的管理、投资理财产品的透明度等更深层次的财富管理需求未能得到充分满足。投行等金融中介机构自身在人才储备、产品创新、估值及风险管理能力、机构内部管理水平、业务的数字化转型上仍有进一步提升的空间。

参考文献

[1] 戴维·斯托厄尔. 投资银行、对冲基金和私募股权投资：第 3 版. 北京：机械

工业出版社，2019.

[2] 毕马威（中国）. 2020年中国证券业调查报告. kpmg.com/cn，2020-09-08.

[3] 吴晓求，等. 中国资本市场研究报告2001. 北京：中国人民大学出版社，2001.

[4] 吴晓求，等. 中国资本市场研究报告2005. 北京：中国人民大学出版社，2005.

[5] 吴晓求，等. 中国资本市场研究报告2015. 北京：中国人民大学出版社，2015.

[6] 谢太峰，刘莜毅，王建梅. 中国券商发展论. 北京：经济科学出版社，2004.

[7] 中国证监会. 中国资本市场发展报告. 北京：中国金融出版社，2008.

[8] 中国证券业协会. 中国证券业发展报告. 北京：中国财政经济出版社，2020.

[9] John，C. C.，Jr. *Gatekeepers：The Professions and Corporate Governance*. Oxford：Oxford University Press，2006.

[10] Reinier，H. K. Gatekeepers：The Anatomy of a Third-Party Enforcement Strategy. *Journal of Law，Economics & Organization*，1986，2（1）：53-104.

第8章

中国资本市场的波动与成长：特点与路径

摘　要：过去30年，中国资本市场经历了从无到有、从小到大的发展过程。这一过程伴随着股票价格的波动与市场的成长。本章首先对中国股票市场股价波动的总体状况进行了描述，对2005—2007年、2014—2015年两次股价大幅波动进行了总结分析，并提出了中国股票市场价格波动的主要特征及其背后的驱动因素。随后，我们从市值规模、上市公司行业结构、民营上市公司发展、板块变化、上市公司盈利状况以及中国在全球股票市场的排名变化等角度对中国股票市场的成长进行了描述，对股票市场扩张路径进行了总结。最后，我们对中国股票市场发展的驱动力量进行了分析。我们认为，经济增长以及由此带来的居民收入的提升、金融脱媒、金融开放以及金融制度完善是中国股票市场在过去30年得以快速发展的重要推动因素。

1. 中国股票市场资产价格波动的基本描述

1.1　资产价格的月平均波动率

中国股票市场发展的30年，以资产价格波动特征为依据，结合制度背景的变化，可以划分为初步探索、股权分置改革和深化改革三个阶段。这三个阶段呈现出各自不同的特征，代表着资本市场发展的不同阶段。

初步探索阶段的时间区间为1990年12月—2001年12月。我们从图8-1可以看到，在中国资本市场诞生的早期，资产价格波动幅度异常大。随着

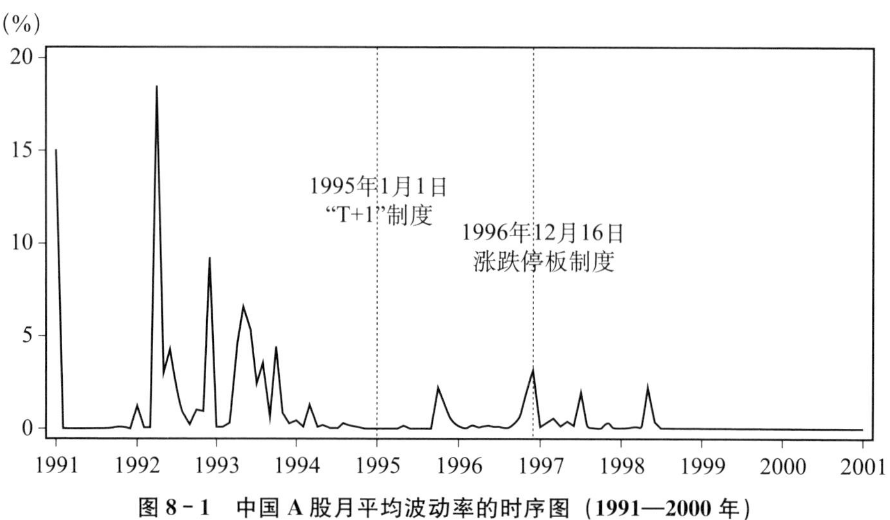

图 8-1　中国 A 股月平均波动率的时序图（1991—2000 年）

资料来源：国泰安数据库。

1995 年 1 月 1 日"T+1"交易制度和 1996 年 12 月 16 日涨跌停板制度的实施，股票价格波动率大大降低。这也体现出在市场发展初期，适当的制度保护对于市场稳定发挥了积极作用。

自 20 世纪 90 年代末期以来，市场波动率大幅下降。自此之后，虽然中国股票市场陆续实施了股权分置改革，大力发展机构投资者，引入合格境外机构投资者，开设创业板，设立融资融券制度，设立深港通、沪港通等外资互联互通制度创新，但是从数值看，市场的月度平均波动率水平已经进入一个相对稳定的区间。在 2000—2019 年间，资产价格波动率的高企分别对应着 2006 年和 2014 年股市的两次大幅上涨（见图 8-2）。图 8-3 展现了 2000—2019 年中国 A 股月平均波动率的相关情况。

进一步地，我们利用 Fama-French 三因子模型（简称 FF 三因子模型）对个股收益率进行调整，从而得到度量公司非系统性风险的异质波动率水平（见图 8-4）。该指标在 2006 年依然有较大幅度的上升，但是 2014 年该指标上升幅度显著缩小。由于异质性波动率反映了资产价格中不能被市场因素解释的部分，因此，该指标的下降在一定程度上体现了 2014 年的股价波动更多是由市场带来的。

图 8 - 2 上证综指走势图（2000—2019 年）

2007年8月
波动率=0.155

2015年7月
波动率=0.116

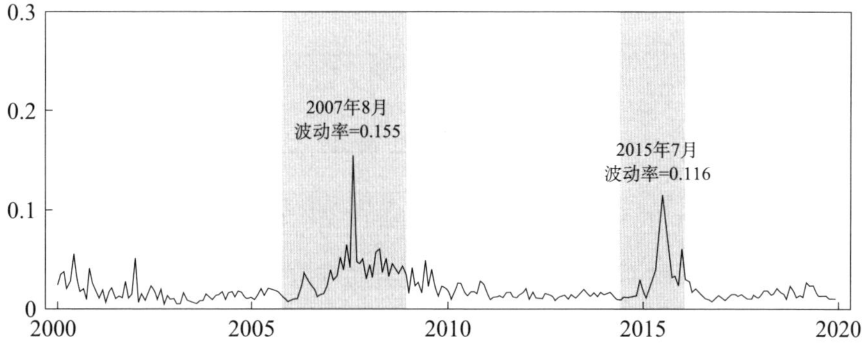

图 8 - 3 中国 A 股月平均波动率的时序图（2000—2019 年）

资料来源：国泰安数据库。

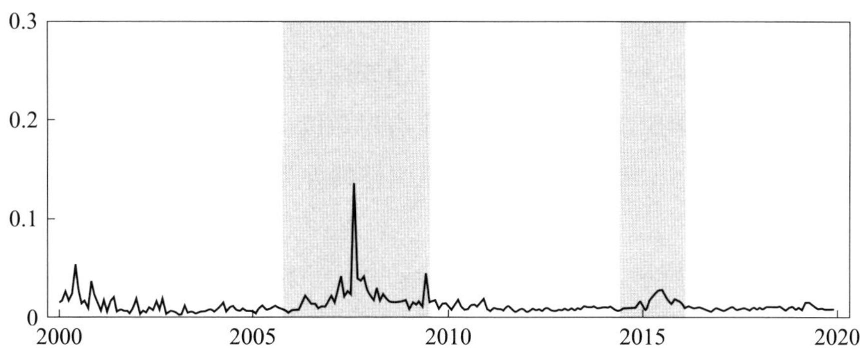

图 8 - 4 中国 A 股月平均异质波动率（经 FF 三因子模型调整）

资料来源：国泰安数据库。

1.2　中美股市月平均波动率的比较

为了对中国股票市场股价波动率水平有一个更加全面的认识，我们将中美两个国家的股票价格波动率进行了对比，相关结果见表 8-1。

表 8-1　中美股市月平均波动率的比较

时间区间	波动率	月度观测值（个）	均值	标准差	最小值	最大值
[1991，2019]	中国	348	0.324	1.538	0.000 4	18.531
	美国	348	0.047	0.030	0.014 0	0.202
[1991，1999]	中国	108	0.996	2.647	0.000 4	18.531
	美国	108	0.064	0.017	0.038 0	0.131
[2000，2019]	中国	240	0.021	0.017	0.004 7	0.155
	美国	240	0.039	0.031	0.014 0	0.202

资料来源：国泰安数据库、彭博数据库。

从统计结果可以看出，1991—2019 年间，中国股市月平均波动率的均值远大于美国股市。然而，这种波动率的差异主要是中国股票市场成立最初 10 年带来的。2000 年后，中国股市月平均波动率的均值、标准差、最小值和最大值均小于同期美股的水平。

图 8-5 给出了两个国家股价波动率的趋势图。从时间序列角度看，由于两国股市之间缺乏资金的自由流动，中国股市的波动率与美国股市的波动率之间的同期联动性并不强。同时，由于两国经济形势和经济政策的步调并不一致，美国股市的异常波动并没有对后续的中国股市造成较大的影响。类似的结论对于经 FF 三因子模型调整的异质性波动率同样成立（见图 8-6）。

正如图 8-5 所示，进入 2000 年以后，中国股票市场的价格波动率最大的一次发生在 2005—2008 年期间，另一次发生在 2014—2015 年期间。接下来，我们就对这两次股市波动的情况做一专题分析。

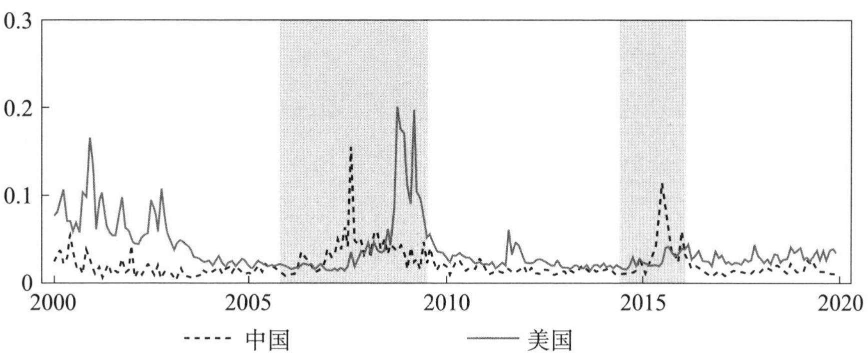

图 8－5　中国与美国股价月平均波动率的比较（2000—2019 年）

资料来源：国泰安数据库。

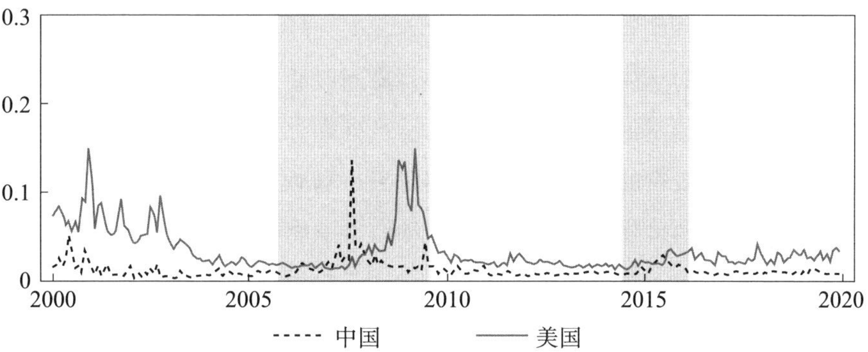

图 8－6　中国与美国股价月平均异质波动率（经 FF 三因子模型调整）

资料来源：国泰安数据库。

1.3　2005—2008 年的股市波动分析

1.3.1　市场背景

从 1999 年 5 月 19 日到 2001 年 6 月 14 日，在席卷中国的网络科技股热潮的带动下，中国股市在一年左右的时间里从 1 100 点攀升到 2 245.44 点。然而，在这波“5・19”行情之后的四年内，悬而未决的国有股流通问题给市场带来了长达四年的熊市。到 2005 年 6 月 6 日，上证综指一路下滑到 998 点。A 股市场的整体市盈率从 2001 年底的 72.7 倍下降到 2005 年底的 18.1 倍。

股票市场的走势与中国良好的经济增长局面严重背离，并严重影响资本市场服务实体经济功能的发挥。2004年1月31日，国务院发布《关于推进资本市场改革开放和稳定发展的若干意见》，明确指出应积极稳妥地解决股权分置问题，提出在解决这一问题时要尊重市场规律，有利于市场的稳定和发展，切实保护投资者特别是公众投资者合法权益的总体要求。2005年4月29日，经国务院批准，中国证监会发布《关于上市公司股权分置改革试点有关问题的通知》，启动了股权分置改革的试点工作。2005年8月23日，中国证监会、国资委、财政部、中国人民银行、商务部联合发布《关于上市公司股权分置改革的指导意见》；9月4日，中国证监会发布《上市公司股权分置改革管理办法》，我国的股权分置改革进入全面铺开阶段。

股权分置改革规定，上市公司股改方案必须经过三分之二的流通股股东同意及三分之二的全体股东同意，但是将流通股股东与非流通股股东讨价还价的具体细节交给了每一家上市公司自己去处理。这种制度设计在一定程度上保证了流通股股东的利益，极大地缓解了市场对可能出现的股票供给大幅增加的忧虑，股票价格也迅速对这一变动做出了反应。

除了股权分置改革（简称股改）外，这一阶段还同时推进了汇率制度改革（简称汇改）。2005年7月21日，中国人民银行宣布废除原先单一钉住美元的货币政策，开始实行以市场供求为基础、参考一篮子货币进行调节、有管理的浮动汇率制度。此后直到2008年，人民币累计升值19%。与此同时，上市公司盈利能力也开始逐渐回升，A股上市公司的平均ROA从2005年的0.16%上升到2007年的3.78%（见表8-2）。多重因素的叠加为A股历史上最长牛市的产生提供了坚实的基础。

表8-2　A股市场历年估值水平和盈利能力

年份	估值水平		盈利能力
	平均ROA（%）	整体PE	平均PE
2000	61.6	114.3	3.14
2001	72.7	101.2	1.57

续表

年份	估值水平		盈利能力
	平均 ROA（%）	整体 PE	平均 PE
2002	42.3	95.8	0.97
2003	29.9	73.5	1.34
2004	19.2	55.4	1.01
2005	18.1	40.9	0.16
2006	23.3	59.4	1.77
2007	34.9	96.1	3.78
2008	13.8	47.5	2.03
2009	21.1	88.4	2.87
2010	14.5	83.8	4.35
2011	10.2	52.4	4.13
2012	10.9	56.8	3.55
2013	10.0	67.3	3.46
2014	14.3	89.9	3.10
2015	19.4	122.9	2.76
2016	16.7	104.0	3.39
2017	15.3	69.2	3.66
2018	41.7	11.6	2.21
2019	14.3	51.4	1.94

资料来源：国泰安数据库。

1.3.2　波动历程

2005 年 6 月 6 日到 2005 年 12 月 30 日，股权分置改革拉开大幕，上证综指从 998 点微涨到 1 160 点，但成交量相比此前的熊市几乎没有变化，涨幅也微不足道。2005 年的最后一天，上证综指终于突破了年线这一分水岭。在这期间主力资金还是以试探为主，领涨的板块是小盘股，中小板个股平均上涨 50%。借助股改和汇改的东风，A 股市场正处于历史上最长牛市的前夕。

2006 年 1 月 1 日到 2006 年 7 月 5 日，上证综指从 1 160 点上涨到 1 700

点附近，涨幅约45%。沪深股市的交易量较此前放大了一倍不止。上证综指触及此前熊市的“铁顶”1 700点，并在该点位反复震荡。直到2006年10月23日，上证综指终于突破1 700点的区间，也突破了投资者心中的“锚”，朝着更高的点位快速拉升。该期间市场呈现出普遍上涨的局面，98%的个股上涨。资金也从小盘股流向蓝筹股。有色金属、券商概念股等领先板块相继走出翻番行情。这一阶段的经济增长加快、宏观调控温和，股市上涨的动能更足了。

2006年7月6日到2006年12月14日，上证综指从1 700点上涨到2 245点，涨幅约30%。在此期间，沪深股市的日成交量进一步放大，大盘在所有均线都呈多头排列的架势下冲过2 245点的历史最高点，一举确立了牛市格局，但此时个股的行情已经出现分化，中小板不涨反跌，所有个股的平均涨幅不到10%，远远落后于蓝筹股。市场上仅56%的个股上涨，牛市以来首次呈现“二八现象”。在这一重要的历史关口，大盘权重股成为领头羊，金融和房地产板块成为急先锋，大涨逾30%。涨幅超过100%的股票仅16只，其中地产股占据半壁江山。金融、地产板块成为大牛市中真正的龙头板块。所有板块都经历了上涨，各种题材炒作开始出现，市场流动性过剩。宏观经济特别是金融、房地产领域开始出现“偏热”迹象，为后市埋下了隐忧。

2006年12月15日到2007年2月26日，股市突破历史最高点位，巨大的财富效应点燃了全国人民的热情。2007年全年上海证券交易所新增股票账户1 915.5万户（见表8-3），超过2001—2006年六年的总和（943.6万户）。近2 000万没有投资经验的狂热散户涌入股市，疯狂地追涨杀跌，使大量噪声注入股市。上证综指首次站上3 000点的历史高位，涨幅约30%。沪市日均成交量也从254亿元暴涨至原来的近三倍，达到743亿元。不成熟投资者的羊群效应使市场进入震荡攀升的行情。大盘多次出现3%以上的跌幅，但在新开户股民的助力下很快又能再创新高。此时A股的市盈率已经达到40倍的高位。A股股市跑出了一波真正的普涨行情，只要能吸引股民注意力就能上涨，借壳上市、资产重组、券商、3G等各种炒作题材层出不穷。

表8-3　上交所历年新开户数　　单位：万户

年份	新开户总数			A股新增开户数		B股新增开户数		信用账户新增开户数		
	总计	个人	机构	个人	机构	个人	机构	总计	个人	机构
1992	100.2	99.5	0.7	99.5	0.7	0	0			
1993	312.3	311.4	0.7	310.6	0.7	0.8	0			
1994	151.4	150.7	0.8	149.9	0.6	0.7	0.2			
1995	110.3	109.8	0.6	109.0	0.5	0.8	0.1			
1996	522.7	521.8	0.9	520.0	0.8	1.8	0.1			
1997	503.5	501.4	2.1	499.6	2.0	1.8	0.1			
1998	286.1	285.1	1.2	283.9	1.0	1.2	0.2			
1999	281.7	279.7	2.1	278.6	2.0	1.0	0.1			
2000	676.7	672.1	4.6	666.5	4.6	5.6	0.1			
2001	462.0	458.2	3.8	379.9	3.8	78.3	0.1			
2002	136.1	133.8	2.3	130.4	2.2	3.5	0			
2003	76.1	75.2	0.9	73.6	0.9	1.6	0			
2004	71.0	70.3	0.7	69.1	0.6	1.2	0.1			
2005	44.8	44.2	0.6	43.8	0.5	0.4	0.1			
2006	153.6	152.1	1.5	150.5	1.4	1.6	0.1			
2007	1 915.5	1 909.5	6.0	1 867.4	5.9	42.1	0.1			
2008	725.6	722.7	2.9	719.5	2.8	3.2	0.1			
2009	862.8	859.3	3.4	856.2	3.4	3.1	0.1			
2010	748.9	746.2	2.7	743.9	2.6	2.3	0.1	2.1	2.1	
2011	550.8	548.5	2.3	547.2	2.2	1.3	0.1	15.5	15.4	
2012	291.4	290.0	1.4	289.4	1.3	0.6	0.1	32.4	32.3	0.1
2013	257.0	255.3	1.8	254.4	1.7	0.8	0.1	84.9	84.7	0.2
2014	84.1	481.3	2.8	480.4	2.6	0.9	0.1	163.2	163.0	0.2
2015	4 013.8	4 007.5	6.3	3 999.4	6.2	8.1	0.1	107.3	107.1	0.2
2016	3 243.5	3 237.6	6.0	3 236.1	5.9	1.4	0.1	32.3	32.2	0.1
2017	2 505.3	2 499.3	6.0	2 498.4	5.9	0.9	0.1	35.4	35.3	0.1
2018	1 947.8	1 943.2	4.5	1 942.8	4.5	0.4	0.1	21.5	20.9	0.6

资料来源：WIND数据库。

2007 年 2 月 27 日，中国传统春节后的第一个交易日，政府出手调控市场，打击股票杠杆和查处非法融资，沪深股市大幅下跌。上证综指和深证成指分别下跌 8.84%和 9.29%，均创下近 10 年最大单日跌幅。彼时两市 1 327 只可交易 A 股有 1 265 只绿盘报收，其中 1 072 只股票跌幅超过 7%，800 多只股票跌停。沪深两市成交量突破 2 000 亿元大关（2 006.5 亿元），创下新纪录。但受灾的并非只有 A 股，同一天世界各主要股指均遭遇“黑色星期二”。这一波暴跌也迅速传导到全球其他市场。当日全球股市剧烈波动，标普下跌 3.5%，道指闪崩，VIX（芝加哥期权交易所的波动率指数）恐慌指数大涨 64%，高通、IBM 等中国营收占比较大的公司领跌。开放了 QFII、QDII 的中国资本市场逐渐受到全球投资者的关注。

2007 年 2 月 27 日到 2007 年 5 月 29 日，大盘越过 3 000 点迈向 4 300 点，涨幅超过 40%。沪深股市日均成交额接近 1 500 亿元，再度放大一倍。此时的投资者已经逐渐失去理性，个股的同涨同跌愈演愈烈，股市失去了它的价值发现功能。尽管该阶段的市场继续普涨，A 股平均上涨 88%，99%的个股上涨，但大盘蓝筹股表现疲软。纺织服装、公用事业、房地产等板块领涨，涨幅超过 100%的股票多达 509 只。4 月、5 月集中披露的年报业绩亮眼，进一步助长了投资者的狂热。仁和药业（000650）、浪莎股份（600137）等个股股改复牌后大涨逾 500%。资产重组概念被疯狂演绎，S 前锋（600733）连续拉出 26 个涨停。此时的 A 股市场，散户成为主力军，这是一个危险的信号。图 8－7 展示了 2005—2010 年上证综指和深证成指的走势。

市场的疯狂很快触及政策底线。2007 年 5 月 30 日凌晨，此前多次声明不会上调印花税的财政部突然宣布将印花税从 1‰上调到 3‰。沪深股市随后应声下跌，在短短一周内从 4 300 点一路狂泻至 3 400 点才站稳脚跟，众多个股遭遇连续三个跌停。尽管监管层出台调控政策的动机无可厚非，从事后看也起到了抑制投机、驱赶游资的目的，但政策的出台时机与方式无疑值得商榷。“5・30”事件给予投资者和监管层的教训是惨痛的，投资者对监管层的信任遭到严重打击，一些投资者甚至戏称其为“半夜鸡叫”，而监管层

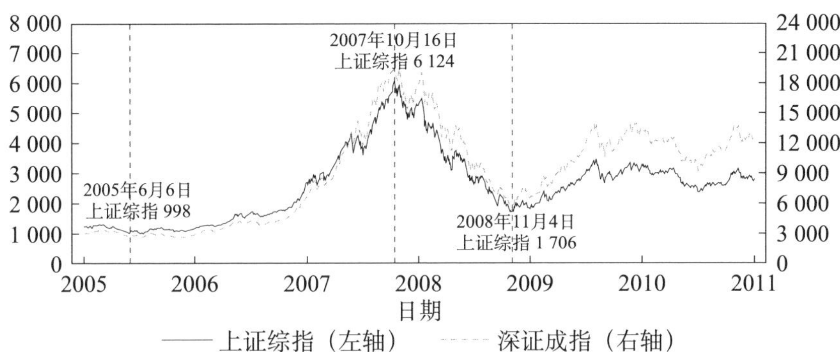

图 8－7　2005—2010 年上证综指和深证成指走势图

资料来源：国泰安数据库。

对证券市场的调控也越来越倾向于运用市场化手段。

“5·30”事件释放了政府调控股市的决心，投资者对于小盘股和垃圾股的非理性狂热大大收敛，但投资者对于股市的热情还没有充分降温。在一波深度调整和两极分化后，大盘继续上攻。2007 年 5 月 30 日到 2007 年 10 月 16 日，上证综指从 4 300 点上涨到迄今为止的最高点 6 124 点。A 股总市值超过 30 万亿元，上交所日均成交量达到 1 500 亿元的峰值。从板块来看，中小板仅涨 1%，仅 43%的个股上涨，而上证指数大涨超过 40%。这是一种极度分化的行情，指数与个股平均表现出现严重背离。基金主导的蓝筹股取代散户主导的垃圾股成为拉动大盘上涨的主力，助推 A 股市盈率很快超过 60 倍水平，而正是蓝筹泡沫最终将市场推向了地狱。2007 年 10 月 15 日，十七大召开，在“献礼”概念的加持下，上证综指站上 6 000 点，并于次日达到历史最高值 6 124 点。

与此同时，当年的全国房地产均价也走出 25%的上涨行情，这在 2006 年春季开始的次贷危机背景下十分危险。监管层开始出台一系列新的宏观调控政策，打压股市和房市的泡沫。十七大召开后，市场逐渐清楚地意识到监管层抑制经济过热的决心。而 IPO 的高速发行、大小非解禁和巨额再融资则破坏了市场的供需平衡，造成了直接的压力。中石油上市、平安再融资等巨额新股发行使市场的承受能力被击穿。

2007 年 12 月 5 日，央行提出 2008 年将继续施行从紧的货币政策，市场举步维艰，之后市场深度下跌，在 5 000 点位上下徘徊。2007 年 12 月 7 日，证监会定调，将把大力发展资本市场、扩大直接融资比重作为当前和今后一个时期的重要工作任务。2008 年 1 月 17 日，管理层再度表态，争取在上半年推出创业板市场。收紧货币政策和扩大直接融资的预期严重考验了市场的承受能力。尽管对股指期货的憧憬一度提振了权重股，但投资者还没等来足够的利好，国际金融危机又挟山风海雨而来。2008 年 1 月 15 日，花旗银行巨亏将次贷危机风险彻底暴露在投资者面前。全球股市的暴跌随之而来。受香港股市的影响，内地“A＋H”交叉上市的权重股领跌。2008 年 1 月 21 日，中国平安 1 600 亿元的巨额再融资彻底击穿了市场的信心，机构投资者开始采取全面退出的策略。

2008 年 2 月 1 日，上证指数首次跌破牛线，大量投资者被套牢。从 6 124 点下跌以来，市场下跌幅度已经超过 30％，远超 20％的股灾幅度。一时间，“救市”的呼声四起。然而鼠年新年开市后，有更多的大小非解禁和再融资。新年开始第一天，解禁规模高达 11.64 亿股，解禁市值高达 160 亿元。2008 年全年股改限售股解禁额度为 160 000 亿元，已经占到现有流通市值的 20％左右。这还不包括 IPO 限售股、增发限售股等其他类型限售股解禁额度。对于如此大的理论解禁规模和扩容需求，市场无力承受，于是股指一路俯冲向下的势头再也无法阻挡。截至 2008 年 11 月 4 日，市场最终止跌于 1 706 点。

在 2007—2010 年股市剧烈波动期间，自然人投资者、法人投资者和机构投资者的买卖净额呈现出截然不同的景象。借助历年《上海证券交易所统计年鉴》，我们发现不论是牛市还是熊市，自然人投资者每年都呈净买入的状况，一般法人每年都呈净卖出的状况，而专业机构则表现出牛市时净买入、熊市时净卖出的特点（见表 8－4）。可以概括为：普通个人投资者不断接盘；一般法人投资者一直减持；专业机构投资者与时偕行。买卖净额是一个关键指标，法人股每年都在减持正说明了股改限售股、IPO 限售股、增发限售股解禁给市场带来的巨大压力。

表 8-4　上交所不同类型投资者的买卖净额

年份	2007	2008	2009	2010	合计
自然人投资者	2 854.45	4 297.39	651.06	2 434.45	10 237.35
一般法人	−4 100.18	−2 251.82	−1 611.75	−760.85	−8 724.60
专业机构	1 246.12	−2 045.58	960.71	−1 673.60	−1 512.35

资料来源：WIND 数据库。

1.3.3　价格上涨原因

第一，良好的宏观经济环境。2005—2008 年，中国宏观经济正处在城市化和重工业化的黄金时期，房地产、基础设施建设投资增速处在历史高位。此外，加入 WTO 后净出口对经济增长起到了极大的拉动作用。宏观经济处于高速增长阶段，企业盈利能力得到改善，为股市上涨提供了来自基本面的支撑。尽管外部环境中次贷危机初现端倪，但还没有波及中国经济。

第二，股票市场改革和开放释放的制度红利。除了良好的宏观经济环境外，有序推进改革也为上涨提供了支撑。股权分置改革的成功解决了困扰股市发展的最大难题，在支付合理的股改对价后，解禁后的法人股和外部流通股股东的利益逐渐趋于一致。至此，股权分置这柄悬在每一个股票市场参与者头顶的达摩克利斯之剑终于落地，从利空变成利好，促进了资本市场的健康发展和上市公司的公司治理向现代公司制度的转型。在大刀阔斧地改革的同时，决策层也没有停止扩大开放的步伐。QFII 的推出和成功运行为股市的长期发展注入了新能量。大量境外专业投资者的参与极大地提高了上市公司的信息披露质量和公司治理水平。A 股开始与全球资本市场接轨。

第三，散户主导的市场和投资者非理性。在沪指突破此前的历史最高点并最终站上 3 000 点后，上涨的动能中非理性的因素逐渐占据主导地位。截至 2008 年末，上交所自然人投资者持股 13 486.39 亿元，占比 42.23%；一般法人持股 10 066.64 亿元，占比 31.52%；专业机构持股最少，仅

8 380.21 亿元，占比 26.24%。由于大量的法人股还未解禁，当时的 A 股市场流通盘中超过 50%的股票仍然由散户持有。题材炒作、概念板块等噪声充斥市场。个股价格呈现出同涨同跌、暴涨暴跌的特点。

1.3.4　价格崩盘原因

第一，资产价格泡沫的积累。在泡沫最高的 2007 年末，A 股市场整体 PE 水平为 34.9 倍，平均 PE 水平却高达 96.1 倍。这说明大量小盘股的 PE 超过 100 倍，这显然是不可持续的。2007 年底的蓝筹泡沫使得权重股、绩优股也承载了相当大的泡沫。远超历史均值的估值水平堆积了巨量的风险有待释放。

第二，经济基本面遭遇来自国内和国外的双重压力。2007 年海外市场的次贷危机最终传导到股票市场，引发了全球性的金融危机。各国央行纷纷下调利率、出手救市，但是投资者的信心已经十分脆弱。欧美的金融危机严重压缩了中国依靠净出口拉动经济增长的空间。在国际经济危机山雨欲来之际，国内房地产业却面临“过热”的风险。为了给房市降温，中国人民银行不得不收紧货币政策。然而，上涨的房价已经形成了对实体经济的“挤出”效应。作为支柱的制造业举步维艰，实体经济开始脱实向虚。支撑股市长期发展的企业基本面出现波动。

第三，高估了市场承受能力的决策层和新股发行方。2005—2008 年的股市周期具有明显的政策市意味。股市不仅是经济的晴雨表，而且是宏观调控的对象和工具。股权分置改革后的数年内，证券市场不仅要承接大量股改限售股解禁带来的冲击，还要为四大商业银行和一大批特大型央企实现股份制改革提供 IPO 融资。而股票市场的狂热也使上市公司高管择时进行再融资。在股改限售股、IPO 新发行股票和再融资新发行股票的三重冲击下，证券市场终于不堪重负，进入熊市。

第四，投资者非理性的助推。不仅散户呈现出非理性交易的特点，机构投资者在下跌时也表现出一定的羊群效应。在 2008 年的下跌周期中，全年沪市交易中有 83.21%是由自然人投资者做出的，散户几乎主导了市场的交易行为。超过 2 000 万毫无资本市场经验的散户的涌入给股票交易带来了巨大的噪声和不确定性，最终助推了熊市的演化。

1.4　2014—2015 年的股市波动分析

1.4.1　市场背景

2007 年美国次贷危机爆发，之后的全球经济始终没能摆脱两个困境：一是科技进步缓慢，全球经济发展缺少具有广泛影响的技术变革。从 19 世纪 70 年代以来，世界经济都是在巨大的技术变革以及新技术的广泛应用的推动下实现的。随着技术推动增长的空间的缩小和效力的弱化，经济发展的动力减弱，实体经济的投资回报率下降，经济增长的潜在速度放缓。二是经济“脱实向虚”。随着实体经济投资回报率的下降，多余的资金只能向投资类资产（包括房地产、股票、大宗商品等）转移，导致资产价格上升。连续数年宽松的货币政策积累下的庞大资金终将流入资本市场、房地产市场或者大宗商品市场，形成资产价格泡沫。2014—2015 年的股市泡沫就是在这一背景下形成的。

1.4.2　波动历程

很多人认为，2014 年这轮股市上涨是从 2014 年 7 月中旬开始的。然而，如果从创业板的角度看，牛市在 2012 年 12 月就已经悄然起步了。早在 2012 年 12 月 4 日，创业板在探到 585.44 点的历史最低位之后就一路狂飙，在不到一年的时间内达到 1 423 点（2013 年 10 月 10 日），涨幅高达 143%。图 8 - 8 展示了 2011—2016 年 A 股主要指数的走势。

事后看，创业板行情的起步有其合理性。首先，从 2007 年 10 月上一轮牛市结束到 2012 年底，虽然中间一度经历了 2009 年的超跌反弹，但整体上看，A 股市场经历了 5 年的下跌和横盘整理的过程，市场有上涨的意愿。其次，2012 年十八大召开，新一届党和国家领导人上任，并展现出在经济社会各领域解决痼疾的意愿。这给投资者带来了变化的预期。再次，经济结构转型迫在眉睫。次债危机之后，中国通过财政政策和货币政策对宏观经济的强

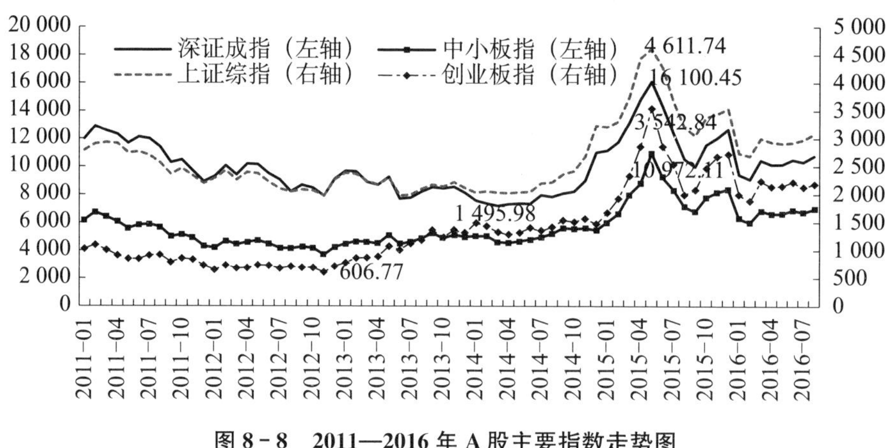

图 8-8　2011—2016 年 A 股主要指数走势图

资料来源：WIND 数据库。

烈刺激导致产能严重过剩，固定资产投资对经济拉动的边际效果急剧下降。经济增长的动力亟须从固定资产投资向技术创新转变。最后，经济结构转型要求社会融资方式从间接融资向直接融资过渡。在传统的投资拉动的经济增长方式下，无论是设备、厂房、公路、铁路还是其他投资项目，都有一定的抵押品存在，因此商业银行愿意通过债权方式为项目提供资金。然而，技术创新是一件高风险的事情。而且，在很多情况下，高科技公司的价值主要体现在人力资源和研发能力上，而抵押品价值相对较小。与此同时，商业银行已经堆积了大量房地产和地方政府债务风险，技术创新的风险很难再由商业银行系统承担。从这一角度而言，商业银行主导的间接融资方式难以适应经济结构转型和科技创新的需要，完善而健康的资本市场应该成为未来 10 年中国经济转型过程中企业重要的融资渠道。这就是监管层在不同场合一再提出的建设“完善的多层次资本市场”，也是该轮市场价格波动最核心的逻辑。

从 2014 年 7 月开始，沉寂已久的主板市场开始启动、活跃、兴奋、爆发。11 月下旬，资金汹涌而来，蓝筹股板块取代中小板和创业板正式成为领涨板块。到 2014 年 12 月 31 日，在短短的一个半月时间内，上证综指从 2 450 点上涨到 3 234 点，累计涨幅达到 32%。随后，在经过短暂的小幅回调后，从 2015 年 3 月 9 日开始，又启动了第二波快速拉升。到 4 月 27 日，上证综指从 3 224 点上升到 4 527 点，上涨幅度达到 40.4%。中小板和创业板涨幅分别达到 35.2%和 41.5%。在此期间，市场交易量急剧放大，由此前的 6 600 亿元猛增加到 1.65 万亿元左右，流通市值由 35.43 万亿元增加到 47.26 万亿元。

巨大的财富效应使投资者疯狂起来。在经历了 5 月初短暂的下跌之后，市场开始了第三次冲锋。从 2015 年 5 月 19 日（含）到 6 月 12 日的 19 个交易日内，上证综指从 4 285 点上涨到 5 166 点，上涨幅度达到 20.6%；中小板和创业板分别上涨 20%和 17.8%。这一期间市场交易量几乎每天都维持在 2 万亿元左右，并于 5 月 28 日创造了 2.42 万亿元的交易纪录。除去银行、石油石化等行业的上市公司之外，市场平均市盈率超过了 50 倍；创业板平均市盈率更是一度超过了 150 倍。资产价格泡沫化程度越来越高。

2015 年 6 月 15 日，股票价格开始崩盘。从这一天到 7 月 8 日，除了几个交易日内市场出现了短暂的稳定之外，崩盘式下跌成为市场的常态。上证综指从 6 月 15 日开盘时的 5 174 点一路狂泄到 3 507 点，跌幅达到 32.2%。中小板和创业板跌幅分别达到 38.4%和 39.7%。在这一过程中，政府不断出台各种救市政策，但并没能缓解市场抛盘压力。直到 7 月 8 日央行出面进行背书以及政府大规模资金入市，才让市场在 3 500 点附近止跌，并出现短暂的反弹。然而，当市场两次反弹到 4 000 点附近上攻乏力时，恐慌又一次吞噬了市场。从 2015 年 8 月 18 日（含）到 26 日的 7 个交易日内，市场出现了第二波大幅下跌，上证指数从 4 000 点一路狂泻到 2 850 点，下跌幅度达到 28.8%；中小板和创业板分别下跌 26.8%和 29.3%。

1.4.3　价格上涨原因

杠杆是 2014 年股票价格全面上涨的重要推手。2010 年 3 月，沪深交易所开始推行融资融券制度，2014 年 6 月之后，融资规模与市场指数之间出现了高度一致的同步关系（见图 8－9）。2014 年 9 月融资余额超过 5 000 亿元，12 月超过 1 万亿元，2015 年 3 月底接近 1.5 万亿元，5 月底超过 2 万亿元。融资规模在 2 万亿元这个水平上维持了 2 个月。除了场内通过融资融券制度从券商那儿正常融资之外，各路资金还通过证券公司股票收益互换、伞形结构化信托、单账户结构化配资、互联网和民间配资等方式实现场外配资。

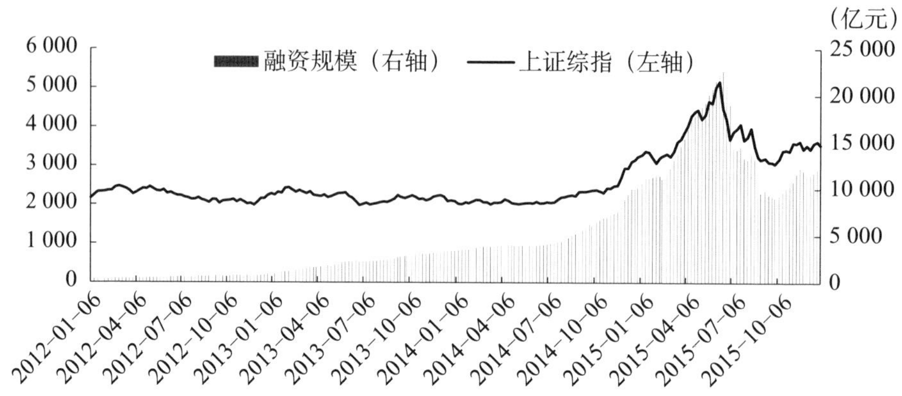

图 8－9　证券公司融资余额与上证综指变化的关系图

资料来源：WIND 数据库。

除了场内融资之外，场外资金也通过各种渠道进入证券市场。从中国居民家庭的资产配置方式看，最主要的三种方式就是银行存款（包括理财）、房地产、股票。理财产品收益率下降和房地产市场的不景气导致大量资金迫切需要找到新的投资标的。股市的繁荣为这种需求找到了一个投资标的；结构化产品和各类资管计划为这种需求提供了一条投资通道；而以恒生 HOMS、上海铭创、同花顺为代表的分仓系统为这种需求提供了便捷的操作工具。图 8－10 转引了中融信托分析的在 2014—2015 年期间银行资金进入股票市场的途径。

场内配资属于券商业务，受到证监会的严格监管，杠杆率基本维持在一个可控的范围内（一般不超过 2 倍）。但是，场外配资由于缺少基本的监管手段，其规模和杠杆率大小很难确定。迄今为止，我们对股灾之前的市场配资总额仍然没有一个准确的估计。但清华大学国家金融研究院根据渤海证券的相关数据测算得出，2014 年 10 月至 2015 年 6 月股市上涨期间，峰值阶段进入股票市场的杠杆资金为 5.4 万亿～6 万亿元。其中，场外配资规模为 3 万亿～3.8 万亿元。在场外配资当中，又以信托渠道杠杆资金规模最大，占

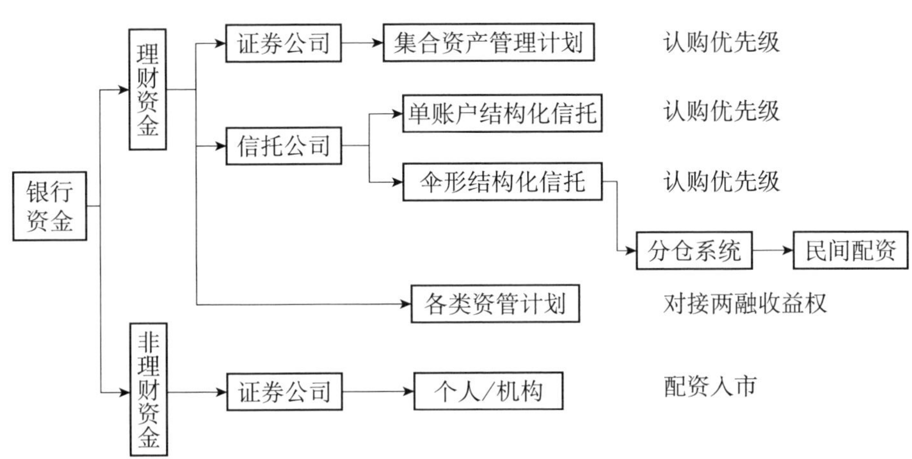

图 8-10　银行资金与各类配资方式的接口

资料来源：中融信托，转引自清华大学国家金融研究院（2015）。

60%，为 1.8 万亿～2.2 万亿元。表 8-5 给出了场内配资与场外配资在市场峰值阶段的规模和占比（吴晓求，2016）。巨大的资金规模推动了股票价格在短期内快速上涨。

表 8-5　多类杠杆资金在市场峰值阶段规模及占比情况

资金类型	市场峰值（亿元）	占比（%）
证券公司融资余额	22 666	39.71
场外配资规模合计	31 407～37 407	60.29
其中：		
信托渠道杠杆资金	18 000～22 000	35.04
资管配资规模	7 655	13.41
民间配资	4 000～6 000	8.76
分级基金 A 类规模	1 752	3.07
合计：	54 073～60 073	100.00

说明：数据来自吴晓求（2016），本表在引用时对结构进行了一些调整。

1.4.4　价格下跌原因

杠杆是推动该轮市场价格上涨的原因，而证监会对配资的清理则扣响了价格下跌的扳机。2015年6月12日，证监会再次重申，证券公司不得为场外配资提供接口。不得通过网上接口为任何个人和机构提供、开展场外配资，为非法证券活动提供便利。翌日，证监会发布《关于加强证券公司信息系统外部接入管理的通知》，将发言人的表述以正式文件的形式予以确认。股市调整正式开始。

2015年6月15日，周一，早盘沪深主板出现小幅回调，但很快翻红，创业板却一路下跌。在创业板的带动下，从上午10点22分开始，主板市场出现了一波快速的下跌。到11点3分，上证综指跌幅一度接近1.96%，深证成指跌幅达2.28%，创业板指跌幅达4.7%。虽然主板指数在随后的一个多小时内大幅反弹，并收复了绝大部分失地，但创业板指并无任何反弹迹象。下午2点13分开始，沪深两市指数重新掉头向下，尾盘出现一波杀跌。当天，上证综指、深证成指、创业板指分别下跌2%、2.19%和5.22%。2015年6月15日到19日，在一周的时间里上证综指下跌13.32%，深证成指下跌13.11%，创业板指下跌14.99%，沪深300指数下跌13.08%。

配资清理打响了股市调整的第一枪，而股市的调整反过来加速了配资清理的速度。随着股价的下跌，首先触及的是高杠杆的场外配资盘。许多配资盘要求股票价格一旦下跌10%就要进行补仓。当这一部分配资盘跌至警告线时，出现了第一波强制平仓。这一波下跌浪潮引发了连锁反应。由于出现大量卖盘，股价被进一步拉低，更多配资盘被强制平仓，市场信心开始动摇。多头急着平仓，又加剧了股价如决堤的洪水般进一步下跌。

“价格下跌—大量卖单—价格进一步下跌—情绪恐慌—更大的卖单—流动性开始下降—更大的平仓（补仓）压力”这个恶性循环一旦开始，就会产生一种螺旋效应，有一个自我实现和自我加强的过程。情绪从全面做多向全面做空的转变以及市场流动性紧张这两种力量在流动性螺旋形成过程中发挥了助推器的作用。最终，随着大量公司开始停牌，很多股票无量被钉死在跌停板上，卖单过多导致无法成交，市场流动性的萎缩导致市场的跌停潮从高泡沫的中小板和创业板股票向原本质地较好、流动性较高的优质股票传染。许多刚刚公布利好消息的次新股盘中瞬间由涨停变为跌停就是由于这个原因。这种不分好坏强弱的大面积跌停现象进一步导致了市场信心瓦解。

受影响的群体从高杠杆投资者向低杠杆投资者、私募基金、公募基金、券商等机构投资者扩散。到7月5日的时候，由高杠杆崩塌引发的流动性螺旋已经造成了整个市场流动性的枯竭。连续的开盘跌停引发大面积的私募清盘和公募基金赎回，场内融资盘开始摇摇欲坠。公司停牌数量在几天之内翻番，7月6日整个市场接近20.1%的股票（581只）停牌，到7日和8日，停牌公司数量分别达到1 351家和1 477家，比例高达51.2%。股票市场已经进入全面崩盘状态。

1.5　2005—2008年和2014—2015年股市波动的机理分析

虽然两次股票市场价格波动产生的具体原因有所不同，但是有一些共同的因素同时影响了两次波动的发生和发展。

第一，资产价格的崩盘都是在泡沫异常高的情况下发生的。图8-11给出了2006年12月到2016年12月两市主要板块的平均市盈率水平。从该图可以看出，在价格崩盘之前，市场平均市盈率水平都远超平均水平。2015年深市A股的平均市盈率最高达到79.25倍，创业板的平均市盈率最高达到150.84倍。

第二，政策市的特点没有改变。股票市场是一个融资和投资并重的场所。但是，中国股票市场从成立那天起这两个功能就是严重失衡的：市场过于偏重融资功能，而对投资者权利的保护严重不足。中国股票市场长期以来都承担着协助政府解决重大经济社会问题的重要任务。例如，1997年，随着国有企业改革步入攻坚阶段，股票市场担负起“为国企脱困服务”的重任。股票发行成为为国有企业提供资金的重要渠道。相应地，股票市场走出了一波牛市。2003年底至2004年，随着四大国有商业银行和一批央企提出实施股份制改造，中国股票市场又承担了为这些企业股份制改造提供资金的重

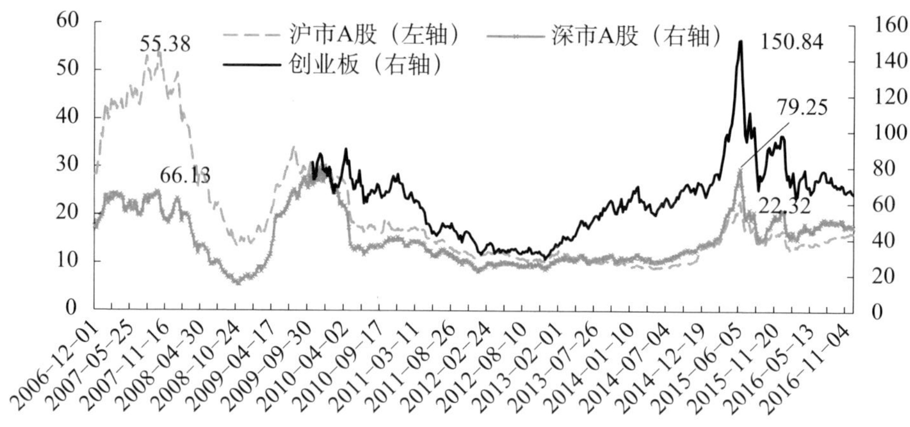

图 8－11　市场平均市盈率变化趋势

资料来源：WIND 数据库。

任。而后在 2005—2007 年期间，中国股票市场走出了有史以来的大牛市。同样，2013 年，为了实现经济结构的转型升级，为了国有企业混合所有制改革的顺利推进，在上市公司盈利能力未见好转的情况下，我们提出了股票市场走出“慢牛”的口号，这才有了 2014—2015 年的市场上涨。从以上不到 20 年的历程可以看出，中国股票市场的发展背后总带有一些政策色彩。政策市对资本市场的一个最大影响是容易引导投资者形成所谓的“一致性预期”。从理论上来说，当市场参与者存在分歧的时候，证券无论供给还是需求都较大，此时资产价格出现泡沫的可能性相对较低。然而，一旦政策目标被市场参与者轻易识破，进而形成“一致性预期”，供给和需求就会出现失衡，资产价格在政府隐性背书的情况下出现飙涨也就不足为奇了。

第三，市场中投资者结构没有发生本质性变化，个人投资者依旧是市场交易的主体。国泰君安的研究报告指出，截至 2016 年，中国证券市场中个人投资者持有流通股的比例大约占市场总体的 25%，机构投资者占比约为 15%。但是，从交易规模上看，个体投资者的交易量占总交易量的 80%。这一比例与 2006 年相比并没有本质性的变化。中国资本市场依然是一个散户主导的市场，依然是一个非理性情绪异常严重的市场，依然是一个充满了噪声的市场。虽然在不同国家的证券市场，我们都可以认为资产价格是由资产价值和投资者情绪两个因素同时决定的，但是与成熟证券市场相比，沪深两市股票价格受情绪的影响显然更为严重。另外，当市场中存在大量非理性投资者的时候，理性投资者除了面临资产基本面风险之外，还要承担非理性投资者的非理性行为带来的噪声交易者风险（noise trader risk）。这就是中国证券市场上典型的机构投资散户化倾向，它导致市场失去了纠正个体投资者非理性投资行为的重要机制。所以，从短期来看，中国证券市场价格可以远远偏离价值水平，而这在成熟证券市场是很难看到的。这是决定中国股票市场资产收益特征的关键因素。在投资者结构没有发生本质变化的前提下，资本市场价格急涨急跌、牛短熊长等特征很难得到改变。

第四，上市发行的制度没有变化。中国股票市场自成立起，大体经历了行政审批制和核准制两种发行制度。在这两种发行制度下，上市融资这一正常的资本市场活动成为受到政府严格管控的事件。这种管控的后果有两个：第一，上市资格，或者说“壳”资源，成为一种稀缺资源，进而拥有了可观的市场价值。第二，既然“壳”资源是有价值的，那么上市公司的价值就由两部分组成：一是公司盈利能力带来的价值，这是公司正常的价值；二是“壳”本身的价值。在这种情况下，无论是传统的现金流贴现模型还是市盈率指标都无法完全反映公司价值。这极大地扭曲了股票的市场估值。当公司正常估值水平上升时，“壳”资源的价值上升；但是当公司正常估值水平下降时，“壳”资源的价值也会随之下降。因此，在一定的估值区间内，“壳”资源的价值对公司估值起到的是正反馈的作用，它加大了公司估值的波动。大量 ST 公司因为重组预期被市场资金爆炒就充分说明了这一制度对资产价格造成的扭曲。

投资者结构、政策干预和发行制度是影响中国股票市场的三个核心因素。中国证券市场很多现象的产生最终都可以归因于这三个因素。在这三个因素没有发生本质性变化的情况下，中国股票市场资产价格的波动特征很难出现本质性改变。

2. 中国股票市场成长的路径和指标分析

2.1 市值扩张

2.1.1 上市公司数量增加

上市公司是资本市场的基石。过去30年来，中国上市公司数量已从最初的8家增长至2019年底的3 871家，平均每年新上市约129家。几十年来，中国的资本市场以比一些成熟资本市场快几倍的速度经历了萌芽、起步、发展的阶段，为一批又一批的中国企业提供了筹集资金的平台，帮助公司转换经营机制、建立现代企业制度，也为投资者开拓了投资渠道、扩大了投资的选择范围、提供了获得较高收益的可能性。

图8-12显示了1990—2019年我国每年新增上市公司数量和累计总上市公司数量，从图中我们可以看出这30年新股发行与上市的变化趋势。伴随着市场的低迷和复苏，证监会对IPO进行了多次暂停以及重启，因而每年新增上市公司数量并不稳定。1995年，经历两次总时长近11个月的IPO暂停之后，当年新上市公司大幅减少为24家。而在经历最严IPO公司财务大检查、IPO整年停摆的2013年，新上市公司仅2家。通过IPO暂停发行等手段托市既不利于为企业提供一条畅通的上市融资通道，又不利于完善市场化运行机制。若要促进中国资本市场进一步成熟，监管层应该逐步将判断权交给市场，尽量避免越位。另外，2010年新上市公司数量首次突破了300家，这主要得益于创业板的开设。2009年通过并实施的《首次公开发行股票并在创业板上市管理暂行办法》，对拟在创业板上市的中小企业规定了更低的上市门槛，从而给了有融资需求的中小企业公开上市的机会。创业板开板当年，349家新增上市公司中有117家来自创业板。2010年后，除了IPO整年暂停的2013年，每年新增上市公司数量均超过100家。从总上市公司数量图我们也可以看出，2009—2012年以及2014—2018年，新股发行数量都

维持着较高水平，其中，2017年是30年来新增上市公司最多的一年，总计新增438家，也是新增发行数量超过400家的唯一年度。

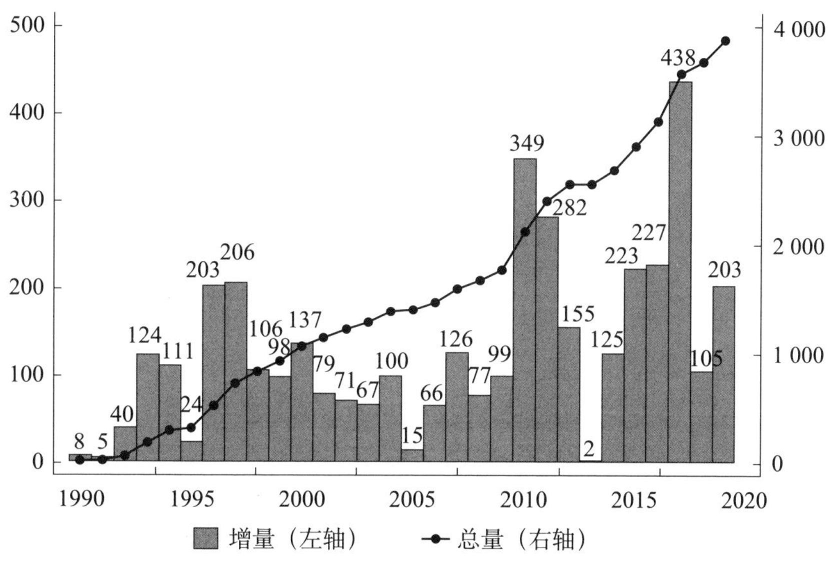

图8-12 1990—2019年中国上市公司数量（家）

资料来源：WIND数据库。

2.1.2 上市公司行业结构特征变化

上市公司数量能够反映我国资本市场的规模，但无法反映资本市场的结构。上市公司是中国市场的缩影，其行业构成可以反映资源配置的方向。我们采用证监会2012年修订的《上市公司行业分类指引》来对上市公司所处行业分类，共计分为19个大类。由于行业分类众多且占比不均，为保证图形清晰直观，将所有上市公司数量占比不足2%的行业暂时归类为“其他”，结果反映在图8-13中，上市公司数量占比不足2%的行业的详细构成反映在图8-14中。[①] 首先，自1990年有公司上市以来，制造业上市公司数量占

① 因为各行业上市公司数量占比每年会动态变化，有些行业某些年份这一占比不足2%，归类为“其他”，某些年份这一占比又超过2%，不归类为“其他”，所以图8-14中所列行业与图8-13中“其他”以外的行业有重叠。

比就以绝对的优势稳居第一，2004 年以后甚至一直维持在超过 60%的水平，印证了中国的制造业大国身份。其余上市公司数量占比较高的行业其占比均在 2%和 20%之间波动。其中，房地产业上市公司数量占比从 1992 年的最高峰 15%下降到 2019 年的 3%，体现了政府对于房地产业的调控，其作为国民经济主导产业的地位逐渐下降；零售业上市公司数量占比从 1994 年的 12%下降到 2019 年的 4%；没有明确行业分类的上市公司数量占比越来越少，2012 年起跌破 2%；而信息传输、软件和信息技术服务业上市公司数量占比呈现出上升趋势，由 1992 年的 5.7%上升到 2019 年的近 8%，2020 年在新冠肺炎疫情防控和复工复产工作中，互联网、大数据、人工智能、区块链等新一代信息技术更是发挥了重要的作用。随着实体经济加速向数字经济、平台经济等新经济形态转变，大力发展信息传输、软件和信息技术服务业有利于更好地支撑其他产业发展，进一步增强国家核心竞争力和创新能力。此外，属于第一产业的农、林、牧、渔业和属于第二产业的采矿业，建筑业，电力、热力、燃气及水的生产和供应业，以及属于第三产业的交通运输、仓储和邮政业在相应的时期内，其上市公司数量占比长期保持稳定。2016 年以后，金融业蓬勃发展，上市公司数量占比突破 2%，至 2019 年上市公司数量占比接近 3%。

从图 8 - 14 中我们可以看到历年所有上市公司数量占比不到 2%的行业分布情况。其中，科学研究和技术服务业上市公司数量占比从 2007 年的不足 0.2%上升到 2019 年的 1.5%；教育行业上市公司数量占比从 2012 年的 0.04%上升到 2019 年的 0.2%；文化、体育和娱乐业上市公司数量占比近年稳定在 1.5%左右；卫生和社会工作行业上市公司数量由 2007 年的 0.07%上升为 2019 年的 0.3%，总体占比还是偏低。科教、卫生行业关乎国计民生，在 2020 年抗击新冠疫情的战斗中其重要性也日益凸显，但目前我国的科教、卫生行业规模还有进一步提升的空间。

2.1.3 民营企业上市公司数量占比变化

自 2003 年以来，民营企业（简称民企）上市公司数量占比开始大幅提

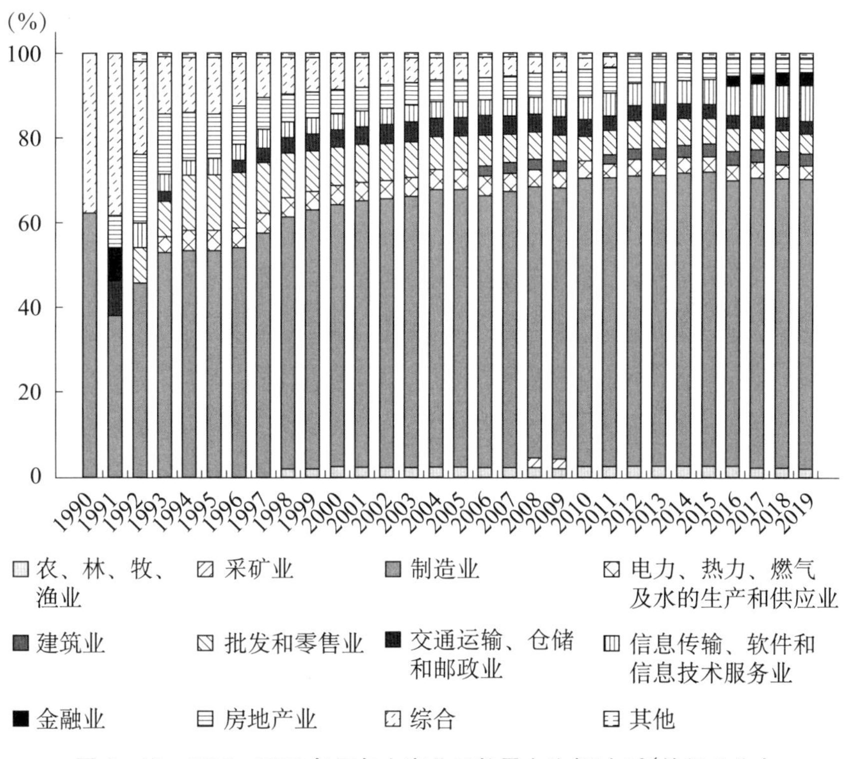

图 8－13　1990—2019 年历年上市公司数量占比超过 2%的行业分布

升，从 2003 年的 26.66%上升至 2019 年的 70.32%（见图 8－15）。截至 2019 年，民企上市数量总计为 2 642 家。2009—2010 年，民企上市数量跨上新台阶，增长率达到历史最高，这也主要得益于 2009 年创业板的设立给大量具有融资需求却面临融资困境又无法满足主板上市门槛的民营企业提供了 IPO 机会。只有切实解决民企融资难的问题，才能保护和激发市场主体活力，为经济发展积蓄力量。

2.1.4　板块变化

中国资本市场发展初期层次单一，企业发行上市标准也单一，上市门槛较高，能够成功上市的企业多为优质的大型国企。对于中小企业来说，融资需求得不到满足；对于投资者来说，投资选择过于单一，无法满足风险

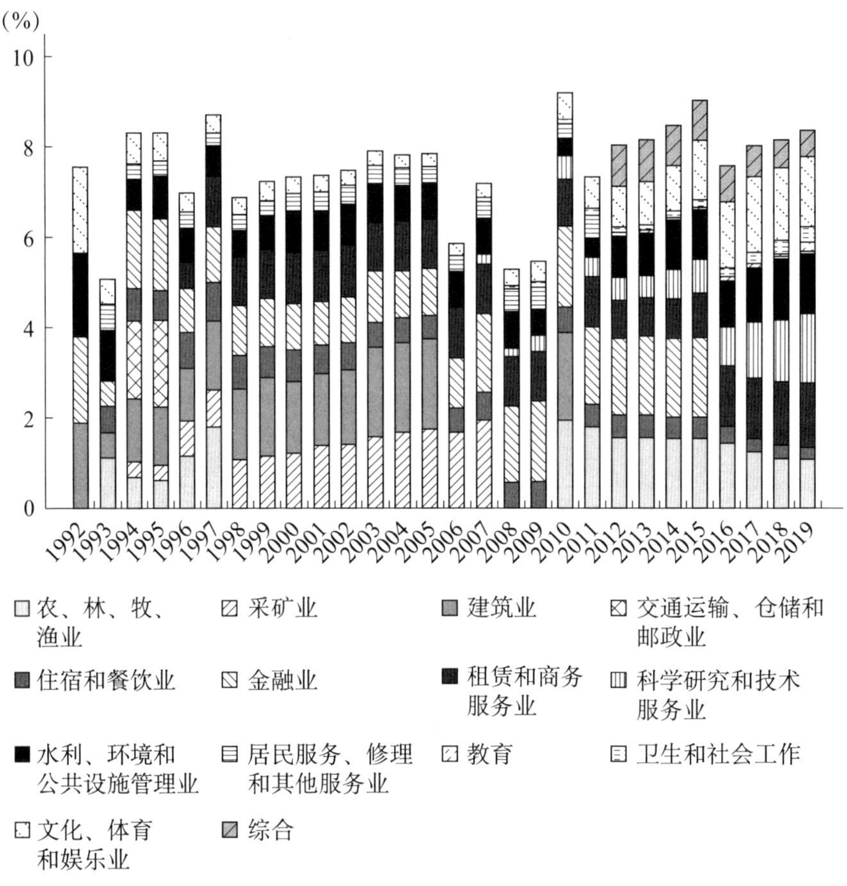

图 8-14　1990—2019 年历年上市公司数量占比低于 2%的行业分布

资料来源：WIND 数据库。

偏好。

2004 年，党中央、国务院根据我国经济建设和社会发展的客观需要设立中小企业板块。2009 年证监会通过了《首次公开发行股票并在创业板上市管理暂行办法》，降低了高科技、高成长的创业企业的市场准入门槛，助推其发展。2018 年 11 月，习近平在首届中国国际进口博览会开幕式上宣布，为支持上海国际金融中心和科技创新中心建设，不断完善资本市场基础制度，将在上海证券交易所设立科创板并试点注册制。经过八个多月的筹备，2019

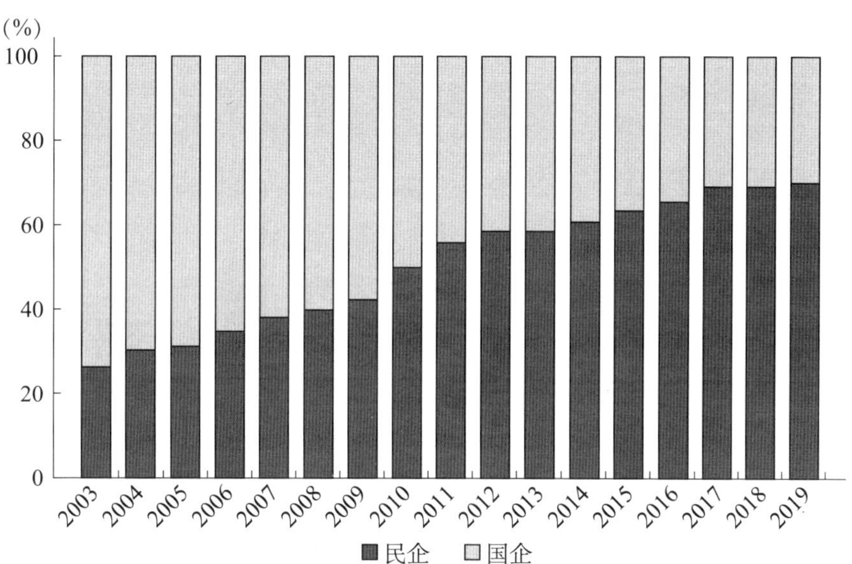

图 8－15　2003—2019 年上市公司中民企与国企的数量占比变化图

资料来源：WIND 数据库。

年科创板迎来了 70 家上市公司，也是当年新上市公司数量最多的板块。科创板上市公司主要集中于成长性好的高新技术和战略性新兴产业，符合国家战略和经济结构调整方向。设立科创板并试点注册制能够让未盈利企业、同股不同权企业、红筹企业发行上市，这将进一步畅通科技、资本和实体经济的循环机制，加速科技成果向现实生产力转化、引领经济发展向创新驱动转型。继科创板试点后，2020 年 4 月 27 日，中央全面深化改革委员会审议通过《创业板改革并试点注册制总体实施方案》，创业板注册制改革也提上日程。通过把上市公司进出股市的决定权交给市场，注册制新股发行和定价更加市场化，这不仅能够有效疏通 IPO 堰塞湖，而且会使壳资源价值消失，市场活力进一步提升。图 8－16 展示了 1990—2019 年新上市公司在各板块的数量分布。

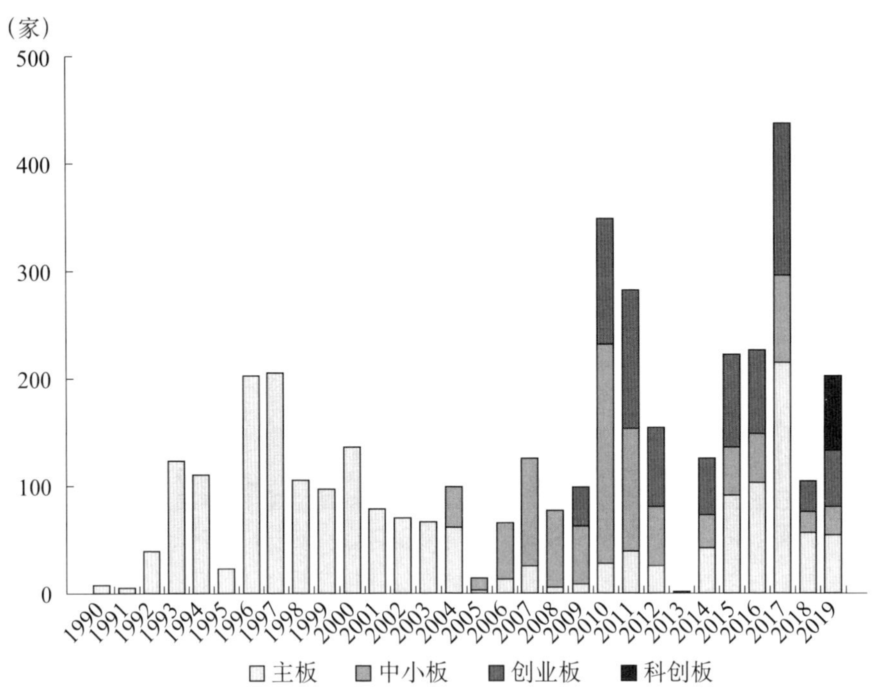

图 8-16　1990—2019 年新上市公司在各板块的数量分布

资料来源：WIND 数据库。

2.1.5　不同时期上市公司市值及盈利排行

图 8-17 和图 8-18 分别描述了 1999 年、2009 年、2019 年这三年 A 股市场每年规模（市值）和盈利（净利润）排前 10 的上市公司构成。近 20 年，我国资本市场上市公司无论是在规模还是在盈利水平上相比前 10 年都有了质的飞跃。1999 年，市值排前 10 的企业主要广泛分布于制造业和金融业下的各细分行业，而盈利水平排前 10 的公司几乎都属于能源依赖型企业。到了 2009 年，无论是按市值还是按净利润排名，企业类型都更为集中，前 10 名中有 3 家是石油煤炭企业，有 7 家是金融机构。到了 2019 年，中石油、中石化的排名进一步后退，金融股表现更加强劲，酒类企业五粮液又杀回市值前 10 名，而茅台更是冲到了市值第 2 名。与美国资本市场高市值公司中存在大量高科技企业不同，现阶段我国高市值公司主要是金融、石油、酒类企业，科技含量较低。

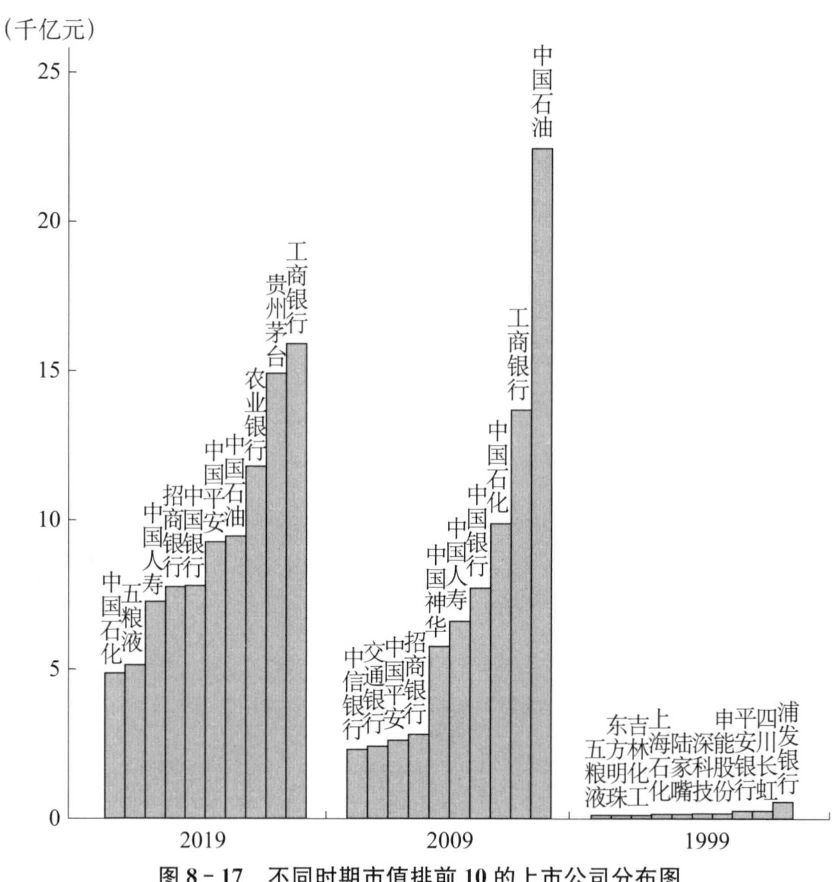

图 8－17　不同时期市值排前 10 的上市公司分布图

2.1.6　中国资本市场市值在全球排名的变化

中国资本市场 30 年的发展取得了巨大的成就。表 8－6 列示了 2003—2019 年间市值基本排在前 10 的经济体每年资本市场总市值情况。作为成熟的资本市场，美国资本市场一直以绝对优势保持着全球领先地位，2017 年美国上市公司总市值更是高达 32.12 万亿美元。相较德国、法国、加拿大等成熟资本市场，中国上市公司总市值在短短几十年间以迅猛之势增长。2003 年，中国上市公司总市值达 0.51 万亿美元，排名全球第 12。2007 年中国以 4.48 万亿美元的总市值位列第 2，此后共有 10 年时间保持全球市值第 2，仅次于美国。截至 2019 年底，中国资本市场总市值达 8.52 万亿美元。

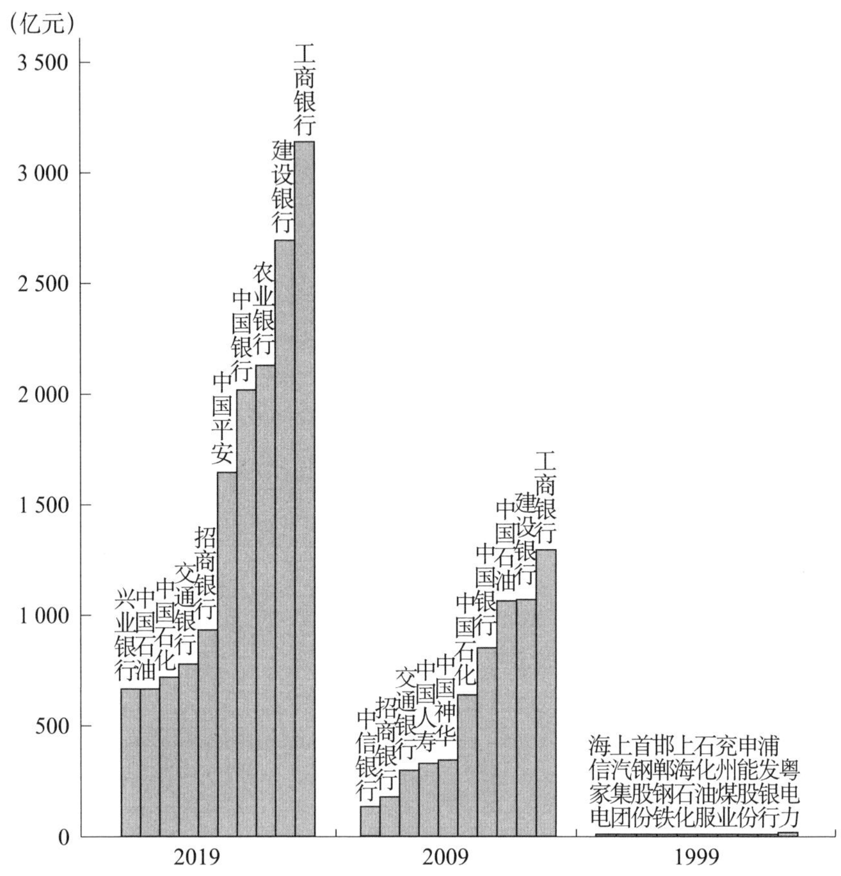

图 8－18　不同时期净利润排前 10 的上市公司分布图

资料来源：WIND 数据库。

表 8－6　2003—2019 年部分经济体资本市场总市值　单位：万亿美元

年份	中国	中国香港	加拿大	印度	德国	日本	法国	美国
2003	0.51	0.71	0.91	0.28	1.08	2.95	1.36	14.27
2004	0.45	0.86	1.18	0.39	1.19	3.56	1.56	16.32
2005	0.40	1.05	1.48	0.55	1.20	4.57	1.76	17.00
2006	1.15	1.71	1.70	0.82	1.64	4.61	2.43	19.57
2007	4.48	2.65	2.19	1.82	2.11	4.33	2.74	19.92
2008	1.78	1.33	1.03	0.65	1.11	3.12	1.47	11.59

续表

年份	中国	中国香港	加拿大	印度	德国	日本	法国	美国
2009	3.57	2.31	1.68	1.31	1.29	3.31	1.95	15.08
2010	4.03	2.71	2.17	1.63	1.43	3.83	1.91	17.28
2011	3.41	2.26	1.91	1.01	1.18	3.33	1.55	15.64
2012	3.70	2.83	2.06	1.26	1.49	3.48	1.81	18.67
2013	3.95	3.10	2.11	1.14	1.94	4.54	2.30	24.03
2014	6.00	3.23	2.10	1.56	1.74	4.38	2.09	26.33
2015	8.19	3.18	1.59	1.52	1.72	4.89	2.09	25.07
2016	7.32	3.19	1.99	1.57	1.72	4.96	2.16	27.35
2017	8.71	4.35	2.37	2.33	2.26	6.22	2.75	32.12
2018	6.32	3.82	1.94	2.08	1.76	5.30	2.37	30.44
2019	8.52	4.90		2.18	2.10	6.19		

2.2　资本市场成长路径与特点

2.2.1　资本市场成长路径

从 1990 年至今，我国资本市场的职能经历了从融资到分散风险，再到财富管理的演变，并通过促进产业结构升级换代，推动企业不断成长。这个发展历程看似偶然，却是在资本循环这一“内因”和经济增长这一“外因”的促进和推动下完成的，具有历史必然性。我们将利用资本市场扩张的脉络来论证这一点，首先根据资本市场在经济中扮演的角色将其扩张过程划分为三个阶段：第一个阶段是公司融资规模的扩张阶段；第二个阶段是资本市场功能的完善阶段；第三个阶段是资本市场在经济生产各环节的渗透阶段。伴随着资本市场的不断发展，企业生产方式、运营模式甚至经济产业结构都在不断发生变化，可以说资本市场的发展为经济可持续增长提供了源源不断的动力，反过来，资本市场的发展又以经济增长作为价值支撑，一个经济体要实现资本的良性循环，就必然需要一个健康的资本市场，因此，发展资本市场既是我国过去 30 年经济腾飞的重要原因，也是实现未来 30 年经济持续增长的重要一环。

资本市场发展之初的核心目的是融资，其规模扩张主要表现为上市公司数量的急剧增加和成交量的放大。资本市场为公司和投资者构建了资本集中的媒介，在短期内实现了企业规模经济，降低了生产成本，大幅提升了生产效率，并通过市场竞争产生了外溢性，刺激了同业创新，加速了整个行业的发展。

随着上市公司数量的增加，投资参与者的结构也更加复杂。根据美联储2019年第一季度的统计数据，美国机构投资者持有的美股占总市值的比例为43%，我国股票市场机构持股比例在2000年时仅为2.11%，到2019年已达到38.81%（见图8-19）。

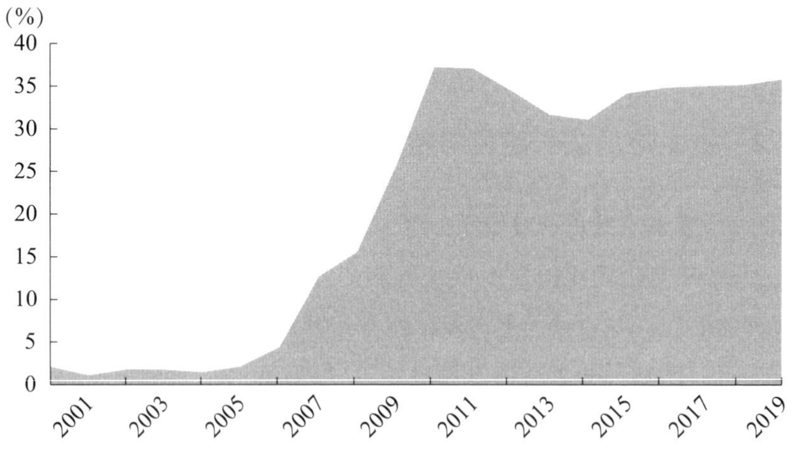

图8-19　中国股票市场机构投资者持股比例

说明：机构持股比例是指机构持有股票市值占A股流通总市值的比例。

资料来源：WIND数据库。

一般来说，机构投资者较个人投资者具有更专业的分析、投资和风险管理能力，因此机构投资者主导的资本市场相对更加理性，且具有更强的市场有效性，资产价格的形成机制也更加完善，从而能够有效减少交易摩擦。从我国资本市场近30年的发展我们可以看出，一方面是市场参与者总量增加，具体体现为上市公司数量和成交量的增加，另一方面则是投资者的结构发生变化，其中机构投资者的构成趋于复杂，境外投资者投资规模逐渐扩大，这是资本市场健康发展的需要，也是长期发展的必然趋势。

资本市场发展的第二个阶段是监管制度和法律体系的建立和完善阶段，是以实现分散风险、财富管理等功能为主的横向扩张阶段。

从公司治理的角度看，二级市场的信息披露制度提高了公司运营的透明度，通过市场对上市公司的监督有效减轻了公司募集资金后的道德风险问题和发行债务时的逆向选择问题，提高了资金利用效率。此外，企业通过资本市场并购重组，整合资源，有助于优质企业的产生和发展，进一步提高生产效率，增强国际竞争力。我国资本市场自成立以来，并购案例呈现逐年增加趋势，2018 年创历史新高，达到 1.2 万例以上；2007 年我国股权分置改革基本完成，并购方收益较之前有质的提升，二级市场并购对收购者的吸引力凸显，于是在 2007 年及随后的几年中，资本市场并购金额陡增，虽然此后呈逐渐走低的趋势，但一方面，2007 年之后每一年的成交金额都远高于 2007 年前的水平，另一方面，并购数量依然在持续攀升（见图 8－20）。

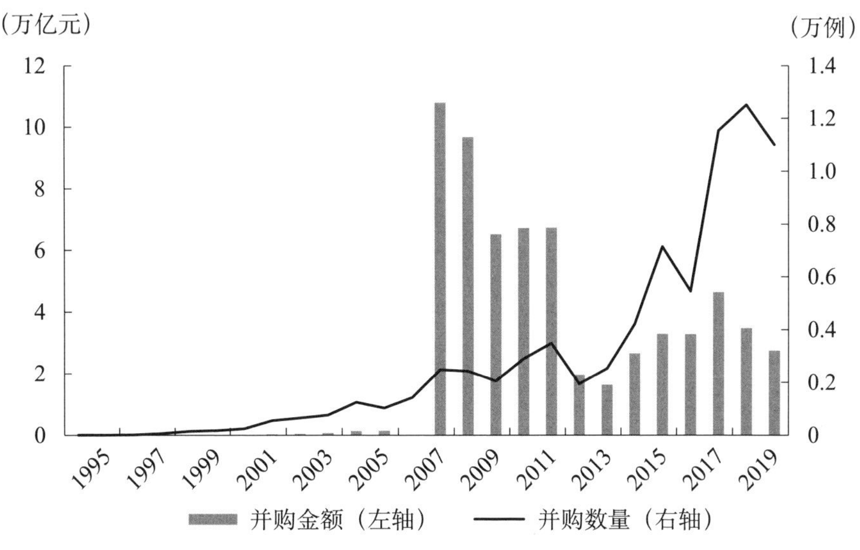

图 8－20　中国上市公司并购金额和数量

资料来源：WIND 数据库。

从财富管理的角度看，一方面，资本市场为投资者提供了多样化的可自由组合的资产，流动性强且便于交易，投资者可通过构造不同的投资组合进行风险管理，例如，2009 年和 2019 年分别成立的创业板和科创板不仅降低了公司上市门槛，还为投资者提供了更丰富的投资选择；另一方面，标准化的资产和交易撮合系统降低甚至免去了搜寻和询价成本，便于不同投资者持有与其风险需求相匹配的资产，解决信息不对称的问题。我国基金市场规模从一个侧面反映了资本市场在财富管理方面发挥的作用，2000 年我国全部基金资产净值为 845 亿元，而 2019 年达到了 14.6 万亿元，其增长速度远超同期 GDP 的增长速度，这说明资本市场在我国居民财富配置中的地位在不断提升（见图 8-21）。

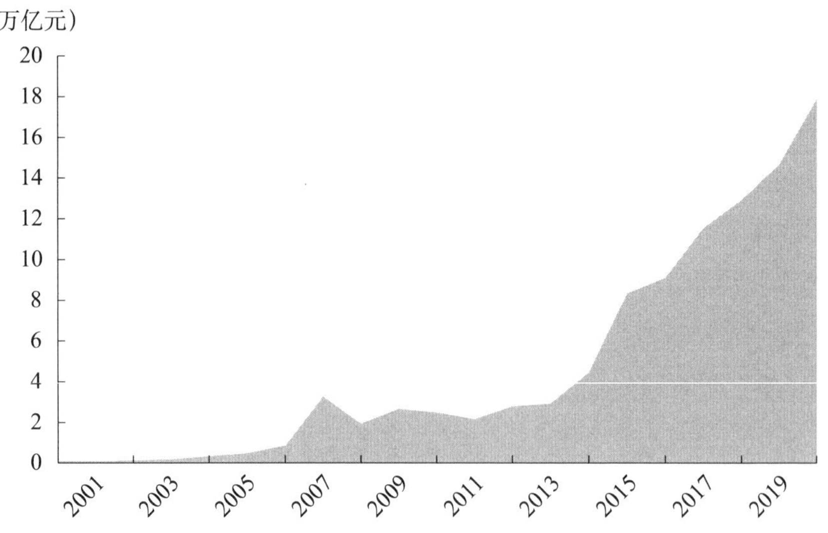

图 8-21　中国基金资产净值（2001 年至 2020 年第三季度）

资料来源：WIND 数据库。

随着我国资本市场对外开放程度的不断提高，外资在其中的影响力也有一定的提升，市场甚至能通过外资动向释放额外的信息。这一方面增加了国际资本市场对人民币的需求，在一定程度上使央行外汇储备更加稳定，同时为人民币国际化做出了积极贡献；另一方面对于资本市场自身发展而言，多元化的投资者结构可以有效防止价格操纵，使资产价格更加合理。此外，境外投资者和评级机构的加入对国内金融机构产生了一定的压力，倒逼其风险管理、评级机制的革新和完善，虽然在短期内可能会产生一定的冲击，但从长期来看，有利于资本市场本身的健康发展，这也将为金融机构提供更广阔的发展平台和更多机遇，使其更好地服务实体经济。

资本市场发展的最终目的是与经济增长相融合，这一阶段的扩张表现为金融在经济生产中的渗透。例如，在微观层面上，风险管理越来越成为现代企业必不可少的一环，企业通过衍生品交易锁定未来原料采购的成本和销售收入，特别是对于跨国公司而言，恰当使用外汇远期合约能够对冲汇率波动所带来的风险，进而平滑未来的现金流，更有利于长期经营；而企业交易的对手方，其主营业务就是投资风险资产，在风险管理方面拥有专业知识，因此从本质上来说，资本市场促进了社会分工，通过融资实现了所有权和经营权的分离，通过交易实现了生产运营和风险管理的分离。在宏观层面上，当危机发生时，宏观经济指标相对滞后，无法起到预警作用，也无法对调控政策及时做出反应，但资本市场在一定程度上可作为未来经济走向的指示器，同时也是政策传导的重要一环，有助于经济调控。例如，2019 年新冠肺炎疫情暴发之初，全球股市都出现了大幅下跌，但此时经济冲击还未到来；当全球经济因疫情冲击而低迷时，资本市场却较为活跃，这是因为价格反映的是市场对未来的预期，这就起到了危机预警和政策效果预估的作用。

由此我们可以梳理出资本市场扩张的主要脉络：首先是以融资为核心的市场参与者和成交量的增长，这是一个纵向扩张的阶段；此后进入资本市场功能逐渐完善的横向发展阶段，以风险管理、财务管理、信息披露为主；最终，资本市场与经济生产的联系将越来越紧密，表现为金融在经济各领域的深层次渗透。伴随着这一系列的扩张，投资者数量不断增加，其结构由单一变得复杂；居民通过股票和基金配置财富的比重增大；企业融资、并购等金融活动趋于频繁；市场交易更加活跃，资本市场在风险管理、财富管理中扮演越来越重要的角色；资本市场通过其特有的功能促进产业结构升级换代，提高经济生产效率。

股份公司通过资本集中在短期获得大量资金并投入生产，这大大加快了资本积累的过程，由于资金是逐利的，这将吸引更多的资金进入市场，这是资本市场扩张的第一层逻辑；然而，由于投资人和经理人目标不一致，合约的不完全性导致掌握信息的一方侵占另一方的权益，这就倒逼资本市场建立更加完善的信息披露制度和监管体系，于是资本市场从数量扩张阶段进入功能扩张阶段，这是资本市场扩张的第二层逻辑；随着资本市场规模逐渐扩大，价格由市场预期和均衡决定的机制导致价格本身的波动性，于是资本市场出现风险管理功能，这是资本市场扩张的第三层逻辑。基于这三层逻辑，资本市场在定价、财富管理方面的功能逐渐显现，这也是资本市场扩张的内因。当资本市场发展不足时，意味着可以通过设计新的产品在经济中进行套利，或利用信息赚取超额回报，这就促进了资本市场的发展；而当资本市场过热时，资产价格泡沫出现，原本从事生产的部门也进入资本市场中，对经济造成破坏，当泡沫由于某种原因破灭时，资本市场退热，如此周期往复。因此，在长期金融发展围绕经济增长波动，同时也对经济增长起到促进作用，这就是由经济增长决定的资本市场扩张的外因。因此，资本市场的扩张是由资本市场自身发展和经济增长共同决定的，其脉络本质上符合客观规律，这看似偶然的发展结果实则具有必然性。

2.2.2 资本市场成长特点

从中国资本市场成长历程我们可以看出，有四个因素推动了资本市场的快速发展。

首先是经济的发展以及由此带来的居民收入水平的提升。在不同的经济社会发展水平下，资本市场承担的功能也不一样。40 年前居民家庭的物质财富极度匮乏，没有什么财富积累，所以就谈不上财富管理。30 年前我们有些家庭开始有少量的财富积累，但是这个阶段财富主要以储蓄存款形式存在。进入 20 世纪以后的 10 多年间，居民家庭财富积累速度大大加快，但是财富主要以房产的形式存在。然而，随着我们对房地产市场的定位更加科学，房产的投资功能或者说财富管理功能将大大下降。更重要的是，随着财富的积累，居民家庭风险偏好开始分化，投资需求也更加多元化。资本市场有责任为社会提供多样化、收益与风险在不同层面匹配的资产类型。这是中国资本市场规模扩张和结构变革的基础性力量。

其次是金融“脱媒”的力量推动资本市场的产品创新和规模扩张。资本市场的发展事实上是直接融资需求上升的必然结果。传统商业银行提供的金融产品或者服务整体上看是相对单一的，难以满足投资者和融资者多样性的需求。这就给资本市场通过创新和市场化手段提供多样化金融资产提供了空间，这一过程也就是金融“脱媒”的过程。市场的需求会加快证券化产品的创新，丰富融资工具和资产类型，改变金融风险结构，完善金融服务功能，进而从客观上推动资本市场的发展。

再次是金融开放的力量驱动资本市场在全球金融体系中快速发展。与经济体系的开放相比，中国金融行业的开放相对更加谨慎。然而，从早期的合格境外投资者（QFII、RQFII）的引入，到近年来的深港通、沪港通制度，中国资本市场通过一系列定向渠道的开放吸引境外金融市场资金的努力始终没有停止。开放不仅吸引了境外金融市场资金，而且在市场化理念、契约精神、监管制度等方面完善着中国资本市场，推动资本市场在全球金融体系中快速发展。

最后是制度的完善成为资本市场发展的保障。社会行为的交互和社会活动的运行自发地促进了制度的诞生和演进，从而推动了金融体系结构的变迁。然而，市场的发展同样离不开制度体系的保障。在 30 年的发展过程中，中国资本市场经历了“T＋1”交易制度和涨跌停板制度的设立、发行制度改革、股权分置改革、上市公司会计制度变化、融资融券制度设立、监管法规完善等制度变革。它们共同促使中国资本市场更加公平、透明、合理，也为资本市场长期健康发展提供了保障。

参考文献

[1] 安青松. 上市公司质量与资本市场发展. 中国金融，2019（3）：45－47.

［2］黄奇帆. 关于资本市场发展的功能意义及基础性机制性制度的若干思考. 证券时报，2018－08－13.

［3］陆蓉，何婧，崔晓蕾. 资本市场错误定价与产业结构调整. 经济研究，2017，52（11）：104－118.

［4］王曙光. 中国方略：经济金融变局与秩序重建. 北京：中国发展出版社，2017：1－247.

［5］吴晓求. 曲折向前二十年 扬帆已过万重山——写在中国资本市场20周年之际. 光明日报，2010－11－09（10）.

［6］吴晓求. 奋力抵达中国资本市场彼岸. 全球商业经典，2020（2）：48－53.

［7］吴晓求，许荣，孙思栋. 现代金融体系：基本特征与功能结构. 中国人民大学学报，2020，34（1）：60－73.

［8］杨德勇，董左卉子. 资本市场发展与我国产业结构升级研究. 中央财经大学学报，2007（5）：45－50.

［9］张朝. 中国资本市场发展对产业结构调整的影响研究. 北京：中央财经大学，2016：16－19.

第9章

中国资本市场发展与经济增长：效率分析

摘　要：发达的资本市场能够显著提升经济增长效率。本章结合中国实际，从三个角度出发对这一问题展开了讨论。首先，本章以四大国有商业银行为主要案例，详细梳理了我国金融行业借助资本市场完成资本金扩充的具体历程。在资本市场的支持下，我国银行、证券以及保险业资产质量和规模都得到了稳步增长，经营效率明显提升。其次，伴随资本市场的发展和健全，我国上市公司的公司治理制度也发生了重大变化，完善的法律体系和各种内外部治理框架初见雏形。机构投资者的快速发展、以企业家为核心的新型公司治理范式的形成以及独立董事制度等的建立和完善均有效提升了我国公司治理水平。最后，科技创新是经济增长效率提升的主要动力之一，中国资本市场为企业的科技创新提供了稳定的融资环境，从而有效提高了中国的经济增长效率。

1. 中国资本市场发展与资本金扩充

1.1　资本金扩充：来自商业银行的案例

从资产规模来看，商业银行在中国金融体系中长期处于主导地位（易纲，2020），配置了中国金融资源的75%（吴晓求，2015）。然而，从资产质量来看，商业银行进入中国资本市场上市融资之前，不良资产比例过高、盈利和创新能力不足。伴随着中国资本市场的规模扩张和功能升级，四大国有银行相继上市，获得资本市场的支持，资产质量和规模同步增长，经营效率显著提升。

1.1.1　中国商业银行进入资本市场前的危机

在资本市场尚未得到充分发展的阶段，中国金融体系由庞大但效率低下的银行部门主导（Allen，et al.，2005），其严重问题之一是长期存在巨额不良资产。施华强（2005）对国有银行账面不良贷款的估算显示，1994—2004 年国有商业银行不良贷款率在 15%以上，其中 2002 年以前均超过 20%。根据银保监会公布的数据，2005 年末，银行业不良贷款余额高达 13 133.6 亿元，直到 2008 年中国商业银行不良贷款率才从 6%降至 3%以下（见图 9－1）。银行业不良贷款率过高不仅影响银行的盈利性、流动性和偿付能力，同样制约银行商业化的进程，还会对金融体系整体稳定产生威胁。

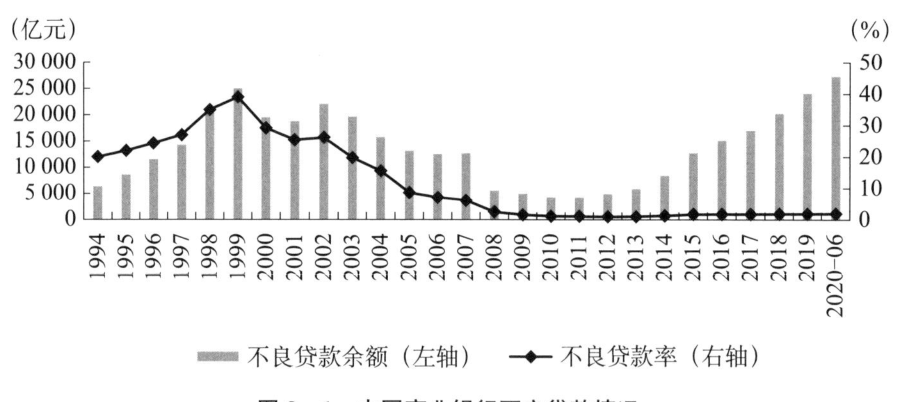

图 9－1　中国商业银行不良贷款情况

资料来源：1994—2004 年数据来自施华强（2005）；2005 年后数据来自中国银行保险监督管理委员会。

中国银行业不良资产的产生有深刻的制度性原因和历史原因。早期研究认为，银行垄断下的信用抑制与风险转嫁和信贷交易的内部性增强是我国银

① 银保监会没有披露 2005 年以前国有商业银行不良贷款的有关情况。

行不良资产的信用、金融层面的根源（刘锡良和罗得志，2001）。俞乔、赵昌文（2009）将银行不良资产按来源分成三种类型，即宏观经济环境变化产生的商业银行不良资产、政治控制条件下指令性政策贷款带来的不良资产和信息不对称引起的道德风险引致的不良资产。其中，政府干预是银行不良贷款产生的主要原因（谭劲松等，2012），四大银行不论盈利与否都必须向国有企业发放贷款（姚树洁等，2004）。国有企业的预算软约束和战略性、社会性负担使银行不得不承担巨额的不良资产（林毅夫和李志赟，2005）。此外，股权结构等内部因素和官员晋升压力、市场结构等外部因素进一步造成了银行不良贷款的增加（徐忠等，2009；钱先航等，2011；祝继高等，2012）。不良贷款使银行业资源无法得到有效配置，导致我国商业银行在这一时期包括全要素生产率、X效率在内的效率均处于较低水平（张健华，2003；王兵和朱宁，2011）。

1.1.2　上市前的金融资源融合

第一，化解不良贷款。为化解银行业尤其是四大国有商业银行的不良贷款问题，国务院于1993年底发布《关于金融体制改革的决定》，对国有银行进行市场化改革，组建了三家政策型银行，使国有银行摆脱政策性任务，并组建城市商业银行以化解部分城市信用社积聚的风险，采取保险业、证券业、信托业和银行业分业经营和分业监管的模式，同时成立了四家金融资产管理公司。1998年财政部发行2 700亿元特别国债以补充国有独资商业银行资本金，并通过核销贷款呆账等方式化解不良资产。截至2003年末，四家金融资产管理公司累计处置不良资产5 093.7亿元，累计回收现金994.1亿元，占阶段性处置不良资产的19.52%，为国有银行剥离了1.4万亿元不良资产。通过这些改革，国有银行的不良贷款比例和余额明显下降。表9-1列出了截至2006年6月30日四家金融资产管理公司不良资产的处置进度。

表 9-1 四家金融资产管理公司不良资产处置进度

金融资产管理公司	信达	华融	东方	长城
收购金额原值（亿元）	3 946.33	4 076.96	2 718.35	3 458.00
累计处置金额（亿元）	3 155.82	3 365.26	1 580.03	2 850.98
阶段处置进度（%）	79.97	82.54	58.12	82.44
累计回收现金（亿元）	678.16	579.31	351.61	282.20
累计回收非现金资产（亿元）	163.61	634.85	58.60	63.38

资料来源：戚积松（2009），数据截至 2006 年 6 月 30 日。

第二，引进境外战略投资者。多次注资补充资本金和成立资产管理公司剥离不良资产虽然暂时提高了国有商业银行的资本充足率、改善了信贷资产质量，并在一定程度上降低了金融风险，但由于这种改革并未触及股权结构、董事会制度等公司治理层面的核心内容，国有商业银行资本充足率偏低、不良贷款率居高不下的问题仍未能得到彻底而有效的解决。为推动国有银行股份制改革，在中国加入 WTO 承诺对外资开放银行业的背景下，引入境外战略投资者成为中资银行改革的重要途径之一，发起人股东中包括合格的境外战略投资者一度成为设立股份制商业银行法人机构的必要条件。①

2004 年 3 月，银监会出台《关于中国银行、中国建设银行公司治理改革与监管指引》，对两家试点银行公司治理改革提出具体要求，提出两家试点银行“应公平、公正地选择境内外战略投资者”，以改变单一的股权结构，实现投资主体多元化。自此，四大国有银行引入战略投资者的程序正式启动（见表 9-2 和表 9-3）。

以第三家上市、市值保持第一的国有大型银行中国工商银行（简称工行）为例，工行选择高盛集团（Goldman Sachs）、安联集团（Allianz）和美国运通（American Express）作为境外战略投资者。2006 年 4 月，由高盛集团、安联集团（通过其子公司德累斯顿银行卢森堡公司）和美国运通

① 参见《中国银行业监督管理委员会中资商业银行行政许可事项实施办法》（2006 年 1 月 12 日发布，自 2006 年 2 月 1 日起施行）。

组成的财团在最后可行日期收购了工行8.45%的股份。工行与高盛集团合作，加强其公司治理实践、风险管理和内部控制，并增强其资金、资产管理、投资银行业务以及不良贷款处置能力；与安联集团合作开发银行担保产品和服务；并与美国运通合作扩展银行卡业务、风险管理和客户服务。类似地，中国银行、中国建设银行和中国农业银行也分别引入境外机构作为战略投资者，“财务重组—引进外资—公开上市”的模式被成功应用于四大国有银行的股份制改革当中。

表9-2　四大国有银行引入境外投资者一览表

国有银行	时间	境外机构	持股数量（股）	占总股本的比例（%）	股份性质
中国建设银行	2005-12-31	美国银行公司	19 132 974 346	8.52	H股
		淡马锡控股（私人）有限公司	368 887 000	0.16	H股
中国银行	2006-06-01	RBS中国投资公司	20 942 736 236	8.60	H股
		亚洲金融控股（私人）有限公司	11 881 114 118	4.88	H股
		瑞士银行	3 377 860 684	1.39	H股
		亚洲开发银行	506 679 102	0.21	H股
中国工商银行	2006-10-27	高盛集团	16 476 014 155	5.03	H股
		安联集团	6 432 601 015	1.96	H股
		美国运通	1 276 122 233	0.39	H股
中国农业银行	2010-12-31	卡塔尔控股	6 816 775 000	2.10	H股
		渣打银行	1 217 281 000	0.38	H股

资料来源：WIND数据库。

表9-3　部分国有银行与境外金融机构战略合作内容

国有银行	境外战略投资者	战略合作内容
中国建设银行	美国银行	2007年，与美国银行在零售与公司业务、风险管理、电子银行、信息技术、人力资源、营运管理等领域实施协助型项目22个，设立经验分享型项目32个。
	富登金融控股	与富登金融控股共设立协助项目14个，对方主要在中小企业金融业务、财富管理、资金交易、市场风险管理、巴塞尔新资本协议实施、上市公司信息披露及公司治理等领域提供相关培训。

续表

国有银行	境外战略投资者	战略合作内容
中国银行	苏格兰皇家银行	与苏格兰皇家银行的合作主要集中于信用卡、财富管理、公司业务及财产保险等业务领域，同时也涉及风险管理、财务管理以及运营支持等方面。
	亚洲金融控股（私人）有限公司	在与亚洲金融控股（私人）有限公司的合作中，中国银行分享其在公司治理、机构重组以及信息技术等方面的先进经验和技术，同时双方也在贸易融资、国际结算、中小企业业务等领域寻求合作。 中国银行与亚洲金融控投（私人）有限公司之母公司淡马锡控股（私人）有限公司投资的 8 家银行签署了贸易服务合作备忘录，议定了在贸易融资领域的合作事项。双方在中小企业业务管理经验介绍和业务合作、公司治理等各方面展开合作。
	瑞士银行集团	中国银行与瑞士银行集团确定了投资银行业务、固定收益产品及业务、市场风险管理、资产负债组合管理四个合作项目。
	亚洲开发银行	与亚洲开发银行的合作主要集中于反洗钱、操作风险和内部控制、环境保护以及基础设施建设项目融资等领域。
中国工商银行	高盛集团	工行与高盛集团在公司治理、风险管理、金融市场、员工培训等领域的合作取得了显著成效。高盛派驻专家为工行信息披露和投资者关系管理提供支持；与工行开展了信用风险压力测试、市场风险价值（VaR）计量方法、操作风险高级计量法（AMA）以及财务控制等 12 个合作项目，以提升风险管理水平；合作开发第四期“东方之珠”理财产品；为工行员工举办了专题讲座。
	美国运通	工行与美国运通在合作发卡、市场营销、业务培训、风险管理以及客户服务等方面加强合作。2008 年末，牡丹运通卡发卡量超过 60 万张，年消费额超过 100 亿元。双方合作开展了“境外旅游精选”等一系列市场营销以及重点集团客户服务项目回顾活动。工行与美国运通密切配合，成功阻止了多起境外网站欺诈交易。
	安联集团	工行与安联集团子公司中德安联人寿保险公司在银保代理、资产托管、网上保险、人员培训等方面积极展开合作。
交通银行	汇丰银行	实施技术支持与协助（TSA）项目；2007 年汇丰派出 5 名专家到交通银行指导工作，为银行内部评级法、企业文化与品牌建设、管理会计、人力资源管理改革等重点项目提供指导，并派出 11 人在交通银行任职。

资料来源：相关公司年报。

中国银行业对外开放程度不断提高，外资金融机构入股的覆盖面也随之增大，由国有商业银行、股份制商业银行、一线城市商业银行到二线城市商业银行、农村商业银行，金融监管部门对商业银行引入境外战略投资者给予了大力支持和高度评价。在对外开放的大环境下，外部注资等渐进式的局部改革并不能从根源上缓解国有银行的困境（朱盈盈等，2008）。随着资本市场的发展，引入境外战略投资者成为一条可行的路径。境外战略投资者是银行绩效的促进剂（Bonin，et al.，2005；谭兴民等，2010），通过业务合作和参与战略决策直接或间接地发挥积极作用，在短期内能够显著提高中资银行的创新能力（朱盈盈等，2011），长期看能够完善银行的公司治理机制，促进资本的合理配置，并最终提升金融业发展的整体水平（Levine，2002；张宗益和宋增基，2010）。

1.1.3　进入资本市场对于商业银行内部治理的提升

董事会的成立是上市银行公司治理实践的重要组成部分，也是商业银行业绩的重要影响因素之一。金融机构多数具有外部性强、财务杠杆率高、信息不对称严重的特征，只有建立规范的公司治理结构，才能使之形成有效自我约束，进而树立良好的市场形象，获得社会公众信任，实现健康可持续发展（郭树清，2020）。具体而言，非执行董事占比、董事会会议频率、专业委员会数目、监事会功能等公司治理内容均与银行经营绩效之间显著正相关，而外资董事占比则会影响这种相关关系（谭兴民等，2010；刘家松等，2019）。伴随着资本市场的发展和境外投资者的引入，国有商业银行董事会结构日趋完善和合理，内部治理水平也随之提升。

再以中国工商银行为例。2006 年中国工商银行首次公开募股前，董事会由 14 名成员组成：4 名执行董事、7 名非执行董事和 3 名独立董事。4 名执行董事均由财政部、汇金公司提名；7 名非执行董事中有 6 名在加入工行董事会之前是政府官员，另外 1 名来自高盛集团；3 名独立董事中有 1 名是清华大学经济管理学院的教授，1 名曾为高盛集团总裁，另外 1 名是香港的前投资银行家。2010 年工行董事会规模扩大至 16 名，2019 年又缩减为 13 名，但女性董事比例明显提升。13 名董事中 8 名来自中国内地，3 名来自中国香港，2 名来自欧美地区（见表 9－4）。

表 9－4　2007—2019 年中国工商银行董事会结构

年份	董事会规模（名）	执行董事占比（%）	非执行董事占比（%）	独立非执行董事占比（%）	女性董事占比（%）	男性董事占比（%）
2007	15	26.7	46.7	26.7	6.7	93.3
2010	16	25.0	37.5	37.5	12.5	87.5
2015	16	25.0	37.5	37.5	12.5	87.5
2019	13	15.4	38.5	46.2	23.1	76.9

资料来源：中国工商银行相关年份年报。

工行董事会设有 8 个委员会：战略委员会、社会责任与消费者权益保护委员会、风险管理委员会、提名委员会、薪酬委员会、关联交易控制委员会、美国区域机构风险委员会和审计委员会。除战略委员会和社会责任与消费者权益保护委员会外，其余各专门委员会均由独立非执行董事担任主席。审计委员会、提名委员会、薪酬委员会和关联交易控制委员会中，独立非执行董事占半数以上。此外还设有监事会，由 6 名成员组成，其中 2 名为职工代表监事，2 名是外部成员。

在薪酬方面，工行实施了基于 EVA（经济增加值）的激励计划，使员工的薪酬与其个人绩效和各自工作绩效挂钩，旨在吸引、保留、激励和发展高素质的员工队伍。通过持续建设现代公司治理架构、机制和文化，工商银行公司治理和风险管理水平不断提升，公司核心竞争力不断增强。类似地，其他国有银行在引入境外战略投资者的同时也在不断完善并提升公司内部治理水平，普遍建立了以股东大会、董事会、监事会和高级管理层（简称“三会一层”）为主体的公司治理组织架构，“三会一层”各司其职、有效制衡、协调运作的公司治理结构初步形成。

1.1.4　商业银行上市前后规模与效率对比

资本市场的发展为商业银行的转型和发展带来了历史性的机遇，历经资本金的注入、不良贷款的剥离、战略投资者的引进和内部治理水平的提高，国有商业银行上市后规模与效率也显著提升。

作为首家上市的国有商业银行，中国建设银行（简称建行）是国家通过股份制改革解决我国国有商业银行问题的重要探索案例。经过股份制改革和上市，建行的各项业务增长迅速，盈利稳中有升，资产质量稳步提高。A股上市后首个完整会计年度（2006年），公司实现营业收入1 502.12亿元，同比增长18.03%，上市后摊薄权益收益率（ROE）保持在14%以上，2008年更是达到19.87%。截至2008年12月31日，公司资本充足率和一级资本充足率分别为12.16%和10.17%，不良贷款率也从2004年的3.92%下降1.71个百分点至2.21%（见表9-5）。

表9-5　中国建设银行上市前后主要经营指标比较

年份	2004	2005	2006	2007	2008
总资产（亿元）	39 099.20	45 857.42	54 485.11	65 981.77	70 577.06
净资产（亿元）	1 955.16	2 875.79	3 301.09	4 209.77	4 659.66
盈利指标：					
营业收入（亿元）	1 125.79	1 272.68	1 502.12	2 194.59	2 675.07
归母净利润（亿元）	490.42	471.03	463.22	690.53	925.99
同比增速（%）	119.06	−3.95	−1.66	49.07	34.1
ROE（摊薄,%）	25.08	16.38	14.03	16.40	19.87
ROA（%）	1.31	1.11	0.92	1.15	1.31
资本充足指标：					
资本充足率（%）	11.32	13.59	12.11	12.58	12.16
一级资本充足率（%）	8.60	11.08	9.92	10.37	10.17
资产质量指标：					
不良贷款率（%）	3.92	3.84	3.29	2.60	2.21

资料来源：相关年份公司年报、WIND数据库。

第二家上市的国有银行中国银行在上市后同样业绩大幅提升，总资产和净资产规模不断扩大，营业收入和归属于母公司股东的净利润（归母净利润）逐年增加，摊薄ROE在上市后三年连续增长，从10.79%提高至13.57%。上市后中国银行资本充足率提升明显，首个完整会计年度（2007

年）中国银行资本充足率与一级资本充足率便分别达到13.34%和10.67%，较上市前（2005年）分别增加2.92和2.59个百分点，而不良贷款率则下降1.50个百分点至3.12%，资产质量显著提高（见表9-6）。

表9-6　中国银行上市前后主要经营指标比较

年份	2004	2005	2006	2007	2008
总资产（亿元）	42 704.43	47 428.06	53 252.73	59 955.53	69 556.94
净资产（亿元）	2 053.51	2 338.42	3 882.54	4 247.66	4 682.72
盈利指标：					
营业收入（亿元）	1 047.37	1 160.28	1 454.13	1 806.69	2 282.88
归母净利润（亿元）	209.32	274.92	418.92	562.29	635.39
同比增速（%）	−27.08	31.34	52.38	31.92	13.00
ROE（摊薄,%）	10.2	11.8	10.79	13.24	13.57
ROA（%）	0.61	0.72	0.94	1.10	1.00
资本充足指标：					
资本充足率（%）	10.04	10.42	13.59	13.34	13.43
一级资本充足率（%）	8.50	8.08	11.44	10.67	10.81
资产质量指标：					
不良贷款率（%）	5.12	4.62	4.04	3.12	2.65

资料来源：相关年份公司年报、WIND数据库。

中国工商银行上市后表现极为亮眼，除资产规模增长迅速外，营业收入和盈利也强劲增长。中国工商银行归母净利润在上市后连续三年保持30%以上的增速，年复合增长率高达43.60%，在四家国有银行中表现最为出色。除此以外，其资本充足水平和资产质量也稳步提高，上市首年（2006年）资本充足率与一级资本充足率便分别提升4.16和4.12个百分点至14.05%和12.23%，不良贷款率也下降至3.79%，较上市前有明显改善（见表9-7）。

表9-7　中国工商银行上市前后主要经营指标比较

年份	2004	2005	2006	2007	2008
总资产（亿元）	50 728.74	64 572.39	75 091.18	86 842.88	97 576.54
净资产（亿元）	−5 081.63	2 569.47	4 668.96	5 389.47	6 031.83

续表

年份	2004	2005	2006	2007	2008
盈利指标：					
营业收入（亿元）	1 393.42	1 623.78	1 788.89	2 541.57	3 097.58
归母净利润（亿元）	307.63	374.05	487.19	812.56	1 107.66
同比增速（%）	37.49	21.59	30.25	66.40	36.32
ROE（摊薄，%）	—	14.56	10.43	15.08	18.36
ROA（%）	0.65	0.66	0.71	1.01	1.21
资本充足指标：					
资本充足率（%）	—	9.89	14.05	13.09	13.06
一级资本充足率（%）	—	8.11	12.23	10.99	10.75
资产质量指标：					
不良贷款率（%）	21.16	4.69	3.79	2.74	2.29

资料来源：相关年份公司年报、WIND 数据库。

2010 年上市的中国农业银行是四大国有银行股份制改革的收官之作，凭借全额行使超额配售选择权后 221 亿美元的募资额，其成为当时全球最大的 IPO。至上市前，农业银行已是一家资本充足率达到 10.07%、不良贷款率降至 2.91%的优秀银行。上市后首年（2010 年），中国农业银行营业收入和归母净利润便增长迅猛，归母净利润同比增速高达 45.98%，摊薄 ROE 达到 17.50%，ROA 也达到 0.99%，上市首年盈利能力甚至超过其他三家国有银行（见表 9-8）。

表 9-8　中国农业银行上市前后主要经营指标比较

年份	2008	2009	2010	2011	2012
总资产（亿元）	70 143.51	88 825.88	103 374.06	116 775.77	132 443.42
净资产（亿元）	2 904.45	3 428.19	5 420.71	6 496.01	7 498.15
盈利指标：					
营业收入（亿元）	2 111.89	2 222.74	2 904.18	3 777.31	4 219.64
归母净利润（亿元）	514.74	649.92	948.73	1 219.27	1 450.94
同比增速（%）	17.56	26.26	45.98	28.52	19.00
ROE（摊薄，%）	—	—	17.50	18.77	19.35

续表

年份	2008	2009	2010	2011	2012
ROA（%）	0.84	0.82	0.99	1.11	1.16
资本充足指标：					
资本充足率（%）	9.41	10.07	11.59	11.94	12.61
一级资本充足率（%）	8.04	7.74	9.75	9.50	9.67
资产质量指标：					
不良贷款率（%）	4.32	2.91	2.03	1.55	1.33

资料来源：相关年份公司年报、WIND数据库。

按上市首日和一周的收益和其他表现衡量，四家国有商业银行的IPO都是成功的。四家银行上市首日均未破发，其中中国建设银行和中国银行在A股首个交易日结束时股价上涨幅度分别高达32.25%和23.05%。除中国银行外，其余三家国有银行在两个市场上市7日后股价也均在发行价以上（见表9-9）。值得关注的是，2010年7月上市的中国农业银行在全球金融危机和持续的欧元危机背景下依然实现了全球最大的IPO，并在上市后维持出色表现，也表明我国商业银行股份制改革的模式是可行且成功的。

表9-9　四大国有银行IPO表现

证券简称	证券代码	IPO日期	首发市盈率（摊薄）	上市首日涨跌幅（%）	上市后7日涨跌幅（%）	上市首日成交量（亿股）	上市首日换手率（%）
中国建设银行	0939.HK	2005年10月27日	11.25	0.00	0.00	36.37	—
	601939.SH	2007年9月25日	32.91	32.25	20.05	27.36	43.43
中国银行	3988.HK	2006年6月1日	28.83	15.25	−0.74	61.32	—
	601988.SH	2006年7月5日	24.23	23.05	−5.28	17.64	51.06
中国工商银行	1398.HK	2006年10月27日	27.88	14.66	1.14	106.31	155.63
	601398.SH	2006年10月27日	27.34	5.13	3.66	25.83	37.81
中国农业银行	1288.HK	2010年7月16日	13.77	2.19	7.34	31.92	30.96
	601288.SH	2010年7月15日	14.43	0.75	3.70	40.40	39.18

资料来源：WIND数据库。

中国商业银行的改革过程不仅限于四大银行，股份制商业银行的格局也在国有银行进行改革期间基本同步确定。随着 2019 年中国邮政储蓄银行上市，我国形成了 6 家国有大型银行（中国工商银行、中国农业银行、中国银行、中国建设银行、交通银行、中国邮政储蓄银行）和 9 家全国性股份制银行并存的局面。这一阶段，股份制银行主要通过引进战略投资者、上市来充实资本金、改善公司治理结构（见表 9－10）。与此同时，城市商业银行也依托地方政府通过资产置换、增资扩股等方式提高资产质量并分批上市。城市商业银行通过利润留存、增资扩股等方式提升了资本充足率，并积极引入境外机构投资者，以增强风险控制能力、提高经营管理水平、提升业务创新能力。此外，外资银行快速发展，尤其是在中西部地区和东北地区，逐步实现了在全国的均衡发展。

表 9－10　股份制银行上市情况

银行	总资产（亿元）	A 股		H 股	
		上市时间	总市值（亿元）	上市时间	总市值（亿港元）
平安银行	39 390.70	1991 年 4 月	2 903.13	—	—
浦发银行	70 059.29	1999 年 11 月	2 955.76	—	—
民生银行	66 818.41	2000 年 12 月	2 298.03	2009 年 11 月	2 605.38
招商银行	74 172.40	2002 年 4 月	9 099.82	2006 年 9 月	10 316.91
华夏银行	30 207.89	2003 年 9 月	958.62	—	—
兴业银行	71 456.81	2007 年 2 月	3 348.80	—	—
中信银行	67 504.33	2007 年 4 月	2 172.45	2007 年 4 月	2 463.01
交通银行	99 056.00	2007 年 5 月	3 041.90	2005 年 6 月	3 448.75
光大银行	47 334.31	2010 年 8 月	1 803.92	2013 年 12 月	2 045.19
浙商银行	18 007.86	2019 年 11 月	839.07	2016 年 3 月	951.29
中国邮政储蓄银行	102 167.06	2019 年 12 月	3 694.19	2016 年 9 月	4 188.28

资料来源：WIND 数据库（总资产截至 2019 年 12 月 31 日，总市值截至 2020 年 9 月 4 日）。

1.2 资本市场发展与商业银行体系的功能改造

中国金融的市场化和资本市场发展是改革开放迄今中国金融变革最基本的趋势。这一方面体现为金融市场（特别是资本市场）重要性增强而商业银行传统业务的核心地位受到了挑战，比如商业银行（及类银行）信贷资产在全部金融资产中的占比持续下降；另一方面则体现为银行资产结构的趋势性变化，比如表外业务规模扩大。与此同时，科技对金融基础设施的影响也使得商业银行在经营管理、风险管理、资产管理上出现了适应性革新。

1.2.1 资本市场发展推动商业银行功能变迁

在传统金融体系中，商业银行是发挥绝对主导作用的角色，其地位至少表现在三个方面：(1) 实体经济，包括金融交易的基准利率取决于银行利率；(2) 银行储蓄在家庭金融资产中占绝对地位；(3) 银行信贷是社会上资金配置的最主要方式。但是，随着市场机制逐步形成了以供求为基础而非行政指导决定的基准收益率，银行利率正丧失其作为金融资产定价基础的功能；家庭的财富增长导致其持有的金融资产组合多元化，以证券化资产为代表的风险投资比例正逐步上升；股票、债券成为很多企业追求的首要融资方式。这些趋势表明，金融体系中商业银行一元主导的情况正发生根本性动摇，银行内部变革势在必行。

1.2.2 从单一融资功能过渡到融资与财富管理功能并重

现代金融体系把财富管理作为一项内生的核心功能。改革开放之初，中国金融由计划经济而非市场经济主导，主要通过银行体系完成清算支付和资源配置，功能相对单一。1992 年前，中国股票市场和债券市场的总市值尚未到全部金融资产（CS 口径）的 10%，换言之，银行信贷资产占比达 90%以上。由于传统银行主要是提供融资服务，并不具有财富管理的功能，资本市场角色的缺失使整个金融体系缺乏对资产和风险进行定价的能力。这种仅具备融资服务能力的金融体系无疑是落后的。随着中国金融的发展与变革，尤其是背后中国经济的持续增长，市场配置金融资源的比例在不断增加，金融功能开始出现升级、复合的特征。相关数据表明①，这个比例已经趋近 50% 的临界值。虽然在证券化资产的相对水平上，中国与一些发达国家还有差距，但变革的趋势是一致的：中国金融正由注重单一的融资功能的阶段过渡到财富管理与融资功能并重的阶段。

商业银行由资产持有向财富管理转变是大资管时代我国银行转型的方向之一，而银行理财作为其向客户提供资产管理等专业化服务活动的一项业务，已成为这一转型过程中的重要载体（赵文胜，2015）。商业银行设立理财子公司开展资管业务，有利于强化银行理财业务风险隔离，推动银行理财回归资管业务本源，逐步有序打破刚性兑付，有利于实现“卖者有责”基础上的“买者自负”②。2018 年，中国银保监会发布《商业银行理财子公司管理办法》，银行理财市场格局迎来了深度调整。

2019 年，银行理财业务总体稳健运行、健康发展，净值型理财产品规模持续增加，产品总数达到 230 306 只（见表 9-11）。截至 2019 年末，共 17 家理财子公司或理财公司获批筹建，其中 10 家开业。5 家国有大型银行下设的理财子公司有存续产品，余额合计 0.80 万亿元（均为净值型产品）。银行理财子公司初具规模，同业理财规模与占比持续“双降”，新发行封闭式理财产品平均期限增加，理财资金配置以标准化资产为主，新发行理财产品以中低风险产品为主，呈现出稳健和可持续发展的态势。

表 9-11　银行理财产品市场总体情况　　单位：只

年份	产品总数	股票	债券	利率	票据	信贷资产	汇率	商品	其他
2014	156 790	2 863	42 385	47 291	5 083	2 094	622	396	56 056
2015	166 172	3 259	40 715	45 554	4 599	1 754	468	450	69 373

① 截至 2018 年 9 月，CS 口径下中国金融资产规模为 264.56 万亿元，其中证券化金融资产占比达 49.63%；MS 口径下占比达 42.15%。从居民持有的金融资产结构看，证券化资产占比为 48.05%（2016 年）。

② 银保监会就《商业银行理财子公司管理办法（征求意见稿）》答记者问. 银保监会网站，2018-10-19.

续表

年份	产品总数	股票	债券	利率	票据	信贷资产	汇率	商品	其他
2016	198 930	5 502	43 442	47 528	5 952	2 869	398	948	92 291
2017	306 816	8 967	79 493	80 164	6 861	7 024	593	2 490	121 224
2018	311 969	9 820	95 997	79 448	6 339	9 242	1 127	2 419	107 577
2019	230 306	7 105	73 067	54 909	4 124	7 861	1 466	3 806	77 968

资料来源：中国银行业理财市场报告（2019）. 中国理财网，2020－07－15.

国内银行通过成立理财子公司开展资产管理业务，不仅是强化银行理财业务风险隔离、有序打破刚性兑付、推动银行理财回归资产管理业务本源的需要，更是促进理财业务对标国际先进同业，向着规范化、专业化和高水平发展的必然选择（张超，2018）。银行理财子公司的设立是资本市场发展的成果，金融市场尤其是资本市场的发展对于实现现代金融体系的财富管理功能十分重要。从更深层次来思考，资本市场的存在究竟是为了什么？答案是对金融资产或风险定价。这种功能是存量资源再配置的基础，也是财富管理功能存在的前提。因此，特别是对中国这样的大国而言，发展资本市场将推动金融功能脱离为实体经济提供融资服务的原始状态。

为实体经济提供融资服务仅属于金融体系的基本功能。随着家庭财富的增长，人们在满足消费与获得无风险收益外，逐步产生了投资于风险资产从而获得更高的匹配收益的财富管理需求。企业也需要特定金融工具来管理复杂经济环境中的风险。这意味着金融体系需要形成不同层次上收益与风险平衡的匹配机制，即资本市场。在此过程中，财富管理功能将不断显现。从本质上说，金融功能转型升级的动力还是来源于经济发展带来的需求变化。

金融市场与商业银行相对地位的变化促进了银行自身的调整。从改革开放初期到 2005 年股权分置改革以前，中国金融主要通过银行完成清算支付、资源配置等功能，市场几乎不配置金融资源。到 2018 年，中国金融不仅在支付业态上实现了对发达国家的弯道超车，而且在其他功能上表现出复合化升级的特点。在这个过程中，商业银行完善了公司治理架构、信息披露机制和市场化运行机制，发展了创新型服务业务。虽然在未来相当长一段时间内，银行仍然将是中国金融体系中重要的组成部分，但不可忽视的是，为了提高适应外部环境的能力，其自身资产结构正发生显著的改变，变得不再那么像传统银行。

1.2.3　银行体系表外业务发展趋势

银行内部的资产结构、风险结构变化与整个金融体系的变革类似。表外业务的发展壮大是商业银行顺应金融体系市场化趋势的结果。这种变化表明，商业银行为市场经济体提供流动性的功能在减弱，财富管理的功能在增强。作为轻资本消耗型产品，委托代理业务，如理财产品等，不论是表现为或有资产还是或有负债，其监管核心都不再完全依托于资本充足率，而是取决于与股票等证券化资产类似的信息披露。与此同时，透明度风险已成为理财产品等表外业务的重要风险来源。由此可见，在为投资者提供超越资金时间价值的风险收益的同时，商业银行自身也形成了与以往不同的风险结构，商业银行已经演变成为资本市场这片汪洋大海上的一种具备混合特征的航空母舰。商业银行从高山平原驶入浩瀚海域的过程引发了脱胎换骨式的变革，这将极大地提升其市场竞争力并改善中国金融体系的弹性。

由表外业务和其他一些非传统社会融资渠道共同组成的影子银行本质上仍然是沟通资金供给方与需求方的桥梁，在现阶段是传统金融体系向现代金融体系转换过程中的一种重要的、过渡性的金融安排。虽然从某些角度看，影子银行被认为缺乏监管、野蛮生长，但这类毛细血管对于遍布着融资需求的实体经济来说与主动脉一样重要——中小企业风险较大，风险识别难度非常大，影子银行目前在满足中小微企业、民营企业等特定融资对象的需求方面，相对于大型商业银行更具有比较优势。在未来，随着大数据、云计算、区块链等新兴技术的运用，商业银行将能通过金融拥抱科技的方式逐步优化金融基础设施，调整其体系内部的资产管理、风险管理、经营管理模式，从而为分布更靠后端的长尾客户提供金融服务。商业银行的客户群体将下移，更多面对中小企业的融资需求。同时，现代金融体系中充分发展的资本市场和富有创新能力的金融服务提供商将能够进一步满足客户的多样化需求，从而替代当前的影子银行。

1.3 证券与保险行业的资本金扩充与功能升级

随着中国金融体系的完善与资本市场的发展，各类非银行金融机构在中国金融体系中发挥着越来越重要的作用。作为投资中介机构和契约性储蓄机构的代表，证券与保险行业和商业银行同样经历着资本金扩充与功能升级的过程。

1.3.1 证券公司上市与资本金扩充

证券公司的业务包括经纪业务、投行业务、资管业务、信用业务、自营业务等，其中，经纪业务、投行业务、资管业务等通道类业务是证券公司主要的营收来源。当前证券公司业务同质化程度较高，由于通道业务周期性强、抗风险能力弱且利润空间不断缩窄，证券行业有强烈的扩充资本金的意愿。截至2019年12月31日，中国133家证券公司总资产为7.3万亿元，净资产为2.0万亿元（见图9-2），净资本为1.62万亿元，资本规模不断扩充。

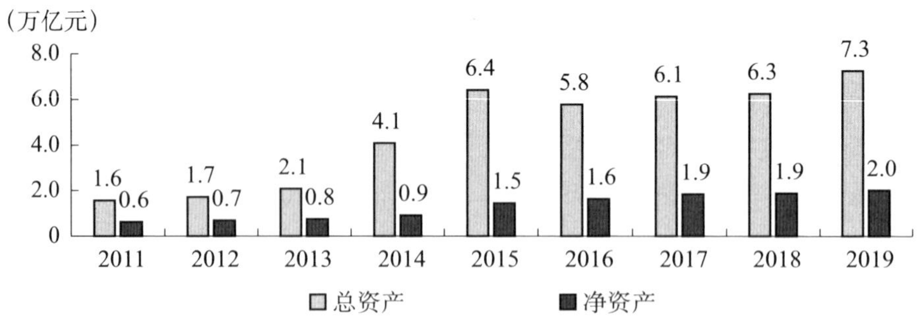

图9-2　2011—2019年中国证券公司总资产与净资产情况

资料来源：中国证券业协会。

截至2020年9月，我国共有上市证券公司39家，总市值达31 391.75亿元，净资产合计16 244.07亿元（见图9-3）。目前证券行业面临国家政策和市场环境利好，整个行业不断拓展创新业务，有利于形成多层次的资本市场结构。然而，作为资本密集型行业，创新增长点的背后需要相应的资金规模作为补充。在中国全面履行加入 WTO 协议对外开放承诺的背景下，国内证券公司面临国际金融机构的竞争压力，迫使券商不得不从壮大资本实力开始提升自身的竞争力。发达国家的经验证明，证券行业往往具有集中度高的特点，利用资本市场做大做强是券商上市尝试的出发点（乔建英，2010）。

2014 年以来，证券公司密集上市，券商争相扩充资本规模，抢抓行业发展机遇。上市有助于证券公司增加资本金，补充营运资金，扩大公司业务规模特别是创新业务规模，提升公司的市场竞争力和抗风险能力，实现证券公司在新形势下的发展战略和股东利益最大化。此外，上市同样可以提高券商内部治理透明度，提升企业知名度与价值（乔建英，2010）。

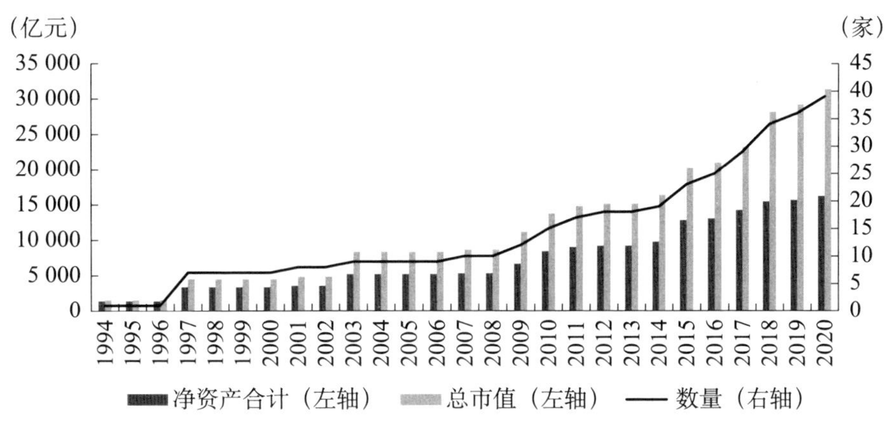

图 9-3　中国上市证券公司情况

说明：净资产截至 2019 年末；总市值截至 2020 年 9 月 26 日。

资料来源：WIND 数据库。

1.3.2　资本市场发展与保险行业实现良性互动

保险公司的金融功能为管理和分散风险，其业务主要可以分为投资业务和保险业务两部分。保险业务主要是保险公司的前台业务，围绕保单展开，主要包括保单设计、保险营销、承保、理赔等环节；而投资业务主要是保险公司的后台业务，围绕基金池展开，主要包括基金池内资金的分配和运作等。这两方面的业务相辅相成，缺一不可。从全球范围内保险行业的运行看，保险公司的承保业务基本上处于全行业亏损状态，保险公司之所以能够长期运行并有可观的盈利，主要是因为其保险资金有可能获得较高的投资收益率。

保险公司是金融市场中的重要机构投资者。自 2004 年保险公司被准许入市以来，监管层不断鼓励保险公司进行股票和股权投资。2019 年 9 月，证监会在京召开全面深化资本市场改革工作座谈会，提出了全面深化资本市场改革的 12 个方面的重点任务，其中第六条指出，推动更多中长期资金入市。2020 年 7 月 17 日，银保监会发布《关于优化保险公司权益类资产配置监管有关事项的通知》，根据保险公司偿付能力充足率、资产负债管理能力及风险状况等指标，明确八档权益类资产监管比例，最低不超过上季度末总资产的 10%，最高可到上季度末总资产的 45%。中长期资金加快入市，不仅将带来增量资金，还将改善投资者结构，引导投资理念转向理性与成熟。表 9－12 总结了保险资金入市的有关情况。

表 9－12　保险资金入市情况

时间	相关规定内容
2004 年 10 月	保监会和证监会联合发布《保险机构投资者股票投资管理暂行办法》，允许保险机构投资者将公司总资产的 5%直接用于股票投资。
2014 年 1 月	保监会发布《关于加强和改进保险资金运用比例监管的通知》，对保险资金运用实施大类资产比例监管，规定投资权益类资产的账面余额合计不高于本公司上季度末总资产的 30%，投资单一权益类资产的账面余额不高于本公司上季度末总资产的 5%。
2015 年 7 月	保监会发文规定，投资单一蓝筹股票的余额占上季度末总资产的监管比例上限由 5%调整为 10%；投资权益类资产的余额占上季度末总资产的比例达到 30%的，可进一步增持蓝筹股票，增持后权益类资产余额不高于上季度末总资产的 40%。
2020 年 7 月	银保监会发布《关于优化保险公司权益类资产配置监管有关事项的通知》，根据保险公司偿付能力充足率、资产负债管理能力及风险状况等指标，明确八档权益类资产监管比例，最低不超过上季度末总资产的 10%，最高可到上季度末总资产的 45%。

资料来源：中国银行保险监督管理委员会。

在 2016 年中，保险机构合计投资了 628 家非金融上市公司，其中不同保险机构对不同上市公司持股比例超过 5%的样本有 210 个，超过 10%的有 83 个。截至 2020 年 8 月末，我国保险机构的资金运用规模达到 205 210 亿元。参与金融市场尤其是股票市场对于保险资金运用而言也有至关重要的作用。此外，保险资金投资于股票市场也是振兴实体经济并推进供给侧结构性改革的重要方式。图 9－4 展示了 2015—2019 年中国保险资金运用余额占比情况。

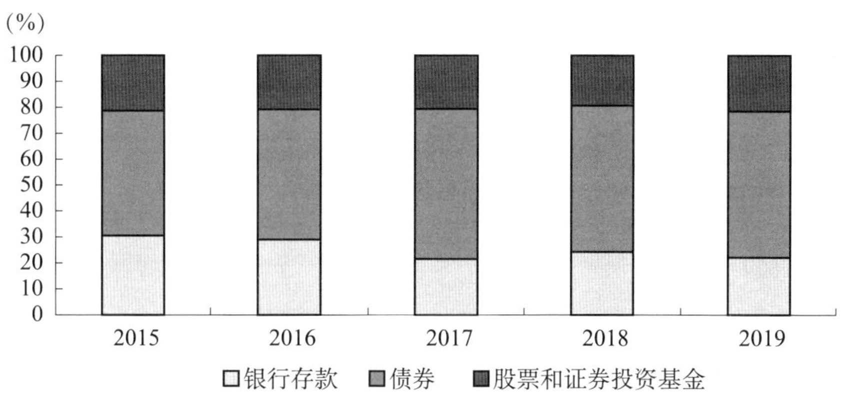

图 9－4　2015—2019 年中国保险资金运用余额占比情况

资料来源：中国银行保险监督管理委员会。

2. 中国资本市场发展与公司治理

2.1　资本市场发展推动中国公司治理的重要阶段划分

概括而言，中国资本市场发展推动公司治理制度建设经历了以下几个重要阶段。

第一阶段，双层治理模式的基本构建（从 1993 年中国《公司法》的颁布实施到 2002 年独立董事制度的推出）。1993 年我国颁布的《公司法》中规定公司在股东大会下设董事会和监事会两个平行的机构，从而形成了“双层治理模式”。监事会在我国《公司法》中具有与董事会平行的地位，并且被赋予了包括监督公司董事、经营权在内的权利。

第二阶段，独立董事制度的建立和完善（从2002年中国《上市公司治理准则》的颁布到2005年股权分置改革的启动）。尽管早在1999年，中国证监会等部门就开始要求境外上市公司设立独立董事，但直到2002年独立董事制度才在中国上市公司进行了实质性推行，其标志是，2001年8月，中国证监会发布《关于在上市公司建立独立董事制度的指导意见》，规定在2002年6月30日之前上市公司独立董事人数不少于2人，在2003年6月30日之前上市公司独立董事人数应占到公司董事人数的三分之一以上。2002年，证监会进一步联合国家经济贸易委员会发布《上市公司治理准则》，开始在上市公司中强制实施独立董事制度。

在2002年之前，虽然个别上市公司也设置了独立董事，但总体来看，独立董事的比例比较低，平均而言只有6.2%，且公司间差异较大，大多数上市公司没有独立董事。2002年之后，独立董事制度得到了全面实施，独立董事比例迅速提高，2002—2004年独立董事比例增长率平均达到50.7%。对独立董事比例进行均值差异检验，结果显示，2001年与之后年度独立董事比例之间存在显著差异。因而，我们可以把2002年看作独立董事制度在我国资本市场发挥潜在公司治理作用的开始。

第三阶段，股权分置改革和股票全流通（从2005年开始至2010年）。“股权分置”是中国经济转轨和资本市场发展过程中出现的特殊现象。由于股权分置，资本流动存在非流通股协议转让和流通股竞价交易两种价格，不仅扭曲了资本市场定价机制，导致资本运营缺乏市场化操作基础，制约了资本市场资源配置功能的有效发挥，而且使公司股价难以对大股东、管理层形成市场化的激励和约束，公司治理缺乏共同的利益基础。2005年5月10日，我国上市公司开启了股权分置改革的序幕。

股权分置改革不仅在宏观上涉及资本市场配置资源的效率和公司治理外部环境的改善，对于中国资本市场的健康良性发展意义深远，而且在微观上将对流通股股东和非流通股股东的利益分配产生直接影响。股权分置改革的完成将为公司治理的进一步改善（如接管威胁和股东真正意义上的“用脚投票”等）创造条件。股权分置改革的完成标志着未来中国资本市场的治理在一定程度上将依赖于包括公司控制权市场等在内的市场监督，从过去的以较多倚重所谓日德模式的双层治理结构的内部治理为主，转向同时依靠所谓的英美模式的外部接管威胁等多种治理机制的交互影响来形成对公司内部人的束缚，以解决代理问题。从总的趋势看，国有控股公司的数量在逐年减少，国有控股公司占当年上市公司数量的平均比例从 1999 年的高达 76.7%降低至 2007 年的 56.9%。第一大股东持股比例也从 1999 年的 45.3%降低至 2007 年的 35.7%。机构投资者的力量在逐步壮大，表现为从第 2 到第 10 大股东平均持股比例从 1999 年的 17%提高到 2007 年的 20%左右。

第四阶段，股权分散化和公司治理创新阶段（自 2010 年至今）。自 2010 年至今，经过多年的发展，我国资本市场不仅具备了一定的分散风险的功能，而且保护股东利益的各种外部内部治理框架和法律体系初见端倪。伴随着资本市场的不断发展和健全，我国上市公司的公司治理制度建设也发生了重大的变化，其中最为显著的便是公司股权结构的变化。一直以来，我国上市公司“一股独大”的现象都较为严重，公司控股股东为满足私人利益的需要，可以凭借对公司的绝对控制，通过“隧道行为”实现利益输送，从而增大了大股东与中小股东之间的代理成本，并对中小股东的利益造成了极大的损害，严重影响了公司治理机制的健全及资本市场的健康发展。然而，近 10 年来，我国上市公司股权集中度呈下降趋势。如表 9-13 和图 9-5 所示，自 2005 年以来，我国上市公司的第一大股东持股比例持续下降，在 2015 年之后降低到 34%以下，从而终结了公司第一大股东“一票否决”的权力，标志着我国资本市场进入分散股权时代。与此同时，近 10 年来，我国上市公司的股权制衡度在不断提高，公司其他大股东的持股比例持续上升，从而对公司第一大股东产生了重要的制衡作用。

表 9-13　上市公司股权集中度和股权制衡度

年度	第一大股东持股比例（%）	股权制衡度 1	股权制衡度 2
2005	40.46	0.50	0.42
2006	36.55	0.55	0.45
2007	36.20	0.56	0.45
2008	36.37	0.53	0.43
2009	36.61	0.55	0.44
2010	36.67	0.60	0.48
2011	36.28	0.63	0.50
2012	36.42	0.62	0.50
2013	36.21	0.61	0.49
2014	35.58	0.62	0.49
2015	34.48	0.69	0.54
2016	33.96	0.75	0.59
2017	33.76	0.79	0.62
2018	33.53	0.79	0.62
2019	33.04	0.80	0.64

说明：股权制衡度 1=后九大股东持股比例/第一大股东持股比例；股权制衡度 2=后四大股东持股比例/第一大股东持股比例。

资料来源：国泰安数据库。

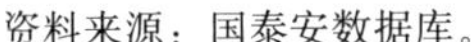

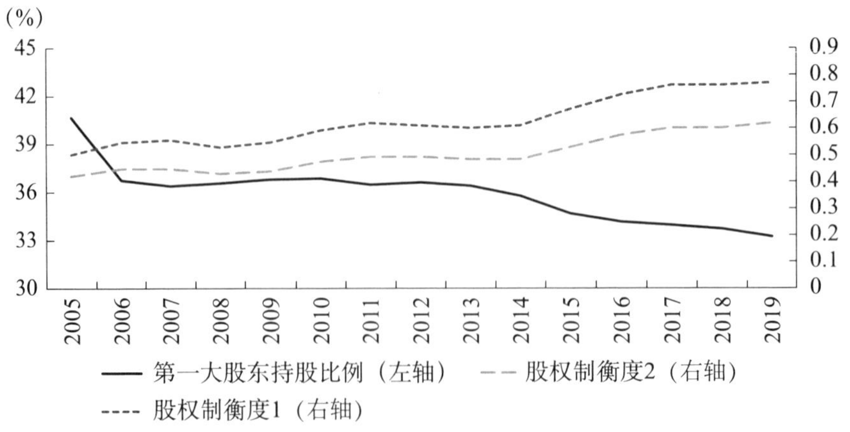

图 9-5　2005—2019 年上市公司第一大股东持股比例和股权制衡度变化情况

资料来源：作者根据表 9-13 的数据绘制。

现有文献关于股权集中度对公司治理的影响仍有一定的争议，但相关文献也证实了过高的股权集中度对公司治理的负面影响。Shleifer 和 Vishny (1997) 发现，当大股东持股比例超过一定数值后，大股东可以利用自身的控制权实现个人私利。基于我国的制度环境，吴淑琨（2002）发现，股权集中度与公司业绩呈现倒U形关系。王化成和佟岩（2006）发现，控股股东的持股比例与企业的盈余质量显著负相关。由此可见，股权的过度分散和过度集中对公司治理都会产生不利的影响，股权过于分散可能导致股东没有充足的监督动机和能力，强化了股东"搭便车"的想法；而当股权集中度过高时，大股东和管理层为实现个人私利，可以更容易地侵占公司财富和中小股东利益，"掏空"公司。

而在对于股权制衡度的相关研究中，大多数研究认为，股权制衡对公司治理发挥了积极作用。Shleifer 和 Vishny（1986）发现，当外部股东持股比例较低时，难以承担相关的监督及并购的成本，从而没有动机发挥监督作用。陈德萍和陈永圣（2011）基于 2007—2009 年中小企业的样本，发现股权制衡度高的公司具有更好的经营绩效。刘星和刘伟（2007）发现，股权制衡有助于改善公司治理，其他大股东对控股股东的制衡能力与公司价值正相关。徐向艺和张立达（2008）发现，多数上市公司的后九大股东集中度高有利于提高公司价值。

因此，我国资本市场股权集中度下降及股权制衡度提高将会对公司治理产生更加积极的影响，其影响路径如下：首先，公司其他大股东拥有更多的投票权，提升了对第一大股东的制衡能力。在监督和制衡公司大股东及管理层时，其他大股东会基于自身的利益进行权衡。伴随着股权制衡度的提升，其他大股东在公司经营决策中拥有更大的发言权，而大股东和管理层的"掏空"行为将会对其自身利益造成损害，因此，其他大股东会增强对大股东和管理层的监督作用，从而有效降低公司内部人的"隧道行为"。其次，保持合适的股权集中度可以促使公司内部治理机制更好地运行。王跃堂等（2006）发现，缺乏股权制衡将会对董事会的独立性造成损害。李维安和王世权（2005）发现，公司第一大股东持股比例与监事会治理的有效性负相关，而第二到第五大股东的持股比例与监事会治理的有效性正相关。因此，公司拥有较高的股权制衡度，可以保证董事会、监事会等内部公司治理机制运行的有效性，防止公司内部人对其进行操纵，从而有效发挥监督作用，提升公司的整体治理水平。

2.2 机构投资者的发展能够推动公司治理改革吗?

与此同时，伴随着我国资本市场的发展，机构投资者近 10 年来获得了长足的发展。借鉴曹丰等（2015）的研究，本章定义机构投资者为基金、QFII、券商、保险公司、社保基金、信托、财务公司和银行。一方面，如图 9-6 所示，机构投资者的总投资额和持股数量总体呈现上升趋势，机构投资者的总投资额由 2010 年的 28 952.05 亿元增长到 2019 年的 62 633.97 亿元，机构投资者的持股总量由 2010 年的 1 955 亿股增长到 2019 年的 4 860.59 亿股，机构投资者成长为资本市场上的重要力量。另一方面，如表 9-14 所示，各类机构投资者在 10 年间保持着上升的总体趋势，获得了不同程度的发展。同时，基金和保险公司两类机构投资者在整个机构投资者中占据主要地位。在 2010 年，基金持股数量占机构投资者持股总数的比重达到 52.24%，保险公司持股数量占机构投资者持股总数的 19.88%；到 2019 年，基金持股数量占机构投资者持股总数的比重下降到 34.71%，保险公司持股数量占机构投资者持股总数的比重上升至 22.53%，二者合计持股数量占机构投资者总数的 57.24%。

关于机构投资者持股能否一定改善公司治理，现有研究文献仍存在一定的争议，尽管多数文献，包括 Gillan 和 Starks（2003）与伊志宏和李艳丽（2013）等综述文章认为，机构投资者持股有助于缓解股东和管理层之间的利益冲突，特别是解决股权分散状态下所有者缺位问题，但是机构投资者却由于追求自身商业利益最大化，加之与公司其他股东及管理层产生利益冲突，因而也存在增加新的代理成本的可能。随着机构持股比例的上升，机构

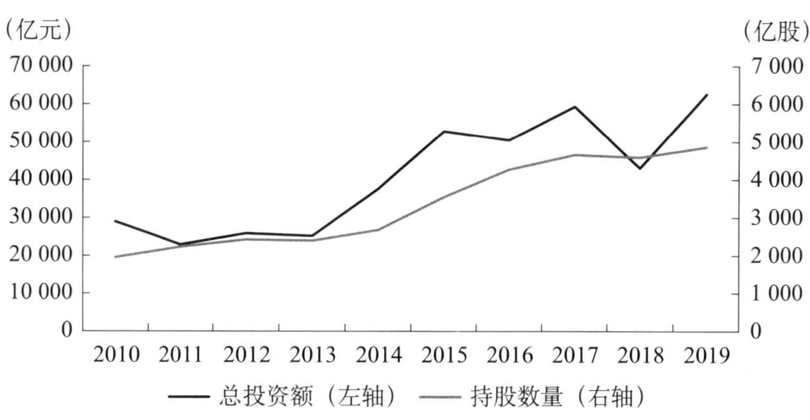

图9-6 机构投资者的总投资额和持股数量变化情况

资料来源：作者绘制，其中总投资额等于持股数量与期末股价的乘积。

投资者对被投资公司的控制权增强，导致其与公司其他股东之间有可能产生利益冲突时，选择从其自身利益而不是公司全体股东或管理层及雇员的利益出发，并利用自身控制权来影响企业决策和管理层行为，或者以其他股东利益为代价获取自身利益，反而会增加代理成本（Bhojraj and Sengupta，2003；Barclay，et al.，1993；Shleifer and Vishny，1997）。

机构投资者参与公司治理的路径主要有：第一，通过积极干预改善公司治理。Kang等（2018）发现，机构投资者通过对同一行业不同公司的大量持股而获得信息优势和治理经验，从而有动机且有能力进行有效监督并为公司创造价值。Aghion等（2013）则发现，机构持股降低了管理层的职业风险，从而有助于公司创新。关于中国资本市场机构投资者改善公司治理的研究文章同样提出，存在多种机制路径来提升公司治理，其中包括改善盈余质量（李青原等，2018）、提升信息披露质量（谭劲松等，2012）、提高会计稳健性（李争光等，2015）、减少违规行为（陆瑶等，2012）、提高“业绩—薪酬”敏感性及降低薪酬“黏性”（张敏等，2010）等。第二，当机构投资者无法发挥积极的治理效果时，可以通过“用脚投票”进行消极管理。由于以股权为基础的薪酬安排、股权激励和害怕被接管等原因，管理层关心股价，从而希望避免公开的大股东和机构投资者退出。因此，机构投资者的退出威

表 9-14　各类机构投资者持股上市公司情况

年度	基金		保险公司		QFII		券商	
	投资额（亿元）	持股数量（亿股）	投资额（亿元）	持股数量（亿股）	投资额（亿元）	持股数量（亿股）	投资额（亿元）	持股数量（亿股）
2010	17 869.57	1 021.40	5 743.61	388.67	2 082.37	241.25	913.79	69.45
2011	13 063.06	1 123.68	5 379.01	478.02	1 788.07	269.42	775.99	95.72
2012	13 859.12	1 176.92	6 490.95	524.59	2 240.83	307.55	1 197.88	128.96
2013	13 572.43	1 001.99	5 782.81	590.98	1 890.57	305.28	1 199.03	155.06
2014	16 566.27	1 141.11	11 632.49	652.87	2 877.80	269.58	1 621.54	149.84
2015	21 349.79	1 169.84	12 716.96	762.74	2 377.24	240.36	8 042.30	807.73
2016	18 443.81	1 412.64	12 207.09	849.57	2 257.96	243.08	7 314.15	862.90
2017	20 282.13	1 363.67	14 554.19	885.04	2 593.21	248.04	10 165.28	1 051.77
2018	16 660.72	1 528.13	10 462.15	939.46	2 158.84	254.40	7 111.74	954.44
2019	26 880.81	1 687.22	16 175.39	1 095.32	2 583.38	263.43	10 188.49	1 044.18

续表

年度	社保基金		信托		财务公司		银行	
	投资额（亿元）	持股数量（亿股）	投资额（亿元）	持股数量（亿股）	投资额（亿元）	持股数量（亿股）	投资额（亿元）	持股数量（亿股）
2010	1 008.12	103.87	929.60	79.39	174.40	31.83	230.60	19.16
2011	882.24	124.47	762.08	91.53	132.19	30.72	137.67	19.16
2012	1 010.90	138.86	872.51	104.59	114.21	24.55	110.70	17.36
2013	1 148.73	133.96	1 458.15	173.87	91.30	19.43	77.13	15.37
2014	1 779.00	143.68	3 028.26	306.83	74.89	7.87	66.38	6.62
2015	2 251.21	110.17	5 925.43	443.93	65.62	5.07	42.60	4.69
2016	2 132.74	155.06	7 994.02	733.47	62.97	6.34	84.52	9.48
2017	2 206.89	156.72	9 294.55	915.42	46.51	5.49	216.34	32.41
2018	1 539.24	146.50	4 811.45	701.21	34.22	5.44	282.35	61.33
2019	1 992.90	138.81	4 408.88	553.37	27.31	3.29	376.82	74.98

资料来源：国泰安数据库。

胁能够产生治理作用。Edmans 和 Manso（2011）通过构建理论模型指出，大股东惩戒性的退出威胁能促使管理层更加勤勉。Gallagher 等（2013）进一步论证了机构投资者通过股票交易实现治理，实现路径则是机构投资者在竞价交易过程中增加了股票价格信息量，提升了市场有效性，进而更好地反映了公司价值。更好的价格背后意味着更好的管理层行为和更好的未来业绩表现。此外，机构投资者的退出有可能因使公司丧失长期稳定的股东基础而被短期投资者取而代之。第三，同时使用积极干预和“用脚投票”。McCahery 等（2016）的调查研究表明，机构投资者认为这两种机制是互补的，经常同时使用它们。此外，许多受到长期关注的大机构投资者指出，直接干预十分重要，并且通常在幕后进行；如果退出威胁是可信的，干预就会促使管理层提升公司价值，即使退出并没有真正发生。

2.3 以企业家为中心的公司治理范式

随着第四次工业革命的深入和互联网时代的来临，越来越多的高科技企业选择发行具有不平等投票权的 AB 双重股权结构股票。除了谷歌、脸书等来自美国的高科技企业外，大量来自中国的基于互联网的知名企业如京东、百度、奇虎、搜房、优酷、猎豹移动、YY 语音等相继在美国以发行 AB 双重股权结构股票的方式上市。同时，也出现了以阿里合伙人制度和以腾讯“大股东背书”模式为代表的具有“不平等投票权”本质的股权结构。在我国，2018 年 7 月 9 日上市的小米成为香港股市首家采取“同股不同权”架构的内地企业；2019 年 9 月 27 日，优刻得科技成为我国 A 股第一家采用“同股不同权”架构的企业。

在此背景下，公司治理范式开始发生从以股东为中心向以企业家为中心的转变，这种以企业家为中心的公司治理范式在股权结构设计上体现为从“同股同权”转变为“不平等投票权”；在董事会制度建设上则体现为从专职的内部董事转变为兼职的独立董事；而在对外部接管角色的重新认识上，体现为从外部治理机制转变为反并购条款中的相关限制。这些转变提高了公司的效率，更好地实现了股东与创业团队之间的合作共赢。

在股权结构方面，企业家中心的股权结构实现了效率的提升，主要体现在以下几方面：首先，在股东与经理人之间实现了从短期雇佣合约向长期合伙合约的转化，由此在二者之间建立了合作共赢的长期合作关系。其次，外部股东和创业团队围绕“分担风险”和“业务模式创新”之间的专业化分工加深，其中持有 A 类股票的股东仅仅着力于风险分散，持有 B 类股票的创业团队专注于业务模式创新，迎合了互联网时代对创新导向的组织架构的内在需求。再次，为防范并购浪潮中的“野蛮人入侵”现象设置重要门槛，以此鼓励创业团队围绕业务模式创新进行更多人力资本投资。最后，向投资者展示了实际控制人对业务模式创新的自信，成为投资者识别独特业务模式和投资对象的信号，有效降低了互联网时代围绕业务创新的信息不对称问题，使围绕项目投资出现的逆向选择问题得到缓解。

2.4　独立董事制度、反并购条款与公司治理

在董事会制度方面，董事会从以专职的内部董事为主向以兼职的独立董事为主转变。一方面，利益中性、来自外部、更加注重声誉的独立董事对公司重大事项的监督提升了董事会的独立性；另一方面，通过“开会监督”和“重大事项监督”，摆脱了独立董事对具体业务过多地指手画脚、监督过度问题。二者的结合使独立董事的监督效率得以改善，并提高了信息的透明度和内部人损害股东利益的成本，从而有效解决了内部人控制带来的一系列问题。

在外部接管方面，公司治理机制主要在增强接管威胁和“野蛮人”入侵门槛的反并购条款设计方面进行了转变：首先，公司实行任期交错的分类董事会制度，从而对延迟或阻止公司控制权转移起到了一定作用。其次，公司的重大事项决定规则从简单多数通过转变为大多数通过，从而增加了接管发生的难度和成本。此外，公司还可以通过多种途径加强对公司的控制：第一，通过超额委派董事、委派或兼任董事长以及构建金字塔控股结构三种方

式，可以共同帮助尚未相对控股的实际控制人加强对公司的控制。第二，实施主动防御型员工持股计划，公司内部人，以不太被市场和监管机构关注的“隐蔽”和“间接”的方式，增持了本公司股票，加强了对公司的控制。第三，在IPO时创业团队签订“一致行动协议”，既可以向外部投资者传递创业团队对业务发展模式的信心，又有助于保护和鼓励创业团队人力资本的持续投入。

然而，公司治理仍面临一定的现实挑战：一方面需要保障提升效率的专业化分工的持续深化，另一方面要使处于信息弱势的中小股东的权益得到保护。如何在通过专业化分工带来效率提升与通过缓解代理冲突降低代理成本二者之间实现平衡是未来公司治理模式改进的方向。表9-15统计了部分年度的高管薪酬、董事会规模等指标情况。

表9-15　高管薪酬、董事会规模等指标情况

年度	排名前三的高管的平均薪酬（元）	经理人持股的公司占当年上市公司数量的比例*（%）	董事会平均规模（人）	董事会平均独立性（%）	CEO兼任董事长的公司占当年上市公司数量的比例（%）
1999	40 354.16	14.40	9.61	0.70	21.90
2004	201 659.39	10.60	9.71	34.20	11.90
2009	429 039.76	54.40	9.15	36.12	19.67
2014	654 848.84	61.20	8.7	36.78	29.22
2019	1 058 025.62	75.22	8.43	37.32	19.50

说明：* 2008年以后为民营经理人持股的公司数量占当年上市民企数量的比例。
资料来源：国泰安数据库。

3. 中国资本市场发展与科技创新

3.1　资本市场对企业创新的影响

企业创新需要投入大量资金，同时面临很高的风险。企业创新活动的不

确定性和长期性一方面使得企业面临着较大的融资约束，另一方面要求企业具备稳定的融资环境。在企业内源融资面临较大风险的情况下需要多层次的资本市场提供支持。

3.1.1 股票流动性对企业创新的影响

股票流动性作为影响资本市场效率的重要因素，对企业创新有着重要影响。冯根福等（2017）研究了企业性质对股票流动性与企业创新二者关系的影响，对于民营企业而言，股票的高流动性一方面增加了被敌意收购的概率，另一方面加剧了管理层的短视行为——降低研发投入，迎合短期盈利目标。而对于国有企业而言，随着考核机制的不断创新和股权多元化的不断推进，股票流动性的提高有助于提升企业的技术创新水平。闫红蕾等（2020）侧重研究股票流动性促进企业创新活动的作用机制，股票流动性通过提高企业的实际融资水平、扩大研发投资规模以及吸引机构投资者加强公司治理来提高研发投资效率。杜金岷等（2020）引入媒体关注变量，发现在正向媒体关注下，股票流动性对企业创新有着强烈的促进作用；而在负向媒体关注下，股票流动性反而成为制约企业创新活动的桎梏。李启佳等（2020）验证了股价信息含量对企业创新能力的指导作用，并发现该作用在行业竞争更大、风险水平和融资约束程度更低的样本中更加明显。

3.1.2 融资融券机制对企业创新的影响

资本市场承担着监督管理者的重要角色，股价信息对投资者而言具有借鉴意义。融资融券作为一种治理机制，对市场流动性和价格发现的过程都至关重要，也会影响企业的创新决策（李春涛等，2020）。

有的学者支持融资融券机制对企业创新具有促进作用。He和Tian（2016）利用美国的数据研究了卖空对企业创新的影响。他们认为，卖空主要通过三条途径来影响创新：提升管理层薪酬激励合约的有效性、降低企业的信息不对称和减少经理人的享乐行为。权小锋和尹洪英（2017）基于中国融资融券分步扩容的自然实验，证明了融资融券制度在我国A股市场存在“创新激励效应”，能够显著提升公司的创新效率，并且在信息不透明的公司、管理层权力弱的公司及垄断程度高的行业表现得更加显著。

然而有部分学者认为，融资融券机制促使企业进行策略性专利行为，造成“创新假象”。郝项超等（2018）通过研究发现，融资与融券主要通过信息机制与公司治理机制影响企业创新；标的公司采取策略性创新来应对融资融券的复杂影响，即标的公司大幅增加专利申请数量，营造创新繁荣景象，但专利授权率、创新性以及权利要求数量明显下降。谭小芬和钱佳琪（2020）从卖空机制的视角指出，中国资本市场短期投资者比例高，融券交易成本高且交易不活跃，加上专利评价体系对不同质量的专利区分度较低，导致资本市场压力对创新活动没有发挥出信息机制和治理机制两种效应；卖空机制主要通过施压机制来影响企业创新，管理层业绩压力、外部监督压力、股价信息传递压力越大的企业，在面临卖空威胁时更有动机采取策略性专利行为。

3.1.3　风险投资对企业创新的影响

在学术界，关于风险投资与企业创新的关系研究较为成熟。陆瑶、张叶青等（2017）与陈思、何文龙等（2017）分别研究了辛迪加的风险投资与不同背景下风投类型对企业技术创新的影响，结果表明，联合投资机构数目越多，风险投资的期限越长，对企业技术创新的作用越强。温军、冯根福（2018）和成力为、邹双（2020）均分析了风险投资对企业创新增值效应和选择效应的影响。前者的研究发现，临近 IPO 时风险投资的选择效应更为显著，而增值服务却无明显的变化，进而导致风险投资对创新的影响呈现先递减而后递增的 U 形曲线；后者的研究表明，风险投资进入创新型企业前，对研发投入具有显著的选择效应，但增值效应不显著，风险投资进入后，两种效应均不显著。段勇倩和陈劲（2020）在对已有文献进行梳理的基础上，进一步利用信号、资源（知识）、制度、激励四种理论视角，探讨了风险投资对企业创新的差异化影响。

3.2　企业创新对资本市场的影响

3.2.1　企业创新对IPO抑价率的影响

新股上市的发行价格系统地低于上市首日的收盘价，被称作IPO抑价，因为新股发行公司以低于内在价值的折扣价格发行股票，这犹如“将钱放在桌上”拱手赠予投资者一般，从而使新股上市首日收益率系统为正（Ritter and Welch，2002）。

信息不对称理论认为，为了弥补信息劣势投资者的不确定风险，IPO抑价现象普遍存在。

企业创新专有信息的披露能够向市场传递信号效应，有效缓解信息不对称性，进而减少IPO抑价。徐欣等（2016）基于中国创业板市场特殊的制度环境，通过实证研究发现，研发投资越多，IPO抑价幅度越大；专利和技术机密数量越多，IPO抑价幅度越小。徐维隆等（2020）以A股上市公司为样本，通过研究发现，公司的专利数量显著改善了现金流权偏离度与IPO折价率的负相关关系，并且在民营企业中专利数量的调节作用更加明显。张学勇等（2016）以风险投资支持的公司为研究对象，结果发现，在同样接受风险投资的条件下，创新能力强的公司IPO抑价率更低，长期回报率更高。

3.2.2　企业创新对股票收益率的影响

技术创新投入在股价波动中体现为公司特质信息，在很大程度上决定了资本市场的资源配置作用的发挥。关于科技创新对资产价格的影响的理论框架主要有两种，分别是新古典主义Q理论和Berk等（1999）提出的实物期权理论。

基于新古典主义Q理论，Lin（2012）建立了一个动态均衡模型，其研究表明，由研发投资内生驱动的科技进步能够在提高实物资本的边际期望收益的同时，降低实物投资的边际成本，使得研发投资与股票预期收益率之间存在正相关关系，而实物投资与股票预期收益率之间存在负相关关系。

基于实物期权理论，Garleanu等（2012）认为，投资是企业投入资源执行成长期权的过程，投资的增长会导致企业拥有的成长期权数量减少，进而降低股票的预期收益率。不同于传统的投资行为，研发投入能够带来科技进步，科技进步成果的成功商业化会为公司提供成长机会，亦即由研发投入所带来的科技进步相当于成长期权。Kumar 和 Li（2016）的研究证明了，不同于执行成长期权的传统投资行为，在增强企业创新能力方面的资本投入能够创造更多成长期权，从而使企业获得更多的成长机会，对于企业的盈利能力和股票预期收益率具有显著的正向作用。Kumar 和 Li（2016）的研究发现，用于增强公司科技创新能力的资本投资与股票未来的累积收益率之间存在正相关关系。企业通过实物投资执行成长期权，相当于使用了未来的成长机会，因而会导致股票预期收益率降低；而企业在研发方面的资本投资能够在未来产生科技创新成果，虽然研发活动存在不确定性，但是随着时间的推移，研发活动的不确定性降低，科技创新成功的概率越来越高，研发方面的资本投资与股票预期收益率之间逐渐呈现正相关关系。在研发活动成功后，企业对科技创新成果进行商业化，将科技进步转化成生产力，从而显著改善了业绩。

基于以上两种理论，学者们主要聚焦于美国及国际市场的检验。自 20 世纪 70 年代以来，美国的上市公司大幅提高研发投入。基于美国数据的研究表明，这些 R&D 密集型企业具有更高的市场价值和股票预期收益率（Sougiannis，1994；Chan，Lakonishok 和 Sougiannis，2001）。Hou 等（2020）丰富了先前的研究，基于国际证据验证了研发投入与股票回报的正相关关系，并且表明这种关系来源于成长期权所产生的风险溢价，而不是市场摩擦和行为偏见所致。张超（2019）以美国上市公司为样本，通过研究发现，科技创新对于股票预期收益率的影响在于科技创新程度高的企业的短期经营风险较高，且科技创新对于当期绩效不佳的企业的预期收益率的影响尤为显著。

对于中国股票市场，学者们主要关注企业创新对股价波动的影响。冯梓洋等（2014）以中国创业板公司为样本，通过研究发现，自主创新能力可以显著提高企业绩效，但对企业股价波动的影响较弱，创业板企业的股价波动更多地受行业因素和政策面因素影响。陈其安和张慧（2020）从创新投入、创新产出和创新环境三个维度构建了创新能力指标，采用层次回归分析方法检验发现，股票价格波动性与系统风险冲击正相关，与企业创新能力负相关，企业创新能力能够弱化系统风险冲击对股票价格波动性的影响，进而增强股票市场的稳定性。邓可斌和丁重（2011）基于资本资产定价理论，通过研究发现，企业创新投入能够在转型经济环境的股价波动中体现为公司特质信息，而由于公司特质信息结构和创新投入影响因素的复杂性，公司特质信息的变动不会决定企业下期创新投入。

参考文献

[1] 曹丰，鲁冰，李争光，徐凯．机构投资者降低了股价崩盘风险吗?．会计研究，2015（11）.

[2] 陈德萍，陈永圣．股权集中度、股权制衡度与公司绩效关系研究．会计研究，2011（1）.

[3] 陈其安，张慧．系统风险冲击、企业创新能力与股票价格波动性：理论与实证．中国管理科学，2020.

[4] 陈思，何文龙，张然．风险投资与企业创新：影响和潜在机制．管理世界，2017（1）：158－169.

[5] 成力为，邹双．风险投资后期进入对企业创新绩效的影响研究——选择效应抑或增值效应?．管理评论，2020，32（1）.

[6] 邓可斌，丁重．资本市场对技术创新投入的反馈效应研究．证券市场导报，2011（10）.

[7] 杜金岷，李亚菲，吴非．股票流动性、媒体关注与企业创新．中国经济问题，2020（3）.

[8] 段勇倩，陈劲．风险投资如何影响企业创新？——研究述评与展望．外国经济与管理，2020（12）.

[9] 冯根福，刘虹，冯照桢，温军．股票流动性会促进我国企业技术创新吗?．金融研究，2017（3）.

[10] 冯梓洋，张显峰，唐亮．创业板公司自主创新与企业绩效、股价波动的关联分

析. 证券市场导报，2014（3）.

[11] 郭树清. 完善公司治理是金融企业改革的重中之重. 经济日报，2020－07－03.

[12] 郝项超，梁琪，李政. 融资融券与企业创新：基于数量与质量视角的分析. 经济研究，2018，53（6）.

[13] 李春涛，许红梅，王立威，周鹏. 卖空与创新：A股公司融券试点的证据. 会计研究，2020（2）.

[14] 李启佳，罗福凯，庞廷云. 兼听则明：股价信息的创新指导效应. 山西财经大学学报，2020，42（2）.

[15] 李青原，时梦雪. 监督型基金与盈余质量——来自我国A股上市公司的经验证据. 南开管理评论，2018，21（1）.

[16] 李维安，王世权. 中国上市公司监事会治理绩效评价与实证研究. 南开管理评论，2005（1）.

[17] 李争光，赵西卜，曹丰，等. 机构投资者异质性与会计稳健性——来自中国上市公司的经验证据. 南开管理评论，2015，18（3）.

[18] 林毅夫，李志赟. 中国的国有企业与金融体制改革. 经济学（季刊），2005（3）.

[19] 刘国东. 非银金融新政开启混业竞争时代. 国际金融，2013（1）.

[20] 刘家松，张博，罗琦. 外资参股、董事会特征与商业银行经营绩效——基于中国121家商业银行的实证分析. 中国管理科学，2019，27（9）.

[21] 刘锡良，罗得志. 论我国银行不良资产的根源——信用、金融层面的分析. 金融研究，2001（10）.

[22] 刘星，刘伟. 监督，抑或共谋？——我国上市公司股权结构与公司价值的关系研究. 会计研究，2007（6）.

[23] 陆瑶，张叶青，贾睿，李健航. “辛迪加”风险投资与企业创新. 金融研究，2017（6）.

[24] 陆瑶，朱玉杰，胡晓元. 机构投资者持股与上市公司违规行为的实证研究. 南开管理评论，2012，15（1）.

[25] 戚积松. 中国金融资产管理公司的改革与发展问题研究. 长春：吉林大学，2009.

［26］钱先航，曹廷求，李维安．晋升压力、官员任期与城市商业银行的贷款行为．经济研究，2011，46（12）．

［27］乔建英．中国券商“借壳上市”的动因及案例分析．经济研究导刊，2010（12）．

［28］权小锋，尹洪英．中国式卖空机制与公司创新——基于融资融券分步扩容的自然实验．管理世界，2017（1）．

［29］施华强．国有商业银行账面不良贷款、调整因素和严重程度：1994—2004．金融研究，2005（12）．

［30］谭劲松，简宇寅，陈颖．政府干预与不良贷款．管理世界，2012（7）．

［31］谭劲松，林雨晨．机构投资者对信息披露的治理效应——基于机构调研行为的证据．南开管理评论，2016（5）．

［32］谭小芬，钱佳琪．资本市场压力与企业策略性专利行为：卖空机制的视角．中国工业经济，2020（5）．

［33］谭兴民，宋增基，杨天赋．中国上市银行股权结构与经营绩效的实证分析．金融研究，2010（11）．

［34］王兵，朱宁．不良贷款约束下的中国上市商业银行效率和全要素生产率研究——基于SBM方向性距离函数的实证分析．金融研究，2011（1）．

［35］王化成，佟岩．控股股东与盈余质量——基于盈余反应系数的考察．会计研究，2006（2）．

［36］王跃堂，赵子夜，魏晓雁．董事会的独立性是否影响公司绩效?．经济研究，2006（5）．

［37］温军，冯根福．风险投资与企业创新：“增值”与“攫取”的权衡视角．经济研究，2018，53（2）．

［38］吴淑琨．股权结构与公司绩效的U型关系研究．中国工业经济，2002（1）．

［39］吴晓求，许荣，孙思栋．现代金融体系：基本特征与功能结构．中国人民大学学报，2020，34（1）．

［40］吴晓求．商业银行亟待转型．资本市场，2015（7）．

［41］徐维隆，牟卫卫，孙子淇．现金流权偏离、专利数量与IPO抑价．管理评论，2020，32（6）．

［42］徐向艺，张立达. 上市公司股权结构与公司价值关系研究——一个分组检验的结果. 中国工业经济，2008（4）.

［43］徐欣，夏芸，李春涛. 企业自主研发、IPO折价与创新能力的信号效应——基于中国创业板上市公司的实证研究. 经济管理，2016，38（6）.

［44］徐忠，沈艳，王小康，沈明高. 市场结构与我国银行业绩效：假说与检验. 经济研究，2009，44（10）.

［45］闫红蕾，张自力，赵胜民. 资本市场发展对企业创新的影响——基于上市公司股票流动性视角. 管理评论，2020，32（3）.

［46］姚树洁，冯根福，姜春霞. 中国银行业效率的实证分析. 经济研究，2004（8）.

［47］伊志宏，李艳丽. 机构投资者的公司治理角色：一个文献综述. 管理评论，2013，25（5）.

［48］易纲. 再论中国金融资产结构及政策含义. 经济研究，2020，55（3）.

［49］俞乔，赵昌文. 政治控制、财政补贴与道德风险：国有银行不良资产的理论模型. 经济研究，2009，44（6）.

［50］张超. 科技创新与企业发展——来自美国的微观证据及其对于科创板的启示. 会计与经济研究，2019，33（6）.

［51］张超. 商业银行理财子公司未来发展路径浅析. 农村金融研究，2018（12）.

［52］张健华. 我国商业银行的X效率分析. 金融研究，2003（6）.

［53］张敏，姜付秀. 机构投资者、企业产权与薪酬契约. 世界经济，2010（8）.

［54］张学勇，张叶青. 风险投资、创新能力与公司IPO的市场表现. 经济研究，2016，51（10）.

［55］张宗益，宋增基. 境外战略投资者持股中国上市银行的效果研究. 南开管理评论，2010，13（6）.

［56］赵文胜. 商业银行成立理财子公司的意义及影响. 国际金融，2015（7）.

［57］郑志刚. 从“股东”中心到“企业家”中心：公司治理制度变革的全球趋势. 金融评论，2019，11（1）.

［58］朱盈盈，李平，曾勇，何佳. 境外战略投资者与中资银行创新能力——基于中国73家商业银行面板数据的实证分析. 投资研究，2011，30（7）.

［59］朱盈盈，曾勇，李平，何佳．中资银行引进境外战略投资者：背景、争论及评述．管理世界，2008（1）．

［60］祝继高，饶品贵，鲍明明．股权结构、信贷行为与银行绩效——基于我国城市商业银行数据的实证研究．金融研究，2012（7）．

［61］Aghion P.，Van Reenen J.，Zingales L. Innovation and Institutional Ownership. *American Economic Review*，2013，103（1）．

［62］Allen，F.，Qian，J. and Qian，M.，Law，Finance，and Economic Growth in China. *Journal of Financial Economics*，2005，77（1）．

［63］Barclay M. J.，Holderness C. G.，Pontiff J. Private Benefits from Block Ownership and Discounts on Closed-end Funds. *Journal of Financial Economics*，1993，33（3）．

［64］Berk，J. B.，Green，R. C.，Naik，V. Optimal Investment，Growth Options，and Security Returns. *The Journal of Finance*，1999，54（5）．

［65］Bhojraj S.，Sengupta P. Effect of Corporate Governance on Bond Ratings and Yields：The Role of Institutional Investors and Outside Directors. *The Journal of Business*，2003，76（3）．

［66］Bonin，John P.，Hasan，I.，Wachtel，P. Bank Performance，Efficiency and Ownership in Transition Countries. *Journal of Banking & Finance*，2005，29（1）．

［67］Chan，L. K. C.，Lakonishok，J.，Sougiannis，T. The Stock Market Valuation of Research and Development Expenditures. *The Journal of Finance*，2001，56（6）．

［68］Edmans A.，Manso G. Governance through Trading and Intervention：A Theory of Multiple Blockholders. *Review of Financial Studies*，2011，24（7）．

［69］Gallagher D. R.，Gardner P. A.，Swan P. L. Governance through Trading：Institutional Swing Trades and Subsequent Firm Performance. *Journal of Financial and Quantitative Analysis*，2013，48（2）．

［70］Garleanu，N.，Panageas，S.，Yu，J. Technological Growth and Asset Pricing. *The Journal of Finance*，2012，67（4）．

［71］Gillan，S. L.，Starks，L. T. Corporate Governance，Corporate Ownership，and the Role of Institutional Investors：A Global Perspective. *Social Science Electronic Publishing*，2003，13（2）．

[72] He, J., Tian, X. Do Short Sellers Exacerbate or Mitigate Managerial Myopia? Evidence from Patenting Activities. SSRN Working Paper, 2016.

[73] Hou, K., Hsu, P. H., Wang, S., et al. Corporate R&D and Stock Returns: International Evidence. SSRN Working Paper No. 3697760, 2020.

[74] Kang J., Luo J., Na H. S. Are Institutional Investors with Multiple Blockholdings Effective Monitors?. *Journal of Financial Economics*, 2018, 128 (3).

[75] Kumar, P., Li, D. Capital Investment, Innovative Capacity, and Stock Returns. *The Journal of Finance*, 2016, 71 (5).

[76] Levine, R. Bank-based or Market-based Financial Systems: Which Is Better? *Journal of Financial Intermediation*, 2002, 11 (4).

[77] Lin, X. Endogenous Technological Progress and the Cross-section of Stock Returns. *Journal of Financial Economics*, 2012, 103 (2).

[78] McCahery J. A., Sautner Z., Starks L. T. Behind the Scenes: The Corporate Governance Preferences of Institutional Investors. *The Journal of Finance*, 2016, 71 (6).

[79] Ritter, J. R., Welch, I. A Review of IPO Activity, Pricing, and Allocations. *The Journal of Finance*, 2002, 57 (4).

[80] Shleifer, A., Vishny, R. W. A Survey of Corporate Governance. *The Journal of Finance*, 1997, 52 (2).

[81] Shleifer, A., Vishny, R. W. Large Shareholders and Corporate Control. *Journal of Political Economy*, 1986, 94 (3).

[82] Sougiannis, T. The Accounting Based Valuation of Corporate R&D. *Accounting Review*, 1994, 69 (1).

[83] Xu, R., Zhang, G., Zhang, J., & Zheng, Z. Executive Incentive Compatibility and Selection of Governance Mechanisms. *Accounting & Finance*, 2020, 60 (1).

第 10 章

中国资本市场监管模式：从实质性监管到透明度监管

摘　要：30 年来，伴随我国资本市场的日益成熟、金融结构的逐渐演进、风险特征的不断转变，资本市场监管体制和模式也在经历深刻变革，这种变革大致体现在三方面：第一，从中国金融结构演进的角度看，资本市场监管体制从以资本监管为主转变为以透明度监管为主。第二，从个体风险与系统性风险的角度看，金融监管从以微观审慎监管为主转变为宏观审慎与微观审慎并重、注重金融行为监管与消费者保护。第三，在金融科技迅速发展的背景下，监管科技在资本市场上逐步被运用，监管方式从传统的事后监管转变为事前、事中监管。本章首先回顾了中国资本市场监管进程，进而针对上述三方面变革依次展开论述，并对未来发展趋势进行了展望。

1. 中国资本市场监管：回顾与展望

1.1　中国人民银行主管阶段（1986—1992 年底）

在 1981—1985 年间，我国证券市场上主要的产品是国债、股票和企业债券等，产品丰富度较低，对市场的监管也不成体系。1986 年以后，越来越多的企业纷纷进行股份制试点，股票的一级市场出现，柜台交易形式的股票交易市场开始起步，国债二级市场也逐步形成。1986 年 1 月颁布的《银行管理暂行条例》明确规定，中国人民银行为证券市场的主管机关，1990 年上海、深圳两家证券交易所相继成立。

在此阶段，资本市场监管体系初见雏形。一是中国人民银行为证券市场的主要监管机构。中国人民银行作为证券市场的主管机关，负责发行并管理金融债、企业债等，审批股票公开发行，并对证券市场进行监管。财政部负责发行国债，管理国债交易市场。1991 年，中国人民银行还牵头设立了股票市场办公会议制度。尽管它在协调资本市场方面起到了一定的作用，但它并不是一个专门的监管机构，没有权力行使统一监管职能。二是地方政府参与监管证券市场。中国人民银行是法定的证券市场主管机关，但是由于成立初期规章制度设计得还不够完善，而上海、深圳的股票交易市场又是地方性市场，因此，实际上对于沪深两地股票交易市场的监管主要由上海、深圳的地方政府和当地的中国人民银行分行实行。三是证券交易所自律监管。在当时监管机构不明确、监管制度不完善的情况下，上海、深圳的股票交易市场也制定了一系列监管制度，例如涨跌停板制度、全面开放股价限制等措施，对当时的监管制度进行了一定的补充。

1.2 国务院证券委员会主管阶段（1992 年底—1997 年 8 月）

随着证券市场的规模逐步扩大，从地方性市场发展为全国性市场，中央政府逐渐承担起对证券市场的监管责任。在此之前的中国人民银行主管阶段，中国的证券市场是由多个机构参与监管的，各个机构之间缺乏协调统一。1992 年 10 月，国务院决定成立专门的国家证券监管机构（国务院证券委员会，简称“证券委”）及其执行机构（中国证券监督管理委员会，简称“证监会”），对证券市场进行日常管理。证券委主要是一个协调机构，证监会作为证券委的执行机构行使了大量职权。

证券委作为国家对证券市场进行宏观管理的机构，其主要职责包括：组织拟定证券市场法律、法规草案；研究制定证券市场方针政策和规章；制订证券市场发展规划并提出计划建议；指导各地区以及有关部门与证券市场相关联的各项工作；指示批复证监会。作为证券委的执行机构，证监会的主要职责包括：根据证券委的指示和授权，拟定证券市场管理的规则；对证券经营机构的证券业务进行监管；依法对有价证券的发行和交易以及向社会公开发行股票的公司进行监管；向证券委报告工作，提出有关证券市场的建议；等等。

在证券委和证监会成立之后，中国证券市场的监管重心逐步从地方政府转移到了中央政府，形成了证券委主管、证监会执行、地方政府共同参与管理、证券交易所自律监管的体系。一是证券委对全国证券市场进行统一宏观管理，证监会负责执行。在此期间证监会共历经两任主席：刘鸿儒（1992 年 10 月—1995 年 3 月）、周道炯（1995 年 3 月—1997 年 5 月）。二是证券市场立法权收归中央。自 1993 年 12 月《股票发行与交易管理暂行条例》颁布以来，各地方政府制定股份制试点和股票发行法律法规的做法宣告结束，证券市场的立法权收归国家。三是国务院的其他一些部委行使部分证券监管权力。例如，国家计委负责平衡证券委的计划建议；中国人民银行负责审批和管理各类债券市场、证券经营机构；财政部主要负责管理国债市场；体改委负责拟定股份制试点的法规；等等。四是地方政府和主管部门选拔公开发行股票的企业，开展股份制试点工作。五是上海、深圳交易所进行自律监管，对证券交易所内股票、债券的日常交易行为进行管理。

在此期间，历经 1995 年“3・27”国债期货事件、1996 年股市暴涨以及“琼民源”事件等，各类资本市场监管逐步完善，上市公司披露力度加大，资本市场监管进入逐步规范阶段。

1.3　中国证监会主管阶段（1997 年 8 月至今）

为加强对证券市场的管理，1997 年 11 月，中央金融工作会议对我国证券业监管体制进行了改革：撤销国务院证券委，其原有职责由中国证监会行使；中国证监会垂直领导全国证券监督机构，并将证券经营机构审批管理职能也划归中国证监会；上海和深圳两个证券交易所由中国证监会直接监管。原来归属地方政府的证券监管部门收归证监会所有，并在全国中心城市设立 9 个证券监管办公室（天津、沈阳、上海、济南、武汉、广州、深圳、成都、西安），2 个直属于证监会的办事处（北京、重庆），在 25 个省、自治区、计划单列市设证券监管特派员办事处。

在此后的20多年间，中国证监会历经周正庆（1997年5月—2000年2月）、周小川（2000年2月—2002年12月）、尚福林（2002年12月—2011年10月）、郭树清（2011年10月—2013年3月）、肖钢（2013年3月—2016年2月）、刘士余（2016年2月—2019年1月）和易会满（2019年1月至今）七位主席。在这一期间，《中华人民共和国证券法》自1998年12月通过至今，经历了两次修订、三次修正，以不断适应我国资本市场的发展和监管要求。证券监管机构的权力逐步集中到中央，既增强了监管机构的权威性，也为我国证券市场的监管提供了更好的保障。证监会对地方证券监管机构进行指导，既能实现对地方机构的统一监管，又能提升监管效率。设立派出机构既提高了工作效率，也加强了对地方的监管能力。

在此阶段，中国的金融监管体系也发生了重大变化。1984年，中国人民银行真正开始行使中央银行职能；1986年，《银行管理条例》发布，标志着开始由中国人民银行领导和管理全国的金融事务。随后在1992年，证监会成立，并于1998年与证券委合并，主要对证券期货业实施监管；1998年11月，保监会成立；2003年4月，银监会开始履行职责。随后，我国长达15年的“一行三会”分业监管的局面形成，形成了银行、证券与保险分业监管的格局。但随着我国金融市场的发展，“一行三会”的监管制度逐渐出现了监管重叠、监管真空等问题，混业的交叉业务经常需要多个主体来监管，协调不当时容易出现监管盲区。2018年3月13日，国务院机构改革方案提出将银监会与保监会合并，组成银保监会，自此我国长达15年的“一行三会”的监管格局结束，开启了“一行两会”的监管格局。

与此同时，我国股票发行的监管经历了审批制、核准制到现在注册制的试点。在2000年3月以前，我国股票市场的审批制有较强的行政色彩，证券发行实行审批制，采用“指标分配、行政推荐”的方法，由各省级政府和国务院有关部委进行初审并推荐公司发行上市，证监会进行复审。不过审批制度的缺陷逐渐体现，比如，在这种发行管理体制下，股票发行企业都是小企业，因为海外发行股票不需要额度，大企业纷纷去海外上市了。1999 年 7 月 1 日正式实施的《中华人民共和国证券法》明确了核准制的法律地位。核准制以强制性信息披露为核心，旨在强化中介机构的责任，减少行政干预。2000 年 3 月开始实行核准制，从由政府选择企业上市改为由证券公司等中介机构推荐企业上市，取消了发行额度和指标，具有一定的市场化特点。但在实际运行中，核准制导致了主管机构负荷过重，投资者又对核准过的股票给予较高的投资价值，不利于资本市场参与者形成成熟的价值判断体系。21 世纪初期，企业财务造假、新股发行价格过高成了资本市场的热门话题。股票发行不能市场化，定价就不能市场化，于是，行政监管造成了股票市场价格的严重扭曲。2018 年 11 月，国家主席习近平宣布在上海证交所设立科创板并试点注册制。2019 年 7 月，科创板开市，首批 25 只科创板上市企业股票在上交所交易。注册制充分尊重投资人和筹资人在公开发行证券上市的时机选择和价格选择方面的自主权，是让市场在资源配置中发挥决定性作用的表现，具有里程碑意义。

经过 30 多年的发展，中国资本市场监管逐步完善，特别是自 2017 年第五次全国金融工作会议以来，中国资本市场监管进入新的阶段。第五次全国金融工作会议宣布设立国务院金融稳定发展委员会作为协调各监管部门的机构，以有利于监管部门之间的协调以及同财政部和地方相关部门的协调。同时，逐步加强功能监管，更加重视行为监管。功能监管与行为监管是按照业务功能而不是机构类型来监管，本着实质重于形式的原则，压缩套利空间，有助于更好地防范系统性风险。表 10－1 总结了历次全国金融工作会议与资本市场监管变革的情况。

表 10－1　历次全国金融工作会议与资本市场监管变革

会议	内容
第一次全国金融工作会议（1997 年 11 月 17 日至 19 日）	成立中共中央金融工作委员会（简称中央金融工委），强化金融分业经营和分业监管。中央金融工作会议撤销国务院证券委，其原有职责由中国证监会行使，成立保监会对金融业实行分业监管。证监会主管证券市场业务，保监会对保险业进行监管，中国人民银行专门负责对银行业、信托业进行监管。

续表

会议	内容
第二次全国金融工作会议（2002 年 2 月 5 日至 7 日）	撤销中央金融工委，酝酿设立银监会对银行、信托业进行监管。
第三次全国金融工作会议（2007 年 1 月 19 日至 20 日）	（1）确立发改委监管企业债、证监会监管公司债的分工模式。 （2）明确提出完善金融分业监管体制机制。央行行使金融稳定监管职能，银监会行使银行业监管职能，财政部行使财务监管职能，中央汇金投资有限责任公司行使股东监管职能，证监会行使证券业监管职能，保监会行使保险业监管职能。 （3）健全金融法制，加强监控跨境短期资本流动和投机资本，加大反洗钱工作力度，整顿规范金融秩序。
第四次全国金融工作会议（2012 年 1 月 6 日至 7 日）	（1）加强和改进金融监管，防范系统性金融风险，防范并化解地方政府债务风险，将地方政府债务收支分类纳入预算管理。 （2）加强资本市场和保险市场建设，加强金融宏观调控。
第五次全国金融工作会议（2017 年 7 月 14 日至 15 日）	（1）设立国务院金融稳定发展委员会，有利于协调各部门的监管。随着监管机构的增多，机构之间的交叉业务也越来越多，容易造成监管竞争，金融稳定发展委员会的设立有利于监管部门之间的协调，以及同财政部和地方相关部门的协调。 （2）加强功能监管，更加重视行为监管。功能监管与行为监管是按照业务功能而不是机构类型来监管，本着实质重于形式的原则，在此监管理念的指导下，套利空间减少，有助于防范系统性风险。 （3）排查国企债务、地方债务、房地产泡沫、影子银行、外部冲击、违法犯罪、杠杆率畸高和流动性风险八大金融风险点。

2. 金融结构与监管变革：从资本监管到透明度监管

2.1 中国金融结构的演进逻辑与阶段性特征

2.1.1 中国金融结构的演进逻辑

推动金融结构演进的因素可以归结为经济、制度、法律和文化这四个。一国金融结构的形成及其演进过程主要由经济发展阶段和居民收入水平等经济因素决定。King 和 Levine（1992）认为，金融体系的规模与经济发展水平密切相关。他们发现，与较贫穷国家的公民相比，最富裕国家的公民其年收入中的流动资产比货币负债多，富裕国家在经济发展曲线上走得更远，拥有更大的金融体系，即经济发展水平决定了金融体系的规模。此外，实体经济结构决定了金融结构的演进方向。Mayer（1988）认为，在法国、德国、日本和英国，股票市场在 1970—1985 年间作为公司的资金来源相对不重要。相比之下，在此期间，美国公司在资本市场上相对严重地依赖债券融资。不同的经济结构形成了以美国为代表的市场主导型金融体系和以日本、德国为代表的银行主导型金融体系。

无论是自发性的制度演进还是主动性的制度变革均可以对金融体系结构产生影响。首先，社会行为的交互和社会活动的运行自发地促进了制度的诞生和演进，从而推动了金融结构演进。Hicks（1967）从交易成本的角度进一步指出，为降低交易成本，一系列金融制度诞生，引起金融结构的变化。其次，政府也可以通过主动性的制度变革对金融体系施加影响。Hicks（1969）指出，国家对货币制度的介入带来了货币标准化和信用背书，从外部有效地强化了金融体系的信用能力，金融体系的高楼大厦得以在此基础上建立。

在契约履行、信用体系、产权保护和法源传统等的基础上，法律因素推动金融体系结构走向成熟。一方面，对于拥有较好的契约和信用体系的经济体，投资者更愿意进行投资，由此推动了金融体系的发展。La Porta 等（1997）从公司层面描述了法律体系是如何推动金融市场发展的。合同法、公司法和证券法等相关法律、法律体系对私有产权的保护程度和执法效率这三者共同决定了大股东以及管理层对中小股东以及债权人的掠夺程度，从而影响了投资者购买证券参与金融市场的信心。另一方面，法源传统通过两种机制影响金融体系：一是“政治”机制。La Porta 等（1999）指出，对于私有产权保护和政府行为而言，这两者的优先权是由不同的法源传统所赋予的，而赋予私有产权保护更多优先权的法源传统将更有利于金融市场发展。二是“适应”机制。市场的不断变化对法律变更的适应能力提出了相应要求，而对于不同的法源传统，其适应能力也会有所不同，适应能力更强的法源传统更有利于金融市场发展。

文化在经济学上主要表现为信念和偏好，也在一定程度上影响着金融体系。首先，不同的文化特征对应着不同的金融体系结构，Kwok 和 Tadesse (2006) 认为，民族文化可能是一国金融结构的一个重要决定因素，并提供证据表明，具有更高的不确定性规避特征的国家更有可能拥有以银行为基础的体系。其次，文化也可以通过社会信任推动金融体系的演进，在社会信任程度较高的国家，金融业经营效率更高，成本更低，经济体更倾向于选择市场主导型金融体系（陈雨露和马勇，2008）。

中国金融体系演进的过程是一般机制和独特环境共同推动的结果。在经济上，我国第二产业占比仍相对较大，投资需求对 GDP 的拉动也是一个重要部分，在向第三产业以及消费拉动转移的同时，金融体系结构逐渐从银行主导型向银行、资本市场并重转变。在制度上，主动的经济制度改革使中国金融体系从计划模式转向了市场模式，对外开放制度早期促进了中国资本市场的起步，后期又是资本市场与国际接轨、人民币和金融机构国际化的推动力量。在法律上，不断完善的法律推动金融体系从单一融资功能过渡到融资与财富管理功能并重，推动了支付清算功能的升级，改善了传统金融体系面对金融危机的脆弱性。在文化因素上，对风险的较为保守的态度和基于亲缘关系的社会信用传统提供了适宜间接融资体系发展的土壤。

2.1.2 中国金融结构的阶段性特征

罗伯特·默顿和兹维·博迪提出的功能金融观认为，金融体系具备以下 6 个核心功能：清算和支付功能；融通资金和股权细化功能；为在时空上实现经济资源转移提供渠道的功能；风险管理功能；信息提供功能；解决激励问题的功能。

从配置金融资源的机制和功能上看，一般将金融体系划分为以英美为代表的市场主导型金融体系和以日德为代表的银行主导型金融体系。从结构视角看，自 1978 年至今，中国金融体系大致经历了从以银行主导型为主到银行和市场并重的金融模式的转变。如果基于中国金融结构演进的角度，那么应着重分析其三个功能：分散风险或财富管理；支付与清算；聚集和分配资源。本章将从以上三个功能的视角分析不同阶段金融结构的特征（见表 10－2）。

表 10－2　不同阶段金融结构特征的比较

	金融体系功能丰富程度	支付与清算功能的承担	能否分散风险
银行主导型	以融资功能为主，较为单一。[1992 年前，中国股票市场和债券市场的总市值尚未达到全部金融资产（CS 口径）的 10%。资本市场角色的缺失使中国金融体系功能单一，主要以融资为主。]	主要由商业银行承担全社会的支付清算任务。	无法将藏身于体系内的风险分散化。（金融体系配置风险的能力不足，风险更多地表现出累积而非分散的特征，金融体系脆弱且缺乏足够的弹性和有效的危机修复机制。）
银行与市场并重	较丰富，融资与财富管理功能并重。（截至 2019 年，中国股票市场和债券市场的总市值已经达到全部金融资产的 50.83%；而资本市场在优化存量资源配置上相较商业银行具有无可比拟的优势。）	安全便捷的第三方支付。（中国金融体系的市场化程度不高，所以金融科技的渗透力量非常强大，能够迅速推进中国金融业态尤其是支付业态的变化。第三方支付不仅在效率上实现了突破，而且并没有带来更大的风险。）	能够识别、减少、分散风险。（资本市场通过风险定价机制，提供了一种代替银行信贷融资的可让资金供求双方在收益和风险之间进行权衡的选项。这使得市场参与者承担其愿意承担的风险而交易不愿意承担的部分，从而达到风险分散的目的。）

资料来源：作者整理。

2.2　基于金融结构调整的风险特征变化

从金融演进逻辑来讲，结构决定风险的特点，不同的金融结构会产生具有不同特点的金融风险。随着金融结构的调整，金融风险的特征也相应地发生了变化。

从宏观角度来看，任何一种风险，如果其损益超过了一定范围，损益的风险外部性就会表现出来。这种情况在商业银行经营活动中表现得十分明显。对于商业银行来说，资本充足率是阻止风险外溢的最基础、最核心的工具；存款准备金制度则是减少风险的最主要工具。所以，资本不足风险是一种基础性的金融风险。在传统的银行主导型金融体系中，资本不足风险是最重要的风险。

金融脱媒和金融功能的“演进”推动了资本市场的发展，其结果是风险不再主要表现为资本不足风险。在债券和股票这两类证券化金融资产中，债券风险主要来源于信用，间接来源于债券发行主体的信息透明度；股票风险则直接来源于市场透明度。Bloomfield 和 O'Hara（1999）认为，透明度即交易者在交易过程中观测相关信息的能力。之所以说透明度是证券市场的核心，是因为客观上证券市场交易双方存在信息不对称，对于处于信息劣势的一方而言，其利益存在受损的可能性（吴晓求等，2013）。在现代的市场主导型金融体系中，透明度风险是最重要的风险。

实质上，在现代金融体系中，这两类风险是两种来源不同、性质相异的基础型风险。随着金融结构的演进，这两类风险的权重和结构也会不断发生变化。

在金融结构中，最重要的就是金融资产结构。本章我们主要从金融资产结构的变化来分析金融结构的变化（见本章附表）。

（1）基于资产属性的结构分析。

基于资产属性的结构分析结果见图 10－1 和图 10－2。

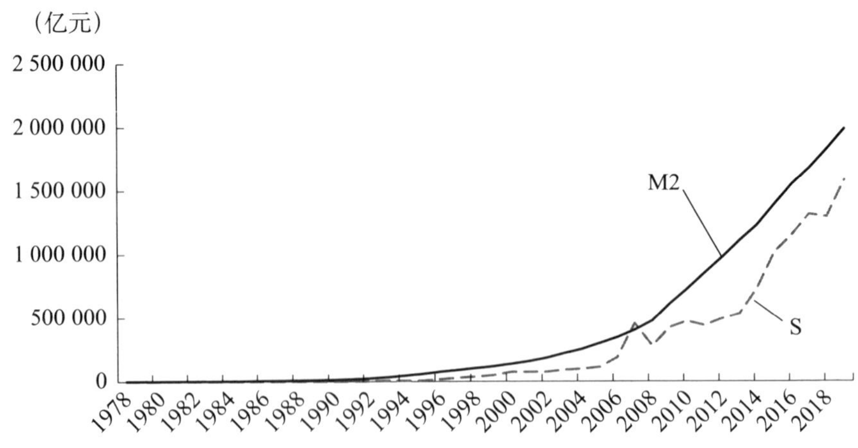

图 10－1　M2 和证券化金融资产规模及其变动趋势

说明：S 表示证券化金融资产（包括股票类金融资产和债券类金融资产），下同。

资料来源：作者根据国家统计局、WIND 数据库、中国人民银行发布的数据整理而得。

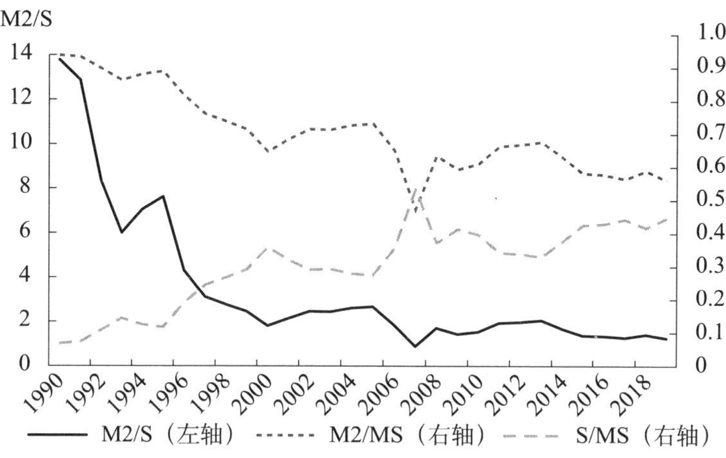

图 10－2　中国金融资产结构变化趋势

说明：在 1990 年之前，从中国金融资产结构来看，没有发生重要变化，故结构分析从 1990 年开始。

资料来源：作者根据国家统计局、WIND 数据库、中国人民银行发布的数据整理而得。

（2）基于融资机制的结构分析。

基于融资机制的结构分析结果见图 10－3 和图 10－4。

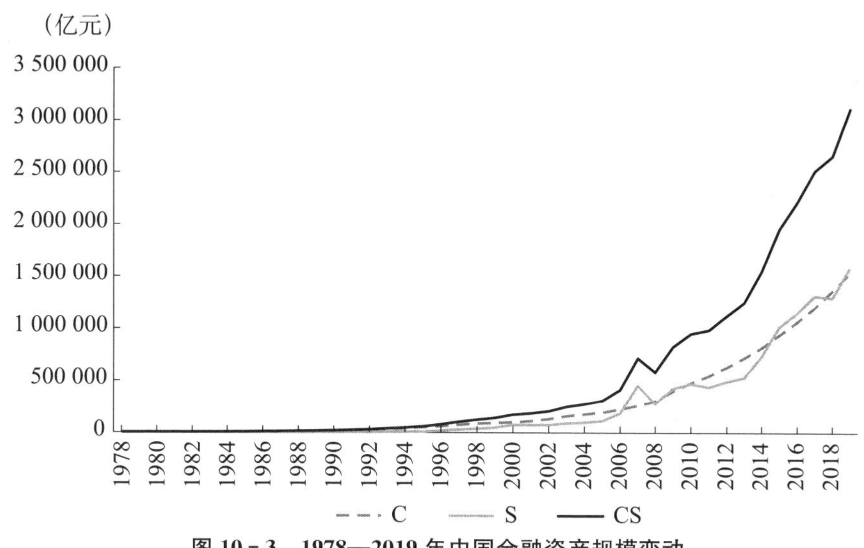

图 10－3　1978—2019 年中国金融资产规模变动

说明：C 表示银行信贷类资产（金融机构各项贷款余额），S 表示证券化金融资产（包括股票类金融资产和债券类金融资产），CS 表示两者之和，下同。

资料来源：作者根据国家统计局、WIND 数据库、中国人民银行发布的数据整理而得。

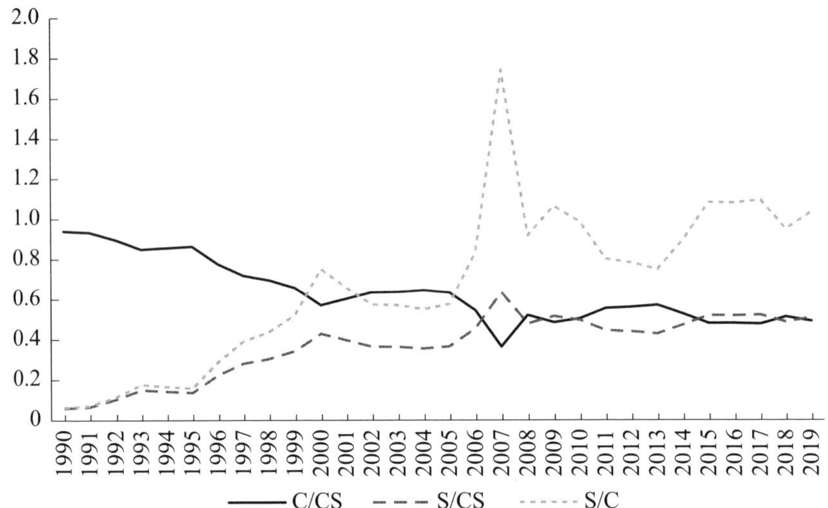

图 10-4　1990—2019 年中国金融资产结构变动：基于融资机制角度的比较

说明：在 1990 年之前，从中国金融资产结构来看，没有发生重要变化，故结构分析从 1990 年开始。

资料来源：作者根据国家统计局、WIND 数据库、中国人民银行发布的数据整理而得。

（3）基于财富管理的结构分析。

基于财富管理的结构分析结果见图 10-5 和图 10-6。

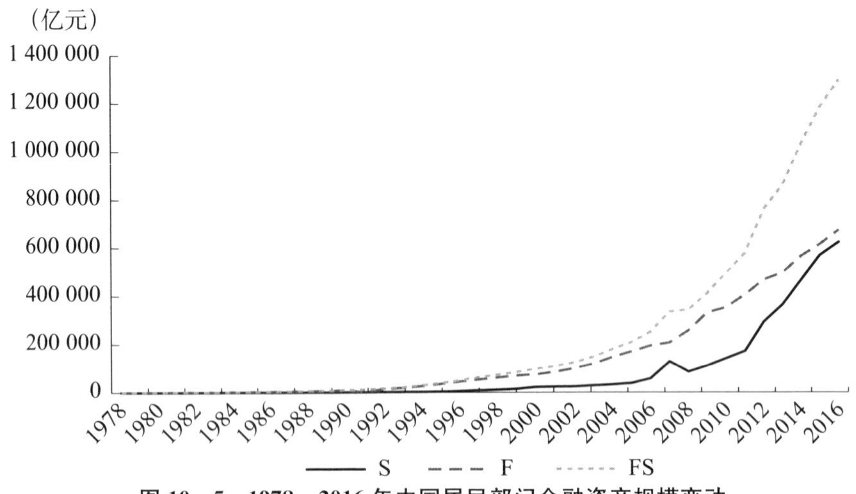

图 10-5　1978—2016 年中国居民部门金融资产规模变动

说明：S 指证券化金融资产，S1 指股票，S2 指债券；F 指非证券化金融资产；FS 指居民部门总金融资产，FS=S+F，下同。

资料来源：吴晓求，等. 中国资本市场研究报告（2019）——现代金融体系：中国的探索. 北京：中国人民大学出版社，2019.

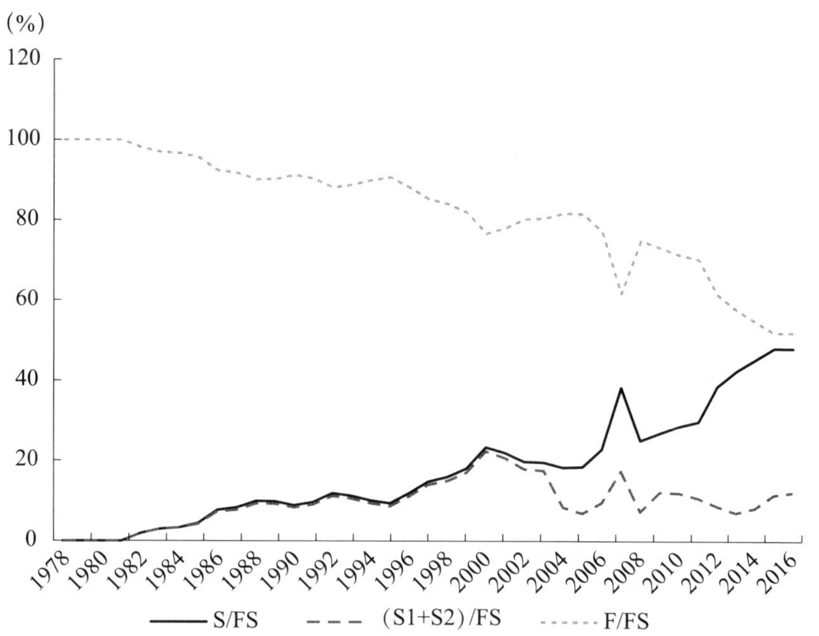

图 10－6　1978—2016 年中国居民部门金融资产结构变动：基于财富管理角度的比较

资料来源：吴晓求，等．中国资本市场研究报告（2019）——现代金融体系：中国的探索．北京：中国人民大学出版社，2019.

从图 10－1 至图 10－6 我们可以看到，从 M2/MS、S/MS、S/CS 和 S/FS 等指标来看，可以明确的是，证券化金融资产占比的趋势是在逐渐上升的。这意味着，中国金融体系的结构性调整非常显著，即证券化金融资产在整个金融资产中的比重在迅速提升，无论从哪个口径来看，都在发生很大的变化。①

与金融结构的调整相对应，中国金融体系的透明度风险也发生了相应变化。当前，虽然资本不足风险仍然严峻，但是透明度风险在快速上升，特别是在新金融业态互联网金融快速发展之后（吴晓求等，2015），这种风险特征更加明显，不过资本不足风险的权重下降是个不争的事实。事实上，由于证券化金融资产的风险主要来自透明度，中国金融风险也由此从资本不足风险过渡到资本不足风险和透明度风险并存的时代。②

① 参见吴晓求在 2017 国际货币论坛开幕式上的演讲。

② 参见吴晓求在第二十一届（2017 年度）中国资本市场论坛上的讲话。

2.3 从以资本监管为主向透明度监管转变的必然性与过程

2.3.1 金融监管转变的必然性

金融结构变动是金融监管架构不断调整，进而发生变革的最基础的因素。金融监管变革的逻辑基于金融结构的渐进而趋势性的调整和由此引起的金融风险的巨大变化。金融风险的结构特征及演变趋势决定了金融监管的基本架构和改革的基本方向。如果试图寻找金融监管变革的逻辑，应当从一国金融结构的变动趋势开始。

（1）监管转变的理论逻辑。从上文我们可以看出，中国金融资产结构已经发生了重大的变化，证券化金融资产在整个金融资产中所占的比重在不断上升。中国的金融体系结构已经从银行主导型过渡到了银行与市场并重型。

随着金融结构的演进，一国金融监管可能随之有针对性地进行调整，呈现出一定的阶段性特征（Dagher，2018）。张立洲（2002）指出，金融监管直接受金融结构演进的影响。金融结构不同，金融风险结构也会有所差异，而监管的第一要务就是控制风险；为满足金融结构和风险控制的要求，监管也需要形成不同的制度和结构。进一步地，良好的监管制度和分工结构有益于金融结构的演进；而当金融监管无法满足金融结构和风险控制的要求时，则会阻碍金融结构的演进。巴曙松等（2013）认为，随着金融结构的演进，风险分布情况和风险种类不断发生变化。如果监管未能及时做出调整，就会导致监管成本增加、效率降低。表 10-3 总结了不同金融结构下的风险特征及其监管要求。

表 10-3 不同金融结构下的风险特征及其监管要求

金融结构	风险结构特点	对监管的要求
银行主导型	风险主要集中于银行； 以贷款的信用风险为主； 金融产品单一，风险之间的联系较少，风险传染较困难。	主要集中监管银行； 主要关注货币供应量和贷款质量及规模； 主要采用资本充足率、存贷比等指标。

续表

金融结构	风险结构特点	对监管的要求
市场主导型	风险从银行扩散到各类金融机构； 透明度风险显著提升，但信用风险依旧很高； 金融产品种类丰富，风险之间的联系较强，风险传染的可能性大。	多元化监管，适应风险的变化； 监管重点要从资本不足监管转向透明度监管； 监管指标多元化。

资料来源：巴曙松，吴博，刘睿．金融结构、风险结构与我国金融监管改革．新金融，2013（5）．

（2）监管转变的现实动因。开放、资本市场和科技的力量使金融底层发生了改变，传统的金融监管无法满足对日益复杂的金融风险的监管要求。一方面，传统的偏重银行资本金的监管理念容易引发监管套利，加剧金融体系风险；另一方面，市场主导型金融体系要求更高程度的信息透明度监管。因此，监管必须做出相应的转变。

首先，中国的金融结构发生了明显的变化，证券化金融资产的规模和占比显著提高，这表明金融脱媒的力量在增强，而脱媒的结果则是风险绕开资本。对于此时的金融产品而言，交易者的交易行为是基于对信息的判断。信息是否充分而透明，决定了风险的存在与否及其大小，这就对信息透明度提出了一定的要求。

其次，金融科技变革对中国产生了重大影响。中国金融的市场化程度不高，所以金融科技的渗透力量非常强大，能够迅速推进中国金融业态的变化。彼此交织的金融业态和金融结构不断推动着中国的金融功能向融资和财富管理并重的方向发展。而金融资产结构的变化和金融业态与功能的变化有着紧密的联系。随着金融功能和金融业态的变化，中国金融风险结构也逐渐发生变化，透明度风险占比开始上升。

目前主要包括三种金融业态：第一种是以融资为主体的业态；第二种是资本市场；第三种主要是基于科技和互联网的发展所形成的新金融业态（吴晓求等，2015）。从业态和结构来看，金融底层已经发生了重大的变化。

最后，不断加快的金融开放将会推动中国金融进入风险结构更加复杂的时代。基于中国金融风险结构的趋势性变化和不同风险来源的巨大差异，中国金融监管模式和架构的调整显得尤为迫切。

2.3.2 金融监管的转变过程

改革开放以来，我国金融体系长期为银行主导型金融体系，监管结构单一，主要集中在商业银行。对于商业银行而言，资本充足率是其阻止风险外溢的最基础工具。因此，此阶段最主要的监管工具就是资本充足率等指标，整个监管体系的基础就是资本监管。2012 年 6 月，银监会在《巴塞尔协议Ⅲ》的基础上制定了《商业银行资本管理办法（试行）》，该办法是现阶段中国银行业监管最重要的制度，核心是规范和完善银行业资本监管。

当前，金融脱媒不断加速，证券化金融资产占比迅速上升，金融风险特征发生重大变化，中国的金融风险已经进入资本不足风险和透明度风险并重的时代，透明度监管因此成为资本市场监管重点。表 10－4 和表 10－5 分别列出了目前我国资本监管和透明度监管的有关内容。

表 10－4　目前我国的资本监管

<table>
<tr><th rowspan="2">监管对象</th><th colspan="3">监管模式</th></tr>
<tr><th colspan="3">资本监管</th></tr>
<tr><td rowspan="9">银行</td><td rowspan="5">统一配套的资本充足率监管体系</td><td>最低资本要求</td><td>核心一级资本充足率为风险加权资产的 5%；
一级资本充足率为风险加权资产的 6%；
资本充足率为风险加权资产的 8%</td></tr>
<tr><td>储备资本要求</td><td>风险加权资产的 2.5%</td></tr>
<tr><td>逆周期资本要求</td><td>风险加权资产的 0～2.5%</td></tr>
<tr><td>系统重要性银行附加资本要求</td><td>风险加权资产的 1%</td></tr>
<tr><td>第二支柱资本要求</td><td>系统重要性银行的资本充足率为 11.5%；非系统重要性银行的资本充足率为 10.5%</td></tr>
<tr><td colspan="3">严格并明确定义资本和各类资本工具的合格标准</td></tr>
<tr><td colspan="3">扩大资本覆盖风险的范围，确定了信用风险、市场风险和操作风险加权资产的比重，明确资产证券化、场外衍生品等复杂交易性业务的资本监管规则</td></tr>
<tr><td colspan="3">将商业银行资本充足率水平分为四类，进行差异化监管</td></tr>
<tr><td colspan="3">对于表外业务，主要通过风险系数转换机制进行间接资本监管，但效果不佳</td></tr>
</table>

续表

监管对象		监管模式
		资本监管
非银行金融机构	信托公司	信托公司净资本不得低于人民币 2 亿元； 净资本不得低于各项风险资本之和的 100%； 净资本不得低于净资产的 40%
	财务公司	资本充足率不得低于 10%； 拆入资金余额不得高于资本总额； 担保余额不得高于资本总额； 短期证券投资与资本总额的比例不得高于 40%； 长期投资与资本总额的比例不得高于 30%； 自有固定资产与资本总额的比例不得高于 20%； 财务公司对其吸纳的存款，需向央行提交存款准备金
	汽车金融公司	资本充足率不低于 8%，核心资本充足率不低于 4%； 对单一借款人的授信余额不得超过资本净额的 15%； 对单一集团客户的授信余额不得超过资本净额的 50%； 对单一股东及其关联方的授信余额不得超过该股东在汽车金融公司的出资额； 自用固定资产比例不得超过资本净额的 40%
	消费金融公司	资本充足率不低于 10%； 同业拆入资金比例不高于资本总额的 100%； 资产损失准备充足率不低于 100%； 投资余额不高于资本总额的 20%

说明：详细内容可参阅《证券公司风险控制指标管理办法》。

资料来源：吴晓求，等．中国资本市场研究报告（2017）——中国金融监管改革：比较与选择．北京：中国人民大学出版社，2017.

表 10－5 目前我国的透明度监管

监管方向		监管模式
		透明度监管
上市公司信息披露监管	法律	《公司法》《证券法》《刑法》中的相应条款
	法规	《股票发行与交易管理暂行条例》《关于股份有限公司境内上市外资股的规定》《关于股份有限公司境外募集股份及上市的特别规定》等

续表

监管方向		监管模式
		透明度监管
上市公司信息披露监管	规章	主要指《首次公开发行股票并上市管理办法》《首次公开发行股票并在创业板上市管理暂行办法》《上市公司证券发行管理办法》《上市公司非公开发行股票实施细则》《上市公司信息披露管理办法》《禁止证券欺诈行为暂行办法》《证券市场禁入暂行规定》《股份有限公司境内上市外资股规定的实施细则》《证券交易所管理办法》《上市公司收购管理办法》《上市公司重大资产重组管理办法》《公开发行证券的公司信息披露内容与格式准则》《公开发行证券的公司信息披露编报规则》《公开发行证券的公司信息披露规范问答》《关于规范上市公司信息披露及相关各方行为的通知》《关于前次募集资金使用情况报告的规定》等
	自律性约束	主要指证券交易所的《股票上市规则》《股票上市公告书内容与格式指引》《上市公司信息披露事务管理制度指引》
市场交易信息监管		《证券法》和上述规章、规则中的相应规定

资料来源：吴晓求，等．中国资本市场研究报告（2017）——中国金融监管改革：比较与选择．北京：中国人民大学出版社，2017.

整体上讲，我国透明度监管的相关法律法规体系还是比较完善的，但是仍然存在一定的缺陷，主要是资本市场透明度原则涉及的范围过于狭窄，证券品种过少，主要限制在股票和债券，没有针对各类市场“结合部”以及各种类证券创新工具的法律法规，而这恰恰又是金融创新的重点地带，也是巨大风险产生的源头。目前，除传统意义上上市公司信息披露和市场交易信息披露不足、不真实所带来的风险外，资本市场风险似乎正越来越多地来源于各类相近市场的“结合部”和监管真空地带，而这正是我国金融监管所忽略的。

未来，资本市场上述新的风险来源和监管真空既是监管模式、功能变革的重要原因，也是未来设计新的监管架构所要思考的重点方向（吴晓求等，2017）。

3. 系统性风险与监管变革：从微观审慎到宏观审慎

20 世纪 90 年代，英国经济学家泰勒（Taylor，1995）提出“双峰理论”，认为金融机构审慎监管和金融消费者权利保护是金融监管的两大目标：前者旨在提高金融机构经营稳健性，从而维护金融体系稳定，后者旨在保护金融消费者，推动市场有效公平竞争。基于此，下文将分别从审慎监管和消费者保护两方面展开。

3.1　宏观审慎监管与微观审慎监管

审慎监管分为微观审慎监管和宏观审慎监管。微观审慎监管认为，控制个体风险将保证金融体系的安全，监管部门应从最低资本要求、流动性管理、风险管理、问题资产认定及拨备计提、内部控制等方面制定审慎标准，并通过现场及非现场检查方式实施监管。但是，微观审慎忽视了金融机构相互间的传染性与相互依存关系。2008 年国际金融危机后，宏观审慎的重要性日益凸显，呈现出从以微观审慎监管为主向宏观审慎与微观审慎并重转变的趋势。

“宏观审慎”概念虽早在 20 世纪 70 年代即由国际清算银行（BIS）提出，但直到 20 世纪 90 年代亚洲金融危机后才逐渐受到重视，并在国际金融危机后得到广泛运用（宋科，李戎，2017）。根据国际货币基金组织（IMF）、金融稳定理事会（FSB）和 BIS（2016）的定义，宏观审慎政策即利用审慎工具抑制系统性风险的做法。系统性风险有两个维度：一是时间维度，即风险随时间累积导致金融体系脆弱性加剧；二是跨部门维度，即在给定时间金融系统内因部门间关联性而产生的风险。宏观审慎政策希望实现三个目标：一是通过建立或释放缓冲保证金融系统有效运转，提升金融系统应对风险的韧性；二是通过降低资产价格和信贷间的顺周期反馈以及抑制杠杆率、债务危机和不稳定融资的过度增长，抑制系统性风险随时间累积；三是降低金融系统内部因关联性、共同风险敞口、单个金融机构“大而不能倒”等原因导致的结构脆弱性。表 10 - 6 对宏观审慎监管与微观审慎监管进行了对比。

表 10-6　宏微观审慎监管对比

	宏观审慎监管	微观审慎监管
直接目标	抑制金融系统层面危机	抑制个体金融机构危机
最终目标	避免产出（如 GDP）损失	消费者（投资者/储户）保护
风险模式	内生	外生
机构间关联性与共同风险暴露	重要	不相关
审慎工具定位	系统性风险层面；自上而下	单个机构风险层面；自下而上

资料来源：Borio（2003）.

宏观审慎政策的重点在于监控风险的跨市场传递、缓释金融风险的系统性蔓延和扩张、防范金融危机的爆发。微观审慎政策的重点在于准入监管、行为监管和市场风险监管。金融监管要实现微观审慎监管与宏观审慎政策的协同发展。一方面，宏观审慎监管需要微观审慎监管提供的基础数据信息；另一方面，微观审慎监管也需要宏观审慎监管提供预警和政策执行功能。微观审慎监管是金融监管的基石，宏观审慎政策是监管的灵魂，二者在功能上要实现协调和统一（吴晓求等，2018）。

2008 年国际金融危机后，主要经济体和国际组织相继改革自身金融监管体制，加强识别和防控系统性风险。二十国集团（G20）将宏观审慎监管纳入全球金融监管框架，成立金融稳定理事会（FSB）作为宏观审慎监管的国际组织；美国《多德-弗兰克法案》赋予了美联储宏观审慎管理权；欧盟建立了欧洲金融监管体系，并由欧洲系统性风险委员会（ESRB）承担宏观审慎职能；《巴塞尔协议Ⅲ》的颁布确立了从微观审慎监管转变为“宏微观审慎监管并重”的模式。

中国较早开展宏观审慎监管实践。2015 年以来，央行已着手建立了较为全面的宏观审慎评估体系（MPA），十九大报告也指出要健全货币政策和宏观审慎政策双支柱调控框架，健全金融监管体系，守住不发生系统性金融风险的底线。此外，随着国务院金融稳定发展委员会的成立和“一委一行两会”为主导的双柱动能监管体系的建成，我国宏微观审慎监管的配合得到进一步优化。

3.2　资本市场与宏观审慎监管

资本市场是现代市场经济的重要组成部分（易会满，2019），资本市场涉及主体数量多、关联强，风险往往具有更大的顺周期性、传染性和溢出效应，牵一发而动全身。因此，资本市场的稳定对于守住不发生系统性金融风险的底线、维护金融体系稳定而言意义重大。

从资本市场的两个主要功能，即融资和投资两方面看，资本市场存在以下风险：在融资方面，存在信息不对称风险、资产定价风险、结构搭配不合理风险、国家政策风险等；在投资方面，存在中小投资者易制造价格泡沫、机构投资者加剧资本市场波动、产品价格无法体现产品价值、政策导向抑制资本市场发展等风险（吴晓求等，2019）。

一国金融监管体制取决于该国金融市场风险的来源和特征（吴晓求，2018）。近年来，我国高度重视完善宏观审慎管理制度，主要体现在加强政策协调、加强系统性风险监测与评估、完善宏观审慎政策等方面。从政策思路来看，主要集中于两方面的风险控制：一是对非银行机构的债务风险进行控制，主要做法是控制股票、债券等金融产品持有主体的加杠杆行为；二是对银行的信用创造能力进行控制，主要做法是适度抑制加杠杆的资金来源（张晓慧，2017）。

从具体操作来看，我国宏观审慎管理实践主要体现在三方面：一是加强政策协调；二是加强系统性风险监测与评估；三是完善宏观审慎政策（中国人民银行，2019）。在政策协调方面，由国务院金融稳定发展委员会进行部门间统筹协调，按照防范化解金融风险攻坚战的部署，督促推动落实控制重点领域信用风险、化解影子银行风险等措施，以有效控制宏观杠杆率，完善金融监管制度，研究推动资本市场改革发展等工作。加强系统性风险监测与评估方面，持续监测银行业、证券业、保险业、金融市场风险，对银行机构进行压力测试并持续扩大测试范围，定期对上市公司大股东股票质押风险、公募基金流动性风险等证券业风险开展压力测试，利用金融市场综合压力指数监测股票、债券、货币和外汇等市场风险。在完善宏观审慎政策方面，通过完善金融机构评价体系，规范金融机构资产管理业务，银行、证券、保险完善股权管理办法，规范非金融企业投资金融机构行为，完善系统重要性金融机构监管，研究制定金融控股公司监管规则，实现穿透式监管等工作，不断加强对包括资本市场在内的金融市场的宏观审慎监管。

3.3 金融消费者保护与资本市场监管

现代消费者保护起源于20世纪30年代市场失灵背景下的“消费者运动”，而金融消费者保护起源于20世纪六七十年代监管失灵背景下金融机构与消费者间的博弈（林越坚，2015）。大萧条后，美国金融业建立了严格的监管制度，在20世纪60年代通货膨胀的压力下，美国的资金“脱媒”现象日益突出，银行等金融机构不得不通过“隐瞒信息”等方式规避金融监管、赚取更多利润，监管机构相应地颁布一系列法律，通过标准化信息披露等方式保护金融消费者权益，如美国联邦政府1968年颁布的《消费者信用保护法》（Consumer Credit Protection Act）第一编《诚实信贷法案》（Truth in Lending Act）、1970年国会制定的《公平信用报告法》（Fair Credit Reporting Act），对消费者获知信息、对信用报告的权利等方面进行了规范，有助于提升消费者信心，保障人民隐私权益。2008年金融危机之后，各国日益重视金融消费者保护，将其作为重要的政策目标，出台了相应法律，甚至成立了金融消费者保护局等专门机构来保障消费者权益。

可以看出，垄断和信息不对称是引起金融消费者保护不足的主要原因，金融机构和金融消费者在信息、专业知识和可得资源等方面存在显著差异，导致二者地位不平等，消费者缺乏足够力量维护自身利益。在证券市场，消费者的弱势地位体现得尤为显著，一方面是由于资本市场风险较大，另一方面是因为消费者保护法律和争端解决机制不健全，缺乏维护利益的完善工具。

要解决上述问题，需要通过政府干预，为消费者保护提供有力支持。我国正在不断完善金融消费者权益保护相关做法。在制度上，我国形成了金融消费者权益保护的法律监管框架体系，包括国家法律、纲领性文件、部门规章、规范性文件、技术规范和服务标准，以及行政规定及司法解释等（曾刚，刘伟，2020）。尤其是在资本市场消费者保护中，证监会出台了多项保护中小投资者的举措，将投资者保护嵌入监管制度设计中，保障中小投资者知情权、健全上市公司股东投票和表决机制、建立多元化纠纷解决机制、完善中小投资者赔偿制度。在机制上，积极探索构建金融消费者保护“横向+纵向”的网状协调机制（余文建，2020）。横向即在“一行两会”消费者保护部门间开展协调，形成合力；纵向即依托金融委办公室及其地方协调机制，推动中央和地方监管部门间的消费者保护协调与合作。监管机构对金融消费者的保护主要集中在规范金融机构经营行为、强化消费者投诉处理、提高消费者素养三方面（清华大学，2020），如要求机构在向普通投资者销售高风险产品或提供相关服务时进行录音录像、督促金融机构重视消费者投诉处理、面向重点人群开展针对性教育宣传等。表 10-7 总结了近年来金融消费者保护有关制度。

表 10-7　近年来金融消费者保护有关制度

时间	名称	内容
2013 年	《中国人民银行金融消费权益保护工作管理办法（试行）》	初步建立了我国金融体系消费者权益保护的监管框架
2014 年	《中国保监会关于加强保险消费者权益保护工作的意见》	提出保险消费者权益保护措施
2014 年	《中华人民共和国消费者权益保护法（2013 修正）》	提出银行、证券、保险等金融机构应向消费者提供地址、联系方式、价款、风险提示等信息
2015 年	《国务院办公厅关于加强金融消费者权益保护工作的指导意见》	提出金融消费者的内涵及具有的财产安全权、知情权、自主选择权、公平交易权、依法求偿权、受教育权、受尊重权及信息安全权八大权益，要求“一行三会”做好金融消费者权益保护工作

续表

时间	名称	内容
2016 年	《中国人民银行金融消费者权益保护实施办法》	明确定义“金融消费者是指购买、使用金融机构提供的金融产品和服务的自然人”
2020 年	《中国人民银行金融消费者权益保护实施办法》	从消费者金融信息安全权角度进一步强化了消费者信息知情权和信息自主选择权，并对金融消费争议解决的程序性规定以及非诉第三方解决机制进行了细化和完善

资料来源：作者整理。

4. 金融创新与监管变革：监管科技及其应用

4.1 金融科技发展与“二次脱媒”

人们普遍认为，资本市场的发展触发了第一次“金融脱媒”，繁荣的资本市场降低了融资成本，更多市场主体通过资本市场进行直接融资。而金融科技的发展则从更深层面推动了金融“二次脱媒”。金融最理想的模式是使所有的企业、个体都能获得相匹配的金融服务（吴晓求，2017）。金融科技发展快速、创新活跃、注重效率和客户体验，使金融服务的“匹配性”更强，可从根本上改变金融服务业乃至广义上的经济格局，也给传统金融结构和金融机构带来了冲击。

新兴技术，如机器学习、人工智能和分布式账簿技术等可以改善金融服务，对金融服务业影响巨大，但也造成了投资者保护、市场公平和金融稳定方面的风险（IOSCO，2017）。金融科技在证券和资本市场产品与服务中的应用大致可分为四类：一是融资平台，包括 P2P 贷款和股权众筹（ECF）；二是零售贸易和投资平台，包括智能投顾、社交型交易和投资平台；三是机构型交易平台，特别关注债券交易平台的创新；四是分布式账簿技术（DLT），如将区块链技术应用于证券市场（IOSCO，2017）。

金融科技提高了金融服务效率，简化了交易流程，降低了小额、高频、标准化金融服务的成本，提升了市场透明度，增强了金融服务可获得性和便利性，推动了普惠金融。然而，金融科技冲击了传统金融业态，带来了洗钱和恐怖融资等风险。一方面，金融科技产品和服务仍具有传统金融中介所存在的风险，如 P2P 借贷等网络平台类信贷产品存在期限错配、杠杆率较高等风险，面对市场冲击的应对能力较差。同时，这些平台低门槛、高利率、高流动性的特点极易吸引不符合银行信贷资格的高风险借款群体。此外，智能投顾通过算法和模型，容易在市场冲击中采用类似交易策略，放大羊群效应，增强金融系统顺周期性，加剧金融系统脆弱性。另一方面，金融科技的技术属性带来的其他风险也值得关注，如操作性风险、数据滥用风险、风险传播加速风险等。

金融科技的发展在业务层面有所创新，而大型科技公司则从金融主体方面挑战了传统金融中介的地位。近年来，大型科技公司快速发展，已跻身全球市值最高的公司之列。其中，全球最大的 6 家科技公司（亚马逊、谷歌、苹果、脸书、阿里巴巴、腾讯）的市值均远超摩根大通、中国工商银行等全球系统重要性金融机构（Frost，et al.，2019）。多数大型科技公司都是从支付业务打开突破口进入金融领域的，并正迅速向信贷、保险、储蓄、理财等领域扩展。

大型科技公司正在涉足更多领域的金融服务，与传统金融机构展开竞争，同时也为金融机构提供第三方服务。例如，亚马逊、微软、谷歌、阿里云等为许多金融机构提供云服务。许多大型科技公司还向金融机构及其他企业客户提供包括人工智能、机器学习在内的工具。但这可能引发潜在的利益冲突和监管风险：传统金融机构对大型科技公司的依赖程度越来越高，可能产生新的系统性风险；大型科技公司带来了巨大的网络效应和规模经济效应，可能大幅提高数据存储、传输和分析等方面的市场集中度；掌握大量客户数据的大型科技公司一旦发生操作故障或网络安全事故，可能给单个金融机构乃至整个金融体系带来巨大风险。

4.2 资本市场监管科技发展的国际趋势

金融科技快速发展，不仅改变了传统金融行业的生态格局，也对金融监管模式造成了冲击。早在 20 世纪 90 年代，各国金融监管部门就已使用科技手段支持监管，但直到 2008 年国际金融危机之后，伴随科技发展快速、监管要求趋严等趋势，监管科技才得到真正发展，并通过科技赋能开展风险事前预防和事中实时监控，更加积极主动。

根据国际清算银行（Broeders and Prenio，2018）的定义，“监管科技”（SupTech）即金融监管机构使用创新技术来支持工作开展，其中创新技术指的是金融监管机构使用的监管工具中融入的大数据和人工智能（AI）技术。与之相对应的概念是被监管机构利用技术满足监管与合规需求的“合规科技”（RegTech）（FSB，2020）。

从更宏观的角度看，金融监管技术经历了四个发展阶段，监管科技主要集中在第三和第四阶段（Castri，et al.，2019）。第一阶段的监管技术主要基于人工数据整理和分析。金融监管人员主要通过人工对收集的数据进行提取、转换和加工，数据基本通过纸质文件或电子邮件传输，数据分析以描述性分析为主，并需要人工更新。第二阶段的监管技术提高了数据提交和上传的自动化程度，具有自动验证检查的功能，能做出诊断性的分析。第三阶段的监管技术搭建起了大数据架构，数据更为精细及时，加之数据库扩大、计算能力加强，可实现更高级的统计建模，能够开始进行预测性分析工作。第四阶段的监管技术基于大数据架构引入人工智能，通过人工智能驱动数据管理和分析，可部分执行以前由人工执行的监督任务。

监管科技目前主要用于不当行为分析和市场监管、实时监控和虚拟协助、数据管理、微观和宏观审慎监管四大领域（Broeders and Prenio，2018）。第一，在不当行为分析和市场监管方面，监管科技帮助监管机构对市场交易行为进行实时监控，借助大数据和人工智能在处理非结构化数据方面的优势，在打击洗钱、恐怖融资、不当销售和欺诈等方面发挥良好作用。

例如，墨西哥监管机构使用数据聚合、逻辑回归等方式检测可疑的交易账户数据，并在试验一种可将非结构化的社交媒体信息与结构化的账户信息相结合以打击洗钱的工具；澳大利亚证券和投资委员会（ASIC）、英国金融行为监管局（FCA）和墨西哥央行采用网络抓取和文本挖掘相结合的技术，审查金融机构散发的宣传材料、招股说明书或财务咨询文件；ASIC 利用平台收集本国股票及其衍生品交易的实时数据；美国证券交易委员会（SEC）利用大数据分析等技术，监测内幕交易和市场操纵行为。

第二，在实时监控和虚拟协助方面，可利用大数据提升被监管机构数据上报的自动化程度，并为监管方提供动态实时监测工具。在技术上，主要通过应用程序接口（API）、聊天机器人等获取数据，并实时进行报告和自动验证。例如，菲律宾央行通过聊天机器人（chatbot）在社交软件中捕捉消费者的投诉，让监管人员实时了解银行业的相关市场行为；澳大利亚利用市场监测工具，可实时对交易和资金流进行审查。

第三，在数据管理方面，监管科技主要实现数据验证、数据整合及可视化三项功能。数据验证是指根据既定规则，对数据格式及其计算进行完整性、准确性和一致性检查；数据整合是指将不同来源、维度和格式的数据进行自动合并和整理，以备后续深度加工；可视化即用图片、线条、表格等形式呈现数据，帮助监管方快速识别有效信息。例如奥地利央行使用机器学习和深度算法来预测报告机构数据差错概率。德国央行利用中心化数据平台和基于机器算法的数据整合技术，构建了“微观数据库”（House of Microdata）。

第四，在微观审慎监管和宏观审慎监管方面，监管机构可利用人工智能等深度加工数据，在微观和宏观层面进行金融风险研判和评估。例如，美联储利用自然语言处理（natural language processing，NLP）技术从大量文本中识别和提取信息用于微观审慎监管；泰国央行基于逻辑回归和随机森林（random forest）算法建立信用合同评估模型，通过对商业信用合同进行分析，为单个借款人进行信用评分；希腊央行利用类似的方法建立了银行破产预警模型。

BIS通过对31个国家和地区的39家监管机构的调查发现，半数以上的监管机构专门制订了监管科技战略计划，但相较金融科技其他方面的发展仍显滞后，仅有13个监管机构的监管科技进展到运行阶段，多数监管机构的监管科技发展仍处于实验或开发阶段。此外，出于技术安全、风险控制等方面的考虑，加之监管科技业务规模和利润空间有限，相关技术开发业务对市场的吸引力较小，因此多数监管机构都倾向于自行开发监管科技工具。未来，随着技术和模式的成熟，监管科技在应用广泛性和市场参与度上仍有较大发展空间。

4.3 我国资本市场监管科技发展

我国资本市场在30年里累积了大量业务数据，为资本市场监管科技，尤其是大数据运用方面提供了充足的资源，但由于标准不统一，在数据整合、分析、应用方面面临诸多困难。对此，证监会主要在完善监管制度、加强能力建设、加强交流合作三方面开展工作（刘铁斌，2019）。

第一，完善监管制度。2019年，证监会起草的《关于促进证券期货业金融科技健康发展的指导意见》对外征求意见，该文件要求机构在运用金融科技时做到“合规先行、风险可控”，明确金融科技的使用并不改变证券期货业务的本质，应由持牌机构在合法合规的情况下应用金融科技，并提出了证券期货行业在金融科技背景下的发展和风险防控举措。2019年，中国人民银行向银行、券商、基金公司、期货公司等印发《金融科技（FinTech）发展规划（2019—2021年）》，提出建立金融科技监管基本规则体系、加强监管协调性、提升穿透式监管能力等金融审慎监管要求。可以看出，不论是资本市场监管科技还是整个金融行业的监管科技，都在不断完善其顶层设计。

第二，加强能力建设。2018年8月底，证监会正式发布《监管科技总体建设方案》，提出了监管科技1.0、2.0、3.0三类信息化建设的工作内容，三类工作呈现从内到外、从微观到宏观的趋势。监管科技1.0侧重内部办公的信息化需求，包括购买或研制软硬件工具，支持监管工作不断提升科技化水平；监管科技 2.0 侧重联结跨部门监管业务，通过优化中央监管信息平台实现监管部门间线上流程运转；监管科技 3.0 基于 2.0 的成果，侧重打造监管大数据平台，运用统计分析、大数据挖掘等技术，辅助监管人员对资本市场业务活动开展监测分析工作。

第三，加强交流合作。在国内，证监会与工信部达成战略合作协议，结合各自的业务优势和技术优势，加强信息共享，更好地发挥资本市场的有益作用。在国际上，证监会加入了国际证监会组织（IOSCO）金融科技联络组和指导组，并与国际货币基金组织建立了中长期技术合作框架，充分借鉴国际经验，参与国际层面监管科技合作。

参考文献

[1] 巴曙松，吴博，刘睿. 金融结构、风险结构与我国金融监管改革. 新金融，2013 (5).

[2] CCTV. 经济信息联播 . 中国证监会主席尚福林就《证券法》修改接受专访，2005.

[3] 陈野华，甘煜. 证券市场中的信息、自律管理和监管. 财经科学，2005 (1).

[4] 陈雨露，马勇. 社会信用文化，金融体系结构与金融业组织形式. 经济研究，2008 (3).

[5] 国务院发展课题研究中心. 中国资本监管制度及监管指标的现状与问题. 发展研究，2011 (8).

[6] 郝旭光. 中国资本市场监管有效性研究 . 北京：对外经济贸易大学出版社，2015 (1).

[7] 胡汝银. 中国资本市场的发展与变迁 . 上海：格致出版社，2008.

[8] 雷蒙德・W. 戈德史密斯. 金融结构与金融发展. 周朔，等，译. 上海：上海三联书店，1990.

[9] 林越坚. 金融消费者：制度本源与法律取向. 政法论坛，2015 (1).

[10] 刘鸿儒，周道炯口述，南焱整理. 证监会诞生的台前幕后. 中国经济周刊，2009 - 09 - 27.

[11] 刘铁斌. 数字时代的资本市场发展和监管变革. 金融电子化，2019 (2).

[12] 聂庆平. 我国股票市场若干重要事件的历史回忆. 中国证券，2018（12）.

[13] 清华大学. 2020 金融消费者保护白皮书，2020.

[14] 尚福林. 我国的证券法律制度. 中国人大，2005（5）.

[15] 宋科，李戎. 加快构建符合中国实际的宏观审慎政策框架. 国际经济评论，2017（2）.

[16] 吴晓求. 中国资本市场：从制度和规则角度的分析. 财贸经济，2013（1）.

[17] 吴晓求. 中国金融监管改革：逻辑与选择. 财贸经济，2017，38（7）.

[18] 吴晓求 . 金融科技领先得益于“比较宽容的金融监管”. 中国经济导报，2017－06－24.

[19] 吴晓求，等. 互联网金融：逻辑与结构. 北京：中国人民大学出版社，2015.

[20] 吴晓求，等. 中国资本市场研究报告（2015）——中国资本市场：开放与国际化. 北京：中国人民大学出版社，2015.

[21] 吴晓求，等. 中国资本市场研究报告（2017）——中国金融监管改革：比较与选择. 北京：中国人民大学出版社，2017.

[22] 吴晓求. 改革开放四十年：中国金融的变革与发展. 经济理论与经济管理，2018（11）：5－30.

[23] 吴晓求，等. 中国金融监管改革：现实动因与理论逻辑. 北京：中国金融出版社，2018.

[24] 吴晓求，等. 中国资本市场研究报告（2019）——现代金融体系：中国的探索. 北京：中国人民大学出版社，2019.

[25] 吴晓求，等. 中国资本市场研究报告（2020）——中国金融开放：目标与路径. 北京：中国人民大学出版社，2020.

[26] 肖钢. 修改证券法从三角度出发，七措施保护投资者. 证券时报网，2013－11－28.

[27] 肖钢. 证券法的法理与逻辑. 证券法苑，2014（10）.

[28] 易会满. 敢担当善作为　站稳人民立场　努力实现新时代资本市场高质量发展. 旗帜，2019（11）.

[29] 余文建. 协调推进金融消费者保护机制建设. 中国金融，2020（18）.

[30] 曾刚，刘伟. 强化金融消费者保护　促进金融回归本源 . 21 世纪经济报道，2020－09－24.

［31］张立洲. 论金融结构与中国金融发展. 经济学动态，2002（7）：35－39.

［32］张晓慧. 宏观审慎政策在中国的探索. 人民网-中国共产党新闻网，2017－07－03.

［33］中国人民银行. 金融科技（FinTech）发展规划（2019—2021 年），2020.

［34］中国人民银行. 中国金融稳定报告. 中国人民银行网站，2019－11－25.

［35］中国证券监督管理委员会. 中国资本市场二十年. 北京：中信出版社，2012（1）.

［36］Broeders，D. and Prenio，J. Inovative Technology in Financial Supervision (Suptech)：The Experience of Early Users. BIS Working Papers，2018.

［37］Castri，S.，Hohl，S.，Kulenkampff，A.，and Prenio，J. The Suptech Generations. BIS Working Papers，2019.

［38］Dagher，J. Regulatory Cycles：Revisiting the Political Economy of Financial Crises. IMF Working Paper，WP 18/8，2018.

［39］Frost，J.，Gambacorta，L.，Huang，Y.，et al. BigTech and the Changing Structure of Financial Intermediation. BIS Working Papers，2019.

［40］FSB. The Use of Supervisory and Regulatory Technology by Authorities and Regulated Institutions. Reports to the G20，2020.

［41］Hicks，J. *Critical Essays in Monetary Theory*. Clarendon Press，1967.

［42］Hicks，J. R. *A Theory of Economic History*. OUP Catalogue. Oxford University Press，1969.

［43］IMF-FSB-BIS. Elements of Effective Macroprudential Policies—Lessons from International Experience，August 31，2016.

［44］IOSCO. Research Report on Financial Technologies，2017.

［45］King，R. and Levine，R. *Capital Markets and Financial Intermediation：Financial Intermediation and Economic Development*. Cambridge University Press，1992.

［46］Kwok，C.，Tadesse，S. National Culture and Financial System. *Int. Bus. Stud.*，2006（37）.

［47］La Porta，R.，Lopez-de-Silanes，F.，Shleifer A.，and Vishny，R. Legal Determinants of External Finance. *Journal of Finance*，1997（55）.

［48］La Porta，R.，Lopez-de-Silanes，F.，Shleifer A.，and Vishny，R. The Quality of Goverment. *Journal of Law*, *Economics*, *and Organization*, 1999, 15 (1).

[49] Mayer, C. New Issues in Corporate Finance. *European Economic Review*, 1988 (32).

[50] Menger, C. *Problems of Economics and Sociology*. Urbana: University of Illinois Press, 1963.

[51] Taylor, M. Twin Peaks: A Regulatory Structure for the New Century. Center for the Study of Financial Innovation, London, 1995.

[52] Ponticelli, J. and Alencar, L. S. Court Enforcement, Bank Loans, and Firm Investment: Evidence from a Bankruptcy Reform in Brazil. *The Quarterly Journal of Economics*, 2016, 131 (3).

[53] Robert Bloomfield, Maureen O'Hara. Market Transparency: Who Wins and Who Loses? . *The Review of Financial Studies*, 1999, 12 (1).

附表 1　中国金融资产分类变动（ⅰ）（1978—2019 年）
（基于货币资产与证券化金融资产的比较）

年份	M2		股票市值（S1）		债券余额（S2）		证券化金融资产 S（=S1+S2）		MS（=M2+S）	
	规模（亿元）	增长率（%）	市值（亿元）	增长率（%）	规模（亿元）	增长率（%）	规模（亿元）	增长率（%）	规模（亿元）	增长率（%）
1978	1 159.1	468.00	0	—	0	—	0	0.00	1 159.10	—
1979	1 458.1	25.80	0	—	0	—	0	0.00	1 458.10	25.80
1980	1 842.9	26.39	0	—	0	—	0	0.00	1 842.90	26.39
1981	2 234.5	21.25	0	—	48.66	—	48.66	—	2 283.16	23.89
1982	2 589.8	15.90	0	—	92.49	90.07	92.49	90.07	2 682.29	17.48
1983	3 075.0	18.74	0	—	134.07	44.96	134.07	44.96	3 209.07	19.64
1984	4 146.3	34.84	0	—	176.6	31.72	176.60	31.72	4 322.90	34.71
1985	5 198.9	25.39	0	—	237.21	34.32	237.21	34.32	5 436.11	25.75
1986	6 720.9	29.28	0	—	299.72	26.35	299.72	26.35	7 020.62	29.15
1987	8 330.9	23.96	0	—	362.79	21.04	362.79	21.04	8 693.69	23.83
1988	10 099.8	21.23	0	—	494.96	36.43	494.96	36.43	10 594.76	21.87
1989	11 949.6	18.32	0	—	633.87	28.06	633.87	28.06	12 583.47	18.77
1990	15 293.4	27.98	23.82	—	1 085.78	71.29	1 109.60	75.05	16 403.00	30.35
1991	19 349.9	26.52	112.18	370.95	1 391.08	28.12	1 503.26	35.48	20 853.16	27.13
1992	25 402.2	31.28	945.06	742.45	2 104.76	51.30	3 049.82	102.88	28 452.02	36.44

续表

年份	M2		股票市值（S1）		债券余额（S2）		证券化金融资产 S（＝S1＋S2）		MS（＝M2＋S）	
	规模（亿元）	增长率（%）	市值（亿元）	增长率（%）	规模（亿元）	增长率（%）	规模（亿元）	增长率（%）	规模（亿元）	增长率（%）
1993	34 879.8	37.31	3 474.29	267.63	2 343.14	11.33	5 817.43	90.75	40 697.23	43.04
1994	46 923.5	34.53	3 687.83	6.15	2 968.51	26.69	6 656.34	14.42	53 579.84	31.65
1995	60 750.5	29.47	3 474.27	−5.79	4 502.50	51.68	7 976.77	19.84	68 727.27	28.27
1996	77 265.0	27.18	10 084.38	190.26	7 830.64	73.92	17 915.02	124.59	95 180.02	38.49
1997	90 631.83	17.30	17 529.23	73.83	11 761.71	50.20	29 290.94	63.50	119 922.77	26.00
1998	104 498.5	15.30	19 505.65	11.27	18 295.63	55.55	37 801.28	29.05	142 299.78	18.66
1999	119 898.0	14.74	26 471.17	35.71	22 430.38	22.60	48 901.55	29.36	168 799.55	18.62
2000	138 356.47	15.40	48 090.94	81.67	26 518.46	18.23	74 609.40	52.57	212 965.87	26.16
2001	158 301.92	14.42	43 522.20	−9.50	30 377.96	14.55	73 900.16	−0.95	232 202.08	9.03
2002	185 006.97	16.87	38 329.13	−11.93	37 030.03	21.90	75 359.16	1.97	260 366.13	12.13
2003	221 222.82	19.58	42 457.71	10.77	48 304.54	30.45	90 762.25	20.44	311 985.07	19.83
2004	253 207.70	14.46	37 055.57	−12.72	60 552.30	25.36	97 607.87	7.54	350 815.57	12.45
2005	298 755.48	17.99	32 430.28	−12.48	79 848.79	31.87	112 279.07	15.03	411 034.55	17.17
2006	345 577.91	15.67	89 403.90	175.68	98 314.91	23.13	187 718.81	67.19	533 296.72	29.74
2007	403 401.30	16.73	327 140.89	265.91	128 715.36	30.92	455 856.25	142.84	859 257.55	61.12
2008	475 166.60	17.79	121 366.44	−62.90	157 127.08	22.07	278 493.52	−38.91	753 660.12	−12.29

续表

年份	M2		股票市值（S1）		债券余额（S2）		证券化金融资产 S（＝S1＋S2）		MS（＝M2＋S）	
	规模（亿元）	增长率（%）	市值（亿元）	增长率（%）	规模（亿元）	增长率（%）	规模（亿元）	增长率（%）	规模（亿元）	增长率（%）
2009	610 224.52	28.42	243 939.12	100.99	181 135.63	15.28	425 074.75	52.63	1 035 299.27	37.37
2010	725 851.79	18.95	265 422.59	8.81	206 910.34	14.23	472 332.93	11.12	1 198 184.72	15.73
2011	851 590.90	17.32	214 758.10	−19.09	224 318.77	8.41	439 076.87	−7.04	1 290 667.77	7.72
2012	974 148.80	14.39	230 357.62	7.26	262 895.07	17.20	493 252.69	12.34	1 467 401.49	13.69
2013	1 106 524.98	13.59	230 977.19	0.27	300 163.71	14.18	531 140.90	7.68	1 637 665.88	11.60
2014	1 228 374.81	11.01	372 546.96	61.29	360 046.63	19.95	732 593.59	37.93	1 960 968.40	19.74
2015	1 392 278.11	13.34	531 304.2	42.61	485 391.4	34.81	1 016 695.60	38.78	2 408 973.71	22.85
2016	1 550 066.67	11.33	508 245.11	−4.34	643 018.45	32.47	1 151 263.56	13.24	2 701 330.23	12.14
2017	1 676 768.54	8.17	567 475.37	11.65	746 871.01	16.15	1 314 346.38	14.17	2 991 114.92	10.73
2018	1 826 744.22	8.94	434 924.02	−23.36	859 807.00	15.12	1 294 731.02	−1.49	3 121 475.24	4.36
2019	1 986 488.82	8.74	593 075.00	36.36	989 950.00	15.14	1 583 025.00	22.27	3 569 513.82	14.35

说明：（1）自 2011 年 10 月起，货币供应量 M2 已包括住房公积金中心存款和非存款类金融机构在存款类金融机构的存款。

（2）MS 是从流动性差异的角度计算的持有主体（居民部门、企业部门、政府部门以及海外部门）持有的包括商业银行和资本市场证券化金融资产（不包括基金）在内的全部金融资产，但不包括四部门持有主体持有的非银行金融机构的金融资产。

（3）S1 表示股票类金融资产，S2 表示债券类金融资产，S 表示证券化金融资产，下同。

（4）1981 年恢复国债制度，发行国库券 48.6 亿元，用于弥补 1979 年和 1980 年的预算赤字。

（5）1990 年以前债券余额数据采用 1993 年《中国统计年鉴》中的国库券收入规模逐年累计得到，1990—1994 年的数据使用 WIND 数据库中的国债余额与企业债余额之和。

资料来源：国家统计局；WIND 数据库；中国人民银行；吴晓求，等．中国资本市场研究报告（2019）——现代金融体系：中国的探索．北京：中国人民大学出版社，2019。

附表 2　中国金融资产分类变动（ i ）（1990—2019 年）
（基于货币资产与证券化金融资产的比较）

年份	S1/S	M2/S	M2/MS	S/MS
1990	0.021 5	13.782 8	0.932 4	0.067 6
1991	0.074 6	12.872 0	0.927 9	0.072 1
1992	0.309 9	8.329 1	0.892 8	0.107 2
1993	0.597 2	5.995 7	0.857 1	0.142 9
1994	0.554 0	7.049 4	0.875 8	0.124 2
1995	0.435 5	7.615 9	0.883 9	0.116 1
1996	0.562 9	4.312 9	0.811 8	0.188 2
1997	0.598 5	3.094 2	0.755 8	0.244 2
1998	0.516 0	2.764 4	0.734 4	0.265 6
1999	0.541 3	2.451 8	0.710 3	0.289 7
2000	0.644 6	1.854 4	0.649 7	0.350 3
2001	0.588 9	2.142 1	0.681 7	0.318 3
2002	0.508 6	2.455 0	0.710 6	0.289 4
2003	0.467 8	2.437 4	0.709 1	0.290 9
2004	0.379 6	2.594 1	0.721 8	0.278 2
2005	0.288 8	2.660 8	0.726 8	0.273 2
2006	0.476 3	1.840 9	0.648 0	0.352 0
2007	0.717 6	0.884 9	0.469 5	0.530 5

续表

年份	S1/S	M2/S	M2/MS	S/MS
2008	0.435 8	1.706 2	0.630 5	0.369 5
2009	0.573 9	1.435 6	0.589 4	0.410 6
2010	0.561 9	1.536 7	0.605 8	0.394 2
2011	0.489 1	1.939 5	0.659 8	0.340 2
2012	0.467 0	1.974 9	0.663 9	0.336 1
2013	0.434 9	2.083 3	0.675 7	0.324 3
2014	0.508 5	1.676 7	0.626 4	0.373 6
2015	0.522 6	1.369 4	0.578 0	0.422 0
2016	0.441 5	1.346 4	0.573 8	0.4262
2017	0.431 8	1.275 7	0.560 6	0.439 4
2018	0.335 9	1.410 9	0.585 2	0.414 8
2019	0.374 6	1.254 9	0.556 5	0.443 5

说明：在 1990 年之前，中国金融资产结构没有发生重要变化，故结构分析从 1990 年开始。

附表 3　中国金融资产分类变动（ii）（1978—2019 年）
（基于银行信贷资产与证券化金融资产的比较）

年份	银行信贷资产 C（金融机构各项贷款余额）		股票市值（S1）		债券余额（S2）		证券化金融资产 S（=S1+S2）		CS（=C+S）	
	规模（亿元）	增长率（%）	市值（亿元）	增长率（%）	规模（亿元）	增长率（%）	规模（亿元）	增长率（%）	规模（亿元）	增长率（%）
1978	1 890.42	—	0	—	0	—	0	0.00	1 890.42	—
1979	2 082.47	10.16	0	—	0	—	0	0.00	2 082.47	10.16
1980	2 478.08	19.00	0	—	0	—	0	0.00	2 478.08	19.00
1981	2 853.29	15.14	0	—	48.66	—	48.66	—	2 901.95	17.10
1982	3 162.70	10.84	0	—	92.49	90.07	92.49	90.07	3 255.19	12.17
1983	3 566.56	12.77	0	—	134.07	44.96	134.07	44.96	3 700.63	13.68
1984	4 746.80	33.09	0	—	176.60	31.72	176.60	31.72	4 923.40	33.04
1985	6 198.38	30.58	0	—	237.21	34.32	237.21	34.32	6 435.59	30.71
1986	8 142.72	31.37	0	—	299.72	26.35	299.72	26.35	8 442.44	31.18
1987	9 814.09	20.53	0	—	362.79	21.04	362.79	21.04	10 176.88	20.54
1988	11 964.25	21.91	0	—	494.96	36.43	494.96	36.43	12 459.21	22.43
1989	14 248.81	19.09	0	—	633.87	28.06	633.87	28.06	14 882.68	19.45
1990	17 511.02	22.89	23.82	—	1 085.78	71.29	1 109.60	75.05	18 620.62	25.12
1991	21 337.80	21.85	112.18	370.95	1 391.08	28.12	1 503.26	35.48	22 841.06	22.67

续表

年份	银行信贷资产 C（金融机构各项贷款余额）		股票市值（S1）		债券余额（S2）		证券化金融资产 S（=S1+S2）		CS（=C+S）	
	规模（亿元）	增长率（%）	市值（亿元）	增长率（%）	规模（亿元）	增长率（%）	规模（亿元）	增长率（%）	规模（亿元）	增长率（%）
1992	26 322.9	23.36	945.06	742.45	2 104.76	51.30	3 049.82	102.88	29 372.72	28.60
1993	32 943.1	25.15	3 474.29	267.63	2 343.14	11.33	5 817.43	90.75	38 760.53	31.96
1994	39 976	21.35	3 687.83	6.15	2 968.51	26.69	6 656.34	14.42	46 632.34	20.31
1995	50 544.1	26.44	3 474.27	−5.79	4 502.50	51.68	7 976.77	19.84	58 520.87	25.49
1996	61 156.6	21.00	10 084.38	190.26	7 830.64	73.92	17 915.02	124.59	79 071.62	35.12
1997	74 914.1	22.50	17 529.23	73.83	11 761.71	50.20	29 290.94	63.50	104 205.00	31.79
1998	86 524.1	15.50	19 505.65	11.27	18 295.63	55.55	37 801.28	29.05	124 325.40	19.31
1999	93 734.3	8.33	26 471.17	35.71	22 430.38	22.60	48 901.55	29.36	142 635.90	14.73
2000	99 371.07	6.01	48 090.94	81.67	26 518.46	18.23	74 609.40	52.57	173 980.50	21.98
2001	112 314.7	13.03	43 522.20	−9.50	30 377.96	14.55	73 900.16	−0.95	186 214.90	7.03
2002	131 293.9	16.90	38 329.13	−11.93	37 030.03	21.90	75 359.16	1.97	206 653.10	10.98
2003	158 996.2	21.10	42 457.71	10.77	48 304.54	30.45	90 762.25	20.44	249 758.50	20.86
2004	177 363.5	11.55	37 055.57	−12.72	60 552.30	25.36	97 607.87	7.54	274 971.40	10.09
2005	194 690.4	9.77	32 430.28	−12.48	79 848.79	31.87	112 279.10	15.03	306 969.50	11.64
2006	225 285.3	15.71	89 403.90	175.68	98 314.91	23.13	187 718.80	67.19	413 004.10	34.54

续表

年份	银行信贷资产 C（金融机构各项贷款余额）		股票市值（S1）		债券余额（S2）		证券化金融资产 S（=S1+S2）		CS（=C+S）	
	规模（亿元）	增长率（%）	市值（亿元）	增长率（%）	规模（亿元）	增长率（%）	规模（亿元）	增长率（%）	规模（亿元）	增长率（%）
2007	261 690.9	16.16	327 140.9	265.91	128 715.4	30.92	455 856.3	142.84	717 547.1	73.74
2008	303 394.6	15.94	121 366.4	−62.90	157 127.1	22.07	278 493.5	−38.91	581 888.2	−18.91
2009	399 684.8	31.74	243 939.1	100.99	181 135.6	15.28	425 074.8	52.63	824 759.6	41.74
2010	479 195.6	19.89	265 422.6	8.81	206 910.3	14.23	472 332.9	11.12	951 528.5	15.37
2011	547 946.7	14.35	214 758.1	−19.09	224 318.8	8.41	439 076.9	−7.04	987 023.6	3.73
2012	629 909.6	14.96	230 357.6	7.26	262 895.1	17.20	493 252.7	12.34	1 123 162.0	13.79
2013	718 961.5	14.14	230 977.2	0.27	300 163.7	14.18	531 140.9	7.68	1 250 102.0	11.30
2014	816 770.0	13.60	372 547.0	61.29	360 046.6	19.95	73 2593.6	37.93	1 549 364.0	23.94
2015	939 540.2	15.03	531 304.2	42.61	485 391.4	34.81	1 016 696.0	38.78	1 956 236.0	26.26
2016	1 066 040.0	13.46	508 245.1	−4.34	643 018.5	32.47	1 151 264.0	13.24	2 217 304.0	13.35
2017	1 201 321.0	12.69	567 475.4	11.65	746 871.0	16.15	1 314 346.0	14.17	2 515 667.0	13.46
2018	1 362 967.0	13.46	434 924.0	−23.36	859 807.0	15.12	1 294 731.0	−1.49	2 657 698.0	5.65
2019	1 531 123.0	12.34	593 075.0	36.36	989 950.0	15.14	1 583 025.0	22.27	3 114 148.0	17.17

资料来源：国家统计局数据库；WIND；吴晓求，等．中国资本市场研究报告（2019）——现代金融体系：中国的探索．北京：中国人民大学出版社，2019。

附表 4　中国金融资产分类变动（ii）（1990—2019 年）
（基于银行信贷资产与证券化金融资产的比较）

年份	C/CS	S/CS	S/C	S1/C	S1/S	S1/CS
1990	0.940 4	0.059 6	0.063 4	0.001 4	0.021 5	0.001 3
1991	0.934 2	0.065 8	0.070 5	0.005 3	0.074 6	0.004 9
1992	0.896 2	0.103 8	0.115 9	0.035 9	0.309 9	0.032 2
1993	0.849 9	0.150 1	0.176 6	0.105 5	0.597 2	0.089 6
1994	0.857 3	0.142 7	0.166 5	0.092 3	0.554 0	0.079 1
1995	0.863 7	0.136 3	0.157 8	0.068 7	0.435 5	0.059 4
1996	0.773 4	0.226 6	0.292 9	0.164 9	0.562 9	0.127 5
1997	0.718 9	0.281 1	0.391 0	0.234 0	0.598 5	0.168 2
1998	0.695 9	0.304 1	0.436 9	0.225 4	0.516 0	0.156 9
1999	0.657 2	0.342 8	0.521 7	0.282 4	0.541 3	0.185 6
2000	0.571 2	0.428 8	0.750 8	0.484 0	0.644 6	0.276 4
2001	0.603 1	0.396 9	0.658 0	0.387 5	0.588 9	0.233 7
2002	0.635 3	0.364 7	0.574 0	0.291 9	0.508 6	0.185 5
2003	0.636 6	0.363 4	0.570 8	0.267 0	0.467 8	0.170 0
2004	0.645 0	0.355 0	0.550 3	0.208 9	0.379 6	0.134 8
2005	0.634 2	0.365 8	0.576 7	0.166 6	0.288 8	0.105 6
2006	0.545 5	0.454 5	0.833 2	0.396 8	0.476 3	0.216 5
2007	0.364 7	0.635 3	1.742 0	1.250 1	0.717 6	0.455 9

续表

年份	C/CS	S/CS	S/C	S1/C	S1/S	S1/CS
2008	0.521 4	0.478 6	0.917 9	0.400 0	0.435 8	0.208 6
2009	0.484 6	0.515 4	1.063 5	0.610 3	0.573 9	0.295 8
2010	0.503 6	0.496 4	0.985 7	0.553 9	0.561 9	0.278 9
2011	0.555 2	0.444 8	0.801 3	0.391 9	0.489 1	0.217 6
2012	0.560 8	0.439 2	0.783 1	0.365 7	0.467 0	0.205 1
2013	0.575 1	0.424 9	0.738 8	0.321 3	0.434 9	0.184 8
2014	0.527 2	0.472 8	0.896 9	0.456 1	0.508 5	0.240 5
2015	0.480 3	0.519 7	1.082 1	0.565 5	0.522 6	0.271 6
2016	0.480 8	0.519 2	1.079 9	0.476 8	0.441 5	0.229 2
2017	0.477 5	0.522 5	1.094 1	0.472 4	0.431 8	0.225 6
2018	0.512 8	0.487 2	0.949 9	0.319 1	0.335 9	0.163 6
2019	0.491 7	0.508 3	1.033 9	0.387 3	0.374 6	0.190 4

说明：在 1990 年之前，中国金融资产结构没有发生重要变化，故结构分析从 1990 年开始。

附表 5　中国居民部门金融资产分类变动（iii）（1978—2016 年）（基于财富管理角度）

年份	证券化金融资产（S）								非证券化金融资产（F）		总金融资产（FS）		证券化、非证券化金融资产占比		
	股票（S1）		债券（S2）		保险准备金（2004 年前）/证券投资基金份额（2004 年及以后）（S3）		总和		通货及存款		数额（亿元）	增长率（%）	S/FS（%）	（S1+S2）/FS（%）	F/FS（%）
	数额（亿元）	增长率（%）	数额（亿元）	增长率（%）	数额（亿元）	增长率（%）	数额（亿元）	增长率（%）	数额（亿元）	增长率（%）					
1978	0	—	0	—	0	—	0.00	—	380.2	—	380.20	—	0.00	0.00	100.00
1979	0	—	0	—	0	—	0.00	—	495.2	30.25	495.20	30.25	0.00	0.00	100.00
1980	0	—	0	—	0	—	0.00	—	676.5	36.61	676.50	36.61	0.00	0.00	100.00
1981	0	—	0	—	0	—	0.00	—	840.7	24.27	840.70	24.27	0.00	0.00	100.00
1982	0	—	19.7	—	0	—	19.70	—	1 026.7	22.12	1 046.40	24.47	1.88	1.88	98.12
1983	0	—	40.5	105.58	0	—	40.50	105.58	1 316.3	28.21	1 356.80	29.66	2.98	2.98	97.02
1984	0	—	62.6	54.57	0	—	62.60	54.57	1 848.4	40.42	1 911.00	40.85	3.28	3.28	96.72
1985	0	—	106.4	69.97	4.8	—	111.20	77.64	2 412.8	30.53	2 524.00	32.08	4.41	4.22	95.59
1986	0	—	254.8	139.47	12.9	168.75	267.70	140.74	3 212.7	33.15	3 480.40	37.89	7.69	7.32	92.31
1987	30	—	328.4	28.89	25.6	98.45	384.00	43.44	4 245	32.13	4 629.00	33.00	8.30	7.74	91.70
1988	105	250.00	463.9	41.26	38.3	49.61	607.20	58.13	5 529.4	30.26	6 136.60	32.57	9.89	9.27	90.11
1989	125	19.05	595	28.26	46.1	20.37	766.10	26.17	7 022.1	27.00	7 788.20	26.91	9.84	9.24	90.16
1990	138	10.40	702.8	18.12	56.3	22.13	897.10	17.10	9 235.3	31.52	10 132.40	30.10	8.85	8.30	91.15
1991	226	63.77	958.6	36.40	78.3	39.08	1 262.90	40.78	11 783.6	27.59	13 046.50	28.76	9.68	9.08	90.32
1992	293	29.65	1 629.2	69.96	122.6	56.58	2 044.80	61.91	15 158.7	28.64	17 203.50	31.86	11.89	11.17	88.11

续表

年份	证券化金融资产（S）								非证券化金融资产（F）		总金融资产（FS）		证券化、非证券化金融资产占比		
	股票（S1）		债券（S2）		保险准备金（2004年前）/证券投资基金份额（2004年及以后）（S3）		总和		通货及存款		数额（亿元）	增长率（%）	S/FS（%）	（S1+S2）/FS（%）	F/FS（%）
	数额（亿元）	增长率（%）	数额（亿元）	增长率（%）	数额（亿元）	增长率（%）	数额（亿元）	增长率（%）	数额（亿元）	增长率（%）					
1993	410.0	39.93	1 929.0	18.40	157.1	28.14	2 496.10	22.07	19 735.8	30.19	22 231.90	29.23	11.23	10.52	88.77
1994	488.0	19.02	2 360.6	22.37	213.6	35.96	3 062.20	22.68	27 349.7	38.58	30 411.90	36.79	10.07	9.37	89.93
1995	475.0	−2.66	2 954.9	25.18	304.3	42.46	3 734.20	21.95	35 970.5	31.52	39 704.70	30.56	9.40	8.64	90.60
1996	1 508.0	217.47	4 206.3	42.35	431.6	41.83	6 145.90	64.58	45 562.4	26.67	51 708.30	30.23	11.89	11.05	88.11
1997	2 914.0	93.24	5 987.2	42.34	503.6	16.68	9 404.80	53.03	54 421.6	19.44	63 826.40	23.44	14.73	13.95	85.27
1998	3 679.0	26.25	7 400.2	23.60	762.4	51.39	11 841.60	25.91	62 400.6	14.66	74 242.20	16.32	15.95	14.92	84.05
1999	4 928.4	33.96	9 702.4	31.11	891.2	16.89	15 522.00	31.08	70 386.2	12.80	85 908.20	15.71	18.07	17.03	81.93
2000	9 652.5	95.85	12 274.4	26.51	1 003.0	12.54	22 929.90	47.73	75 373.7	7.09	98 303.60	14.43	23.33	22.31	76.67
2001	8 677.9	−10.10	13 941.6	13.58	1 438.0	43.37	24 057.50	4.92	85 555.6	13.51	109 613.10	11.50	21.95	20.64	78.05
2002	7 491.0	−13.68	15 007.4	7.64	2 298.0	59.81	24 796.40	3.07	100 733.0	17.74	125 529.40	14.52	19.75	17.92	80.25
2003	7 907.4	5.56	18 082.9	20.49	3 030.0	31.85	29 020.30	17.03	119 415.0	18.55	148 435.30	18.25	19.55	17.51	80.45
2004	8 897	12.51	6 293	−65.20	1 905.0	−37.13	32 974	13.62	147 395.0	23.43	180 369.00	21.51	18.28	8.42	81.72
2005	7 865	−11.60	6 534	3.83	2 449.0	28.56	38 587	17.02	170 496.0	15.67	209 083.00	15.92	18.46	6.89	81.54
2006	17 001	116.16	6 944	6.27	5 618.0	129.40	57 394	48.74	194 206.0	13.91	251 600.00	20.33	22.81	9.52	77.19
2007	51 604	203.54	6 707	−3.41	29 716.0	428.94	128 444	123.79	207 051.0	6.61	335 495.00	33.34	38.28	17.38	61.72

续表

年份	证券化金融资产（S）								非证券化金融资产（F）		总金融资产（FS）		证券化、非证券化金融资产占比		
	股票（S1）		债券（S2）		保险准备金（2004 年前）/证券投资基金份额（2004 年及以后）（S3）		总和		通货及存款		数额（亿元）	增长率（%）	S/FS（%）	（S1+S2）/FS（%）	F/FS（%）
	数额（亿元）	增长率（%）	数额（亿元）	增长率（%）	数额（亿元）	增长率（%）	数额（亿元）	增长率（%）	数额（亿元）	增长率（%）					
2008	20 157	−60.94	4 981	−25.73	17 011	−42.75	85 770	−33.22	257 100	24.17	342 870.00	2.20	25.02	7.33	74.98
2009	47 374	135.03	2 623	−47.34	8 383	−50.72	110 237	28.53	330 632	28.60	440 869.00	28.58	25.00	11.34	75.00
2010	56 477	19.22	2 692	2.63	7 346	−12.37	141 499	28.36	353 333	6.87	494 832.00	12.24	28.60	11.96	71.40
2011	59 755	5.80	1 898	−29.49	7 952	8.25	172 050	21.59	405 984	14.90	578 034.00	16.81	29.76	10.67	70.24
2012	61 619	3.12	4 527	138.51	11 049	38.95	293 806	70.77	468 158	15.31	761 964.00	31.82	38.56	8.68	61.44
2013	55 800	−9.44	4 876	7.71	9 753	−11.73	365 091	24.26	496 762	6.11	861 853.00	13.11	42.36	7.04	57.64
2014	79 000	41.58	5 579	14.42	9 214	−5.53	466 704	27.83	565 298	13.80	1 032 002.00	19.74	45.22	8.20	54.78
2015	125 000	58.23	10 517	88.51	18 141	96.89	568 802	21.88	614 217	8.65	1 183 019.00	14.63	48.08	11.46	51.92
2016	146 200	16.96	10 742	2.14	22 116	21.91	623 456	9.61	673 997	9.73	1 297 453.00	9.67	48.05	12.10	51.95

说明：（1）与前述图表相比，从口径上看，表中的证券化金融资产加上了保险准备金/证券投资基金份额。

（2）2004 年以后的证券化金融资产总和包括：股票、债券、证券投资基金份额、证券公司客户保证金、保险准备金、金融机构理财产品、结算资金、其他金融资产，与前述各表数据口径略有差异。

（3）2015 年和 2016 年的数据计算方法参考了《中国国家资产负债表 2015》。

资料来源：吴晓求，等．中国资本市场研究报告（2019）——现代金融体系：中国的探索．北京：中国人民大学出版社，2019.

第11章

中国资本市场的开放与未来目标：构建新的国际金融中心

摘　要：中国资本市场不断加快开放步伐，正在朝着构建新的国际金融中心这一目标前进，努力形成国际化的投资者结构和发行人结构，完善人民币资产的定价机制。在过去30年里，中国资本市场对外开放经历了B股、QFII与RQFII制度、沪深港通等过渡性制度创新，取得了显著的成果。目前，中国资本市场仍处于不完全开放的状态，需要朝着打造人民币计价资产交易中心和全球财富管理中心的目标继续努力。在中国建设新的国际金融中心，需要满足四个硬条件（经济的可持续增长、坚持走开放道路、人民币长期良好的信用基础和强大的国防实力）和三个软条件（坚实的法制基础、契约精神和足够的透明度）。在此基础上，积极参与国际资产定价，发挥全球财富管理功能，并适时推动人民币国际化，中国构建新的国际金融中心的目标在不久的将来必定会实现。

中国是个大国，中国经济是大国经济，中国必须构建与大国经济匹配的大国金融（吴晓求，2015）。自2001年12月中国正式加入世界贸易组织（World Trade Organization，WTO）至2019年底，中国经济就逐步融入国际经济体系，经济规模在18年间以13%的年均增长率从11万亿元人民币增长到99万亿元人民币，稳居世界第二位。从开放度和国际影响力的角度看，中国金融相较中国经济而言，还有相当大的差距，不能完全适应中国经济全面开放的要求，仍处在较低水平的开放状态（吴晓求等，2020）。现代金融体系是大国金融的必要条件，而资本市场是现代金融体系的核心和枢纽，构建大国金融离不开一个开放的、国际化的资本市场。现代金融体系以市场为主导，资本市场的开放程度决定了整个金融体系的开放程度，决定了中国大国金融体系的世界地位。因而，构建全球新的国际金融中心，并将其发展成为人民币计价资产交易中心和全球财富管理中心，是中国资本市场的未来目标。

中国资本市场开放始于 B 股制度，并通过合格境外机构投资者（qualified foreign institutional investor，QFII）制度、人民币合格境外机构投资者（RMB qualified foreign institutional investor，RQFII）制度、沪深港通制度不断扩大资本市场开放。资本市场对外开放的成果日益显现，中国资本市场的国际影响力也不断提升。2017 年 6 月 20 日，明晟新兴市场指数将 A 股纳入，2019 年 11 月 27 日，将 A 股的纳入因子提高到 20%，A 股在新兴市场指数中的比重达到 3.33%。2019 年 6 月，富时罗素正式将 A 股纳入其全球股票指数体系。2019 年 9 月，标普道琼斯指数也将 A 股纳入其新兴市场全球基准指数。此外，中国国债和政策性银行债券被纳入彭博-巴克莱全球综合指数，人民币铁矿石、原油期货市场先后挂牌交易，区域定价影响力初步显现。但与目前成熟的市场相比，人民币资产的种类、规模及其影响范围仍然有限，应当坚定不移地继续推动资本市场开放和国际影响力提升，建设现代大国资本市场，打造国际金融中心。

1. 中国资本市场的开放历程

纵观中国资本市场 30 年的发展，始终以服务于实体经济为目标，为中国的经济发展做出了巨大贡献。中国经济在逐步对外开放的过程中取得了辉煌的成就，与此相适应，中国资本市场也在不断地进行对外开放的探索，稳步提高其开放水平，并在探索中不断改革和完善中国资本市场，形成了更加强大的市场力量和更加完善的市场环境，进而更好地为实体经济服务，向创新型发展方式转变。与此同时，中国资本市场的国际影响力也越来越大，逐渐成为世界上不可忽视的大国资本市场。必须清醒地认识到的是，中国现在的资本市场依然处于不完全开放状态，建设完全开放的大国国际金融中心才是最终目标。

1.1 B股制度

中国最早的股票市场开放制度是1991年紧随资本市场出现的B股。B股是人民币特种股票，以人民币标明面值，以外币认购和买卖，在境内交易所上市交易。在2001年2月前，B股的投资人仅限于外国的自然人、法人和其他组织，中国香港、澳门、台湾地区的自然人、法人和其他组织，定居在国外的中国公民，以及中国证监会规定的其他投资人。2001年2月19日之后，中国证监会宣布对内开放B股市场，准许持有合法外汇的境内居民自由开户买卖B股。B股实行“T+3”交易制度，设10%的涨跌停幅度限制。B股是在资本市场成长早期，在对外开放风险和不确定性较高的环境中设立的与主体板块A股不同的市场，专门供境外投资者投资，帮助境内企业合法进行外汇募资。市场分割的制度安排做到了有效的风险隔离，B股很好地完成了为早期中国资本市场进行探索的历史使命。

允许境内居民使用合法外汇投资B股使B股和A股的价差缩小了（吴文锋等，2002），然而，由于市场分割和严苛的交易限制，B股流动性低，且相较A股存在长期折价。随着QFII制度的诞生、A股市场改革的深入和境内企业境外融资限制的解除，B股在境内市场开放和满足企业外汇融资需求功能方面的作用在减弱，在中国资本市场中的地位也逐步下降。如今，B股指数的不佳表现有时会影响到A股指数，难以与国际接轨的A、B股命名方式也不利于资本市场深化开放。适时转出B股存量，实现B股市场退出，解决好历史遗留问题，是B股制度下一步的改革方向。

1.2 QFII制度与RQFII制度

总体而言，B股只为中国资本市场实现了低程度的对外开放，设立的目的主要是吸收运用外汇资金而非开放资本市场。QFII制度的正式建立标志着中国积极推动资本市场开放的决心。1996 年 12 月，在人民币实现了经常项目可兑换之后，部分资本项目实现了可兑换，但从整体制度而言，仍未实现资本项下的可兑换。在这种条件下，为了推动中国资本市场开放和国际化，有限度地引进境外投资者，2002 年 12 月 1 日，我国正式实施了《合格境外机构投资者境内证券投资管理暂行办法》，QFII 制度开始实施。2003 年 7 月 9 日，瑞士银行下了 QFII 第一单，随即交易成功，开创了中国资本市场投资对外开放的先河（吴晓求，2018）。

在合格境外机构投资者制度实施 9 年后，2011 年底央行发出了人民币合格境外机构投资者（RQFII）制度试点通知，中国资本市场正式启动 RQFII 制度。QFII 和 RQFII 是在资本项下未实现完全可兑换的条件下推出的资本市场对外开放的过渡性制度安排，对提升中国资本市场的影响力和国际化水平具有积极的推动作用。到 2019 年，监管部门继续深化外汇管理改革，对 QFII 制度和 RQFII 制度进行多次调整，不断采取有力措施扩大对外开放，支持境外投资者投资境内金融市场，提升跨境投融资便利化程度。2019 年 1 月 14 日，国务院批准 QFII 总额度由 1 500 亿美元增加至 3 000 亿美元。2019 年 7 月 20 日，国务院金融稳定发展委员会办公室发布《关于进一步扩大金融业对外开放的有关举措》，按照宜快不宜慢、宜早不宜迟的原则，推出 11 条金融业对外开放措施。2019 年 9 月 10 日，国家外汇管理局宣布，经国务院批准，决定取消 QFII/RQFII 额度限制。同时，RQFII 试点国家和地区限制也一并取消。2020 年 5 月 7 日，中国人民银行、国家外汇管理局制定并发布了《境外机构投资者境内证券期货投资资金管理规定》，正式取消 QFII/RQFII 额度限制，伴随着 QFII/RQFII 成立以来的额度管理体制成为历史，同时明确表示简化境外机构投资者境内证券期货投资资金管理要求，进一步便利境外投资者参与中国金融市场。如表 11－1 和表 11－2 所示，2020 年 5 月 31 日，额度管理体制下，QFII 最后的批准投资额度是 1 162.59 亿美元，RQFII 最后的批准投资额度是 7 229.92 亿元人民币。

表 11－1　QFII 投资额度的变动情况　　单位：亿美元

时间	投资额度
2003－06－04	3.50
2003－08－26	8.75
2004－08－28	21.75
2005－09－01	41.00
2006－09－05	78.95
2007－02－13	100.45
2008－09－02	113.70
2009－08－25	150.20
2010－08－19	184.20
2011－09－30	206.90
2012－08－31	298.68
2013－08－29	464.43
2014－08－26	596.74
2015－08－28	767.03
2016－08－30	814.78
2017－08－30	939.94
2018－08－30	1 004.59
2019－08－30	1 113.76
2020－05－31	1 162.59
2020－06 至今	无限制

资料来源：国家外汇管理局。

表 11－2　RQFII 投资额度的变动情况　单位：亿元人民币

时间	投资额度
2011－12－30	107.00
2012－12－31	670.00
2013－12－25	1 575.00
2014－12－30	2 997.00
2015－12－25	4 443.25

续表

时间	投资额度
2016-12-28	5 284.75
2017-12-27	6 050.62
2018-12-29	6 466.72
2019-12-31	6 941.02
2020-05-31	7 229.92
2020-06 至今	无限制

资料来源：国家外汇管理局。

1.3　沪港通和深港通

中国资本市场对外开放的另一项过渡性制度安排是沪深交易所与香港联交所的互联互通，分别简称沪港通、深港通。2014 年 11 月 17 日，沪港通正式实施；2016 年 12 月 5 日，深港通正式实施。在沪港通和深港通制度下，内地投资者委托香港交易服务公司投资香港交易所股票，香港投资者委托内地交易服务公司投资内地股票。额度限制分为年交易总额限制和日交易额度限制，同样体现了资本市场对外开放进程的不断加速。沪港通实施初期年交易总额限制在 5 500 亿元，深港通正式实施之后，沪港通、深港通均取消了年交易总额限制。自 2018 年 5 月 1 日起，沪港通北上、深港通北上每日额度由 130 亿元调整为 520 亿元；沪港通南下、深港通南下每日额度由 105 亿元调整为 420 亿元。从统计数据看，如图 11-1 所示，沪港通北上、深港通北上的日均交易金额整体呈逐月上升趋势。到 2020 年 9 月，沪港通北上、深港通北上每月日均交易金额分别达到 367.88 亿元和 519.07 亿元。

沪港通和深港通制度一直在不断完善，逐步取消了年总额限制，提高了日额度限制，丰富了投资标的，同时投资门槛降低到特定个人投资者。目前，通过沪港通和深港通制度进入内地市场的资本已经远超 QFII 的规模。沪港通和深港通制度没有取代 QFII、RQFII 制度，反而因为两种制度交易细则的不同，与 QFII、RQFII 制度实现了良好的互补。沪港通和深港通制

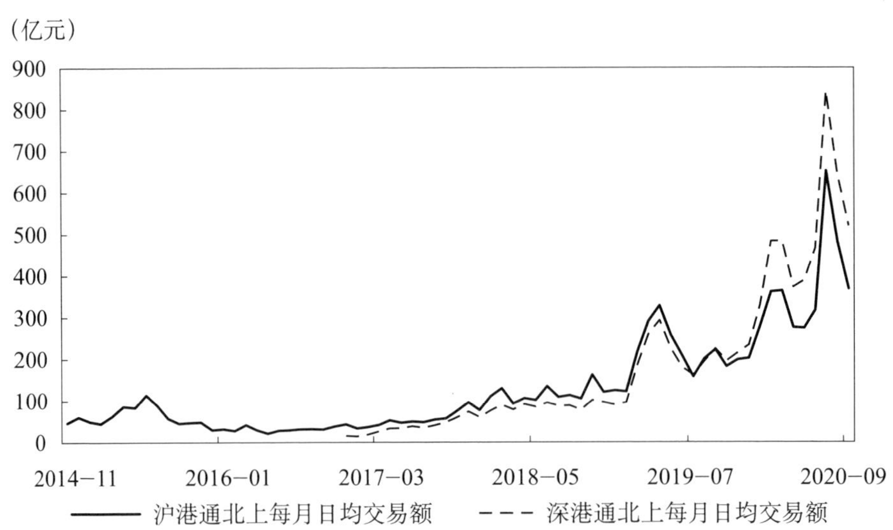

图 11-1　沪港通北上、深港通北上每月日均交易情况

资料来源：上海证券交易所、深圳证券交易所、WIND 数据库。

度专注股票市场，用本币交易，实行资金原路返回；QFII、RQFII 制度允许多元组合，用外币交易，实行资金跨境留存。

1.4　债券通

2015 年来中国银行间债券市场开放加速，用境外投资者入市总限额取代单个机构逐一限额，申请程序由审核制改为备案制，境外投资者基本可以较为自由地投资内地银行间债券市场（桂浩明，2017）。QFII、RQFII 和银行间债券市场合格机构计划都包含了在一定程度上允许外国投资者投资内地债券市场的开放措施（宗军，2015）。债券通是内地市场与香港市场建立的互联互通机制，连接内地银行间交易市场和香港交易所市场，是目前专门针对境外投资者进入中国内地债券市场的最新体制创新。目前北向通（由香港进入内地债券市场投资的通道）已经于 2017 年 7 月 3 日开通，南向通（由内地投资香港债券市场的通道）也在积极筹备。自债券通开通以来，境外投资者进入中国内地债券市场有了新的渠道，总规模不断增长，中国债券市场开放迎来新局面（魏伟，陈骁，2017）。图 11－2 列出了 2017 年 6 月至 2020 年 8 月债券通持仓总量和日均交易量。

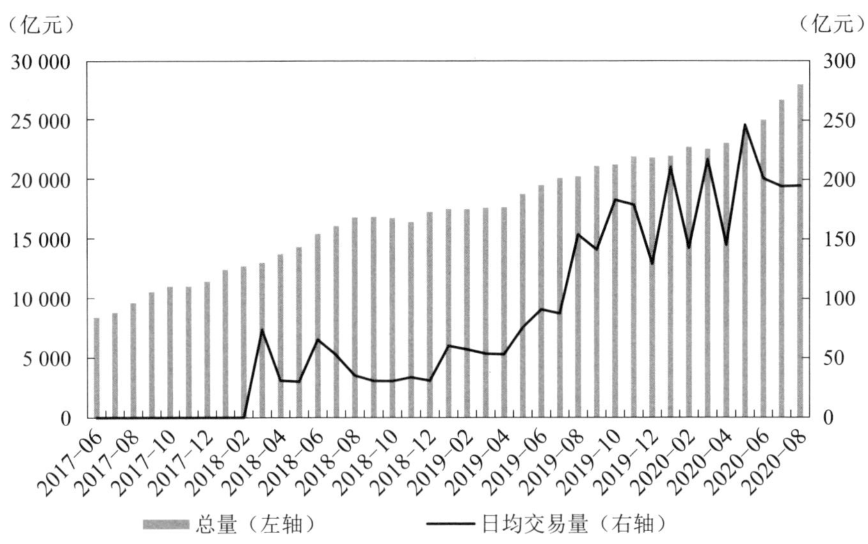

图 11－2　债券通持仓总量和日均交易量

资料来源：香港债券通有限公司、WIND 数据库。

1.5　中国资本市场尚处于不完全开放状态

资本市场上的四大开放措施（B 股、QFII 和 RQFII、沪港通和深港通、债券通）都属于过渡性的制度安排，中国资本市场仍处于不完全开放的状态。例如，境外投资者投资于 A 股的比例从 2013 年 12 月的 1.44%上升至 2020 年 6 月的 3.79%左右（见图 11－3）。中国债券市场的主体是由银行间市场构成的。在 2020 年 9 月末，境外机构持有银行间市场债券余额占 3.51%，较上年同期上升 0.65 个百分点，尽管规模和占比都呈现出逐年上升的趋势，但是整体上处于较低水平（见图 11－4）。

中国未来继续扩大资本市场开放，朝着构建新的国际金融中心的目标努力，要继续优化现有的过渡性资本市场开放制度，逐步取消各类境外机构准入限制。要继续扩大中国资本市场开放，提高资本市场的国际竞争力，吸引

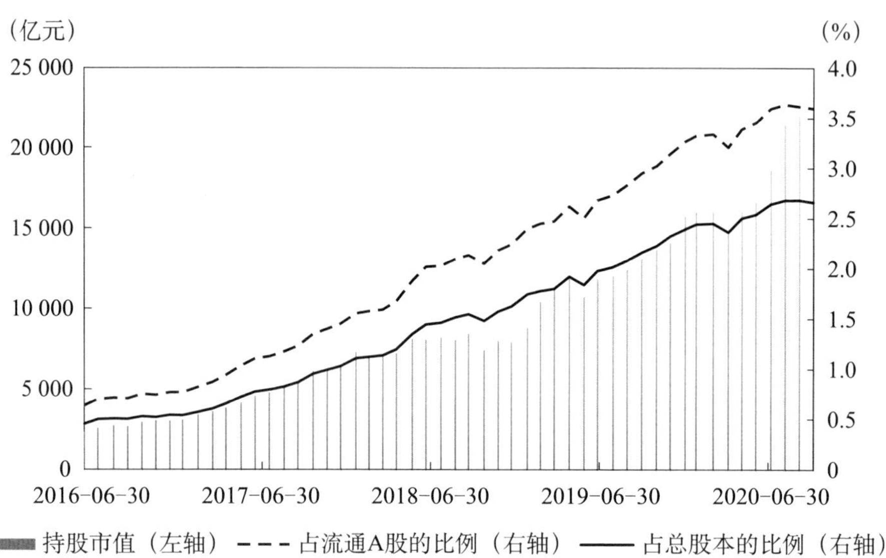

图 11-3　境外投资者持有股票市值

资料来源：上海证券交易所、深圳证券交易所、WIND 数据库。

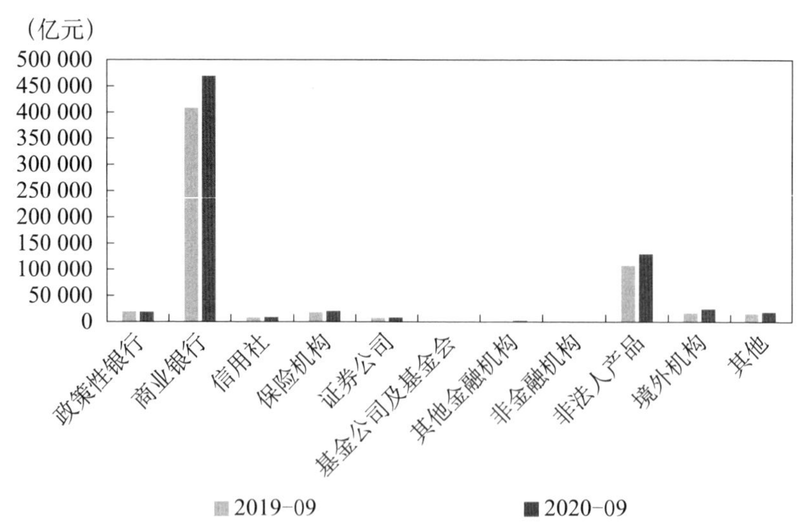

图 11-4　境外机构持有银行间市场债券余额

资料来源：银行间市场交易商协会、WIND 数据库。

更多境外投资者参与进来，逐步将境外投资者持有中国金融资产的占比从目前的 3%提高到与主要大型国际金融中心（15%）持平的水平，最终建成高水平开放的大国资本市场。

2. 中国资本市场开放的未来目标

加入 WTO 后，中国经济逐步融入国际体系，打开了国际市场。中国制造得到了空前的发展，中国经济增长的质量和竞争力也随之提高了。实体经济的开放使中国经济取得了巨大的成就，也积累了丰富的经验，但在金融方面，尤其是资本市场，其开放程度显得有些不足与不匹配，人民币资产在全球的影响力也十分有限。因此，以资本市场为主导的金融全面开放，必须以人民币国际化为前提，以构建新的国际金融中心为目标。

从历史上看，大国都有与其地位相匹配的国际金融中心，无论是现在的美国还是过去的英国，都是如此。中国建成国际金融中心将对中国经济可持续发展、居民财富增长、风险分散有着重大现实意义，对中国社会和国家现代化有着深远的影响。全球范围内的国际金融中心漂移趋势显示，中国的上海和深圳具备崛起为新国际金融中心的潜力，中国国际金融中心建设的形势总体乐观。

2.1　资本市场开放的总目标是建设国际金融中心

建成国际金融中心是中国资本市场开放的总目标，要让中国资本市场成为与美国、英国等世界主要资本市场比肩的市场，让中国主要金融中心城市成为与纽约、伦敦相称的国际金融中心城市，让中国具备与主要发达大国对等的金融软实力。构建新的国际金融中心的路途崎岖而复杂，但目标清晰：构建有国际化投资者结构和发行人机构、具备人民币资产定价权的新的国际金融中心。

第一，要有国际化的投资者结构。首先，主要大国国际金融中心建设的经验表明，境外投资者在本国金融市场的持仓市值占比约为 15%。这一水平比印度、俄罗斯等非国际金融中心高，比新加坡等小型国际金融中心低。截至 2020 年 9 月，我国境外投资者持有境内流通股市值占比为 3.60%，持有境内银行间市场债券占比为 3.51%，与理想的大国国际金融中心目标还有很大差距。进一步扩大资本市场开放，提高境外投资者持仓比例是建设国际金融中心最基本的目标。其次，中国建设大国金融中心，应该允许境外投资者自由地投资境内各类金融产品，建立包括股票、债券、基金、衍生品在内的全品类投资组合，享有中国资本市场完善的风险管理和财富管理功能。在目前的 QFII 制度、沪港通和深港通制度下，境外机构的投资标的还受诸多限制，最终取消对境外机构投资标的的限制是国际金融中心建设的目标之一。

第二，要有国际化的发行人结构，具体来说就是要吸引并接纳国际公司到中国境内上市。国际化股票市场不只需要国际化的投资者结构，更需要有大型国际公司挂牌上市。从融资功能来讲，中国股票市场因为大型国际公司的上市而扩充容量，资金活跃度提升；从投资功能来讲，大型国际公司登录中国股票市场，可以使中国境内投资者在国际范围内分散化投资，反过来，境外投资者投资中国股票市场的意愿也会加强。

接纳国际公司至中国股票市场，可以分成两阶段实现：第一阶段通过股票市场注册制改革，放松发行融资限制，鼓励中国的跨国公司在境内市场二次上市，形成良好的示范效应。2019 年以来，受注册制改革红利的推动，以及美国收紧中概股政策的影响，境外中概股回境内上市的趋势越来越明显，在香港上市的中国公司也有一批打算在 A 股二次上市。比如，中国国际金融股份有限公司是金融界的标杆企业，国际影响力相对较大，它已启动在 A 股二次上市的流程。在注册制改革的背景下，知名中国企业回 A 股上市，能提升中国股票市场的国际关注度，提升国际企业对中国股票市场的认可度。第二阶段就是有计划地接纳国际公司至中国境内上市，通过市场双边的互联互通、存托凭证，到试点国际公司在中国上市，直至完全对国外公司开放中国的股票市场。

第三，要有人民币计价资产的定价权。中国建设国际金融中心，建设的是以人民币为计价和交易结算货币的国际金融中心。纽约和伦敦金融中心分别以美元、英镑为计价和交易结算货币，构建了品类丰富、交易活跃的美元和英镑资产。未来中国国际金融中心应当有同样丰富活跃的人民币资产，拥有人民币计价资产的定价权，实现以人民币定价的资产价格能在全球发挥影响力，成为企业在签订合约和管理风险时的首要选择。人民币、人民币计价的金融资产和中国国际金融中心三者深度融合，相互促进，构建起中国大国的金融总实力。

2.2　建设国际金融中心的意义

国际金融中心强化了风险管理功能，为大国提供了高效的风险分散机制，是防控系统性金融风险的重要手段。资本市场以风险分散的方式管理风险，同时提供多种对冲工具，帮助投资者、金融机构和企业管理风险敞口，金融体系的潜在风险也可以在国际化的资本市场的帮助下很好地释放。拥有国际金融中心是中国建设大国金融体系的必要条件，建成国际金融中心对中国有多重意义：对金融部门自身来说，国际金融中心能提升金融运行的效率、完善金融服务的功能、丰富金融产品的维度，从而满足不同主体的金融需求；中国上市公司通过发达健全的资本市场获得来自全球的资金支持；中国资本市场集聚世界上的优质企业，在中国上市的公司质量就会得到整体提升；金融风险通过组合分散的方式进行全球化配置；居民财富通过长期的价值创造方式实现增值；交易机制顺畅，交易行为活跃，金融市场具备高度的流动性。

从服务中国经济可持续增长的角度看，国际金融中心是中国经济与世界经济深度融合的必然要求。以往中国参与全球产业链分工，更多地强调吸引外资、扩大就业和出口，现在中国经济对外联系的模式正逐步丰富，中国主动对外投资、中国企业“出海”等现象日益增多，加之与“一带一路”沿线国家开展全方位经济合作，于是以不同币种发行证券、管理和对冲汇率风险等方面的需求日益增多。外国投资者希望进入中国证券市场进行投资，开放资本市场的呼声越来越高。如果中国要以大国的姿态融入世界经济体系，就无法绕开资本市场国际化、建设国际金融中心的议题。国际金融中心可以与其他中心如经济中心、贸易中心、交通中心、科技创新中心高效联动，并提高它们的地位。企业生产、跨境贸易、人员货物往来、科技创新都会因为受到金融力量的推动而快速发展。国际金融中心使得本土企业具备在国际范围内调配资源的能力，帮助本土企业更好地实现跨国发展，还能够满足伴随国际贸易产生的跨境支付、贸易融资、风险对冲的需求。国际金融中心催生密集的人流、物流、信息流，拉动金融中心所在地逐步跻身世界主要大型城市行列。国际金融中心能快速促进科技创新，从天使基金、风险投资到资本市场，可以服务于科技创新企业成长发展的整个生命周期。成熟的资本市场相较银行业有更强的风险偏好，允许科技创新不断试错改良，最终提高国家科技创新的整体实力。国际金融中心可以间接拉动多个经济部门的成长，将会为中国经济换挡升级、可持续增长提供强劲的动力。

更深一步从国家综合软实力来讲，国际金融中心是国家强大软实力的集中体现，是大国竞争的一张王牌。大国竞争早已成为软实力的较量，而金融实力是软实力的代表。国际金融中心从世界吸引资本流入，增加了所在国资本存量，支持了上市公司融资，提升了风险管理能力。掌握了重要商品定价权的国际金融中心能获取定价权收益，有交易便利和风险对冲保障。把中国资本市场建设为国际金融中心，就标志着中国在金融领域已经有了较强的整体实力。中国的资本市场掌握主要金融产品定价权，中国的金融机构是经验丰富、专业一流的国际市场参与方，人民币是区域乃至全球主要货币，中国的金融政策对其他国家形成显著的溢出效应。

2.3 全球国际金融中心的漂移：中国的机遇

中国构建新的国际金融中心，当前还面临良好的外部机遇：全球的国际金融中心具有动态漂移的趋势，国际金融中心的影响力此消彼长，中国可以通过开放资本市场，顺应全球国际金融中心漂移的趋势，推动自身资本市场跻身大国金融中心行列。全球金融中心指数（global financial centers index，

GFCI）由英国智库 Z/Yen 集团和中国（深圳）综合开发研究院共同编制，反映全球各大金融中心竞争力的大小。该指数着重关注各金融中心的市场灵活度、适应性以及发展潜力等方面。2020 年 9 月 25 日，第 28 期全球金融中心指数报告发布，纽约（770 分）、伦敦（766 分）和上海（748 分）分别名列前三位。上海、北京和深圳均跻身全球金融中心指数排行榜前十（见图 11－5）。

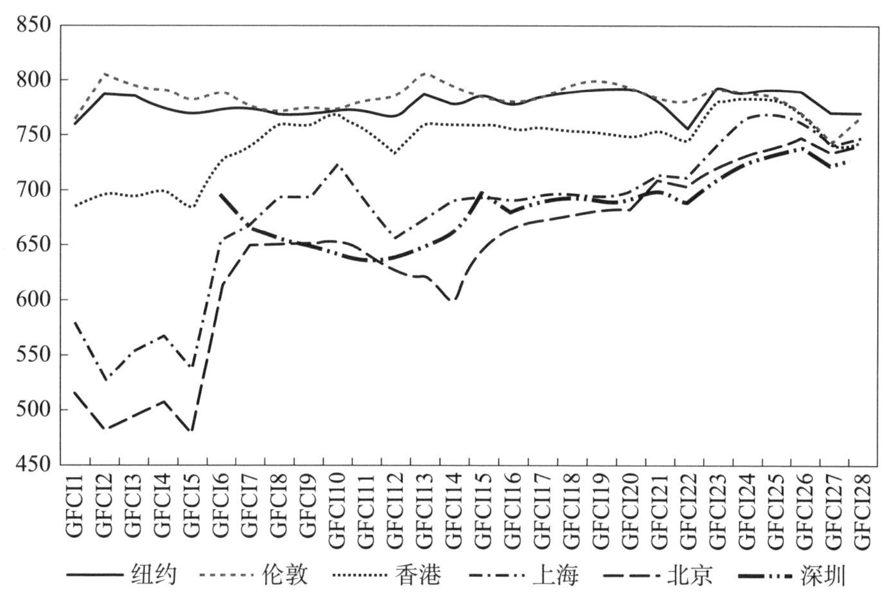

图 11－5　第 1～28 期全球金融中心指数

资料来源：GFCI 官网（www. zyen. com）。

历史演进过程表明，在全球金融开放和资本市场漫长的发展过程中，国际金融中心随着国际经济格局的变化而移动，从 16 世纪的威尼斯、17 世纪的阿姆斯特丹到 18 世纪的伦敦，再到 19 世纪后半叶的纽约，如今正在向中国移动。国际金融中心的这种漂移过程与经济规模、经济竞争力、国际贸易都有密切关系（许少强，2013）。纵观美国 100 多年来的历史，虽然美国经济历经了多次金融危机和经济衰退，但长期来看是持续发展的，这成就了美国今天的霸主地位。这里面，金融市场的力量和美元的力量起到了关键性的作用。

上海市场是中国新的国际金融中心的主体部分，深圳市场是中国新的国际金融中心的重要组成部分，是成长性资产的储备市场。从时间序列来看，上海、深圳与金融指数排名靠前的中心城市的差距越来越小；从时间循环和大历史周期看，全球新的国际金融中心已向中国移动。外国投资者持有的资产在中国市场上的占比可能会在15%左右，这一比例将与美国市场相似。

总之，中国金融市场的前景是相当乐观的。中国经济规模较大，经济实力较强，尤其体现在国际贸易上。回顾日本、韩国、俄罗斯和印度四个国家，在当年金融开放的时候比中国现在的经济实力要弱得多，但我们最大的不足是金融基础设施薄弱。在金融改革和发展过程中，基础设施没有跟上，给未来增添了很多风险，客观上会加大市场波动的幅度和危机发生的概率。但需要进一步指出的是，中国金融的全面开放、人民币的自由化及国际化和国际金融中心的形成，对中国社会的进步、法制的完善、经济的持续稳定增长和经济竞争力的提升无疑具有巨大的推动作用。

3. 实现国际金融中心建设的必要改革

中国国际金融中心建设必然会给中国经济带来新一轮变革和提升，这将加快经济向创新型和开放型转变，增强可持续增长动能，提高资源生产率。国际金融中心建设并非一蹴而就，而是需要硬实力和软实力的共同支撑。应该积极满足必要的硬条件和软条件，继续深化资本市场改革，推进人民币国际化，提高资本市场的国际化程度，实现制度和法律上的创新，最终建设成为新的国际金融中心。

3.1 国际金融中心建设需要满足的四个硬条件

中国的国际金融中心建设需要满足四个硬条件和三个软条件。四个硬条件是经济的可持续增长、坚持走开放道路、人民币长期良好的信用基础和强大的国防实力，三个软条件是坚实的法制基础、契约精神和足够的透明度（吴晓求，2020）。

经济的可持续增长是第一个硬条件。金融的发展本来就依托于经济发展。建设国际金融中心不仅要经济体量超过一定规模，还要能保持长期的持续增长。美国和英国稳定、较高的经济增长速度有助于保持纽约和伦敦的国际金融中心地位。中国是建设国际金融中心的后发国家，实现赶超必须有相应的经济增长能力作为保障。持续的增长缓和了经济发展中各方的矛盾、压制了金融风险的爆发，给国际金融中心建设营造了良好的条件。要积极推进供给侧改革，激发民营企业活力，打通产业链和供应链阻塞点，保持经济平稳可持续增长。

坚持走开放道路是第二个硬条件。国际金融中心离不开与世界各地密切的贸易、信息、技术和人员交流。不断扩大对外开放、坚持走开放道路是中国建设国际金融中心的必由之路。中国只有成为国际经贸活动和资本自由流动的枢纽，才能为国际金融中心建设提供良好的土壤。事实上，为建设有广泛影响力的国际金融中心，中国需要有较强的区域影响力，成为多个国家和地区的主要贸易伙伴和直接投资来源地，人民币的国际流通使用要被广泛接受，中国金融机构要深度参与全球的主要金融交易。当世界与中国的贸易、投资、金融乃至科学和人文交流有紧密的联系时，中国国际金融中心不仅有了中国自身建设的推力，还有了吸引世界其他国家和地区主动参与的拉力。两个合力共同驱动中国构建新的国际金融中心。

人民币长期良好的信用基础是第三个硬条件。中国要打造全球新的国际金融中心，就要构建人民币计价资产交易中心和全球财富管理中心。人民币长期良好的信用基础决定了中国国际金融中心的信用。良好的信用可以形成相对稳定的人民币汇率和可靠的资产计价标准，在遇到市场波动时，确保跨境资本对人民币保持信心，金融市场具备充分的韧性。人民币的信用不仅与中国国内的经济形势和宏观政策相关，而且取决于人民币在国际范围内的流通使用能力以及人民币的国际化程度。当国际投资者频繁使用人民币进行贸易结算和金融投资时，对人民币的依赖就会随之增强。所以，人民币长期良好的信用基础是由国内和国际两个方面的因素共同决定的。

强大的国防实力是第四个硬条件，却是最基本的保障性条件。任何处于战乱状态的地区，其金融体系都处于非正常运行状态：通货膨胀率高，货币贬值快，金融市场资产价格显著偏离价值，拆借市场利率飙升，市场流动性紧缺。二战时期伦敦金融中心陷于战争的威胁之中，经济物资需要盟国海运支援，金融业务无法正常开展。于是大西洋彼岸安全的纽约成为新晋国际金融中心。中国建设国际金融中心，同样需要强大的国防实力为金融中心提供坚实的安全保障。即使不幸卷入战争，国防力量也必须能保护金融中心免受军事打击，维持金融中心的正常运转。

3.2 国际金融中心建设需要满足的三个软条件

坚实的法制基础是国际金融中心建设的前提条件。包括资本市场在内的现代化金融体系，需要现代化的法制保障。现代金融的崛起依托于对私有产权的保护，对于拥有更好地保护私有产权、更好地支持私人协议签订与履行、更好地保护投资者权利的法律制度的经济体，投资者更愿意增加对企业的投资，金融市场因而可以获得更大程度的发展。不同法源对金融体系的发展有不同的影响。中国目前采用的是大陆的成文法体系，与英美判例法相比较为僵化，难以对一些严重的市场违法行为进行有效惩处和遏制，建设中国国际金融中心，要积极完善法治体系，加强投资者权益保护，支持金融契约的签订和履行；通过立法对发行注册制等主要改革成果予以确认，提高违法成本，落实监管执法；提高金融法律法规与国际金融市场接轨的程度，降低中国金融市场对于全球投资者的法律不确定性。

契约精神是国际金融中心建设的必备条件。金融的本质是建立在信用体系上的一系列契约。信用体系的崩溃、契约精神的不足会让金融体系赖以存在的基础消失，如果欺诈、违约频发，国际金融中心建设就无从谈起。中国的国际金融中心应该有良好的契约精神支撑，上市公司积极履行信息披露义务，定期向股东大会报告工作；市场自觉抵制内幕交易；机构投资者坚持长期价值投资理念；证券服务机构从投资者利益出发，执行好投资者适当性原则，向个人投资者普及专业知识。要通过良好的市场环境和义务履行，吸引全球公司和投资者主动参与到中国国际金融中心的建设上来。为此，中国要健全社会信用体系，引导树立良好的契约精神，加大对故意欺诈的处罚力度，完善信用评级体系，让市场化的违约惩戒机制发挥作用。

足够的透明度是国际金融中心建设的基础性条件。有效提升企业信息披露质量和市场对信息的处理能力，可以减少由信息不对称程度导致的各种违法违规行为，增强市场对资源配置的决定性作用，使得在高信息透明度下市场价格能迅速精确地反映资产的真实价值，让内幕交易、欺诈上市、市场操纵等违法违规行为没有生存的土壤。透明度建设需要市场多方参与：上市公司披露信息，分析师调研分析并发布信息，媒体挖掘传播信息；监管执行明确清晰的负面清单制度，货币政策规则平缓可预期；任何有效信息迅速引起市场反应，偏离资产真实价值的价格重新调整；金融体系规则透明清晰，境内外参与者都能公正平等地在金融中心进行交易。

四个硬条件和三个软条件是国际金融中心建设的前提，它们相互制约、相互促进，硬条件支撑软条件，软条件完善硬条件。经济可持续增长坚固人民币信用，增强国防实力，人民币信用为经济增长和国防建设提供稳定的币值保障，国防实力确保经济可持续增长和人民币信用免受安全威胁的不利冲击。法制基础培养金融中心的契约精神，强制提高信息透明度。契约精神强化法律执行，增加自愿信息披露。信息披露增强执法透明度，提高市场参与者对契约精神的认同。要系统地推进各项改革，就要统筹达到四个硬条件和三个软条件的要求。

3.3　建设国际金融中心的配套改革措施

国家推动国际金融中心建设，除了要努力达到以上四个硬条件和三个软条件外，还要在获取国际资产定价权，进行全球财富管理和推动人民币国际化方面采取配套的改革措施。

对国际资产的定价能力是衡量国际金融中心影响力的重要指标。最大的国际金融中心通常具有全品类的金融资产交易市场，权益产品、利率产品、主要商品交易活跃，参与者来自全球各地。国际金融中心具有对国际资产的话语权，涉及国际资产的金融活动绕不开国际金融中心，否则交易方必然被边缘化。因此，中国建设国际金融中心，就要推动国际金融中心逐步争取成为人民币资产定价中心，通过改革交易制度、发展衍生品市场，完善人民币资产价格形成机制；推出与中国经济发展密切相关的战略性商品期货，提高人民币计价商品价格的区域影响力。国内期货交易所已经在推出人民币商品期货、提升金融定价权影响力等方面做出了很多努力。2013 年 10 月，中国以人民币计价结算的铁矿石期货在大连商品期货交易所上市，继铁矿石、原油、PTA 之后，2019 年 8 月 12 日，20 号胶期货在上海期货交易所国际能源交易中心上市。未来中国主要金融交易所要进一步完善人民币资产种类，打造阵容齐全的中国资产价格，扩大中国资产价格的影响力。

世界上主要的国际金融中心城市都有齐全的金融服务，但是在金融职能上各有侧重。上海市是中国金融基础条件较好、国际金融中心建设潜力较大的城市。上海国际金融中心应该定位于人民币计价的资产交易中心和全球财富管理中心。中国所在的亚太地区作为 21 世纪世界上经济增长最快的地区，是全球财富创造的新引擎。立足于上海国际金融中心，中国可以发展全球财富管理服务，吸引发达市场的公司和投资者来新兴的财富管理中心进行投融资，从引进亚太地区的公司上市并引入亚太地区境外投资者开始，逐步扩展到全球，形成全球性的财富管理中心。

打造国际金融中心，同步推进人民币国际化是关键。中国国际金融中心必然以人民币作为主要的计价和交易手段，而且人民币信用本身就是国际金融中心的条件之一。推动人民币国际化，促进人民币在国际范围内的流通使用，增强境外机构对人民币的信心，有利于提高境外机构对中国资本市场的参与度，减少资本大规模流出的风险。推动人民币国际化，不仅要促进人民币的跨境使用，还要促进人民币的全球流通。借助中国与世界各国的贸易规模优势，提升人民币在贸易项下的计价、结算份额是人民币国际化的最大推力。为此，要推进人民币双边贸易结算，增加人民币互换协议规模，把存量贸易结算规模逐步转移到人民币结算额上，进一步提高人民币在国际贸易中的使用地位，建立以人民币计价的大宗商品交易体系；稳妥推进资本项下的人民币国际化，扩大和提升资本项下人民币收付规模和比例；扩大人民币海外投资，发展人民币离岸市场，继续扩大国家间外汇互换规模；以“一带一路”为纽带，在周边国家逐步培育人民币使用的“黏性”，提高各国央行的人民币资产持有比重。人民币国际化既是中国国际金融中心建设的推动力量，又是国际金融中心建成的重要标志。二者相辅相成、相互促进，运用系统思维综合推进是正确的建设路径。

十九大报告提出的到 2035 年基本实现社会主义现代化，到 2050 年把我国建成富强民主文明和谐美丽的社会主义现代化强国的战略目标，需要金融的支持，内含了新时期新的国际金融中心是中国资本市场的未来目标。只要我们坚定不移地走改革开放的道路，坚定不移地走社会主义市场经济道路，推动改革达到四个硬条件和三个软条件，积极落实配套的改革措施，中国资本市场就一定能建设成新时期新的国际金融中心。

参考文献

[1] 桂浩明. 债券通：资本市场开放新格局. 沪港经济，2017（7）.

[2] 魏伟，陈骁. 债券通助力债市对外开放. 中国外汇，2017（12）.

[3] 吴文锋，朱云，吴冲锋，芮萌. B 股向境内居民开放对 A、B 股市场分割的影响. 经济研究，2002（12）.

[4] 吴晓求. 大国金融中的中国资本市场. 金融论坛，2015（5）.

[5] 吴晓求. 改革开放四十年：中国金融的变革与发展. 经济理论与经济管理，2018（11）.

[6] 吴晓求. 中国资本市场三十年的探索与改革 . 上交所，2020（4）.

[7] 吴晓求，郭彪，方明浩，李诗瑶. 中国金融开放：模式、基础条件和市场效应评估. 财贸经济，2020，41 (5).

[8] 许少强. 国际金融中心建设的决定因素：经济实力抑或金融政策——基于历史的思考. 上海金融，2013 (6).

[9] 宗军. 中国债券市场开放前瞻. 中国金融，2015 (19).

文献附录

中国资本市场的有效性检验：理论与实践

摘　要： 资本市场的价格能够提供信息指导资本配置，这种有效性被称为显示价格有效性。随着监管制度的改革、投资人的成熟、信息技术的应用以及分析师行业的发展等，我国股票市场的信息发现能力得到提升。股票价格能够预测公司未来的盈利和投资，说明股票价格为公司投资决策提供了有用的信息。在股权分置改革以后，A股市场的股票价格预测公司未来盈利的能力与美国股票市场相比，并无显著差异。受制于政策影响，在金融危机之后，国有企业股票价格预测未来投资的能力弱于民营企业。实行注册制改革能够更加充分地发挥资本市场的信息发现功能，从而使股票市场更好地为实体经济服务。

1. R^2 测量的价格信息效率

在由 Fama（1970）开创的市场有效性研究中，市场的有效性体现为价格能够准确反映市场上的所有信息，从而确保资本的有效利用。Fama 提出并持续完善了有效市场假说，他在研究股票市场有效性时，将股票价格信息分为三种：历史信息、公开信息和内部信息。如图 1 所示，Fama 按照这三种信息对股票价格的影响，将市场有效水平分为三个层次：第一，若所有历史信息都充分反映在股票市场价格上，即历史信息不再影响股票价格，则为弱式有效市场；第二，若所有历史信息、公开信息都充分反映在股票价格上，即历史信息、公开信息不再影响股票价格，则为半强式有效市场；第三，若所有内部信息都充分反映在股票市场价格上，即所有信息不再影响股票价格，则为强式有效市场。

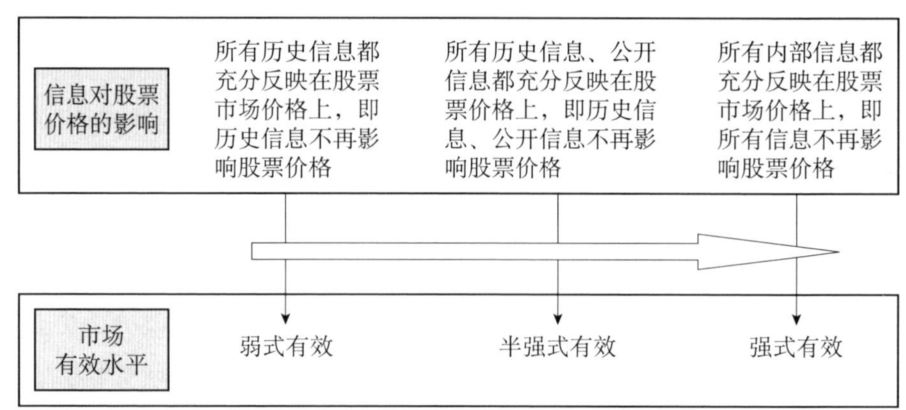

图 1　按照信息对股票价格的影响划分的市场有效性水平

Levine（2005）也指出，金融市场的核心功能之一是能够生产信息。这些信息会促进资源的有效利用。股票市场的信息效率通常由 R^2 或价格非同步性（price non-synchronicity）测量。Durnev 等（2003）发现，R^2 低的上市公司的股票价格更能预测未来公司的收益，说明 R^2 低的公司的股票价格包含更多的信息。Chen 等（2007）发现，由价格非同步性等测量的价格信息与投资高度相关，且这一相关很可能是因为生产者利用股价信息做投资决策。价格越不同步，价格中的信息效率越高。然而，Brunnermeier 等（2020）从理论上表明，价格的信息性以及企业特定基本面与价格之间的联系因中国频繁的监管试验和干预遭到破坏。2014 年和 2015 年对保证金融资限制的大幅修订似乎引发了股市的大幅波动，在此期间，政府对价格的支持增强了股票的同步性，导致价格的信息效率进一步降低。尽管监管改革是市场发展中必要且受欢迎的一部分，但长期的高压干预政策似乎适得其反，从发行审核的制度变革和股权分置改革也能看出政府逐渐意识到了这些问题，并发布了一系列改革措施。

国内学者对股票市场非同步性做了大量研究。唐松等（2011）利用

2004—2007年间民营企业的A股市场数据，发现有政治关系的公司的股价同步性较高。王艳艳和于李胜（2013）通过分析2004—2006年的市场数据发现，国有银行贷款比例与企业股价同步性成正比。胡军和王甄（2015）通过分析2009—2013年的股价数据发现，开通微博的公司的股价同步性更低。陈冬华和姚振晔（2018）通过分析“十一五”至“十三五”规划期间的A股上市公司数据发现，产业政策的公布能够使获得政策支持的企业的股价同步性下降。

然而，这些研究所体现的信息效率并未能证明价格信息对资本配置效率的提升有真正的影响。市场价格反映的信息也是管理者已知的信息。Bond等（2012）认为，这种价格的有效性只能算是预测价格有效性（forecasting price efficiency）。这种有效性仅是说市场信息体现在价格上。然而，价格信息究竟能否为提升资源配置效率带来价值？答案是肯定的，这个观点可以追溯到Hayek（1945）。在金融市场中，不同的参与者携带不同的信息进行交易。市场将这些碎片化的信息整合在价格中，最终反映公司的价值。虽然在二级资本市场（例如股票市场）中，大多数资本并没有直接流向公司，但是公司管理者仍然会受益于公司的股票市场价格。

公司管理者需要从二级市场中获取新的信息来指导他们的投资工作。市场能够给公司管理者提供新的有用的信息，原因如下：第一，市场价格反映了众多参与者的整合信息，这一信息可能比公司管理者所掌握的信息更多。第二，公司管理者在做决策时需要来自公司外部的信息，包括竞争者、消费者和宏观经济形势等。股票市场能够提供这些信息。

股票市场价格能够真实提升资源配置效率的机制如下：一方面，公司管理者能够从股票市场价格中了解到新的信息，从而改进自己的投资策略，提升资本配置效率。另一方面，股票市场价格改进了管理者提升公司资本效率的激励。如果股票市场价格不能真实反映公司价值，那么受委托代理的约束，公司管理者提升公司资本效率的动机就十分有限。倘若市场价格能够更多地反映公司价值，那么管理者就会有更大的动力采取适当的决策。股票市场价格不仅应该反映市场对公司未来现金流的预期，而且应该能够真正影响公司未来的现金流。股票市场价格能够真正影响实体经济。市场价格所带来的效率的改善，被 Bond 等（2012）称为显示价格有效性（revelatory price efficiency）。

2. 显示价格有效性

Bai 等（2016）根据 Bond 等（2012）的思想，从福利出发，构建了显示价格有效性的一种测度方式。价格的有效性在于，价格所包含的信息增加了公司价值。托宾 Q 理论阐释了投资与公司价值之间的关系。由于资本回报率具有边际效率递减的特点，因此公司价值一般是投资量的凸函数。为了最大化公司价值，最优投资量会与公司的未来预期现金流成正比。对未来投资回报的预期主要取决于对未来生产率的预期，这与管理者所掌握的关于公司生产率的信息有关。因此，公司的投资决策依赖管理者所拥有的信息。

在信息已知的情况下，管理者对公司生产率的预测与公司价值之间有着更为复杂的函数形式。在假定公司价值是投资量的二次函数的情况下，根据托宾 Q 理论，公司价值也是管理者对公司生产率的预期的二次函数。在由众多公司组成的市场中，市场总体效率是市场对于生产率的预测部分的方差的函数。

公司管理者掌握着企业内部关于生产率的信息。同时，他们又能知晓公司的市场价格。公司的市场价格是由携带着不同信息的市场参与者在交易过程中形成的均衡价格。这些市场参与者掌握的信息可能不如公司管理者掌握的有关公司内部的信息多，但是他们也能提供其他有用的信息，例如与宏观经济形势、消费者需求以及公司竞争对手有关的信息。此外，市场参与者也会从公司披露的信息中获取一些公司管理者已知的信息。

市场均衡价格把这些信息整合在一起。最终形成的均衡价格既包含噪声，也在一定程度上反映了公司的真实价值。因此，公司管理者在知晓股票市场价格的时候，也接收了市场价格内部包含的信息。投资和市场价格之间形成了一种基本的反馈机制。企业管理者学习市场价格中所包含的信息，指导自己做出有效率的投资决策。投资所带来的价值提升又会反馈到市场均衡价格上。

在 Bai 等（2016）构建的模型中，股票市场价格能够预测未来现金流的能力正是预测价格有效性。市场的效率是在给定市场价格信息的情况下，市场对生产率预期的方差的函数。

$$V_{FPE} = \mathrm{Var}(E[z|p]) \tag{1}$$

同理，更多的信息意味着更高的市场效率。管理者既拥有有关企业生产率的内部信息 η，又知道他们披露给其他市场参与者的信息 η'。此外，管理者还知道公司的市场价格 p。给定这些信息，市场效率可表示为下面的形式：

$$V_M = \mathrm{Var}(E[z|\eta, \eta', p]) \tag{2}$$

在市场总体效率中，有一部分是来自市场价格所带来的效率提升，也就是显示价格有效性。

$$V_{RPE} = \mathrm{Var}(E[z|\eta, \eta', p]) - \mathrm{Var}(E[z|\eta, \eta']) \tag{3}$$

显示价格有效性揭示了价格信息在多大程度上真正改善了资本的配置效率。Bai 等（2016）发现，自 1960 年以来，美国金融市场的显示价格有效性确实在不断提升。

3. 中国资本市场有效性变迁

中国资本市场在改革开放的持续深化中茁壮成长，已成为全球第二大股票市场和债券市场，其有效性也经历了从无效到弱有效再到有限有效的过程。这里的有效性指的是市场对信息的敏感度以及资产定价的有效性。一个资本市场的市场功能能否得到充分发挥是检验资本市场有效性的关键。尽管我国资本市场的功能已经逐渐完善，但仍有许多方面需要改进。我国资本市场的有效性在改革和发展中不断提升，为促进国民经济和社会的良性发展提供了重要保障。下面分别从发行制度改革和股权分置改革两条线分析我国资本市场有效性的变化。

3.1 以发行制度变革为主线的市场有效性

回顾中国资本市场，自 1990 年上海证券交易所正式成立以来，已有 30 年的历史。股票的公开发行是资本市场运行的必要保障，发行管理均通过审核制度来实现。审核制度是股票发行制度的关键，从世界各国的证券立法来看，股票发行制度变化主要体现为发行审核方式的变化。30 年来，通过不断的改革实践，我国在股票发行审核制度、定价制度、发行方式等方面有了巨大的进步，资本市场的市场化程度和有效性不断提升，主要经历了审批制下的额度管理到指标管理，核准制下的通道制到保荐制，以及目前正在推行的注册制三个阶段。

第一阶段：行政审批制阶段（1990—2001 年 2 月），包括实行额度管理（1990—1995 年）及“总量控制、限报家数”的指标管理（1996—2001 年 2 月）两个时期。该阶段我国股票发行制度具有明显的计划经济体制特征，企业的选择和推荐由地方和主管政府部门按额度确定；企业发行股票的规模按计划来确定；发行审核直接由证监会批准；在股票发行定价和发行方式上存在较多的行政干预。此外，在行政审批制下，发行价格由中国证监会按固定市盈率确定，并将 10～20 倍的市盈率作为新股发行定价的区间，以此确定的发行价格无法反映出上市公司基本面的好坏，导致此时的价格信息有效性极低。

第二阶段：核准制下的通道制（2001 年 3 月—2004 年 1 月）和保荐制（2004 年 2 月—2013 年 10 月）。2001 年，股票发行的额度和指标被中国证监会取消，意味着行政审批制结束，核准制下的通道制开始实行。通道制的实行使股票发行基本脱离了行政机构的控制，中国股票发行制度由此迈出了市场化的第一步，开始由计划向市场转变。但是，通道制在一定程度上抑制了证券公司之间的竞争，不能充分发挥市场机制的作用，市场有效性依旧较低。随后，核准制继续改革，由通道制转向保荐制，这一时期包括保荐制的确立和完善（2004 年 2 月—2009 年 6 月）及四轮新股发行制度改革（2009 年 7 月—2013 年 10 月）两个时段。随着保荐制的确立和完善，定价和配售环节的市场化程度得到进一步提高，显著抑制了过高的新股发行价格，使得保荐制实行期间的新股破发率极低。保荐制使越来越多的中小企业获得了上市融资的机会，因为不受通道数量的限制，所以它们更容易获得资金的支持以度过成长期。实践结果表明，该政策的实施使上市公司的质量得到了明显改善。四轮新股发行体制改革实际上是资本市场不断市场化的过程。股票发行定价环节主要是完善信息披露的监管及采取相应措施避免虚高报价问题，配售环节则首次引进了主承销商自主配售的方式，市场运行效率得以提升。

第三阶段：核准制向注册制的过渡阶段（2013 年 11 月至今）。2013 年 11 月，中共十八届三中全会做出推进股票发行注册制改革的决定，意味着我国股票发行审核制度将由现阶段的核准制过渡到注册制。2018 年 11 月 5 日，习近平总书记提出在上交所设立科创板并试点注册制。2019 年 7 月，科创板注册制正式推出。2020 年 3 月 1 日，开始施行新修订的《证券法》，明确了全面推行注册制。注册制是指股票拟发行人向证券监管机构申报公开发行股票的有关事项，依法真实、准确、完整、及时地将影响投资者决策的股票发行信息资料予以充分披露，由证券监管机构采用形式审核方式对信息披露资料进行审核的股票发行审核制度。我国股票发行制度向注册制推进并不是放弃实质审核，也不单纯是给企业股权融资提供方便，更不是放松监管要求和准入标准，而是一种对资本配置和风险承担机制的深化改革，即以契约精神代替政府管制，将资本配置权力从政府手中交还给市场；让投资者自主决策、自担风险；让市场规律包括竞争规律、价值规律、供求规律自主运行和调节；由“政府决定股票发行”转变为“由市场决定股票发行”，充分发挥市场功能，提升股票价格的信息有效性。

由于制度内涵与特征不同，审批制、核准制和注册制这三种不同类型的制度在立法理念、监管理念、发审方式、制度核心等方面存在较大差异。审批制、核准制与注册制的具体差异如图 2 所示。综合图 2 可以看出，从审批制、核准制到注册制，呈现出政府直接参与度下降、市场化程度上升、发审效率提高、发审透明度提高、信息披露重要性增强等特征。注册制是对法律法规、监管执法、市场化程度等制度基础要求最高的一种发行审核制度。法律法规和监管执法是资本市场有效性得以实现的前提，较高的市场化程度会提高企业的内部控制水平。一方面，市场化程度越高，则对应的市场机制就会越完善，竞争程度越高，同时优越的物质环境与完善的制度建设也为企业内部控制的实施提供了物质与制度保障。另一方面，市场化程度越高，其对应的法律法规制度越完善，执法越高效，对企业自我规范的督促作用也越强。

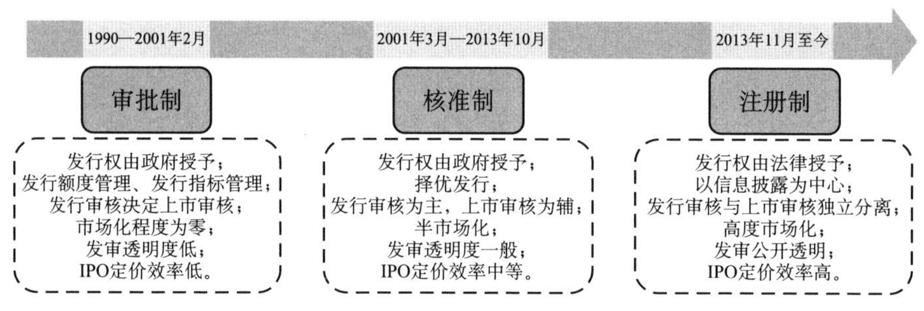

图 2　股票发行审核制度对比

3.2　股权分置改革前后的市场有效性

股权分置是我国经济转型和资本市场发展过程中出现的特殊现象。由于股权分置，资本流动过程中存在非流通股协议转让和流通股竞价交易两种价格，扭曲了资本市场定价机制，使资本运营缺乏市场化操作基础，制约了资本市场资源配置功能的有效发挥，而且公司股价难以对大股东、管理层形成市场化的激励和约束，公司治理缺乏共同的利益基础（吴晓求等，2006）。解决股权分置问题，本质上是实现机制上的转换，即通过非流通股股东和流通股股东之间的利益平衡和协商机制，消除 A 股市场股份转让的制度性差异。2005 年 4 月 29 日，在党中央、国务院的领导下，中国证监会启动了股权分置改革。股权分置改革不仅在宏观上涉及资本市场配置资源的效率和公司治理外部环境的改善，而且在微观上平衡了流通股股东和非流通股股东之间的利益分配，极大地促进了中国资本市场的健康和良性发展。

随着股权分置改革的深入，理论界关于股权分置改革对市场有效性的影响的实证考察形成了大量文献。这些文献对于正确理解我国资本市场发展，从而丰富中国作为重要的转型国家完善资本市场的政策实践的经验具有重要的理论和实践意义。其中，汪昌云等（2010）的研究表明，股权分置改革显著地提高了我国上市公司治理机制的有效性，而股权分置改革预期实现的对公司治理机制有效性的改善是通过使非流通股股东和流通股股东形成共同的公司治理利益基础，提升大股东在公司治理中的正向作用，使机构投资者在其中发挥积极的监督制衡作用，并为公司控制权的接管威胁的实施创造条件，从而充分发挥市场优化资源配置的功能来实现的。股权分置改革对于非国有控股公司治理结构有效性的改善更加显著。郑志刚等（2007）认为，就股改对价确定这一特殊的公司治理事件而言，在通过股权分置改革完善公司治理的长期效应显现之前，一个公司业已形成的公司治理原则和实践反过来会影响对价的确定，从而使流通股股东和非流通股股东的利益重新分配。因而，股权分置改革中的对价确定为从新的角度检验一个公司业已形成的治理机制的有效性提供了机会。Liao 等（2014）的研究表明，股权分置改革采用了市场机制，其在协调政府和公共投资者的利益方面发挥了有效的信息发现作用。股权分置改革作为资本市场发展过程中的关键变革以及国有上市公司市场化转变的重要政策，促使公司追求利润最大化，但是对国有上市公司的公司治理的改善作用不明显。国有上市公司治理中的所有者缺位、内部人控制问题未得到有效解决，还需进一步的产权改革（施新政等，2019）。

Carpenter 等（2020）采用 Bai 等（2016）的方法，对中国 1996—2016 年的股票市场数据进行了研究，发现多年来中国股票市场的显示价格有效性显著提升。我国股票市场显示价格有效性的提升与 2001 年中国加入 WTO

和 2005—2006 年实施的股权分置改革有很大关系。自股权分置改革以后，我国股票市场的资源配置效率得到提升。而 2009 年金融危机后，由于相关政策的刺激，我国上市国有企业股价的显示有效性低于民营企业股价的显示有效性。国有企业股票价格预测未来投资的能力低于民营企业。如图 3 所示，Carpenter 等（2020）根据价格利润预测了在中国发生监管改革和股市新闻事件的背景下，中国股票价格信息化的时间序列。例如，1996 年道琼斯开始发布中国指数、上海指数和深圳指数，吸引了大批股票分析师追随，而且交易所统一了限价单账簿，大幅降低了交易佣金，从而增加了流动性，这些都对股票价格产生了影响。Chordia 等（2008）从理论上表明，流动性的增加提高了市场效率和信息发现能力，因此这些制度和规则方面的发展促进了这一时期中国股票市场的信息发现能力的提升。1998—2002 年，由于市场操纵和会计造假等恶劣事件被曝光，股票价格的信息发现能力达到最低点。为了改善股票市场有效性，中国证监会于 2005 年推出了股权分置改革，以通过对流通股股东进行补偿的逐户谈判，将非流通股解冻并私有化。图 3 显示的趋势表明，市场参与者基数的扩大可能进一步提高了股票价格的信息发现能力，股权分置改革促进了市场在信息发现和风险分担方面的改进。从 2007 年开始的几年是金融危机爆发和随后重建的时期，这一时期股票价格的信息发现能力有所下降。

此外，自 2001 年以来，对于民营企业而言，股票价格中体现的有关未来收益和未来投资的信息量都有所增加，促进了企业投资效率的提高。然而，对于国有企业而言，价格中体现的信息量和投资效率在 2008 年之后相对于私营企业有所下降，Carpenter 等（2020）将其归因于政府的大规模且不可预测的经济刺激计划，该计划主要将资金引流到了国有企业。中国股市作为一种有效的资本配置渠道，对经济具有实际价值，而国有企业并未充分发挥其潜力。这说明我国股票市场对于促进资本有效配置具有越来越重要的积极作用。而且受国有企业的影响，股票市场促进资源有效配置的潜能还可以继续挖掘。

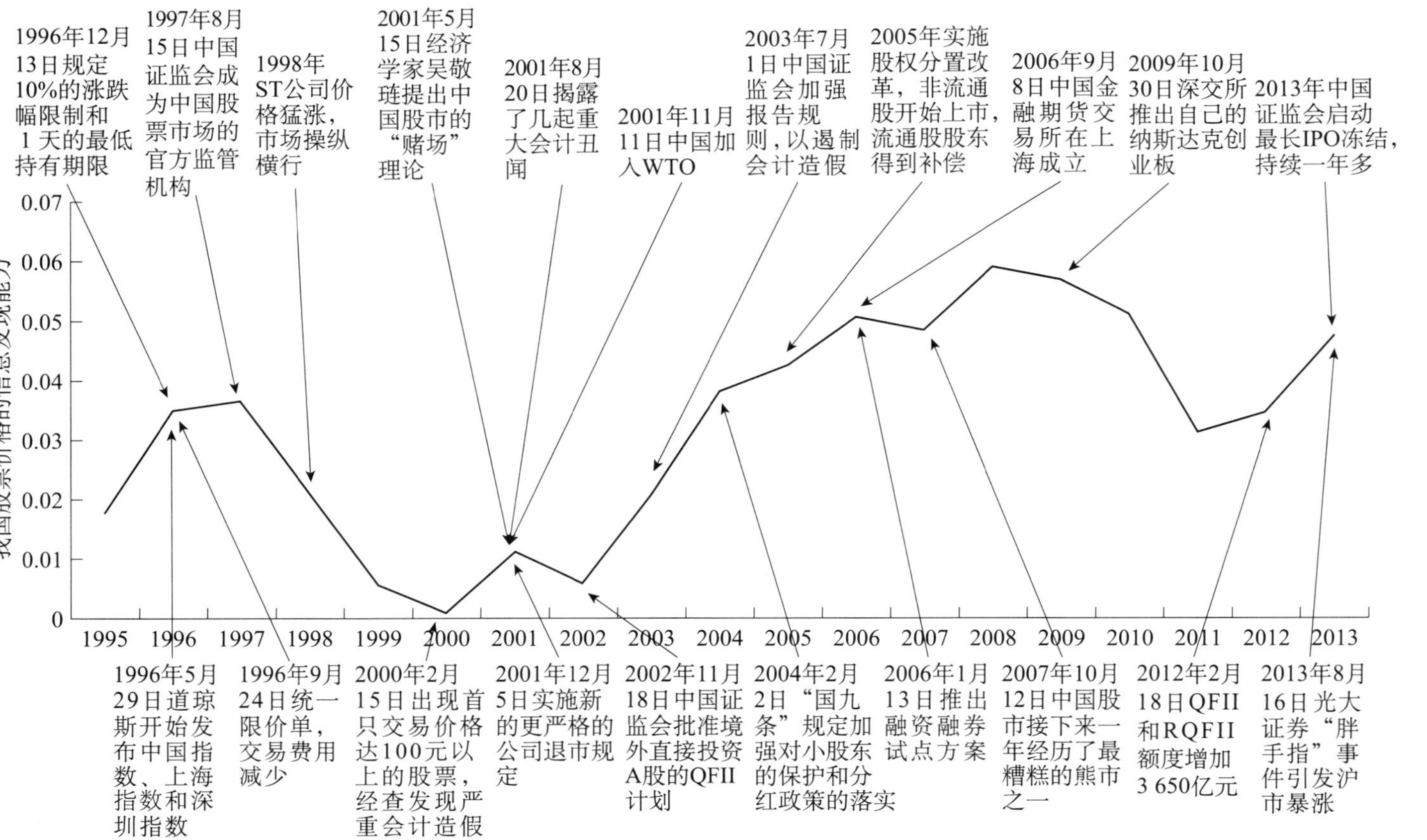

图3　我国股票价格的信息发现能力和相关改革事件

4. 指导意义

随着中国经济最近几十年的快速增长，中国资本市场也随之一起发展壮大。自成立证券交易所以来，中国股票市场总市值一直快速攀升，A 股总市值已经突破 60 万亿元，排名世界第二。与此同时，中国股票市场的定位也从初期的服务于国有企业改革转变为现在的为实体经济赋能。2019 年，A 股上市企业已经达到 3 896 家。长期的高速增长使得我国成为世界第一大投资国。2019 年，全国固定资产投资达 551 478 亿元，居世界第一。进一步地，资本的使用效率成为一项越来越重要的议题。Whited 和 Zhao（2015）通过研究发现，如果中国的债券和股票市场像美国市场一样发达，中国公司的市值可能会提高 70%～100%。中国股票市场具有换手率高、波动性大、稳定性差的特点，这可能是因为上市公司质量良莠不齐，退市制度不完善，信息披露不及时、不充分，信息获取机制不完善，以及分红制度没有很好地落实等。中国股票市场的有效性一直不被普遍看好。然而，Carpenter 等（2020）的研究却给出了令人震惊的发现：我国股票市场价格在预测公司未来盈利能力方面并未显著低于美国，尤其是在 2005 年以后。这说明我国股票市场所提供的信息对实体经济的帮助可能要大于人们之前的预期。

虽然初期中国股票市场内幕交易、人为操纵股市等情况时有发生，但随着投资者和监管制度的成熟，我国股票市场的有效性逐渐得到提升。尽管之前 A 股市场与国际资本市场相对独立，关于资产定价的大量研究也发现，A 股市场的风险因子与国际市场相比没有什么显著区别，但随着信息披露制度的不断完善，以及股票分析师行业的发展壮大，A 股市场上市公司的信息也越来越多地被其他市场吸收。整个行业信息化程度的提高促进了市场有效性的发挥。Jia 等（2015）通过对比同时在中国内地和中国香港上市的公司的股票价格受分析师收益预测的影响发现，A 股市场价格受境内分析师的影响更大，而港股市场价格受境外分析师的影响更大。此外，股权分置改革也提升了股票市场的信息效率。Carpenter 等（2020）发现，A 股市场价格预测公司未来投资和盈利的能力在股权分置改革以后与美国市场没有显著差别。

自 21 世纪初的改革以来，中国股票价格信息化程度的提高与私营企业投资效率的提高一致。股票市场对于促进资源有效配置有积极的作用。生产者的确能够从市场价格中获取更多的信息，从而指导他们更好地配置资源。然而，我国之前的上市企业审批制度仍制约着股票市场服务实体经济的潜能。IPO 抑价率一直是我国股票市场与国际市场的显著不同点之一。这可能是因为我国企业上市过程仍然存在较多的行政干预。Cong 和 Howell（2020））研究发现，2004—2015 年间 IPO 的四次推迟阻碍了已经获得审批并准备上市的公司的治理规范化进程，而且它也对公司的专利申请、高管薪酬及聘用等都产生了不良影响。

此外，国有企业受政策影响更大，其股票价格预测公司未来投资的能力低于民营企业。因此，尽快推进注册制改革，能够让更多的企业参与到资本市场当中，从而获取市场知识，提升自身的资源配置效率。从我国资本市场发展现状来看，目前已经进入全面推行注册制的实施阶段，当务之急是加快完善相应的资本市场基础，包括修改相关法律法规、规范中介服务资格、修订违法处罚标准等。2020 年发生的“瑞幸咖啡财务造假”和“中行原油宝”事件再次敲响警钟：中国资本市场建立 30 年来，市场波动性大、稳定性差，都与上市公司质量良莠不齐，退市制度不完善，信息披露不及时、不充分，信息获取机制不完善等因素有关。因此，注册制并不是简单地取消核准制，而是要建立和完善配套制度支撑注册制整个生态系统实现良性循环。在推行注册制的过程中，企业需要完善信息披露，敢于接受媒体和大众监督，一旦出现造假和违规行为，就必须接受法律严惩，如此才能实现注册制的优胜劣汰机制。从监管的角度来看，推行注册制还需要完善配套制度，如需要完善退市制度、信息披露制度和投资者保护制度等。随着我国资本市场市场化改革的不断推进，资本市场的有效性必然会进一步提高。届时，资本市场服务实体经济的潜能必然会得到进一步激发，从而为经济增长提供新的动能。

参考文献

[1] 陈冬华，姚振晔．政府行为必然会提高股价同步性吗？——基于我国产业政策的实证研究．经济研究，2018（12）．

[2] 胡军，王甄．微博、特质性信息披露与股价同步性．金融研究，2015（11）．

[3] 施新政，高文静，陆瑶，李蒙蒙．资本市场配置效率与劳动收入份额——来自股权分置改革的证据．经济研究，2019（12）．

[4] 唐松，胡威，孙铮．政治关系、制度环境与股票价格的信息含量——来自我国民营上市公司股价同步性的经验证据．金融研究，2011（7）．

[5] 汪昌云，孙艳梅，郑志刚，罗凯．股权分置改革是否改善了上市公司治理机制的有效性．金融研究，2010（12）．

[6] 王艳艳，于李胜．国有银行贷款与股价同步性．会计研究，2013（7）．

[7] 吴晓求．股权分置改革的若干理论问题——兼论全流通条件下中国资本市场的若干新变化．财贸经济，2006（2）．

[8] 郑志刚，孙艳梅，谭松涛，姜德增．股权分置改革对价确定与我国上市公司治理机制有效性的检验．经济研究，2007（7）．

[9] Bai，Jennie，Thomas Philippon，and Alexi Savov. Have Financial Markets Become More Informative? *Journal of Financial Economics*，2016（122).

[10] Bond，Philip，Alex Edmans，and Itay Goldstein. The Real Effects of Financial Markets. *Annual Review of Financial Economics*，2012（4).

[11] Brunnermeier，Markus K.，Michael Sockin，and Wei Xiong. China's Model of Managing the Financial System. National Bureau of Economic Research. No. w 27171，2020.

[12] Carpenter，N. Jennifer，Fangzhou L.，and Robert F. Whitelaw. The Real Value of China's Stock Market. *Journal of Financial Economics*，2020，forthcoming.

[13] Chen，Qi，Itay Goldstein，and Wei Jiang. Price Informativeness and Investment Sensitivity to Stock Price. *Review of Financial Studies*，2007（20).

[14] Chordia，Tarun，Richard Roll，and Avanidhar Subrahmanyam. Liquidity and Market Efficiency. *Journal of Financial Economics*，2008（87).

[15] Cong，Lin and Sabrina T. Howell. Policy Uncertainty and Innovation：Evidence

from IPO Interventions in China. Chicago Booth Research Paper No. 146, 2020.

[16] Durnev, Artyom, Randall Morck, Bernard Yeung, and Paul Zarowin. Does Greater Firm-specific Return Variation Mean More or Less Informed Stock Pricing? *Journal of Accounting Research*, 2003 (41).

[17] Fama, Engene. Efficient Capital Markets: A Review of Theory and Empirical Work. *Journal of Finance*, 1970, 25 (2).

[18] Hayashi, Fumio. Tobin's Marginal q and Average q: A Neoclassical Interpretation. *Econometrica*, 1982 (50).

[19] Hayek, F. The Use of Knowledge in Society. *American Economic Review*, 1945, 35 (4).

[20] Jia Chunxin, Yaping Wang, and Wei Xiong. Social Trust and Differential Reactions of Local and Foreign Investors to Public News. NBER Work. Pap. 21075, 2015.

[21] Levine, Ross. Finance and Growth: Theory and Evidence, in Philippe Aghion and Steven Durlauf ed. *Handbook of Economic Growth*. edition 1. volume 1. chapter 12, 2005.

[22] Li Liao, Bibo Liu, and Hao Wang. China's Secondary Privatization: Perspectives from the Split-Share Structure Reform, *Journal of Financial Economics*, 2014 (113).

[23] Li Liao, Bibo Liu, and Hao Wang. Information Discovery in Share Lockups: Evidence from the Split-share Structure Reform in China. *Financial Management*, 2011 (40).

[24] Whited, Toni M., Jake Zhao. Capital Structure Misallocation. Working Paper Univ. Mich., 2015.

后　记

1990—2020 年，中国资本市场走过了三十年历程。三十年，从小到大；三十年，从混沌到觉醒；三十年，探索与变革。三十年，我们是这个市场的理性观察者，也是这个市场前行的推动者。我们虽然没有参与中国资本市场最早的创建，但我们亲身参与了中国资本市场不同时期重要的制度变革，经历了市场波澜壮阔、惊心动魄的巨大波动，提出了发展中国资本市场的理论主张和改革建议，试图构筑中国资本市场发展的理论逻辑和政策框架。我们对发展中国资本市场始终充满着热情。在市场最低迷、投资者最迷茫的时期，我们发出了“黑夜即将过去，曙光就要来临”的呼唤。在资本市场功利化的时代，我们始终保持了“资本市场是现代金融基石”的理论认知。我们为中国资本市场发展回归正确的轨道和实现伟大的目标，贡献了或正在贡献我们一生中最辉煌的岁月。让中国资本市场有效地推动中国金融的结构性改革，并建设新的国际金融中心，是我们这一代人的梦想和追求。

梦想始于足下。作为理论研究者，我们有责任把过去三十年中国资本市场发展的历史进行理论归纳和理性分析，研究方法着眼于大事件分析和市场结构元素分析，并试图寻找制度变革和理论认识变化的主线索。

对中国资本市场三十年发展历程的研究，是中国人民大学中国资本市场研究院最近一个时期的研究重点。研究课题始于 2020 年 8 月，到 2020 年 10 月中旬已完成研究成果终稿。在此期间，研究写作组进行了多次讨论，对研究成果也进行了多次修改。在征求研究写作组专家意见后，最终将研究成果书名确定为《中国资本市场三十年：探索与变革》。

《中国资本市场三十年：探索与变革》由导论、11 章和一个文献附录组成。导论主要阐述三十年来对中国资本市场发展的理论认识及其深化过程，分析了三十年资本市场发展中的三次重大变革，提出了建设国际金融中心是中国发展资本市场的战略目标。第1～11章研究了以下内容：中国资本市场的起源及其背景，三十年重要的制度变革、法制建设，市场成长，市场功能变化，市场发展的经济效应，市场中介，市场监管模式，资本市场的开放及未来战略目标，等等。最后的文献附录“中国资本市场的有效性检验：理论与实践”既是对中国资本市场三十年来制度变革和政策变动有效性的一次检验，又是对中国资本市场三十年发展历程的一个理性检视。

参加《中国资本市场三十年：探索与变革》一书研究和写作的专家、学者和作者包括：导论，吴晓求；第1章，应展宇、黄春妍；第2章，李刚、瞿强；第3章，陆超、王宸、张斯毓、戴静雯；第4章，叶林、林海权；第5章，李永森；第6章，赵锡军、虞思燕、郭雍；第7章，李凤云、郭彪；第8章，黄俊凯、李勍、李思赢、谭松涛、杨世祺；第9章，许荣、赵昶、陈韶晖、徐一泽、郑志刚；第10章，宋科、傅晓骏、杨兴源、孙思琦；第11章，何青、冯浩铭、方明浩；文献附录，汤珂、曾嘉庆、汪宁丽。

在写作和研究过程中，中国人民大学中国资本市场研究院院长、中国人民大学原副校长吴晓求教授亲自起草研究写作大纲，并与各章及附录主要作者做了多次研讨。书稿完成后，吴晓求教授翻阅了全书并提出了进一步修改完善的建议。中国人民大学财政金融学院赵锡军教授和何青教授对导论、各章和附录的摘要进行了校阅。中国人民大学中国资本市场研究院赵振玲女士处理了大量繁杂的编辑事务。

借《中国资本市场三十年：探索与变革》交付出版之际，感谢中国人民大学出版社的大力支持，他们在编辑出版方面的高效率、高水平，使本书以最优的质量和最快的速度得以出版。

谨以此书献给中国资本市场三十年。

中国人民大学中国资本市场研究院

“中国资本市场三十年”研究写作组

2020年10月20日

图书在版编目（CIP）数据

中国资本市场三十年：探索与变革／吴晓求等著
．--北京：中国人民大学出版社，2021.1
ISBN 978-7-300-28833-8

Ⅰ．①中… Ⅱ．①吴… Ⅲ．①资本市场-中国-文集
Ⅳ．①F832.5－53

中国版本图书馆 CIP 数据核字（2020）第 247002 号

中国资本市场三十年：探索与变革
吴晓求　等 著
Zhongguo Ziben Shichang Sanshi Nian：Tansuo yu Biange

出版发行	中国人民大学出版社		
社　　址	北京中关村大街 31 号	**邮政编码**	100080
电　　话	010-62511242（总编室）		010-62511770（质管部）
	010-82501766（邮购部）		010-62514148（门市部）
	010-62511173（发行公司）		010-62515275（盗版举报）
网　　址	http://www.crup.com.cn		
经　　销	新华书店		
印　　刷	涿州市星河印刷有限公司		
开　　本	720 mm×1000 mm　1/16	**版　　次**	2021 年 1 月第 1 版
印　　张	31.25 插页 2	**印　　次**	2025 年 7 月第 7 次印刷
字　　数	444 000	**定　　价**	99.00 元